青少年世界名著读本

滕 浩 编著

当代世界出版社

图书在版编目（CIP）数据

青少年世界名著读本/滕浩编著．—北京：当代世界出版社，2015.1

（中国梦青少年读本）

ISBN 978-7-5090-0997-0

Ⅰ.①青… Ⅱ.①滕… Ⅲ.①名著－介绍－世界－青少年读物 Ⅳ.①Z835-49

中国版本图书馆 CIP 数据核字（2014）第 239692 号

出版发行：	当代世界出版社
地　　址：	北京市复兴路 4 号（100860）
网　　址：	http://www.worldpress.org.cn
编务电话：	(010) 83907332
发行电话：	(010) 83908455
	(010) 83908409
	(010) 83908377
	(010) 83908423（邮购）
	(010) 83908410（传真）
经　　销：	全国新华书店
印　　刷：	北京欣睿虹彩印刷有限公司
开　　本：	700 毫米×960 毫米　1/16
印　　张：	25
字　　数：	410 千字
版　　次：	2015 年 1 月第 1 版
印　　次：	2015 年 1 月第 1 次
书　　号：	ISBN 978-7-5090-0997-0
定　　价：	24.80 元

如发现印装质量问题，请与承印厂联系调换。
版权所有，翻印必究，未经许可，不得转载！

目 录

《伊利亚特》 …………………………………… 荷马 (1)
《历史》 …………………………………… 希罗多德 (7)
《对话录》 …………………………………… 柏拉图 (12)
《伦理学》 …………………………………… 亚里士多德 (17)
《乌托邦》 …………………………………… 托马斯·莫尔 (22)
《君王论》 …………………………………… 马基维利 (26)
《唐·吉诃德》 …………………………………… 塞万提斯 (31)
《鲁宾逊漂流记》 …………………………………… 丹尼尔·笛福 (37)
《格列佛游记》 …………………………………… 斯威夫特 (43)
《社会契约论》 …………………………………… 卢梭 (49)
《国富论》 …………………………………… 亚当·斯密 (53)
《纯粹理性批判》 …………………………………… 康德 (57)
《源氏物语》 …………………………………… 紫式部 (63)
《我生活的故事》 …………………………………… 海伦·凯勒 (69)
《人口论》 …………………………………… 马尔萨斯 (73)
《傲慢与偏见》 …………………………………… 简·奥斯汀 (77)
《红与黑》 …………………………………… 司汤达 (83)
《巴黎圣母院》 …………………………………… 维克多·雨果 (89)
《高老头》 …………………………………… 巴尔扎克 (95)
《法国大革命》 …………………………………… 汤姆士·卡雷尔 (101)
《死魂灵》 …………………………………… 果戈理 (106)
《三剑客》 …………………………………… 大仲马 (111)
《简·爱》 …………………………………… 夏洛蒂·勃朗特 (115)
《呼啸山庄》 …………………………………… 艾米莉·勃朗特 (122)

1

《英国史》 …………………………… 麦克雷 (128)
《包法利夫人》 …………………………… 福楼拜 (132)
《论自由》 …………………………… 约翰·史都华·密尔 (137)
《物种起源》 …………………………… 查尔斯·达尔文 (142)
《茶花女》 …………………………… 小仲马 (147)
《父与子》 …………………………… 屠格涅夫 (152)
《战争与和平》 …………………………… 列夫·托尔斯泰 (158)
《安娜·卡列尼娜》 …………………………… 列夫·托尔斯泰 (163)
《八十天环游地球》 …………………………… 儒勒·凡尔纳 (167)
《汤姆·索亚历险记》 …………………………… 马克·吐温 (173)
《梦的解析》 …………………………… 弗洛伊德 (179)
《少年维特之烦恼》 …………………………… 歌德 (185)
《追忆逝水年华》 …………………………… 马歇尔·普鲁斯特 (190)
《尤利西斯》 …………………………… 詹姆斯·乔伊斯 (195)
《美国的悲剧》 …………………………… 狄奥多·德莱塞 (200)
《论人生》 …………………………… 培根 (206)
《喧嚣与骚动》 …………………………… 威廉·福克纳 (210)
《战地春梦》 …………………………… 海明威 (216)
《美丽新世界》 …………………………… 赫胥黎 (221)
《飘》 …………………………… 玛格丽特·米切尔 (226)
《存在与虚无》 …………………………… 萨特 (231)
《资本论》 …………………………… 卡尔·马克思 (237)
《诗经》 …………………………… 多人 (241)
《老子》 …………………………… 李耳 (247)
《论语》 …………………………… 孔子 (252)
《庄子》 …………………………… 庄子 (258)
《孟子》 …………………………… 孟轲 (264)
《孙子兵法》 …………………………… 孙武 (269)
《史记》 …………………………… 司马迁 (274)
《楚辞》 …………………………… 屈原 (280)
《文心雕龙》 …………………………… 刘勰 (286)

目 录

《世说新语》……………………………………… 刘义庆（290）
《资治通鉴》……………………………………… 司马光（295）
《水浒传》………………………………… 施耐庵 罗贯中（300）
《三国演义》……………………………………… 罗贯中（306）
《西游记》………………………………………… 吴承恩（312）
《牡丹亭》………………………………………… 汤显祖（319）
《聊斋志异》……………………………………… 蒲松龄（324）
《儒林外史》……………………………………… 吴敬梓（331）
《红楼梦》………………………………………… 曹雪芹（337）
《唐诗三百首》…………………………………… 孙洙（344）
《曾国藩家书》…………………………………… 曾国藩（349）
《官场现形记》…………………………………… 李宝嘉（352）
《阿Q正传》……………………………………… 鲁迅（358）
《子夜》…………………………………………… 茅盾（364）
《家》……………………………………………… 巴金（370）
《骆驼祥子》……………………………………… 老舍（376）
《雷雨》…………………………………………… 曹禺（382）
《围城》…………………………………………… 钱钟书（388）

《伊利亚特》

作品背景

作者 荷马
类别 史诗
国籍 古希腊

名作简评

《伊利亚特》与《奥德赛》这两部早期史诗杰作,究竟出于一人之手还是多人之手?这就是曾经引起古典学者们争论达若干世纪之久的"荷马问题"。现代学者多数支持这样一个观点:在许多说希腊语的游吟歌手当中,的确有过一个名叫荷马的杰出诗人——一个从当时流传的无数诗歌中选取材料、锤炼润饰,并将其结合起来,使其成为今日所见的《伊利亚特》和《奥德赛》的天才诗人。

在古代希腊,大得不能再大的一件事,就是当时东地中海地区势力最大的亚细亚的希腊人围攻特洛伊城。该城落入亚细亚人之手的传说年代是公元前1184年。但事隔大约一百年之后,一批来自北欧的侵略者(通常称之为杜瑞斯人)使得整个地中海世界陷于一片混乱,进而迫使那些已经非常富裕的亚细亚人望风而逃,以难民或移民的身份,带着他们的生活习俗,连同他们的诗歌,一路向东渡过爱琴海而去。

亚细亚人在爱奥尼亚建立了新的部落,与当地的居民逐渐融合,直到这一原本安定的城市蜕变成一种混合的产物。旧有的习惯逐渐被新的文明吞噬了,社会状况比较安定了,但荣耀却大不如前了。原本以一位大统领作为既定主宰的一种贵族同盟,如今成了一种所有贵族一律平等的贵族政治,简而言之,原来的君主政治让位于新起的贵族体制了。

统治阶层只管回顾荣耀的过去而不追求光明的未来,这一衰落的背景是了解《伊利亚特》与《奥德赛》为什么能够从早期的诗歌之中脱颖而出的关键所在。在爱奥尼亚尽情享受新生活的这些亚细亚移民贵族，尽管仍然紧紧抓着他们的民歌和诗歌，但这些诗歌的主题却不得不有所改变了。为什么呢？因为听众对于缺乏生气的新作诗歌或乏味的近代作品，都已不再感兴趣了。他们要听他们古代英雄的丰功伟业，他们要听他们勇猛祖先主宰本身命运之时的荣耀历史。

在这种历史背景下，爱奥尼亚产生了一种描写英雄时代的短篇诗歌。其中有两个特殊主题：其一是围攻特洛伊，那是他们的祖先所造就的无上光荣，这对于缅怀光荣历史的读者具有相当的吸引力；其次是海外大流亡，那是所向无敌的杜瑞斯人给他们祖先的痛苦经验。于是《伊利亚特》这一伟大史诗诞生了。

内容精义

《伊利亚特》直译或字面的意思就是"描写伊利昂（特洛伊都城）的诗歌"。它一开始就描写亚细亚最伟大的武士阿基琉斯与亚细亚军的总司令阿嘉门农对于被俘妇女问题所引起的争吵，他们的大军为了向特洛伊国王普瑞安之子巴里斯索回被他诱拐的阿嘉门农弟弟的妻子海伦，围攻特洛伊已有9年的时间了。

阿嘉门农曾因拒绝允许克利赛斯赎回他的女儿而得罪了这位阿波罗祭师，因为他的女儿已经成了阿嘉门农的奴隶。克利赛斯请求阿波罗神惩罚希腊人，于是这位神明便把瘟疫降在他们身上。阿基琉斯召开了一次大会，一位先知在会上宣布：不但须将那个女子归还她的父亲，并且还要向阿波罗献上祭礼。阿嘉门农勉为其难地同意了，但为了补偿自己的损失，他夺去了阿基琉斯的奴隶，这使得阿基琉斯很不高兴，沉着面孔退回他的帐篷，不再愿意参加战斗。并且，他还向他的圣母投诉，后者说服诸神的统治者宙斯为她的儿子报仇雪恨。这便是第一卷诗的内容精义。

阿嘉门农梦见他将在下一次的攻击中攻下特洛伊，于是向他手下的大将透露了这个秘密。他决定对部下的攻城热心进行一次考验——他给他的部队一个选择：一举攻下特洛伊都城，或者立即打道回乡。而使他大吃一惊的是，他的部下竟欢天喜地收拾行囊做起回乡的准备来了。不用说，这自然是宙斯为了削减阿嘉门农的傲气而施的一种法术。这一卷诗将希腊与特洛伊双方的武力做了一番对比，有些学者认为，这是后来插入的部分，并且认为是出自荷马以外的另一位诗人。

正在进行的这场战争被一个提议延搁下来——特洛伊人巴里斯与希克多表示：由巴里斯与曼尼劳斯用一场决斗来解决这个纷争。如果巴里斯得胜了，他就可以留住海伦，而希腊军就得滚回老家；如果曼尼劳斯打赢了，海伦及其拥有的一切财物就归还希腊人，并且缔结和平条约。于是巴里斯出战曼尼劳斯，结果被曼尼劳斯击败，但女神阿芙罗蒂特救了他的性命，并且将他送回了特洛伊。

决斗之前的停战状态被破坏了，于是阿嘉门农检阅他的军队，但与狄奥美德斯发生了争执。狄奥美德斯是一位骁勇善战的武士，曾与特洛伊军作过殊死之战，甚至还打败了曾经救过他儿子以奈亚斯的女神阿芙罗蒂特以及冲上前线支援特洛伊军队的战神埃里斯。

希克多向他的母亲赫秋芭请求，要她向女神说情，求她支持特洛伊人的自卫。希克多在伊利昂与海伦会谈，并向巴里斯发出紧急信，要他准备披挂上阵。最后在一段非常动人的描写中，希克多以一种自知大限将临的口气对他的太太安德萝玛和儿子何斯梯安纳斯诉说了诀别之情。到了第七卷，希克多和巴里斯都回到了战场，而希克多更是骁勇异常，毫不畏惧地向每一个单骑上阵的希腊人挑战。力大无比的阿爵斯被选中出来应战，而决斗初期二人难分高下，后来阿爵斯获胜。战争再次停滞，在这期间，特洛伊军提出建议：允许巴里斯拥有海伦，但有一个条件，那就是她必须放弃她的财产。希腊人对此嗤之以鼻，将这个和平的试探驳了回去。

这时，主神宙斯降临，为特洛伊人撑腰，并禁止其他诸神卷入此种争执。打了整整一天的仗之后，希腊军退回了他们的营地。阿嘉门农显得颇为沮丧，但在尼斯多的劝告之下，他指派阿爵斯和奥德修斯去向阿基琉斯说情，表示愿意与他言归于好，尽释前嫌。这位总司令想以如下的手段将他手下最伟大的战士哄回战场：送还他的奴隶偏房布丽赛丝；为补偿阿基琉斯所受到的委屈——把他自己的一个女儿下嫁阿基琉斯。但所有这些和解的尝试，都被阿基琉斯轻蔑地拒绝了。

阿嘉门农为此寝食不安，召集他的将领开了一次会议。尼斯多建议派两名间谍去侦察特洛伊军的阵地情况，狄奥美德斯立即自告奋勇，并且要求奥德赛与他同行。他俩在危险的侦察中逮到一名特洛伊军的探子，后者供认来自底比斯的援军已经到了特洛伊军中。于是，这个英勇的希腊突击小队在黑夜的掩护下偷袭了那些援军，杀了他们的首领和十几名战士，夺了他们的马匹，奔回希腊营地。

次日早晨，希腊军再度出击，而特洛伊军也再次应战。阿嘉门农、狄奥美德斯以及奥德赛等人全部负伤，希腊军大败而回。最后，阿基琉斯似乎终于良心发现了，他派好友拔卓克罗斯到尼斯多的营中探询伤亡的情形。尼斯多指责了阿基琉斯的顽固，请求拔卓克罗斯劝他回心转意。

另一方面，特洛伊军在攻击希腊的营地，而希克多则突破了他们的第一道防线，促使他们退回泊在海边的战舰，而阿爵斯则在那里挡住了希克多的攻击。在爱达山上观战的宙斯神因被希拉哄入了梦乡，致使特洛伊军失去了神的支持而被逐出了希腊防线，而希克多则被阿爵斯打得昏迷不醒。宙斯醒来，发觉了特洛伊军的危机，于是命令阿波罗使希克多复苏，以便重新攻击。希腊军再度被赶回他们的战舰上，但在快要大败的时候，拔卓克罗斯赶回。以一当十的拔卓克罗斯协助希腊军击退了特洛伊军，但他有勇无谋，竟乘胜追击特洛伊军，一直追到对方的城下，结果被阿波罗本人挡住并被打得晕头转向，解除了武装。接着，希克多将他杀死。希腊军设法讨回拔卓克罗斯的尸体，拼着性命退回了他们的营地。这种拉锯战足足占据了两卷的篇幅，等下一卷才接写阿基琉斯的奋起，因为那时，他已因他的好友拔卓克罗斯之死而悲伤发狂，甚至不得不由他的母亲戴蒂丝从海中出来安慰他。

阿基琉斯走到希腊防线的边缘，用他那种恐怖的呐喊把特洛伊军吓得四下乱窜。但那时的希克多正是胆大妄为的时候，他不但不理所有的警告，并且还叫嚣希腊军出营应战。戴蒂丝说服了掌管火与冶炼的海飞斯塔士，为阿基琉斯铸造新的武器和精巧的盾牌。第二天，阿基琉斯要求与特洛伊军决战，但奥德赛坚持要他先与阿嘉门农和好，因为阿嘉门农已为他的不当行为表示了歉意。营里妇女在向拔卓克罗斯的尸体哀悼。阿基琉斯拒绝饮食，但他的母亲戴蒂丝把甘露和神酒放进他的口中。阿基琉斯武装起来，准备赴战。

这部史诗的高潮即将来到了，宙斯召集众神开会，准许他们支持各自祖护的一方。诸神现身人间，而他们的干涉也使问题显得更加复杂了，但阿基琉斯所到之处，特洛伊军纷纷后退。以奈亚斯勇往直前，但海神波塞冬及时将他拉了回去，这大概是由于他的子孙注定要做特洛伊的主人。这时，特洛伊军望风而逃，而阿基琉斯一路追杀，尸积如山，几乎堵塞了赞塔斯河。此时，处于敌对双方的诸神也出来互相格斗了。阿基琉斯回身扑向特洛伊城，发现希克多独个儿在城外徘徊，那是由于他感到他的战斗计划失败而耻于进入他的都城。阿基琉斯刚一接近，他就因为失去勇气而绕着城墙奔跑，在"飞毛腿阿基琉斯"的猛烈追逐下，他一连跑了3圈。最后到了无路可逃的绝境，于是他向阿基琉斯作了最后一次拼命的冲刺，结果受了致命的重伤。临终前他祈求阿基琉斯将他的遗体送还他的父亲普瑞安埋葬，但这个请求遭到了拒绝。阿基琉斯将希克多的尸体系在他的战车轮圈上面，一路拖回营地，让在城墙上面的特洛伊人，包括希克多的遗孀安德罗玛琪在内，看个一清二楚。

这天夜里，拔卓克罗斯的鬼魂要求阿基琉斯赶快举行葬礼，好让他早入黄泉。于是，阿基琉斯第二天举行了一场非常讲究的葬礼，用12名战俘陪葬。阿基琉斯主持葬礼，并且颁发奖品。希克多的尸体每天被拖着在拔卓克罗斯的坟墓周围绕圈子，作为一种隆重的仪式，一连拖了11天的时间，直到诸神出来干涉。普瑞安在夜间走到希腊营地，向阿基琉斯求情让他赎回儿子的尸体。在戴蒂丝的劝解下，阿基琉斯接受了这个请求，并且以温和的态度接见了这位老人。这部史诗就这样以希克多的丧礼结束了。

精彩章节品读

第一卷：描述作战动机。

第九卷：阿基琉斯与阿嘉门农争吵而铸下大错。

第十六卷：阿基琉斯的顽固导致了挚友死亡。

第二十二卷：希克多受凌辱。

精彩佳句

有如飞禽啼鸣、百鹤凌空的叫声，响彻云霄。它们躲避暴风骤雨，呖呖齐鸣，飞向长河边上的支流，给诸多种族带去屠杀和死亡的命运。它们在大清早发动一场邪恶的斗争。

《历 史》

作品背景

作者 希罗多德
类别 历史散文
国籍 古希腊

名作简评

希罗多德,这位被称为"历史之父"的男士,是个希腊人。他出生之时,哈利卡纳索斯就是被希腊征服的殖民都市之一,却遭到波斯帝国的入侵。恢复这些地区的独立自主,便成了他们与波斯帝国连年抗战的主要原因。公元前480年,波斯皇帝泽克西斯的大军撤退,这些城市便得到了解放,但紧随其后的是一个政局不安的时代,让很多人不得不亡命他乡。希罗多德家境颇为富裕,他有的是旅行的盘缠,因此,他在此后的若干年中,旅行了包括埃及和巴勒斯坦在内的地中海东部地区,甚至远到美索不达米亚腹地。

在这段时间当中,他也许已经想到把此次与波斯大战的经过写成历史了,但其后他又扩大了他的计划。他重游了埃及,南达亚苏安,西至塞利奈以加,还大胆地进入黑海地区,在那里接触了希腊侨民和塞西亚的蛮族部落。他曾不止一次去过雅典,在那里结识了当时的大政治家伯利克里斯,据说还在那里对他的《历史》做了一次公开朗读,并且得到了由国库支出的十个泰伦的奖赏。

由此可见,他的一生大多在旅行之中度过,而他的旅行也多半是为了写作他的《历史》。如前所述,他其实并没有想将他的主题扩大到希波大战之外,但随着他旅行范围的扩大,他便决定将他所能搜集到的卷入这场大争斗的各个民族的历史、地理、宗教,以及社会习俗等资料,插入他的描述之中,而他努力的结果,使《历史》成为了远古时代的杰出作品。

内容精义

这部史书一开头就这样说：这里叙述的是哈利卡纳索斯的希罗多德所能了解和发现的一些事情，之所以要如此做的原因，是使得希腊人与野蛮人所做的事不致被人遗忘。接着便是叙述小亚细亚中部地区里底亚建立君主制的始末，而后便是一个颇富戏剧性的故事，描述这个君主如何被波斯国王塞鲁士推翻的情形。此外，这段历史叙述的部分还包括：波斯大军征服希腊氏爱奥尼亚的殖民地，以及塞鲁士之被推翻，甚至死于他与里海附近的蛮族马萨吉泰人所进行的战斗中。

被他写进这种历史事件（或其提出的历史问题）之中的优美故事为数颇多。然而，尽管这些故事写得非常动人，但在价值上，却没有他在他的长文中描述某些民族风俗习惯的章节来得重要。

首先描写的是里底亚人。那些人的风俗与希腊人的风俗酷似，唯一不同的是，他们将女儿养大了做娼妓。他们最早铸造金币和银币，也是最早的商人。他们发明骰子等赌法、种种球类游戏以及各种娱乐，可谓应有尽有。

接着描写的是波斯人。"据我所知，波斯人遵循下述风俗"，他们不像希腊人那样为诸神建立塑像、祭坛以及神殿，只是在高山顶上向最高的神献祭。他们以宴会的形式庆祝生日。他们饮食有节，但又偏爱美味。他们颇爱饮酒，因此他们有一条特殊的规则：一个人在喝醉时所作的任何行为都可不受拘束——除非他在第二天早晨清醒时加以肯定。他们可以随心所欲地娶老婆，想要多少就娶多少，没有限制，只要养得起就行。他们以人丁旺盛为荣，对于子女的教育也不厌其烦。他们对交往非常认真，认为说谎是最可耻的事情。据希罗多德所知，他们比任何其他民族都更易于采纳他们认为值得仿效的习俗。

在希罗多德所游历过的都市之中，也许巴比伦最为突出，因此，他对巴比伦的描述也最为热情。其土地之肥沃、作物多产，使他不得不以多报少，为的是唯恐读者不相信。说到巴比伦的市民，他说他们在毛制的衬衣外面穿着长可过膝的亚麻布紧身衣；他们把头发理得短短的，并在身上涂抹好闻的香水。各人都有自己的印章，人人都携一根手杖，其上饰以苹果、玫瑰、老鹰或其他诸如此类的图像。在巴比伦人的生活中，只有一件被希罗多德认为丢人的事情，那就是每一个土著妇女，都得在她活着的时候到爱神的庙里去一趟，以妓女的身份献身一次，直到有个陌生男人把钱放在她的膝间并且将她占有之后，才可返回家中。

希罗多德的第二卷史书大部分是详述他所熟悉的国家——埃及。"它有比任何其他国家都多的奇迹。"他如此写道，"而这便是要用很大篇幅的原因。"这里不仅是气候特殊，尼罗河尤其特别，整个国家和人民无不赖以维生。他赞美埃及历法的优秀，夸奖其人民富于发明的才能，叙述金字塔如何矗立在沙漠之上的故事。接着，他指出埃及人不同于其他民族的某些地方，例如，男人携物时放在头上，而女人则放在肩上；女人出外做事而男人则待在家中纺织；他们写字是从右向左，并且有两种书法，一种用于圣事，一种用于俗务；他们非常喜爱猫狗，猫狗死了，要为它们举行正式的葬仪；他们男人通常是穿两件用亚麻布缝制的衣服，而女人只穿一件。

希罗多德以愉快而又亲切的笔触写罢他曾与之共度许多快乐时光的埃及人之后，忽然笔锋一转，写到甘比西士统领波斯大军征服该国的情形，这对他的《历史》的主题，即大流士继甘比西士登上波斯王座之后，推行帝国主义的侵略政策而言，是一种水到渠成的写法。他用3卷的篇幅描写大流士对塞西亚人、利比亚人以及属于希腊的爱奥尼亚城市用兵的情形，然后告诉我们，大流士如何组成一支强大的海军和一支庞大的陆军，令其渡过赫利斯庞海峡，侵入欧洲大陆。色雷斯和马其顿称降，而希腊领土相继被侵。而后在马拉松平原上，一股为数一万人的雅典军，加上大约1000名来自联盟都市巴拉他的援军，在米太亚德指挥之下，迎击这批野蛮的掠夺者，并且一举打败他们。希罗多德如此写道：胜利者"乘胜追击，将波斯军打得落花流水，一直追到海边，跃入海中的攻击敌舰"。马拉松之战就此结束，它成了全世界具有决定性的战争之一，因为，假如波斯大军得胜的话，希腊人所实施的政治民主和学术自由，也就无从说起了。

大流士对于这种逆转感到非常恼火，于是筹划了一个比这次还要强大的远征计划，以便远征希腊联邦。但这个计划刚刚准备不久，他便一命呜呼了。他的儿子泽克西斯继承父业，决定亲自率军征战。一批庞大的人马在达达尼尔海峡集结起来，泽克西斯渡过海峡征服欧洲之前，就在那里检阅了他的军队。据希罗多德说，军队有170万之多。希罗多德告诉我们，当这位皇帝想到，仅仅百年之后，所有这些大军将无一个活在人间时，不禁悲泣起来。此外,他还告诉我们,泽克西斯曾经下令鞭打赫利斯庞特,为的是一阵暴风使他的战舰陷入了危险之境。到了渡海的吉日,"日出时,泽克西斯将一种奠酒从黄金杯中倒入海中,并且向太阳祈祷,不要使任何事故阻挠他征服欧洲。"祈祷之后,他将那只金杯连同一只金碗和一支波斯军刀投入海中,这批大军就这样跨过大海,从亚洲进入欧洲,而希罗多德对于那些军团及其装备所做的描绘,必有不少地方来自目击者们的口述。

在先锋部队中,有一万波斯骑兵队,头戴盔帽,胸披铁甲,身穿"蓬松马裤"。接着,第二天,又从波斯帝国各邦调来了一批模仿波斯人穿着的米底亚人,头戴铜盔的亚述人,裹着头巾的巴克特利亚人,头戴尖帽而身穿长裤的塞西亚人,穿着棉布衣服的印度人,披着羊皮披风的里海人,戴着紧带斗篷的阿拉伯人,裹着狮皮的伊索比亚人,头有卷发而身着短上衣的利比亚人,还有佛里亚人、色雷斯人、波斯尼亚人……这批军队,单是路过,就走了七天七夜的时间。

侵略者继续前进,色雷斯和马其顿相继被攻陷,最后终于到了希腊本土。一天,有个消息传到泽克西斯耳里:一批斯巴达籍的希腊军守着色摩比利山隘。泽克西斯派了一名军官前去侦察他们到底有多少兵力,正在做些什么。那个军官骑着马儿到达斯巴达阵地时,正好看到一些斯巴达兵被安置在围墙外面,他看到他们中有些人在做体操,而另一些人则在梳理头发。泽克西斯听了这个消息,不禁大吃一惊:他不晓得,斯巴达人表现的出的是对死亡的一种极度轻视;6000斯巴达军面对大概400万的波斯大军,他们已经准备迎战,并做好了战死于他们坚守的阵地之上的准备。

波斯的战争机器卷土重来,希腊的大部分领土都被践踏,雅典的防军完全撤退了。卫城被占之后,城里建筑也多遭烧毁,但希腊的舰队完好如初。狄密斯托克利指挥下的希腊战舰,在沙拉密斯与希腊大陆之间的海峡所进行的一次大海战里,一举击垮了波斯侵略者的庞大海军。"当战斗过去之后,希腊军将他们所找到的沉船和残片全部拖上了沙拉密斯的海岸,准备重新开战,因为他们预计波斯国王会利用那些船舰。"然而,已经受够了的泽克西斯掉头返回亚洲,将这个烂摊子丢给他的部将去收拾了。

希罗多德在他的第九卷同时也是最后一卷史书中如此写道,他们也被打败了,在这场强大的武力中,只有少数残余得以重渡达达尼尔海峡。得胜的希腊军紧紧跟在他们后面穷追不舍,而这部《历史》就以希腊军攻下波斯在欧洲的最后一个据点塞斯妥斯城作为它的尾声。希罗多德以如此庄严、动人的笔触和爱国的热情加以描绘的《波斯战争》至此戛然而止，而欧洲也因此得救了。因为，尽管希腊与波斯之间的争斗仍然持续一段颇长的时间，但自此而后，扮演侵略者角色的则是希腊了。

精彩章节品读

第二卷：古国埃及的神奇风光。
第四—六卷：波斯人的征服史。

精彩佳句

> 权利的平等，不是在一个例子，而是在许多个例子上证明是一件绝好的事情。
>
> 人民的统治的优点首先就在于它的最美好的声名，那就是，在法律面前人人平等。

《对话录》

作品背景

作者 柏拉图
类别 语录体散文
国籍 古希腊

名作简评

西方哲学之父柏拉图，经常表示他有三件事情感谢诸神的赏赐：其一，他生为一个自由人，而不是一名奴隶；其二，他生为一个希腊人，而不是一个野蛮人；第三，他生活在苏格拉底的时代。他不仅生为一个自由人，同时也是一个贵族——他的父亲名叫阿里斯敦，是雅典国王的后裔，而其母系的关系则使他与许多富而好礼的雅典人搭上了关系。有人认为，他采用"柏拉图"这个名字，是因为他有能承担重任的宽大肩膀。

早年的柏拉图不但是个诗人兼知识分子，还是一名伟大的摔跤家，并且还曾服过兵役。这位哲人跟当时所有的希腊人一样把运动、体操、舞蹈、骑马锻炼身体看得与学习知识一样重要，他并没有过那种只闭门读书的生活。

柏拉图的全部哲学，都以对话的方式加以表现，而他的许多早期对话，还保持着一种街头偶然交谈的特点。他的哲学似乎是直接出自日常生活，而这正是它引人入胜的地方之一。这位哲学之父，不但思想广阔无比，其文笔之美也是无与伦比的。据说柏拉图见了苏格拉底之后，不但将他自己的诗篇付之一炬，同时还在他的《理想国》中表达了对诗人的一种非常苛刻的看法。

柏拉图是一个非常典型的希腊人，他喜欢文雅的讨论，就像击剑一般。他既可以成为一切诡辩学派的盟主，也可使他的才能和社会关系转向政治。这一切全是为了他与苏格拉底的友谊，尤其是在苏格拉底受到雅典人的谴责并服毒自尽后。苏格拉底之死使得柏拉图对雅典人和雅典的民主政治充满了仇恨。这不但使他成了一个精神上的放逐者，并且还在苏格拉底死后不久，使他在麦加拉成了一个名副其实的犯人。这使他对诡辩学者那种华而不实的聪明机巧充满了憎恶。但更重要的是，这使他有了做有意义的事的力量，使他完成了研究事物性质的伟大工作。

苏格拉底的禀赋性格与柏拉图恰好相反——他是一个属于大众的人，他那以反复追问为基础的教法，往往含有揶揄诗歌、雄辩以及玄学的倾向，而这些正是年轻贵族柏拉图所擅长的。苏格拉底经常表示，他只有在别人自以为明确某些事情而他自知一无所知时才显得聪明；他经常提出一些非常简单的问题，并且使用市场上常用的语言和比喻加以表达。柏拉图的哲学，可说就是苏格拉底的纯朴精神教育，只是由他作为时代最杰出的才子加以理解和重述而已。但他也在作苏格拉底热情弟子的同时，保存了使他成功的那些心灵美质——那个伶俐时髦时代的特性。他具有多方面的思想吸引力，圆满，优美，加上一种强烈的道德任务即想要达到某种境地，而不以极端巧妙的论辩，对理念作极其动人、极富诱惑力的安排为满足的精神要务。苏格拉底使柏拉图具备了内在的信心。

苏格拉底与柏拉图都生活于希腊的伟大时代；但是他们的都城雅典却是一个政治衰败的城市。尽管雅典的政治衰落了，但它的经济复兴却很迅速；尽管雅典在战争上失败了，但它很快就成了希腊精神与文明的中心，并在不久又成了一个民主国家。苏格拉底被判死刑，是由保守派人士之间的一种变异结合造成的结果，他们认为他的学说不但有损诸神的信仰，而且扰乱该城的制度。而他的敌人，那些诡辩学者，那些机巧的新人，既不信神，更不附庸该城的制度。实际说来，整个雅典一片混乱，因此苏格拉底死后，柏拉图和也是苏氏门人的军人哲学家色诺芬都倾向斯巴达，视它为一种较佳的政治理想。

内容精义

柏拉图在斯巴达方面看到了一个全能国家的形象，因为他已看到这个国家里面并没有杰出英才死后所形成的那种政治分裂和学术混乱现象。在柏拉图初期对话录之一的《理想国》中，他所描述的理想国，虽与斯巴达有些相似之处，但事实上并不像。柏拉图的理想共和国，属于集体主义或共产主义，理想不在提升市民的物质享受，而是要消除贫穷和野心，使人民的生活得到改善。在他死之前，他虽决定以不切实际为由反对废除私有财产制，但实际上他却将他的整个土地所有权和资金都授予他的家族而没给个人。

那是一种理想化或贵族式的共产主义。在这种制度中，哲学家是终极的统治者，在法律之前，男女不但平等，而且应受同样的教育。诗人和幻想家都被逐出共和国外。这本书远胜其他书的地方，在于强调心灵的价值与以思维治疗社会和政治疾病的可能性。到了我们这个时代，柏拉图已经受到马克思主义者们的攻击，被他们视为民主政治的敌人。

当然，我们在柏拉图的政治论著中找不到承认法国大革命的原则或在欧洲引发自由论调的其他磊落动机。但我们也可看出，柏拉图也表示他自己是任何暴政或独裁政治的敌人，他认为那是因为民主政治受到了滥用，并且不能供给人民以所需的原因。

《对话录》中，有不少篇章并无任何结论。例如在《洛契斯》中，苏格拉底谈到一位将军、一名士兵以及一个市民的勇气问题，但谈到最后，勇气到底是一种心智的努力还是一种动物的本能？结果悬而未决。在一篇名为《黎西斯》的动人短篇对话中，苏格拉底对两个由学校出来的学童讲述友谊，父母及其对子女与师长的态度问题，结果他们也不能明白友谊究竟是什么。但柏拉图的一个重要理念却在本篇展示出来：非善非恶，因有恶在，故爱其善。

在一篇以一位较富野心、最知名、最聪明的诡辩学者之名为名的对话录《普罗塔果拉》中，苏格拉底与普罗塔果拉争论知识的性质问题。普罗塔果拉是一个"相对论者"，但在这篇对话中，我们发现他对智慧性质的看法在许多方面比苏格拉底更接近柏拉图。然而表现得非常委婉的最后结论却是：普罗塔果拉是位假先知，因为他是个喜欢自我陶醉的人，总是对苏格拉底的严格责问避不作答。

在以美为论题的《裴德罗》中，苏格拉底与他的朋友裴德罗一起从雅典城走到乡下，然后坐在一株杉树下面。苏格拉底劝裴德罗阅读一位大诡辩家写的一篇讲论文章，因为裴德罗不但敬慕那位诡辩家，还将他的文章放在他的披风里带着。据这篇论文说，一个年轻人应该把不再与他相恋的人当作他的师友，因为恋人大都善疑，只顾自己，蛮不讲理。在此苏格拉底就以这个论题，即反对以在恋爱中的人作为导师的这个观念，提出了一篇更好的论文。但颇富戏剧性的是，苏格拉底突然调转话头，说他刚才亵渎了爱神爱罗斯；

他在第三个论述中提出了这样一个论点：爱是灵魂的一个要素，而爱的冲动则是以部分来回忆"绝对美"——由神安置于灵魂之中，就好像把部分放进纯然的人欲之中的"绝对美"。因此，爱可以带来真理和智慧，所以受到的重视也应高于其他一切感情。

这篇文章是柏拉图全部著作中极富想象力和气势的论述之一。但苏格拉底对此仍然感到不满。所有这些文章，无不含有某些属于雄辩或修辞而与真理无涉的东西。人们在对重要论题发表演讲之前，必须先作更为深入的探讨才行。因为尽管大自然已将智慧植入人心，但要求而得之，却是非常辛苦的事情，自然不是人们所讲到的那类讲述所能带来的。在苏格拉底和裴德罗离开树林之前，苏格拉底向山林诸神做了一个祈祷：

> 敬爱的牧神以及住在此地的其他诸神，请容许我成为一个具有内在美的人，并使我所拥有的一切外物与内在的东西能够和平共存。愿我只以智者为富人，愿我所储的黄金，除了善人可以忍受的之外，别无所有。裴德罗，除此之外，我们还有任何别的东西需要祷告吗？就我本人而言，我祈求的东西已经够多了。

正如伟大的古典学者兼柏拉图著述的译者焦威特曾经说过的一样："所有的理念，甚至部分基督教观念，都可以从柏拉图著作里找到胚芽。"这句话不但适用于理念，也同样适用于态度。柏拉图对于自然科学本身不感兴趣，但他自己却利用许多神话表达他对人类心灵的终极概念。许多神秘的思想宗派和心灵哲学都由柏拉图哲学发展而来；然而柏拉图基本上却是以知识的聚合者、第一原理的追求者兼阐释者矗立于世。

柏拉图的哲学本质是一种道德哲学——就其认为人生的目的在于求其完美，而此种完美多少应在此世实现而言。这是人们很少理解的法则，只有偶尔窥见一隅罢了；不过只有这样，人们才常感到他的心中缺乏某种东西。如果他明白并且服从其生存的这个法则了，他就会感到十分快乐了。这与基督教的道德观的确不同，因为后者有一个观念，认为人必须征服他的低级本性，而神国位于天上，不在此世。在柏拉图看来，人除了认真传播这个完美的观念之外，没有更高的义务要尽；此种完美的追求属于他的本性，与其说那是一种道德命令，不如说它是人性健全与和谐发展的必要条件。善之所以为善，就因为它是健全的、美好的；正义之所以为善，就因为不义是支离的、倾轧的、丑陋的。

作为一位哲学家,柏拉图的主要贡献在于他的合一观。他认为真与善并存而不可分割,并认为美德是另一回事,需要仰赖知识。在说到此种真、善、美合一时,柏拉图认为,艺术、音乐、文学、诗歌、建筑、修辞、政治以及实用艺术——必须作为道德哲学的奴仆,并且唯有服务于道德哲学,才有价值。有一种虚假的建筑、虚假的音乐、虚假的文学等,带人避开对完美的追求,使人停留在无知与畸形的阶段,可谓与真、善、美背道而驰。柏拉图的学说,与基督教教义有不少相似之处。但它是一种以人类与灵魂的知性观为基础的学说,而不是以人类对上帝和一位救世主的信念为基础的教义。

精彩章节品读

《黎西斯》:年轻人的教育及人生态度的形成。

《裴德罗》:绝对之美与相对之美的辩证法。

《伦理学》

作品背景

作者　亚里士多德
类别　学术专著
国籍　古希腊

名作简评

在所有这些将作品传至我们的古代作家中,地位最重要的也许要数亚里士多德吧！柏拉图也许比他更有名气,但柏拉图大都以他那超凡的头脑写作。与此相反的是,亚里士多德则将他的双足牢牢地钉在地上。他重视事实胜于理论,而且认为应该分秒必争地做好实验工作。这个世界对他跟对柏拉图一样充满神秘,但不同的是,他能从这些神秘里面看出一种挑战来。他的心智十分广博,喜欢刨根问底,这使他对各式各样的科学,例如逻辑与哲学、博物与地理、心理、生理与解剖、物理与天文、政治与伦理,几乎无所不究。他写出的东西散失了很多,而留传下来的作品也有不少被现代科学的发现所推翻。但是某一方面,特别是他在本书中所谈的一个科目,至今仍被认为具有思考和讨论的价值,这个科目就是伦理学。

从表面看来,这话不免令人感到有些诧异,因为亚里士多德曾经生活过的那个世界,已跟我们今天生活的这个世界迥然不同了。他是马其顿国王的一位御医的儿子,他父亲死后,他在大约17岁的时候只身来到雅典,在那里进入柏拉图的著名"学园",成为一名学生,直到老师与世长辞,他才到另外几个城市去任教。公元前343年,他应马其顿菲立普王之邀,担任王子(未来的亚历山大大帝)的导师。

菲力普王父子对他不但十分器重,而且非常慷慨地资助他从事自然科学的研究工作——他以此继承父亲的遗志。但到亚历山大展开远征亚洲的大业时，他便回到雅典，在那里创办了一所哲学讲堂。讲堂在一座名叫莱斯翁的园林之中，因其讲学时喜欢率领门人在林中悠游交谈，因此林中的师生及其哲学遂以"逍遥学派"知名于世。亚历山大大帝死后，亚里士多德丧失继任统治者的支持，于是退隐于黑海的卡尔锡市，不久便去世了。

内容精义

尽管当时那些小小城邦的政治、经济以及社会与宗教状况与我们今日的情形有很大不同，但在《伦理学》中，亚里士多德在谈到他的主要论点"善良生活"时所遇到的难题，与我们现在所遭遇的问题，并非截然不同。因此他在这方面的著述才会有一种历久弥新的魅力。他的《伦理学》是由两篇论文构成，其中较为重要的一篇是《尼可马可士伦理学》。尼可马可士是亚里士多德的一个偏房所生的儿子，由此有人推断，这篇东西若非由他父亲交给他，就是在他父亲死后由他整理而成。另一篇论文名叫《尤德谟士伦理学》，其名取自亚里士多德一个名叫尤德谟士的学生，一般认为此篇是由弟子编辑而成；但也有些权威学者认为，尤德谟士或许就是它的作者。

在他的全部哲学论著中，不论是政治还是伦理方面的内容，亚里士多德都以一个目的现身说法，这也就是说，他以含有目的意味的词语阐述他所讨论的东西。下面所引《尼可马可士伦理学》开头第一节就是个明显的例子。"每一种艺术和每一种科学，甚至每一个行为和每一个道德上的抉择，一般认为，都是以某种善果为其从事的目的。"何谓善？当然要视相关的事情而定：某些活动，是为了达到、造成或带来某些结果而进行的，而另一些活动，则只是为了那些活动的本身而做。但显而易见的是，这里须有某种可以恰当地称为"首善"的东西才行。

究竟什么才是这个非常特殊的"善"呢？一个颇为广泛的意见是：它是一个通常译为"快乐"的希腊语，但将它译作"幸福"或"福祉"，也许更为贴切一些。从比较普遍的意义来看，"快乐是大众与少数风雅人士对它的称谓，而'活得很好'和'做得很好'在他们看来与'过得快活'没什么两样；但是，一旦谈到此种快乐的性质，人们就有争论了，而大众对它所作的描述也就与智者迥然有别。因为，有人说它是此类显而易见的事，诸如快活、财富或荣誉之类；实际上，有人说此，有人指彼；不仅如此，甚至同一个人对它往往也有不同的指称，而在病时称它为健康，在穷时称它为富有；而当人们在自知无知之时，他们就钦慕谈吐深奥而非他们所能理解的人士了。"

这些看法不但很多，而且很杂。这使我们觉得，把"快乐"称为"首善"，只是一种陈腐的论调，而我们所追究的，是某种更明确的东西，就是表现它的真正性质的那个东西。"现在这个目标也许不难企及，我们只要查出人的工作是什么就行了；因为，就以吹笛手、雕刻家或任何种类的技工，甚至更广泛一点说以所有一切拥有任何作品或行为的人为例，一般认为，他们的'首善'和'优秀'就寄寓在他们的作品或行为之中。由此可知，它似乎与人共存——假如有任何作品或行为属于他的话。"假如说"木匠和鞋匠都有某些作品和行为之道的话，那么，作为人，除了大自然留下的之外就一无所有了"。

那么这到底是什么呢？它不可能只是生命而已，因为那是人与植物共有的东西；它也不会是感觉生活，"因为那是他与马、牛以及其他每一种动物共通的"。它必然是与作为理性动物的人类具有特别关系的东西，因为人类的明显特点就是具有推理的能力。于是我们得到了亚里士多德的结论，"人之善"就是"灵魂以优秀的方式发挥作用，或者，假如'优秀'可以分等的话，以最佳最完美的优秀方式发挥功能"。

亚里士多德对"首善"做了这种大略的勾勒之后，接着把人类的优点分解成知性与道德的要素，其间的成果是"德性"。他将此点界定为人所作的谨慎抉择，也就是运用他的理性作不偏不倚的抉择，"就像一个有实用智慧的人所要决定的一般，"所处的一种状态或情况。这就到了亚里士多德哲学体系中最著名的一个命题——"中庸之说"。

所谓"德性"，就是中庸状态，他论证说："这是一种介于两边之间的中庸状态，即介于过分与不足之间的一种中庸状态；其所以是对的道理就因为它的一边过多而另一边太少。"接着他将主要的德性开列了一张他所谓的图表或清单，并逐项举例说明它们为什么是过分与不足之间的一种中庸之道。勇敢是介于鲁莽与懦弱之间的中庸状态；自制是介于任性与苦行之间的中庸状态；大方是介于奢侈与吝啬之间的中庸状态；温和是介于粗暴与卑怯之间的中庸状态；亚里士多德所谓的"轻松有趣"，是扮演花脸与小丑之间的中庸状态；一个态度友善的人所表现的，是介于拍马屁与打官腔之间的一种快乐的中庸之道；等等。以下则不必一一列举了。

有关"德性"的这些层面，在以后的3卷书（第三、四、五卷）中做了详细的讨论。首先谈到的是"勇敢",对于某些事情,纵然是一个名副其实的勇者,仍会怀有惧心——譬如耻辱。但不论情况如何,他都不应怕穷、怕病,甚至怕死——尽管死是绝大多数人怕得要命的事情——"因为死是一切万物的结局,而死人据说是既不能为善、也不能作恶的。"一个真正的勇士既不怕光荣地战死沙场,也不怕突然来临的急难;同样的,一个懦夫也不怕人家凌辱他的妻子和儿女。拼命地逃避贫穷,逃避爱的痛苦,或逃避使他痛苦的任何事情,不是勇者应有的行为,而是懦夫的贱行。"因为,逃避困苦只是其人的软弱,而自杀者无视死亡的恐怖,并非因为自杀是光荣的事情,而是为了逃避灾难的折磨。"

其次谈到的是在吃、喝以及性交等肉体享乐方面都可适度"自制"的人。对于诸如此类的事情,他努力遵循中庸之道,也就是说,他对这些事情,"只是适可而止,既不过量,也不缺乏。而对于有益身体健康,可使精神愉快的事情,他也酌量掌握;做应该做的事时也是一样,关键在于无碍于此等目标的达成,并且对他的中庸之道没有失当或不宜之处。"简而言之,一个适度自制的人"可以依照适当的理性调节他的欲望"。

亚里士多德还对大方的人做了一番描述,说他"会以适度的金钱用于适当的目标,不论大事小事,都能自得其乐"。接着我们看到了"堂皇之人"的画像,毫无疑问,这是出自亚里士多德当时见解,想在雅典出风头而挥金如土的奢侈贵族。"堂皇之人的开销不但很大,而且非常合适,这样的事情也是他的工作。"他会考虑到如何把事情做得最漂亮、最合适,而不考虑到要花多少钱。他的这种开销,就是一般所谓的荣誉或脸面,"例如向诸神奉献,装修它们的庙宇,准备祭品,以及其他诸如此类与上帝相关的每一件事情,正如人们所有这一切公共事务都被视为争取荣誉的目标。正如人们所想的一样,出资组织一个合唱团,把舞台装点得富丽堂皇,或者建造并维护一艘有3层甲板的战舰,或者举行一场盛大的公共宴会……是他们义不容辞的事情。堂皇之人的特性就是堂而皇之地做一切使他感到与荣誉有关的事儿。"

现在,我们要看到"动作缓慢,声音深沉,而语言谨慎"的人了。他是所谓的"大心之人",关于这种人,亚里士多德认为是十足的希腊型。"他是一种不冒小险的人,即使是小危险他也不惹,因为他所重视的事情非常的少;但他愿意招惹大险,而他一旦面对大险,则不惜生命,因为他知道有些情况不值得他苟延残喘下去。""他属于那种乐于行善的人,但他耻于受人之恩——行善使他产生优越感，而受恩则使他感到地位卑下。""还有，此种志气豪迈的人，对人有个特点：傲视伟人或贵人，但对中层人士却很体贴，因为对地位卑微的耀武扬威，会使他显得品格低下而又俗不可耐。"关于此种人，还有一点值得在此一提的是：他刻意达到那些看来美丽但无用的目标。大体而言，亚氏所说的"大心之人"大可作为18世纪时那种英国贵族的范本：他之所以收藏古今名画、铜器以及法国波佛尔陶瓷，只因为那是富人要做的事儿。

整整一卷书（卷五），将"正义"当作理想性格的一个组成部分做了一番探讨。正确地了解"正义"，知道它的实质以及应当如何运用是每一个以市民身份而自豪的希腊市民愿意努力达到的目标，因为他随时随地都有被召到公共法庭或大会上担任陪审员或仲裁人的可能。亚里士多德将"正义"分为3类：其一是"分配上的"正义，用以决定每一个人应该分摊的恰当数目；其次是"矫治上的"正义，用于法庭的裁判；再次是"商业上的"正义，用以管理买卖行为。

"现在，对于这些论点，我们已在本书的概述中说得够多了。"亚氏这样总结，但此种"善良生活"的问题不是讨论所能解决的，必须在生活中加以实践才行。"作为一个善人，首先需要得到良好的教养，养成良好的习惯，而后依照善良的制度生活，绝对不做卑陋下流的事情。由此可知，这些目标只有依照某种指导的知识与正当的秩序生活，并有力量支持它们的人才能达到。"换句话说，单是伦理学本身无法得到适当的讨论和决定——除非与政治学关联起来，而这部《伦理学》实际上直接导向了亚里士多德的"政治学"。

精彩章节品读

第三卷：什么是真正意义上的勇敢。
第五卷：正义与法律之间的辩证关系。

《乌托邦》

作品背景

作者 托马斯·莫尔
类别 小说
国籍 英国

名作简评

人类在梦乡幻境中建立的城邦之中,最为著名的一个,是英国学者、政治家托玛斯·莫尔爵士在16世纪初在其所写的一本小书《乌托邦》里面所描绘的那个。他将它称之为"乌托邦"或"理想国",使它一举名闻天下。自此以后,凡是与它相类似的共和政体,都被称为"乌托邦"或"理想国"。

莫尔写这本书时,年约30岁,他当时既在业务繁忙的林坎法学协会担任律师顾问之职,又在众议院占有一席之地。1515年,他奉命出使低地国家(含今日的荷、比、卢三国),商洽缔结新的商务条约,而"乌托邦"的理念也就在他在佛兰德斯之际孕育出来,并在任务完成返英之时用拉丁文写出。此书于1516年在鲁汶出版,不久即在英国发售。最早的英译本直到1551年才出现,译者是个名叫拉尔夫·鲁滨逊的学者。

文章开篇给我们的印象是,那种协商会议以通常的从容方式在安特卫普进行之际,莫尔简直是在那里浪费他的时间。所幸的是,他在那个都市结识了一些好友,其中一个叫彼得·贾尔斯,他是"一个谈吐和表达都很畅快的人"。这使得莫尔渴想看到阔别已有4月有余的"我的故国、我的贤妻和儿女"的热切盼望"大大降低下来"。一天早晨,他们在圣母院做罢礼拜返回时,彼得给他介绍了"一个陌生人,其人年龄很大,长着一副晒黑的面孔,一把长长的胡须,肩上随意放一件披风,我凭其神情和衣着,当即断定其为一名水手"。此人名叫拉斐尔·希斯拉德,结果发现,他虽不是一名水手,但他是一个曾跟亚美利哥·韦斯浦契在其最后航行中前往美洲的葡萄牙人,同时也是请求留在巴西海岸某个市集的 24 条好汉之一。经过一段时间的探索,他搭乘一艘葡萄牙商船返回欧洲。他在这段漫长而又危险的旅程之中发现"乌托邦"岛(莫尔如此告诉我们,但不用说,这个故事完全是他杜撰的一种想象之作),并在它的人民中间度过了 5 年时光。

比他结识这个新朋友更为有趣的是,我们看到一个非常可喜的画面,他们 3 个人走向他的住处,坐在绿草如茵的花园中的一条长板凳上交谈。他们在那儿谈论英国的社会与经济状况,畅谈了一两个钟头的时间,而他们所谈的话便成了《乌托邦》这本书两卷之中的前一部分。

内容精义

"乌托邦这个岛屿中部(以此为最宽)阔约两百里。"其中共有 54 个"都市或州府完全同意使用统一的语言,其制度和法律也一样"。首都亚马乌罗提位于全岛的中央,其他各市的代表经常按期前来讨论公益问题。这个共和国的君王是一位民选的君主,通常为终身制。

全岛各地的城市都以相同的水准建立,其大小也殊无二致。街道宽约 20 尺,排水情况良好。每栋房子各有两门,"其一开向街面,后门通向花园",而这两门永远不锁,以便"任何人都可随意随时进入屋内,因为其中并无任何私有或个人财物"。每栋屋后都有一座宽敞的花园,因为乌托邦的居民都在"他们的花园旁建有大型的库房"。全国各地设有很多农场,由市民和乡民轮流耕作。

养鸡场是他们特别注意的地方。"他们饲养大批的家禽,而其饲养的办法颇为奇妙。因为他们并非用母鸡孵蛋,而是将蛋置于某种与母鸡体温相近的温度环境之中,使其孕育生机而孵化。"这是本书作者莫尔的一个卓越先见,因为在他那个时代,人工孵鸡这种事情从来没有人尝试过。

生活在乌托邦的每一个人,不分男女,都得从事农业和交易或手艺工作。工作日为 6 个小时,上午工作 3 个小时,午餐休息两个小时之后,下午再工作 3 个小时。他们全都在晚上 8 点上床,睡眠 8 个小时。其余的时间为他们自己所有,但不可虚度光阴。他们必须参加许许多多的教育课程,花园里也有一些事情要做。他们"练习音乐或进行诚恳而又健全的交往",而且玩"两种近似下棋的游戏",但"他们不会掷骰子和其他与此相类的愚蠢而又有害的赌博"。打猎和放鹰也会受到严厉的批评或处罚。

如果有人提出,每天工作6个小时可能不够,就会有人指出:乌托邦的每一个人都在工作。这里没有喝穷人血汗的富人,没有游手好闲的食客,没有不事生产的游民,没有养尊处优的祭司、僧侣以及修士,没有"死不改业的乞丐",没有"刚强难化,自高自大,到处冲撞的圆盾"——即虚张声势或空摆架子的家伙。而比这一切更为光荣的是:每一个女人都有工作——而且"女人应该占全数之半"。

每天工作6个小时,不但绝对不会不够,有时还嫌太长。这使地方官员不得不以公告命令"他们少做几个小时的工作"。他们认为从事不必要的劳动毫无意义,因而尝试为国民处理问题,好让他们有充分的时间去培养"心灵的自在和庄严,因为他们认为此种生活的福祉就在这里"。这是乌托邦的善良生活规范之一。它的另一个规范是:"不念禁制之乐,以免其害"。

在乌托邦中,凡是生活上不可或缺的东西,都是公有的。市场里面建有巨大的仓库,用以储备全国的产品,国民如果有需要,去拿就行了。同样的,凡是大家需要的东西,也由大家共享。家庭生活很少,不论何事,都在众人眼前进行。饮食在大餐堂里取用,长辈由年轻人耐心侍候。男人坐在靠墙的长凳上,而女人则坐在对面。女人担任烹调的工作,但"所有一切劳役和苦役,以及所有一切繁重的苦差和卑微工作,都由奴婢执行"。

下面说到他们的婚俗,"在挑老婆和选丈夫的时候",莫尔向我们如此介绍:"他们遵守一种在我们看来似乎非常愚蠢可笑的习俗。因为他们的办法是:由一个严正而又诚实的女士向求妻的男人展示一个赤裸的女人——不论她是处女还是寡妇。反之亦然:由一个贤明而又周到的男士向求夫的女人展示一个赤裸的男人。我们嘲笑此种风俗……然而,反过来说,他们对于其他国家的愚行也颇感诧异,因为在其他国家之中,购买一匹小马,在金钱上虽无多大风险,但却极其小心谨慎,尽管它已近乎一丝不挂地呈现在他们的眼前了,但他的还是把马鞍和挽具都拿掉,看清楚这些东西下面确实没有掩藏某种擦痕或伤疤,否则便不轻易付钱。可是,在选老婆的时候,他们却很粗心;尽管事关今后生活的幸与不幸,但他们却让女方用衣服掩盖全身而不加过问……而这些衣服下面可能掩盖着可使男的遗憾终身的可厌缺陷,而生米一旦煮成熟饭,后悔也来不及了——一旦结合,分离便不合法了。"

发生私通之事或"对方态度乖僻到令人无法忍受"时可以诉请离婚，但身为丈夫的人却不能因为"妻子身有某种缺憾"而将她抛弃。不过他们也有所谓的协议离婚这种事情——那是在"男女双方意见不合而又各自找到渴望和睦相处的对象"时才有可能。

乌托邦的法规很少，并且没有律师这种行业。学者颇得人望，而医生更受尊重，不是其他国家可比的。每个城市各设4座医院，"很宽，很大，看来像小城一般"。而其设备也很完备，因此一个人一旦得了病，宁愿入院疗养也不要待在家中医治。一个人一旦得了不治之症，他的生活也成了"十足的持续痛苦和烦恼"时，可以自愿了断，但除此之外的任何自杀行为，都要受到严厉的谴责。

在这本书中，最使读者震撼的，是战争的荣耀受到贬抑的情形。乌托邦的居民轻视"战争或战斗，视之为一种非常残忍的事情"，因此尽力避免。如果战争被强加在他们身上的话，他们不但要尽全力求得胜利，而且会采取被别国人民视为卑鄙、可耻之极的手段。

乌托邦居民的另一个特点，是他们看待贵重金属的态度。他们最珍惜的金属是铁，那是因为它有广泛的用途。他们用陶瓷或玻璃器皿吃饭、喝水，但是，"他们却用金子和银子制造尿壶等类的贱器，不仅用于公共的厅堂之中，同时也用于各家的私室之内"。他们用来系缚囚犯和歹徒的锁链和镣铐，也用金银制成，简直是存心把别国人民高度珍惜的东西视为"卑贱低下"的事物。

莫尔对于乌托邦人民的宗教信仰有很多话要说。"有的人崇拜日神；有的人崇拜月神；有的人崇拜其他星球的神……但绝大部分的人都相信：宇宙之间有一种莫名的神权，分布于整个世界，它永恒不灭，难以理解，无法形容，非人类的才智所能企及。他们称之为万物之父。"

精彩章节品读

第二卷：乌托邦人的生活方式及思想观念。

《君王论》

作品背景

作者 马基维利
类别 学术著作
国籍 意大利

名作简评

马基维利虽然写过不少历史、散文、喜剧、军事论文方面的书，但他之所以未被后人遗忘的主要原因，却只是由于一本书——《君王论》，而这本书在世界伟大著作之林中是最为短小的一本。

就其主题而言，它是一篇论述政治权术的论文，其重点在阐述如何在现代世界中建立邦国或公国，以及如何加以维护和扩张。马基维利写得非常仔细，他留心国家的现状，但不是可能怎样或应该如何的情况，他的思想中没有任何乌托邦理想主义的色彩。应该在此一提的是：在西方政治思想史中，《君王论》作为首要出版品，确有其不可争论的地位。

马基维利写作这本书的时间是1513年，在他刚被解除佛罗伦萨共和国政府主任秘书之后不久。他于1498年夏天即已担任此要职，那年他曾见到颇受平民爱戴的伟大改革家萨佛纳罗拉被赶下台，然后在新纽利亚广场被活活烧死，而那是他永生难忘的事情。他曾以卓越的能力为"十人会"的主人服务，而且曾担任过许多外交任务。其后梅迪西大家族再度掌权时，马基维利即因阴谋叛国罪而遭到逮捕并受苦刑拷问（但他坚称绝无此事）。虽然他被解职，但他仍可运用他的笔杆，不过在他撰写这本使他名垂不朽的小书时，也是他生平最凄惨的时期。下面所引，是他在给他的朋友维多利的一封信中所叙述的孕育本书经过：

　　自从上次倒霉至今，我一直过着一种平静的乡居生活，我待在佛罗伦萨的时间总共不到20天。我靠诱捕画眉鸟度过9月份；但是，到了月底，即使是此种颇为烦闷的活动也奈何不了我。早晨，我与太阳一同起身，然后走进一处森林……与那些拾柴的樵夫共度一段时光，他们总有一些烦恼要向我倾诉，有的是他们自己的，有的是他们的邻人的……而后，我开始走向那家路旁旅社，一路与过往的行人闲聊，问问他们来处的新闻，听到各种各样的事情，发现人类的兴趣和遐想可真是千奇百怪。在这里，我通常总会见到旅社老板、一名屠夫、一位磨坊主人以及一两位烧砖的工人。我整天跟这些乡巴佬儿在一起玩纸牌、掷骰子，而此等赌戏则不时引起争吵和相骂，往往为了一个铜子而口出秽言，吵闹之声不绝于耳，连圣卡斯西安诺都能听见……

没有一幅愉快的画面，特别是捕捉鸟类和跟那些乡巴佬儿玩牌，尤其令人烦闷。不过，好的在后面。

傍晚时分，我打道回府，摸进我的写作间，在它的门槛上脱去沾满泥污的粗布衣衫，穿上我的朝服，打扮妥当了，然后进入古色古香的古人朝廷，接受他们的诚挚欢迎，享我独享的食物，而后毫无愧色地与他们交谈，询问他们的行事动机，而这些人也认真回答我的问话。在这4个钟头的时间里，我不觉疲倦，不感烦恼，不怕贫穷，无惧死亡，我的整个身心都投入其中了……于是，我不但记下了我与这些贵人交谈所获得的一切，同时也写出了一本小册子……讨论君国的性质。它有多少组成要素？这些要素如何获得？如何维护？为什么会丧失……

内容精义

这本书的前一部分列述了文艺复兴时期意大利的政治协商情形。就当前的目标而言，我们所必须明白的一点是：那时的意大利只不过是一个地理名词而已——全国被划分为许多小的公国和城邦，而罗马教皇占有广大的领域——而且在这些公国和城邦之间，利用它们之间的敌对、争吵以及战争，使它们在已经够大、而且还在日渐壮大的法兰西和西班牙君主的面前保持持续分裂甚至衰弱的局面。下面我们就从所谓的"政治力学"来考察马基维利以他的亲身经历揭示的治国原则。

先以首章为例，因为它是全书得名的一章，而它的本身也有十足的意味："君王须以何种方式守信？"对于这个论题，政治理论家多半以一种高度的公正态度加以讨论，但马基维利并非如此。"作为一位君王，应该言而有信，"他开始说道，"那是一种多么值得赞扬的事情！然而，我们这个时代却以足够多的经验昭示我们：真正做了大事的君王都是最不守信的那些。相反的，他们不但以他们的聪明机巧使得人们大惑不解，并且还使相信正当交易的人们最终被征服。"他认为真正能干的统治者必须集狮子与狐狸的特性于一身，不但要力求像前者一般勇猛，同时也要像后者一般狡猾。单是像狮子是不够的，因为狮子有勇无谋，不知如何避开陷阱；单像狐狸也不够，因为狐狸有谋无勇，不足以抵御恶狼。只想效法狮子的君王不明白这当中的道理——他如此讽刺道：

> 因此，一位谨慎的统治者不必言而有信——守信就意味着违背自己的利益。如果人人都善，这种教言即非妙方，但若人人皆恶，他们就不会对你守信，因此，你不必对他们守信。为了食言或毁约而找借口或自圆其说，也没有必要。关于此点，有很多现例可举，可以说要举多少就举多少，但在此处，只举一个，也就够了。教皇亚历山大六世，不做别事，只是骗人；不想别事，只是想法骗人；然而他一帆风顺，因为他对人类行为的这一面具有独到的认识。

一位聪明的君王，必须要做一个大杜撰者、大伪装家。他应该"显得"虔诚、忠实、厚道、诚恳，一般的民众总是以貌取人的。但为了保持他的地位，他必须准备在必要的时候采取反信实、反仁慈、反人道、反宗教的行动，关键在于只许成功，不许失败。王者只要做到这一点，他就可以得到每个人的赞叹——不论他是如何做到的。

经常遭受非难的另一章，所谈的是"残酷与仁慈，被敬爱好还是被畏惧好"。作者告诉我们：作为一位君王，自然需要被人认为仁慈而非残忍的，但是，只要他的作为可以保证臣民的安全和幸福，他就不必在乎人们的看法。如果他比一个由于过度温厚而导致谋杀、强暴，甚至毁灭的君王更加仁慈，便会影响全体国民的安乐，但一位残忍的君王下令处决的人犯，只不过是少数几个人而已。这只是表示一位征服者应该残忍而已，但他必须接受的忠告是：他这些残酷的行动，应该一举完成，而非日日反复推行。

至于君主是被敬爱还是被畏惧好这个问题，马基维利的答案是：贤明的统治者自当两者兼而有之，但这有时是难以办到的事情，所以说，"被畏惧远比被敬爱安全。"因为人类不但自私自利，而且容易忘恩负义，而"畏惧有怕罚为其撑腰，则可永无失势之虞"。但正如前面所讲的那样，不能反复地做。他应该以被畏惧而不致被痛恨为其目标，因为这种状态较易保持——只要他不涉及臣民的私财和女人就行。假使不受欢迎的措施非推行不可，聪明的君王可向人民表示：此举出于他的部会首长而非他本人，而施恩的权利则在他自己的手里。

有不少人认为，一个明智的君王，只要有机会，就该制造某种内部矛盾，以使他能够在解决矛盾中显示他的伟大。同样的，他也可以存心树立一些外敌，以便用战争加以克服而获得崇高的声誉。

马基维利更进一步，以一位被他认为最值得仿效的君王的画像作为阐释其主题的插图，而这幅画像所画的人物不是别人——正是整个文艺复兴时期凶狠的角色之一——恺撒拉·鲍吉亚，可以说是最凶猛的一个！"对于一位新上任的君王而言，据我所知，他的作为是无出其右的最佳范本；如果说他的手段未获成功，那是因为他的运气太糟，而不是他本人犯了任何错误……纵观他的全部言行，我不但找不出任何可以指责的地方；相反的，我却感到不得不将他推举为模范，他值得我们用财力和物力加以壮大的人物效法……"

不惜以这样一种赞赏的笔调描述这样一个没有节操的人，作者因此而受到世人的怀疑，当然是不足为奇的事。"在整个著作史中，是否可以找出任何像马基维利这么可厌的姓氏，很让人怀疑。"麦考雷说道。然而从事实来看，马基维利本身却是"一个光明正直的人，他的道德观与他周围的人虽有不同之处，但此不同之处似乎也属好的一面，由此可见，他的唯一缺陷便是：首先采用若干当时普遍受欢迎的箴言，然后设法令其格外明显，而使它们得到比任何其他作者更为有力的表现"。

这件事情的真相似乎寓于下面的一个事实之中：如前所述，马氏是个现实主义者；同时他也是一个非常诚挚的爱国主义者，其爱国的程度在他那时的意大利可谓十分忠诚。他将他一生中最好的时光都奉献给佛罗伦萨共和国了，而他除了希望他曾协助运作的那种政治永垂不朽之外，别无所求。但他知道那是不可能的事情。那时的众小城邦，已濒临一种杀戮和毁灭的绝境。这时一个明智的君王究竟该采取怎样的行动呢？想要建立法律和秩序，安全与和平的国家，除了采用强人的统治手法之外，别无他途可循——当然，这位统治的君王如果坚强而又英明，自然再好不过，但如不可兼得，则坚强重于其他一切。

关于这点，他在他的结语中说得非常明白：他在这里给当时掌权的梅迪西君王上了一个谏言——他这篇论文就是为引导和激励此人而写。"且让权贵大家族负起这个解放的任务以使意大利脱离蛮夷的统治吧！"他在此处所说的蛮夷，是指当时的外国侵略者，特指当时的法兰西。"唯愿您以勇气承担这个任务，以正义为号召，以使我们的祖国能够在你的领导之下强盛起来……"于是，这位原将希望寄托于一位恺撒拉·鲍吉亚身上的作者，便为马志尼和加里波迪指出了一条道路，希望他们建立一个统一而又自由的意大利了。

精彩章节品读

第一章：国君及其臣民之间的理想关系。

精彩佳句

> 我们的自由意志不能完全被消灭，我想命运诚然决定了我们的一半行动，而她还允许剩下的那一半的行动让我们自己来决定。

《唐·吉诃德》

作品背景

作者　塞万提斯
类别　小说
国籍　西班牙

名作简评

这部谐趣小说的作者塞万提斯，生于 1547 年 10 月 9 日，他的父亲是一位穷困的西班牙医师兼药师——一贫如洗，无照执业，且聋得几乎听不到任何声音——经常为了逃避债主的追讨而到处迁移。直到 1566 年，他偿债能力好转，才在马德里定居下来。

塞万提斯在 21 岁那年，按当时的风尚，写了一些以菲力普二世之妻依萨贝尔·德·华露瓦之死为题材的诗篇，颇受好评。后来他涉入了一场决斗之中，结果是他逃出西班牙。在罗马当兵一年之后，在 1571 年，他参加了勒庞渡海战，结果受了重伤，他的左手因此失去了功用。后来在他返回西班牙的途中，他所乘的那只船被北非的巴巴里海盗截获。

最后塞万提斯被赎了回来，赎金一部分来自家人数年的省吃俭用和挪借，还有一部分出于一些慈悲僧侣的募集，他于 1580 年返回西班牙他那一贫如洗的家中，时年三十有三。大家发现他变成了另一种人：颇似战后归来的士兵——不但不再有魅力，甚至也不再有用，谁也不愿要他了。

他重新提笔写诗，并到葡萄牙旅行——尤其出人意料的是，他又到阿尔及尔走了一趟。他也写了不少剧本，但留存下来的很少。然后他在 38 岁时讨了老婆。他跟许多作家一样，因感到无法单靠笔杆谋生，而不得不去做其他各式各样的工作，包括为无敌舰队征募军需品——这个使他变得非常不受欢迎的差使。他不但跟他的老父一样愈混愈穷，同时也像他以后创造的人物桑丘·潘萨一般梦想恩遇——即使当不到某岛的总督，至少也要在那个岛上求得一份工作。他在经历至少两度坐牢在内的无数挫折之后撰写他的大作《拉曼却的吉诃德先生》，每逢不幸之事临头或有希望掠过脑海，他就将它写在纸上。

这部小说的前一部分于1605年出版，出版后立即引起大轰动，不久就被译成了包括英文在内的其他许多文字，这使得吉诃德先生和桑丘·潘萨这两个角色在一夜之间成了家喻户晓的名人。

然而，塞万提斯的大名虽然传遍了整个欧洲，但他的运气却跟他的骑士一样总是不佳，以致在1616年4月23日死于贫困，而被当作叫花子一般的贫民予以埋葬。

不用说，他的这本书不但活了下来，而且会像一座光辉的纪念碑一样永远为后人所瞻仰。

它的背景也很引人入胜，单从它对16世纪西班牙的风俗习惯、言行举止以及阶级结构的白描看来，也不失为一本杰作。

内容精义

不久之前，在拉曼却的某个村庄住着一位绅士，而这位绅士总在他的枪架上面插着一柄长矛，一只古盾，此外还养一匹瘦马，以及一只狩猎的猎狗——总之，他就是这样一位绅士。

以上这些文句，出于17世纪初期一位西班牙军人之手——一个曾在战斗中受伤的士兵，他在成为专业的作家之前，曾有过一些非常刺激的生活经历。而他所写的这位绅士与他本人也颇为相似。

这位西班牙绅士"年近五十，体格坚强，身材细长，面孔瘦削，习惯于早起，喜欢打猎"，而他写的书——《唐·吉诃德》，则是世界杰作之一。在这部书之后问世的每一部小说，多少都有一些取法于它的地方。它是这样的一种书：几乎从任何一点开始，你都可以趣味盎然地读上一两章。原因在于，吉诃德先生是一切小说作品之中最可怜、最可笑，而又最可爱的人物之一。我们几乎可以说，"在历史上"，这个身材瘦削的第一个用长矛攻击风车的人——假骑士所建立的滑稽武功，正是我们感到不难描述的那种生活的一部分。至少描述吉诃德先生让他自己接受一位恼火的酒馆老板的封爵，跟观看劳伦斯穿上阿拉伯人的服装出发打败土耳其兵一样容易。

首先，这位西班牙绅士——利用大量的时间描写骑士精神书籍的塞万提斯告诉我们，以这种方式写出的文字使他特别感动："你对我所用的那种无理的理由，大大地削弱了我的理由，使我不得不以理由埋怨你的优点。"他对这种文字之美感到心动不已。

于是，时机一旦成熟，我们这位主角或英雄便觉得非当游侠骑士不可了。他要穿上闪亮的铠甲，骑着一匹威风凛凛的战马，到世间冒险犯难，打抱不平，搭救落难的姑娘。他弄了一套陈旧的铠甲，辛苦地将它洗刷了一遍，尽其所能地将铁锈擦掉，然后钻进去。铠甲虽然嘎嘎作响，但还合身，唯一的缺憾是头盔上面没有面甲，不过，这也无妨——他用纸板做了一副，装了上去。然而，"为了看看它的强度是否受得住一番剑击，他拔出他的长剑，向它刺了两下，第一下就捣毁了他辛辛苦苦费了一个星期才完成的工作成果"。

他重新做了一副面甲，并用细小的铁条予以固定，并且明智地避免再做进一步的试验（不久之后，这具头盔就被理发师所用的那种发亮的洗脸盆取代了，看来非常滑稽）。接着，他为他的骏马装了一副鞍。

这个可怜的牲畜——本书第一段中所说的"瘦马"，瘦得可真是"皮包骨头"，而它之所以被称为罗新南提，正是因为它的骑士喜欢这个名字的音韵。而骑士自己的头衔也改成了"来自拉曼却的吉诃德爵士"（"吉诃德"比"吉哈达"或"格萨达"都好听得多）。而"唐·吉诃德·德·拉·曼却"或"拉却的唐·吉诃德先生"则是一个漂亮而又堂皇的头衔了。

其次，他跟其他骑士一样，需要一位淑女作为恋慕的对象。他活到这个年纪，对于这样一个问题，尚未有过周全的考虑，不过，他此刻记起了一个可能合适的对象。她是他曾经颇为爱慕的一个农家女子，于是为她取了一个他所能想到的最美名字："托布苏的杜新妮亚"（也不必征求她的同意了）。

于是，他走了，没有对他的管家或园丁的儿子说一声。当时是7月里的一个大热天。

他刚在铠甲里面开始感到闷热之际，忽然想起他还没有得到爵位，不免恐惧起来。

这虽是需要他人默许和支持的事情，但他想到了一个使自己满意的办法。他在当天晚上到达一家被他视为古堡的旅社。在这家旅馆的外面，他遇到两个浪荡女子，于是上前向她们打了一个招呼，称她们为"标致的闺女"——

据塞万提斯所言，这个称号与她们的身份并不相合——接着，大踏步擦身而过。他在这儿的旅店里面度过了一个令人发笑的不幸黄昏之后，与两个骡夫来了一场谐趣的打斗，而这场打斗与他在全书中所参与的大部分战斗不太一样——他打赢了。于是旅馆主人赶忙为他封了骑士的"爵位"，以便尽快将这个爱惹麻烦的旅客打发开去。

一旦成了一位骑士，他就豪气十足了。折颈断臂的冒险接二连三。首先，他用他的长矛迫使一个猛打童仆的人放下鞭子。他对那人的服从感到满意之后，便又策马前进，离开了那对主仆。那人见他走后，便将那个孩子绑在树上，重新鞭打一顿，打得他皮开肉绽——但英勇的吉诃德先生已在数里之外庆祝他自己做出第一件"矫枉"之事了。

他在一处十字路口遇见一群商贩。这个老傻子，一见他们来到能听见的范围之内，立即开口大吼道："整个世界给我站着！整个世界给我赶快承认，整个世界没有一个女士比托布苏的杜新妮亚更漂亮！她天下无双！"

这些商贩确信他已疯了，于是准备捉弄他一番。他们中的一个不但出口辱骂他，而且怀疑他所说的这个女士是否真的是天下无双。

这对吉诃德来说太过分了，他忍不住"挺起他的长矛就向那人冲去！他怒气冲天，这时他的马——罗新南提绊倒在路上了，不然，那个无礼的商贩可就惨了"。

罗新南提绊倒在路上后，我们这位英雄滚倒在路旁，像个无助的甲虫一般，因为铠甲太重而爬不起身来，只好在那里吼叫道："不要走——你们这些奴隶！我躺在这里，不是我的错，是我的马不好。"

而这些商贩和他们的骡夫，不但不赶快逃跑，反而将他的长矛随意折断，并且用它打他，就如将小麦推进石磨一样，使得这位英勇的骑士在那里对天咒骂。

商贩们高兴得哄堂大笑，而可怜的吉诃德，因为铠甲太重而身体又被打伤，一时爬不起来，便躺在那里顺口哼起一支受伤的骑士之歌来。此时有一个他自己村上的劳工路过这里，替他将那已被打烂的纸板面甲脱下之后，见是吉诃德穿着这种奇装异服并且受了重伤，不禁吃了一惊。他轻轻地将这个自封的骑士弄上他自己的驴子，接着把他的头盔、那支被折断的长矛以及其他一两件掉下的东西，系在罗新南提身上，然后带回家。

他的管家细心地将仍穿在他身上的铠甲卸下，然后将嘴里仍在嚷着一些强盗与美女的胡话的他安置在床上。

　　故事就这样嘻嘻哈哈地用五章笑话，讲完了这个苦脸骑士的初度远征。但经过为期14天的休养之后，他又再度悄悄地出发了。这回，他居然说服了一个单纯的乡巴佬担任他的随从，跟他一起巡行。这个乡巴佬桑丘·潘萨之所以一口答应，是接受了战利品和某岛总督职位的名利之诱。

　　于是一天晚上，他们出发了，骑士骑着骨瘦如柴的罗新南提，随从骑着他的驴子，既未与管家说声再见，也未向桑丘的老婆打个招呼。他们几乎刚一出门，就与风磨演出了历险的故事：他俩见到平原上面矗立着三四十座风磨，而吉诃德非要说它们是巨人，桑丘礼貌地说明它们不是巨人，但这位英勇的骑士却教他到一旁去祈祷，而他自己则去攻打它们。

　　吉诃德将他自己托付给上天和他的贵妇人杜新妮亚之后，便向最近的一座风磨冲锋而去。

　　他的长矛刺入转动的风帆，发出一声巨响，折成了碎片（我们这位英雄很会浪费长矛），接着是他自己连人带马被拖过了平原。

　　吉诃德由于没有遭遇更进一步的不幸，于是向他自己以及潘萨证明，说是某种魔力使那些巨人变成了风车，骗去了他要征服他们的荣誉。

　　他俩继续前进，不到一个钟头的时间，他们就从一个无辜的教士身旁救出了一个倒霉的女人，并且让这个受惊的女士到托布苏晋见无比美丽的杜新妮亚，表示他们救她是看在杜新妮亚的份儿上。这位女士同意了这个武装疯子的要求，但她是否实践，我们就不得而知了：因为那里根本没有杜新妮亚其人。

　　险情接二连三，而在每一件险事之中，吉诃德几乎全是输家，而他自认为失败的事件少之又少。他的第二次长征于多章之后告一段落，是因试图搭救另一位女士（一座更不急于被救的雕像）而遭遇失败。而这两位武士遍体鳞伤，他们搭乘一辆草车，拖着他们的坐骑返回村子。桑丘·潘萨的老婆非常生气地问道："你做这个随从得了什么好处？有没有带一条裙子给我？有没有带些漂亮的鞋子给孩子？"但桑丘除了经验外毫无所得，他好了疮疤忘了痛，以致神采飞扬地说道："对于一个诚实的人来说，世上没有任何事比做一位游侠骑士的随从更开心了。"

　　当然，这个还不能作为结局。塞万提斯的超人想象力创造出了一部完整的续篇，并将我们这位骑士所进行的第三次，也就是最后一次远征做了一番更为生动的描述——比前面两次加起来还要翔实、还要滑稽。由于篇幅关系,此处不再复述那些奇特的历险故事,但其结局则是吉诃德老爷安详逝世——终于明白他根本不是一名骑士。桑丘·潘萨在他的床前哭泣,他在口授遗嘱时对这个小人物提出了一些要求,他说:"我在发疯的时候如果曾经答应让他担任某个岛屿总督职位的话,那么现在清醒的时候我要给他一个王国——假如我能够的话。因为他天性纯朴,为人忠诚,有资格占据那样的职位。"

说到他那年轻的侄女,他以他的地产相赠,但他表示:"她应该嫁给一个男人——她必须有证据证实这是一个不知骑侠小说为何物的男士。"

精彩章节品读

第二至六章:唐·吉诃德第一次出门历险的经过。
第八章:唐·吉诃德第二次出门历险,与大风车作战。
第十六章:唐·吉诃德将客店当城堡,发动进攻。
第二十五章:唐·吉诃德的随从桑丘·潘萨在黑山吃苦受罪。

精彩佳句

> 一个规矩女人的美貌好比远处的火焰,也好比锐利的剑锋;如果不挨近去,火烧不到身上,剑也不会伤人。
>
> 娶老婆不比买商品可以退还或交换,这是一辈子的结合。婚姻是一条绳索,套上了脖子就打成死结,永远也解不开了。只有死神的镰刀才割得断。

《鲁宾逊漂流记》

作品背景

作者 丹尼尔·笛福
类别 小说
国籍 英国

名作简评

丹尼尔·笛福是伦敦的一位商人之子,生于1660年,他写出他的不朽杰作《鲁宾逊漂流记》之时,已近不惑之年。

他在写了许多杂文之后推出《鲁宾逊漂流记》,立即引起了轰动,接着又写了一连串令人振奋的故事。

他做过新闻记者,不但有过目不忘的记忆和见微知著的眼力,而且善于描绘,故以第一人称所写的小说,栩栩如生。就以此处介绍的《鲁宾逊漂流记》而言,他不但有深入每个人物内心的本领,并且还将他们所想所说的一切写进他的故事之中。

内容精义

故事始于一艘遇难船上的唯一幸存者鲁宾逊·克罗素绝望地踏上一个荒岛的那一刻,因为,在此后的28年时光中,这个荒岛就是他的整个世界。读者由此开始与这位足智多谋的流浪者共同体验每一个令人焦虑而又危险的时刻,共尝他的艰苦、他的恐惧、他的绝望,分享他的喜悦、他的希望;与他一同在内心深处思量,追求心灵的超越;与他一起抗拒没有止境的寂寞;与他一块抵抗风霜雨雪的侵袭;与他一起克服艰难和危险……直至分享他那终于得救的欢欣。

他在踏上荒岛的那一刻，情景的确令人感到沮丧、绝望。

鲁宾逊的身上只有一把小刀，一支烟斗，以及少许的茅草，除此之外一无所有。

他游到那艘破船那里，着手搜寻每一种实用的东西，首先搜集食品——面包、白米、乳酪、一些羊肉和玉米。他从船长的酒柜中拿了一些饮料，然后搜集衣服和用具，他颇为明智地认识到：对他而言，木匠的工具箱比黄金更有价值。接着，他要留意的东西是武器和弹药。

为了把搜寻到的东西运上岸，他造了一只木筏。回到岸上，他爬上一座小山，纵览他的领域，发现此岛没有人烟。在第二个夜晚来临之前，他为他自己造了一栋简陋的木屋——用木箱和其他杂物在他四周围堵而成。

第三天，他再次前往那艘破船，添置他的杂物：钉子、弹药、帆刀、剪刀、海图、船缆、铁架、餐刀、叉子、剃刀、绳子，等等。

他接着要做的是在一个小小的山洞前面架起一顶帐篷。他在这个避难所里面钉了两排半圆形的木桩，并以其他木桩和船缆在当中建立一道坚固的篱笆。他耐心地将他全部的食品和存粮搬进这个隐蔽处。在这座"要塞"里面，他感到他可以安稳地睡觉了。

他以更多的劳动逐渐扩大他的洞穴，并用挖出的泥土和岩石筑了一座小小的平台。一阵突如其来的暴风雨，加上耀眼的闪电，使他立即想到了他的火药，于是赶紧将它分成许多小包，装进袋子和箱子里面。

两个星期之后他才想到在一根柱子上刻下登陆的日期：1659年9月30日；但从此以后，他只以刻痕记录月份、星期以及日期。

他捡来的杂物中含有笔、墨、纸、三四个罗盘、一些制图仪器、海图、航海书籍，还有3本圣经。此外，他还救出了船上的一条狗和两只猫。

他着手写日记了，并在某一天为自己的现状画了一张平衡表，他感到每一种缺憾都可用优点加以弥补，颇富哲学的意味。虽是独处在"恐怖的荒岛"，不过他想："但我活着，没有像我所有的船友一般葬身鱼腹之中。"除此之外，他还想到："它既能奇迹一般地使我死里逃生，也可将我救出这个……"

他体验到了一次地震和一次暴风的恐怖，接着又因高烧病倒。他用烟草浸酒当药自疗疾病；同时也开始向上帝祈祷了——尽管他从来不信宗教。他每天思索生命的奥秘，不时翻阅一本圣经，探求其中的奥义。高烧退去，他情不自禁地做起从未做过的事儿——跪在地上做感恩的祈祷。

他在岛上待了大约 10 个月的时间之后，终于有了进一步探险的胆量。他踏上了一片肥沃的土地，那里不但芳草萋萋，还有一泓碧水映照其间。他在采摘柚子、柠檬以及葡萄的时候忽然想到他是全岛的主人，精神不禁为之一振。这座山谷发出的强烈魅力，不但使他在此多待了些时间，还要他为他自己建造"一座小型的凉亭"，四周围起一道高高的篱笆。他如今不但有了一栋"滨海别墅"，同时也有一座"乡野别墅"了。他的士气高昂起来了。

　　现在，他对他自己更有信心了。为了来一次更为大胆的探索，他带了他的长枪、他的斧头、他的狗以及足够的粮食，沿着海岸巡视全岛。当他走到远方的海岸时，他不禁对较远的地方做了一番视察后，使他确信他离开他住的地方已经够远了。

　　实际说来，他觉得此岛的这一面比他那个主要基地可爱多了。因为这儿不但有树木和原野，还有花木和草地。树林里面到处都是鹦鹉，他捉了一只小的，想教它讲话。他此次出行非常轻松，每天只走大约两公里的路程，通常都在林中睡觉。他发现了乌龟、企鹅以及各种飞禽。他享用了各色各样的食物——羊肉、龟肉、鸽肉、葡萄以及其他水果。他行走了 12 公里的海滨地带，他在此行的终点插了一根木杆，作为下次巡行的记号。

　　春去秋来，时光荏苒。他的衣服都穿破了。岛上没有其他人，他大可不必穿衣服，但需防卫骄阳的灼伤。他用猎获的兽皮做了一柄阳伞，同时也缝制了种种不同的衣服，因而他称自己不但是个坏木匠，更是一个糟裁缝，他这种自我调侃的心情倒也增长了他的士气。

　　话虽如此说，但他做木匠的手艺终于有了长足的进步，因为他自己造了一只带帆的独木舟。

　　接着，他在探险的途中突然碰到了一个戏剧时刻：海滩上面忽然出现了一个人的脚印。他去找了一下，却没有发现其他踪迹。"我吓得呆若木鸡，好像见到了鬼一般。我侧耳细听，我向四周张望。我什么也听不到，什么也没看见……我一回到我的城堡，立即飞一般钻了进去，就如有人在后面追杀一样……那天夜里翻来覆去睡不着……"

　　他恳切地祈祷，随手翻开他的圣经，见那上面写道："你只要伺候上帝，不要颓丧，主就会使你坚强起来……"他自称他已不再悲伤了——至少已"不再为那种情况"感到失魂落魄了。虽然如此，他仍然在他的要塞里待了 3 天的时间，才敢出门。

他在为他的家畜寻找一个适当的豢养场地的时候,得到了一个更为可怕的发现:一片沙滩上面出现了一批食人族聚会的痕迹。这使他情不自禁地在一座山丘上找了一个隐蔽之处,以便仔细看个清楚,而这又使他发现了一个巨大的洞窟,高有20尺,于是他赶忙将他的大部分弹药搬了进去。

一天,他在山丘上面观测一处火光时,赫然发现9个赤裸的野人在那里聚餐,而他们的两只独木舟则搁在海滩上面。在落潮时野人离开之后,他到那里进行了一番查看,只见血肉和骨头散落一地,吓得他几乎呕吐出来……

又有一天夜里,他听到一声炮响,以为是航船遇难,于是燃起一堆狼烟,到了天亮,果然看到一只破船撞在岩石上面。他希望至少能有一名船员生存,因为他实在太渴望有人做伴了。可是那里却无一点生命的迹象,只有随船水手的尸体被冲上了沙滩。"他的衣袋里面别无他物,只有4枚西班牙银币和一只烟斗,"鲁宾逊如此写道,"对我而言,后者比前者价高十倍。"

他登上他那只小型的独木舟,费了两个钟头的时间,划到那艘破船那里。他看到一只西班牙商船,船头紧紧地卡在岩缝里面,船梢"全被撞烂了"。他带出了船上的狗和杂货——洋酒、水壶、锅子、一只角制的火药筒、一些黄金和少许衣服,并从两名水手的脚上脱下两双鞋子。

这事过去之后,他又恢复了原来的生活常规,只是比以前更加小心。不久,出现了一个颇富戏剧性的场面:一个逃命的青年土著被两个食人者追杀,结果得到了鲁宾逊的救助。当这个青年跪在他的面前表示感恩时,他忽然感到他终于有一个伴侣了。他为他这个同伴举行了洗礼,同时以他救他的那个日子给他起个名字叫做"星期五",并且开始教他说简单的口语。

星期五也是一个性格开朗的人。他聪明好学,进步很快。鲁宾逊烹调精美的羊肉粥给他吃,使他逐渐戒掉吃人的习性。星期五的学会的词汇日见增多,鲁宾逊便对他进行宗教上的启蒙。这个弟子打破沙锅问到底的好学精神,往往把老师弄得无言以对,但鲁宾逊也坦然承认:因为努力答复他这个天真伴侣的追问,倒也使他自己的神学观念逐渐丰富起来了。此外,他在为星期五缝制衣服的时候感到他缝纫的手艺也进步了。

他俩着手建造另一只独木舟,但又来了一批食人者。鲁宾逊和星期五佩上步枪、手枪、刀剑和斧头,不但击退了侵略者,还救了两名俘虏:其中一个是西班牙人,是上次沉船的生还者;另一个则是星期五的父亲。"我想我本人拥有大批臣民,"鲁宾逊如此记述道,"而这也是一种愉快的想法。"

这个西班牙人和星期五的父亲一同出发,尝试搭救另一些幸存者。而在他们离去的时候,忽然有一艘英国船停泊在这座海岛的外面,并且派了一只小艇向岸边划来。某种直觉警告鲁宾逊,他要赶快蹲身躲藏起来。他看到8个水手带着3名绑着的俘虏登上陆地。等到那些掳人者在树林里面分散之后,鲁宾逊和星期五立即向那3名俘虏走去,结果发现他们是那艘船上的船长、大副以及一名乘客——都是叛乱的受害人。鲁宾逊将他们全部武装起来,他们杀了几个主谋,并将其余的附和分子抓了起来。等到更多的人上岸查看情形时,鲁宾逊便用计策将他们诱入岛中,而将其一举制服。在他们将全部叛徒逮捕后,鲁宾逊终于可以驶向英伦了。他带了他的羊皮帽子、羊皮阳伞、一只鹦鹉和在那艘西班牙沉船上发现的一些银钱——此钱作为他长久独处的纪念品,终于有用武之地了。他记述他在1686年12月离开那座他已待了28年又两个月之久的荒岛。经过一段漫长的航程之后,他带着星期五登上了英国陆地,"犹如一个十足的外来人,就像从来不曾到过那儿一样。"

在笛福的彩笔描绘之下,鲁宾逊·克罗素成了一个十分可爱的角色——那样爽快,那样憨直,可以坦然自嘲——例如他沉静地揶揄他那笨拙的木匠和裁缝技术。

他从未只是坐着发牢骚,他站起来行动,向他的困境挑战;他的天性虽是单纯憨直,但他的勇气和机智却不时放射光芒;他那种富于哲理的思维,不但少年读者易于领会,就是老年读者也会夸奖。

他是一个很有人性的角色,故而很能照顾他的宠物——他的狗、猫、鹦鹉、山羊,使得读者觉得鲁宾逊·克罗素虽然久处荒岛,却不完全孤单。

说到星期五——进入他的孤岛生活的第一个人类——其本身也是一个可爱的角色。

说来奇怪的是,当他俩的得救似乎已经毫无疑问的时候,本书的趣味反而逐渐减弱了。尽管笛福已经敏锐地预料到了此种反应,并且使出浑身解数,尽其可能地将最后得救的场面写得生动活泼又刺激,但最后还是无法挽回颓势。对于鲁宾逊·克罗素而言,岛上的安宁已被破坏了——对于读者也是这样。

精彩章节品读

鲁宾逊在孤岛上凭勇气与智慧独自生活。

鲁宾逊和星期五结为主仆关系，并参与土著人的战争。

精彩佳句

> 什么是人生的杰作？什么是伟人的功业？带着表面上的辉煌胜利而通过了世界舞台的这些人，就是所说的英雄吗？声名卓著，青史留名，就变得伟大了吗？那不过是为子孙后代编造的一个故事，直到他演变成了传说、传奇。

《格列佛游记》

作品背景

作者 斯威夫特
类别 小说
国籍 英国

名作简评

本书作者乔纳森·斯威夫特于 1667 年出生在都柏林,是英国人的后裔。他在赤贫的环境中长大,由于找不到较好的工作,为了取得一份微薄的俸禄,只好待在北爱尔兰的首府贝尔法斯特,担任一项教会工作,时年 27 岁。他在这里任职期间写了两篇成功的讽刺文章,写得非常生动、有趣。其一是《一只木桶的故事》,讲的是"宗教界与学术界的腐败";其二是《群书大战》,写的是古代与现代学术之间的战争。

他曾与两个女人维持一种复杂的关系——他称她们为"施黛拉"与"温妮莎",从他所写的《施黛拉日记》看来,他是一个非常古怪的人。他也许曾在 46 岁与他的"施黛拉"结婚,但此事根本无法确定,而他是否曾经与她同居一室,也同样难以确定。而在这段时间中,他与"温妮莎"之间的鱼雁往来却颇为频繁。

他写了很多东西,可惜留传下来的却很少,但在 1726 年——在"施黛拉"(也许是他唯一的爱人)死于久病之后的前一年——他发表了他这部名声最响的《格列佛游记》。

其后,他不但愈来愈像隐士了,并且经常被发狂的恐惧念头所困扰——他终于在逐渐丧失所有的官能作用之后,死于精神病,享年 78 岁。

斯威夫特是英国文坛最奇、最怪、最矛盾的角色之一。(试举一个小小的实例:一个确实厌恶小孩的人,却写了一部如此美妙的儿童读物!)他立志求得一个成功作家的地位，就像别人一心要靠证券交换所成为一位百万富翁一样，然而，他却不愿做一个专业的写作者，以为那样会贬低他的社会身份：他平生只有一次为了替刊物写作那些作品而收受报酬。

无可讳言，他并不是一个富于男性魅力的人，但他却是一个才气纵横且极为诙谐的人——一个在道德上属于愤世嫉俗的人。

他亲自以拉丁文撰写，如今仍然竖在他的坟上的那篇墓志铭，也许可对这位曾经写出一本旷古奇书的人做一个适当的结论：

神学博士乔纳森·斯威夫特的遗体埋葬于此，过去那种炽烈的愤恨再也不会撕裂他的心灵了。旅人啊，去效法这曾经尽其全力维护人类自由的人吧——如果你能的话。

内容精义

这个故事的进展非常快：才用不到一页的篇幅，主角勒末尔·格列佛少爷，不但已向读者交代了他的身份——他于英国剑桥大学殷曼纽学院毕业之后继续习医，然后在一艘海船上当医生，而且已于"1699年5月4日"扬帆向南海方向航行了。

再过100个字左右的篇幅，时间就已到11月，格列佛也已因海难被风浪冲到一处外国的海滩上面了。他累极了，躺在那里休息。

当我一觉醒来时，天已大亮了。我想爬起身来，可是却动弹不得，因为，我发现我的双臂和双腿都被紧紧地绑在两边的地上了，而我的浓密长发，也被绑在地上了。并且，我还感到，我的身上也被绑了好几条细小的绳子，从我的腋窝起，一直绑到我的大腿部分。

不一会儿工夫，我感到某种生物在我的左腿上面移动，轻轻地向我的胸部前进，几乎来到了我的下巴；我尽力抬头向下望去，这才看出那是一个小人，身高不到六寸，两手握着弓箭，背上还有一只箭袋。同时我又感到，至少有40多个（据我估计）这样的小人跟在第一个后面走上前来。我感到非常惊讶，忍不住大声吼叫，吓得他们全都退了回去；其中还有几个，从我的身上跳到地上的时候跌伤了，这是他们后来告诉我的。但不久之后，他们又回来了……

《格列佛游记》

就这样，勒末尔·格列佛发现他已进入列里波特国，即小人之国了。小人国的居民对他非常和善——尽管他们起初曾经将他囚禁起来。不久之后，小人国的皇帝就来看他了。

他的衣服非常朴素，样子介于亚欧之间，但他头上戴着一顶金盔，其上饰以珠宝，顶上还插一根翎毛。他的手里抓着一柄几乎有3寸长的宝剑，以防我挣脱开来。他说话的声音非常尖锐，但也非常清楚，非常明白……

格列佛以他所会的荷兰语、拉丁语、法国话、西班牙语、意大利语，对这位皇帝和跟他同来的朝臣说话，但都白说了，不久皇帝也走了。曾有几个小兵用箭射他，这时，曾经爬到他身上的那个警卫，现在把这些坏蛋抓来交给格列佛，由他随意处罚。

我用右手将他们全部抓起，把其中的5个放进我的外套衣袋里面，我对第六个装出一副恐怖的鬼脸，就像要活活将他吃掉一样。这个可怜的家伙吓得尖声嘶叫，而那上校和他的军官们也很紧张，特别是在他们看到我拿出我的削笔小刀之时，更是害怕。但我不久就使他们免于恐惧了，因为，我不但对他和和气气，并且立即将绑在他身上的绳子割断，轻轻把他放在地上。让他自己跑开。我对其余的人也是一样，将他们一个一个拿出我的衣袋，逐一放在地上。我可以看出，无论是军人还是百姓，对我的仁慈表现都很感激，而这对我在朝廷里面活动也十分有益。

从此以后，这个"人山"——小人国的人民给他的一个绰号（他很快就学会他们的语言了）——就成了一个非常受欢迎的人物了。他所得到的自由是有限制的，主要的有：除非得到许可，他不可以走出国王的领域；他不可以躺在玉米田里（以免毁坏其中的作物）；他走路时必须极其小心，以免踩到小人国的国民。此外，他必须随时听候差遣，担任高速度的传信工作；他要将信差和信差所骑的马放在他的衣袋里，送到国王要送达的地方。

同时，他还要用步测的方法替国王绘制全国的地图。

因此，"在'人山'郑重发誓遵守上列各条之后，每天即可享有酒肉的津贴，数量足够我国臣民1728人食用。"

不久之后，格列佛解除了小人国受到侵略的危机，侵略者是来自勃勒符斯克岛，那是"位于小人国东北方的一个海岛，与小人国只隔一条800码宽的海峡。"他一脚踏入海中，把准备出击的所有敌舰的细小锚链聚拢来，将它们作为掳获物一齐拖进小人国的一个港口。这使得勃勒符斯克军惊惶失措，而使小人国军高兴万分。

然而，这整个历险故事，只不过是作者乔纳森·斯威夫特的一个借口而已，他要借助这部富于丰富想象力的游记之中的真正"格列佛"向我们表达的是他对整个人类所要表达的意见，即他对改善我们这个世界提出的建议。例如："尽管我们常说奖励与惩罚是一切政府运作的两大枢纽，但我怎么也无法看到任何国家除了小人国——将这个箴言付诸实践。任何人，凡是有充分证据证明他严格遵守国家法律已有73个月的人，就有资格享受某些优惠，依照他的生活品质和状况，从适当的基金中领取相当数量的钱。"

此外，"在选人任事方面，他们重视才能，更重视美德。"

但他这种说教因与小人国的激奋生活完全打成一片而使我们欣然接受。格列佛离开小人国，是因为偶然听到少数嫉妒小人设计陷害并以叛逆之罪指控他。他逃到了勃勒符斯克，在那里"卧在地上亲吻国王陛下和王后的手——"

但不久之后，有一艘罹难船中冲出一艘小艇（以小人国或勃勒符斯克的标准来看已是巨舰了），他说服500名小人为这只小艇做了一具风帆，就驾驶小艇离开了那个岛屿。

不久，他遇到了一艘英国商船，船长和水手都认为他的神经错乱了，但当他从他的衣袋里面拿出几只小车和小牛之后，他们终于相信他真的曾经到过某个奇异的国度。

不久，我们这位英雄到了一个更加奇异的地方。他这回坐的一艘船在一处未曾到过的海岸下锚：他和其他几个人一起上岸之后，见到其他几个人忽然拔腿向船飞奔而去。他想不出那是因为什么，但不久他终于看到一个巨大的物体在海里走，追赶他们：那人在海里大踏步前进，水深只到他的双膝。但因我们的人是在他追赶之前起程，而这一带的海中又充满尖锐的岩石，使他没法追上那艘船。

虽然如此，但在不久之后，他还是成了布罗丁纳国即巨人国的俘虏。他们看到一个身材如此细小的人，不免有些大惊小怪，但不久之后，他们对他就像小人国的小人对他一般礼貌了。

接着他又经历了别的一些历险,而颇为有趣的是,格列佛在巨人国所遇见的树木、花草、鸟类以及兽类,跟他在小人国看到的虽无两样,但都奇大无比。小人国的山羊只有老鼠那么大,而大人国的画眉或红雀,必须张开双臂才能将它抱住而不致受到它的攻击。"这种红雀,据我记忆,差不多比英国天鹅还大。"

与这两个国家情形相比较,英国的情形又有许多值得思考和讨论的了。他向巨人国国王解说英国大炮和炮弹的威力,使得国王陛下大惊失色。"他对我所说的这些可怕机械十分恐惧,对像我这样一种微不足道的小毛虫(这是他的形容)怎会用此种残忍的行为自娱感到大惑不解。"

离别的时间到了,格列佛不得不离开这个愉快而又迷人的国家了——尽管他在这儿一直被当作珍贵的洋娃娃看待。他突然离开,国王和格列佛两人心里都不是滋味——不过,如果你读过这个故事的话,你就会明白这也是无可奈何的事了。

不久,他又到海上航行去了——因为,勒末尔·格列佛,即使要他待在家里一两个月的时间,他也不愿意。但这回他被海盗捉去,然后海盗将他放在一只独木舟上,让他随风漂流。他漂到拉发特人即虚浮人的岛国。这个国家的人不但可在空中浮游,连他们那个岛屿也好像白云一般在空中飘动。他与这个国家的人民起劲地玩了一阵子之后继续前进,走马观花地拜访了其他许多奇异的地方,最后终于到了日本——它那时候的名气还没有小人国大哩。

他的最后一趟出航,"于1710年9月7日"从朴次茅斯出发,遇到了那些使他极为感动的众生。我们发现他衷心赞美的人民,是几乎难以拼读的"嘀咿咽嗯姆人"即"近似人",因为"近似人"可说样样都优于人——事实上,他们饲养一种名叫雅虎的次等人作为奴隶——只是他们都有着马的外形。

在这些与众不同的旅游中所遇见的人民中,格列佛认为"近似人"最为优秀。他得到一位恩师的照顾,因此,"我不妨坦白承认,我所得到的少许略有价值的知识,都来自我这位恩师的讲授。每当我想到我的家人、我的友人、我的国人或其他人时,我都认为他们在外形和本质方面皆是不折不扣的雅虎。"

最后,使他感到非常烦恼的是,即使是这么可爱的地方,他也不得不离开。又经过若干历险之后,他到了英国。"1715年12月5日,妻子和家人以意想不到的惊奇欢迎我,因为他们断定我已死掉;但我不得不坦然相告的是,他们的神情只有使我充满憎恨、厌恶和轻视。"

最后，这本书结束于格列佛允许雅虎坐在一张长桌的那一头与他一道晚餐。"然而，由于一只雅虎持续不断地发出非常难闻的气味，使我不得不用薰衣草、芸香或烟叶捂住我的鼻孔。"

这是一个有着奇怪结尾的奇怪故事，但因它栩栩如生而又极富想象，也就成了一部吸引老少读者200余年之久的故事。它，除开对格列佛遇见的各地的各种风俗所作的省思不说，就其整体而言，它是对英国生活之道（200年来显然无甚改变）所作的猛烈、露骨的攻击作品之一。

精彩章节品读

第二卷：通过国王对格列佛建议使用火药的反驳，作者巧妙地运用反语表达了对人类利用火药的威力发动战争、掠夺财富、残杀同类的愤怒和鄙视。

精彩佳句

> 依据某种思索，可识人生。
>
> 盲目可使你增加勇气，因为你看不到什么危险。

《社会契约论》

作品背景

作者 卢梭
类别 学术专著
国籍 法国

名作简评

"人类生来自由，而他却随时带着铁链！"卢梭所说的这句话，是一种多么大胆的宣言！他当初吼出的这句话，震惊并粉碎了18世纪人们的自满之心，从此以后也成了对年轻而有希望的人的一种鼓舞和鞭策。但历代的批评家却说，这句宣言的前一部分有违事实，因为人类刚一来到世上就带了一个沉重的遗传包袱，至少这个宣言的第二个部分，如今的这个人间已有不少地方早就不再以铁链作为政治机器的一部分了。尽管如此，它仍不失为一种美妙而又嘹亮的钟声，我们的政治哲学里如果少了它，必然会沉闷得多。

这句话见于《社会契约论》的第一页。此书是卢梭最具影响力的一本著作，初版于1762年。当时的卢梭刚好50岁，正是他的文学创作的旺盛期。他的长篇小说《新海洛伊丝》刚刚出版一年，而另一部长篇《爱弥儿》则于《社会契约论》问世之后数月印行。使他为众所知的一本书——《忏悔录》，直到他去世后3年，才开始公开，但它早在1765年就已写成了。

卢梭1712年出生于日内瓦，那时这个瑞士的都市是一个独立的共和国，直到法国大革命发生后才结束，这一事实非常重要，因为它渗透了他的整个政治思想。他的父亲是个钟表匠，有滥情的倾向，其放荡的习惯致使卢梭很小的时候就被交给亲戚照顾了。他在13岁时给一位公证人当学徒，但不久就因为太笨而被赶了回来。而后他拜一名雕刻匠为师，饱受3年的苦头，时常被饿得半死。在1728年的一个晚上，他由于与他的少年朋友在外面耽搁得太久而不敢面对他严师的震怒,于是决定一走了之,从此开始了他的流浪生涯。这在他的《忏悔录》中做了淋漓尽致地描绘,写得非常生动感人。

在他所邂逅的朋友之中,有一个名叫戴·华伦夫人的年轻妇人,初遇时芳龄28岁。她是一个颇为暧昧的人物,她拿撒丁国王的年薪,但那是担任委任政治代表还是当间谍的酬金呢?不得而知。她不仅聪明漂亮,而且心肠温厚,对卢梭产生过一段影响。他在安尼西湖畔她的别墅里觅得一份差事,在那里快快乐乐地做了几年仆人兼情人的工作,直到1741年他才决定到巴黎写文章打天下。他感到此事并不容易,虽然他不久就获准加入了"百科全书编者"的圈子,但却因开罪于人而结下了许多仇敌。他也因此发现:文明原是一种假象,一种堕落;真正快乐的人是身处无知与赤贫的原始状态的野蛮人。

《社会契约论》一书出版于1762年,但出版的地方不是巴黎(为了逃避法国当局的检查),而是阿姆斯特丹。他在一篇引言中解释了他当初想说的话。"我想追索探寻,"他这样写道,"就人的现状而言,在法律允许情况之下,是否可在民事方面建立某种公正而又确实的管理规则。在这一研究之中,我要不断努力将权利所允许的与利益所规定的东西调和起来,以使正义与功利能够并行不悖。如果有人问我,我谈政治问题,是以王者身份还是以立法委员的身份来谈?我将回答:两者都不是,而这正是我所以要谈政治的原因。因为,假如我真是一位王者或一名立法委员的话,那我就不会浪费时间去谈'应当'做的事儿了;我应该去做那件事情,要不然就保持沉默。"

接着他又说道:"生为一个自由国家的公民,作为这个最高团体的一分子,我觉得,不论我的声音对于大众事务的影响多么微弱,单是可以行使一票力量的这个权利,就使我不得不以我之所知尽我自己的义务;而一想到政府,发现爱护我国宪法的每一个理由,我便感到快活。"

内容精义

我们现在应该回到卢梭的著名宣言"人类生来自由……"上面了。这节文字继续写道:"不少人认为他是别人的主人,而不知实际上他是一个比别人更低贱的奴仆。这章是怎么一回事呢?我不知道究竟是什么使它成为一种合法的事情呢?这是一个我觉得可解答的问题……"用一句更为直白的话来说,卢梭所要做的,并非揭示人民为何"确实"服从管理他们的政府,而是表明他们为何"应当"服从。

这个问题不会发生于任何原始社会之中,因为这类社会,实际上只是一种家族。在此种家族之中,在这种唯一"自然的"社会里面,子女仍然依附于他们的父亲,因为他们仍然需要他的保护;他们一旦感到这种依附大可不必了,他们就开始组织各自的家庭了。在这个"原始模式的政治社会"中,父亲就是统治者,而人民就是他的子民,由于人人生来自由平等,他们就可依照自己的需要运用此种自由了。但家庭与国家之间有一个极大的差别,在前者之中,父亲照顾子女,得到子女的孝敬;但在后者之中,统治者不能像父亲疼爱子女一样疼爱他的人民,因此所得的,不是人民的孝敬,而是下达命令或行使支配权的乐趣。

一个国家的统治者指望臣民服从,因而运用他的权力和权威。但卢梭所要说的是:强权并不就是公理。"一个土匪在森林的边缘突袭我,他迫使我将我的钱包交给他;但是假如我能想出一个保住钱包的办法,凭良心说,我还非放弃不可吗?"假如强权等于公理的话;那么,这个答案就是"是"了,因为,"他挺着的那支手枪就是强权"。但再重申一次:强权并"非"就是公理。我们有义务服从的权力,是合法的政权。

卢梭假定,我们现在讨论的是一种社会状态,在这当中,"危及其维护自然状态的障碍"极大,非一个人的行为所能掌握和克服。此时,由于人们不能创建任何新的政权,只能结合和指导已有的势力,所以必须团结起来,同心协力地加以运作。但在此处,我们碰到了一个严重的难题。"问题在于,建立一个社团,以整个社区的力量维护每一个社员的生命和财产,使得每一个人既可与其余的人连成一气,而又不妨只服从他自己,因而仍像此前一样地自由。"

这是根本的问题,而其解决办法则由《社会契约论》提出来。这个契约的条款完全取决于条例的性质,只要有些细小的变动或限制,就可使之失效。这些条款——正确地说,可以归纳为一条,就是:每一个社员将他所有的一切权利完全交给整个社区。这大概是由于,第一,只有每一个人完全放弃自己的权利,每一个人的条件才会平等;每一个人条件只要完全平等,就没有人想要使这些条件成为别人的负担。其次,此种给予只要毫无保留,这种结合就会变得十分的完美,而每一个社员也就不再有任何要求了。因为,假如个人仍然保留任何权利的话,就会由于没有一个共同的上司来做公、私之间的裁判，而使每一个人都以一己的判断加诸于全体；此种情况愈演愈烈，其必然的结果，不是使社团沦为专制，就是使它变得无用。总而言之，每一个人，既然将他自己的一切交给全体了，那他就没有将他的自我交给任何一个人；既然每一个社员都获得他交给别人的那些权利，那他就不但获得了相当于他所失去的一切，同时也有了更多保护其既有权利的力量。我们这样将这个社会契约剥到核心，结果发现它变成了如下的语句："我们每一个人将他本身及其所有的一切力量置于共同意愿的最高指导之下，我们由此以财团法人的身份获得整体的一个不可分割的部分。"

这样一来，契约不仅为个人带来了一个由众多声音或众多选举人组成的道德集合体，同时也由这种结社条例得到了统一，包括它的共同自我或身份，以及它的意愿。这个道德上的集合体，这个由一切个别成员结合而成的公人，从前名为"城"，而今称为"共和国"或"政体"；它的成员在它被动时称之为"国家"，在它主动时称之为"主权"，在它与其他同类相比时称之为"政权"。在它里面相连的人叫做"人民"，在它里面共享主权的人叫做"公民"，就人民完全隶属于国家法律之下而言叫做"臣民"或"国民"。

用卢梭自己的话来讲，这就是"社会契约"的理论。社会是以人民与其统治者或政府所共同制定的契约为其建立的基础，这种论说，不但可以上溯到中世纪的政治哲学家们，而且可见于16到18世纪之间的伟大宪法奋斗史迹之中。它十分清晰的表现可见于1688年英国自由议会所作的宣言，因为这个宣言指控英王詹姆斯二世破坏了"王民之间的原始契约"。

精彩佳句

> 人人生而自由，生而平等。
>
> 人是生而自由的，但都处于无所不在枷锁之中。

《国富论》

作品背景

作者 亚当·斯密
类别 学术专著
国籍 英国

名作简评

这是一本大部头的书,有 1000 多页。就经济学这个科目而言,几乎无可置疑的,它是古往今来最为重要的一部巨著。

亚当·斯密 1723 年生于苏格兰东海岸上的一个小型港埠车高地,他的父亲是当地的一位诉讼专家,但在他尚未出世之前几个月就已去世了。他由母亲抚养长大,她似乎是他真正爱过的唯一女性。

在 18 世纪中叶,格拉斯哥尚是一个小小的乡城,但到 1760 年之后,它就取代布丽斯都而成为主要的烟草港都,而它的"烟业大王"都是一些良好的生意人。亚当·斯密结识他们,而当他们邀他加入他们那种每周一次的晚餐俱乐部时,他感到非常荣幸。他从他们那里获得的大量商业情报,对他写作本书十分有用。他也许感到他的事业已经稳定了,但 1764 年,他却应邀陪同年轻的布克娄公爵到欧陆去作例行的"大旅行"。在法国巴黎度过两年的时光,经常与那里的著名文学家与政治学家待在一起。那是一个热烈的理智振奋时期,他洗耳恭听,偶尔参与讨论。他的最大益友格斯耐,是当时被称为"经济学家"的新派思想家的公认领袖。

事情发展至此,他心中已经有了写作一本名为《经济学》的书的念头,因此,当他返回故乡车高地时,他便全力以赴地进行这项工作了。此书于 1776 年 3 月出版,它的全名是《国家富裕的特性与原因的探究》。此书刚问世时虽然有些滞销,但不久就大受欢迎了。他在世时此书出了 5 版,被译成欧洲的主要语言,而在他过世(1790年在爱丁堡)之后,更是印了不知多少版。

内容精义

无可讳言的是,这是一部难读的书,至少是不易读懂。也有人说,它是一本难以掌握的书,连真正的经济学者都得硬着头皮一字一句地从头到尾细嚼慢咽——除此别无他法。至于"一般的读者",单是一瞥它的目录也许就要望而却步了。它共分5大篇32章,章里又增部、增条、增录,甚至横生枝节,令人不敢贸然探头一试。为了方便大家阅读,我们不妨将它的内容暂且分开,重新组合成如下的三大论题:一、对于18世纪中期大不列颠(附及法兰西等国)经济体制所作的描述;二、有关人性的哲理;三、对于活动(主要为政治活动)所作的一份计划。

就上面所列的第一个项目而言,我们应该了解的是,亚当·斯密写作本书的时候,是在工业革命之前。他所描述的经济设施,是霍迦斯·约翰生博士以及《汤姆·琼斯》时代的景象。我们所见反映于字里行间的,是名副其实的"老英格兰"。在马路上隆隆响的是"由两人驾驶八马拉动的阔轮篷车",此种运输工具可载"将近4吨的货物,往返于伦敦与爱丁堡之间",劳工每周赚得的工资是在4到5个先令之间,就如高德·斯密在一句名言中所显示的一样,牧师"每年一富,得饷40英镑"。

亚当·斯密就这样向我们谈到了他的人性论,用一种非常深入的方式,却以一种非常轻视的态度(他的若干评论者也承认)。据他表示,人总是忙着"拼命挣钱"。他以颇为令人赞赏的笔调将这形容为一种"改善人们现状的欲望,一种……与我们一同从子宫而来、不到我们进入坟墓绝不离我们而去的一种欲望。"对于这样一种态度,他没有什么可指责之处,他完全否认其中含有任何卑下之意,因为任何通情达理的人都会同意那是实际发生的事。他嘲讽那些自认为不谋利的人说:"我从未见过多少好事出于那些假装为了公益而做交易的人。""虽然一个人几乎时时刻刻都有机会得到同胞的帮助,但他若是指望得到他们的慈善,那将是一种妄想……我们盼望我们的晚餐,并非从屠宰商、酿酒人或面包师那里得到什么施舍,而是从他们的重视自利之处得到一些服务。"

我们现在略述一下《国富论》第三个主要主题。这是一个最具实际效益的主题，也许可以称之为他的行动纲领或计划。这一部分的内容多半见于他的第四篇中，我们可以从中读到他对当时各国政府所采纳的"商业体制或重商主义"的一种冗长、详细而又具有高度批判性的检讨。那些重商主义者认为，财富的内容主要是金钱，因此重商主义的政府极力奖励国内的工业生产，同时鼓励尽量多外销、少输入，而其盈余则以现钞或金银加以计算。

在此种重商主义观念的影响之下，亚当·斯密宣称："各个国家受到这种观念的指导，认为它们的利益在于向所有的邻国伸手……理应如此，处于各国之间，如在各人之间、作为一种联盟与友谊结合的商业，如今已经成了倾轧和憎恶的最大来源。"在同一页的后面数行，我们读到："在每一个国家之中，不但总是、而且一定是为了大部分人民的利益向出价最低的人购买所需的任何东西；"而在此前数页的地方则有如下的论证："如果某个外国能够以比我们自制较低的价格供应我们某种商品，最好是以我们自己的某一部分产品买它下来，而以一种对我们有益的方式加以运用。"

写到此处，我们谈到了他那个时代最伟大的经济思想家提出的"自由贸易"，但这只是亚当·斯密计划的一个部分。总而言之：他的整个政策都是一种"自由"，贸易自由，但这种自由适用于有才能、但往往因为受到某种权威的干涉而泄气的个人。一个人应该可以选择他的职业，而不必受制于"公司"所强加在他身上的漫长见习或学徒时期。说到这里，他想起了一件往事：某日，年轻的詹姆斯·瓦特来到格拉斯哥敲了学院的大门，说他要做一个机器制造人，但受到了铁工社团的阻拦，因为它的成员坚持说他们拥有此业的单独经营权或专利权。但后来校方还是在校园里面为瓦特弄了一个工作场，让他做了后来发明蒸汽机的那些实验工作。一个人应该可以自由迁居，而不必因为教区当局担心损害他们的基金而永远生活于他的出生地。让"这单纯的天生自由"自行其道吧——在每一个人可以自由地用他自己的方式追求他自己的利益而不违背正义的法律的时候。

除上述内容之外，亚当·斯密还写了许多别的东西。例如他那4条"课税原则"，自他拟定之后，就成了历任财政大臣所应达到的目标："一、各邦的臣民应该各以本身的能力以尽可能接近的比例捐税，借以支持各级政府的开销；二、每一个人必须要缴的税，应该确实而非任意；三、以最有利于纳税人纳税的时间或方式加以征收；四、每一种税都应妥加设计，既要尽量少取于民，又要尽量多缴公库。"他认为，各级政府"是社会上的最大浪子，要它们好好注意各自的开支，而后才能以信任本身的态度信任人民"。

应该在此一提的是，编入每一部名言辞典的许多深有见地的话，例如，说造园是"赏心悦目的艺术""肚量的狭小限制了饮食的欲望""一个人是最难搬运的包袱"以及"你一旦得到了少量金钱，往往就不难得到更多，难得的是那少量"。不过所有这些都是次要的事儿，就亚当·斯密而言，真正重要的事情是：他为经济学丈量了土地、预铺了道路，使它有了今日的面目，成了有趣、刺激、有活力、能促进人类进步的重要科学之一。

精彩佳句

> 人们天赋才能的差异，实际上并不像我们所感觉的那么大。人们壮年时在不同职业上表现出来的极不相同的才能，在多数场合，与其说是分工的原因，倒不如说是分工的结果。

《纯粹理性批判》

作品背景

作者 康德
类别 哲学专著
国籍 德国

名作简评

康德1724年4月23日生于肯尼斯堡,他的父亲是一个制造马具的名匠。他最初上的是圣乔治医院附属小学,不久即进入新教设立的排德烈高校。该校虽十分有名,但它所提供的教育却相当差劲,因此直到1740年,因一位富裕叔父的支持他进入大学之门,康德的教育才算正式开始。

他1747年大学毕业后担任私人家庭教师,直至1755年以物理学论文《关于火》获得博士学位。他在学位授予典礼上用拉丁文做了一次讲演,题目是《比较单纯而又根本的哲学解说》,这一讲演不但使得他的听众大为动容,同时也成为该校请他担任数学、物理兼哲学讲师一职的重要因素。这个职位他一直担任到1770年,接受逻辑及形而上学教授一职,而此职务一直持续下来,直到1797年因年老而退休。

他这种毫无惊险的生活方式,对于一般人而言,可以说既沉闷又无聊,但与此相反的是,他对哲学的冲击,却可以说是惊天动地的,因为他为各执一词、互相对立的现实主义(唯物论)与理想主义(唯心论)的分裂,找到了一个结合的中介。前者重视物质,认为自我完全依附感官世界而存在,后者重视心灵(自我),认为自我完全独立于感官世界之外,各执一词,互不相让。康德不但承认仅是经验就可提供给我们知识的材料,同时宣称,心灵里存在着某些先验的观念,独立于经验之外,随时可以用于经验提供的材料。

上面所述,用哲学的说法来讲,可以说颇为简单,但对不懂哲学的学者而言，却也足以显示：哲学也跟其他各种学问一样，也有了一种特有的术语，非圈外人所能轻易了解。如果要找一个真正难以沟通的例子的话，几乎可以说是非哲学莫属了。而比其他任何一门学问更难的是，这门学问的学者设置了一系列的术语障碍或难关，并用这些术语来表达影响我们大家知识与智慧的起源的思想和观念，但这些术语却颇为有效地把一般的人与自称哲学家的人隔离开来。

不幸的是，这个自命的哲学解释者，也像其他各科学问的说明人一样，将会发现他自己也陷入了几乎无法解开的词句纠葛之中——假如他不运用哲学家们把他们本身特有的思想传达其专业同人所用的那种切口，那些专门术语，就像运用一种速记术一样。就这一特例来说，目标在于以尽可能简明的方式解释哲学上的理论——已使它们的创始者与奥林巴斯哲人如柏拉图与亚里士多德及其历代正宗子孙并排而坐的学说——以避免这种纠缠不清的陷坑。那么介绍这个特定的科目，就要以少数几个精确的术语，对哲学的旨趣与定义进行一个简括的阐明。

哲学的目的是什么？哲学的目的在于设法将整体的思维结果与个别的科学结论融合起来，使其成为一种世界观与人生观；在于检讨存在于人类心灵之中的一切学科的前提和假设。就像大哲学家叔本华曾经说过的一样："哲学是一条攀登高峰的途程。它的唯一通道只是一条爬过尖锐岩石、穿过荆棘丛林的陡峭小径。它是一条人迹罕至的道路，愈到高处愈是荒凉；走这条路的人不但要无所畏惧，而且要放弃一切，一心一意地走过寒冷的雪地，为他自己的足迹设下路标。"

最重要的是，哲学必须探究三大难题：真、善、美。就"真"而言，它必须设法解答如下的问题：有无真知或真实的认识这回事情或这种东西？怎样才能得到真实、正确而又普遍有效的认知，它的界限在哪里？对于"善"，它要追问的是：支配优良而又合乎真正道德行为的原理是什么？规范人类行为的准则是什么？判断道德的价值，以什么作为标准？而说到"美"，它要追问：对于自然景象和艺术作品，有没有一些必要的法则，才能使其具有审美的价值？这也就是说，怎样才美？美的性质是什么？

康德对这些问题做了一番详细的分析，并以此建立了一个新的哲学。他探究人类知识的性质、限度以及范围，写了3部巨著，其中第一部就是我们要在这里介绍的《纯粹理性批判》。

《纯粹理性批判》

内容精义

关于我们的知识与我们的认知的起源,当时有两个互相冲突的观点。其一是洛克的经验论,认为所有一切的知识,所有一切的认知,无一不从经验得来,这也就是说,不含任何先天或固有的意念或观念。

其次是笛卡尔的唯理论,认为所有一切的认识都出自人类的心灵,也就是来自理性,也就是说,所有一切的真理无不从纯粹的思维而来之,不必依赖经验。

这两个互相对立的理论,在哲学的发展上形成了一个似乎无路可走的困境,因为无论是经验论还是唯理论所提供的解决办法,似乎都无法令人完全满意。康德以10年之久的时间,动用他的全部智力,来思考这个认知问题,而后,于1781年在这部《纯粹理性批判》中提出了他的思考结果(康德在此所说的"理性",指的是"认识能力",而"认识"一词的意义,已在前面界定为"认知的作用或能力")。

需要在此解答的问题是:经验和理解(即康德所说的"理性")在我们的认识里面扮演什么角色?这也就是说,什么是认识?

康德的答案是:认识是一种必然的判断,这也就是说,是一种确定无疑的判断。所有一切的认识全都以判断的方式加以表现,例如这水是热的,这箱子很重,这夜是黑的,等等。就语句来说,判断含于述语或定言之中。

但上面所述的判断都出自经验,因此既无必然性,也无普遍性。在你说"这水是热的"这句话时,实际上你应该说"在我看来这水似乎是热的",因为你觉得它是热的,别人也许会认为是冷的。由此可知,此等判断是以个人的感觉(主观)为其依据,因此既无普遍性,又无必然性,只是"偶然"而已,为什么?因为夜未必总是黑的,水未必总是热的。

具有必然性、普遍性的判断,也就是人人都认为真实不虚的判断,存在于物理学中、数理学中,尤其是几何学中。一条直线与另一条直线垂直相交,其所形成的角度,是直角——这样的陈述,就是这种判断的佳例,因为它不需经验证明也可被认为正确无误,这不但具有普遍性,而且本来如此(先天固有的)。

由此我们可以得到成功的论证,几何学证明:对于这个世界的认知,不一定是经验的一种产品，不一定是感官作用的一种产物。当然，我们可从感官得到直觉，但这些东西的本身都是死物，就我们与之相关的心灵而言，也是完全被动的。它们虽然含有认识的原料，但其本身并不构成认知。此等盲目的直觉通过心灵生产作用而成真正的认知，而心灵则用思维的办法制造概念。

每一门学问都以概念操作，但概念只是人心或思维的产物，事实上并不存在。"圆"这个概念，只是由一条连续的弧线环绕而成的平面区域而已，一个只有这种特性的圆，是难以想象的，为什么？因为它只靠思维存在，只为思维存在。

未曾受过哲学训练或缺乏批评能力的人，往往照他看见的样子和以往的经验想象这个世界和它的内容。康德指出，我们根本不知道这个对象——"其物的本身"是什么，只晓得它怎样依照知识结构的法则对我们显示，而这本来以"先验的"方式出现，而后又以"经验的"方式加上了经验。

由此可知，认识是由两个互相合作的源头而来——来自感觉与理解（康德的"理性"）的作用。前者给我们以对象，而后者则给我们以概念的思维。若无感官，我们就无从觉知任何对象；若无理解，我们就没法对任何对象形成概念。

所有我们的一切直觉无不含有一种双重或二元的性质，各种对象都出现在我们本身的外面，并以外在的方式同时存在于"空间"之中，但它们似乎也存在于我们的心灵里，不是"同时"存在，就是"接续"存在，而其存在于"时间"之中，情形也是这样。因此，"空间"与"时间"是人类一切直觉与之相关的两种形式，又因它们都是与对象具有直接关系的观念，故其本身也是直觉作用。

我们所有的一切直觉之所以与这两种形式结有不解之缘，其原因在于人类的想象能力能接纳对方印象的方式。因此，空间与时间都是纯粹的直觉，都以"先验的"方式出现于任何真正的感觉之前，都是先含于人类灵魂里面的想象力之中，因此也都只是支撑一切直觉的先验的必要观念。

认为时间出于"先验"而非出于经验这一观念，是显而易见的，这可从一个事实看出端倪：空间无限，没有一个人能体验或指出。空间并不是一般事物关系中的一个含有普遍性的概念，而是来自思维的一种纯粹直觉，"先验"直觉的一种必然样式。

《纯粹理性批判》

康德在《纯粹理性批判》一书里面穷究的根本理念是：我们的心灵是积极作用的生活机制，透过感官并用经验从外面引取运作的材料，而以其本身的法则设计此种材料，因而形成其本身的认识。

但是人类的心灵不能仅以感官所得的印象而满足于它们在时空中的应有地位。从混乱的感觉与知觉中脱颖而出的个别认识，需用概念（综合作用）将这两者结合起来，才有进展可言。所有一切的印象都得依照以先验的而非经验的方式加以认可的若干规则予以判断。康德将这些相关的概念或范畴分为12种，排列成如下的4类：

量：统一性、多数性、整体性
质：实在、肯定或否定、限度
保持：遗传与现存、因果与依附、动静共存或互用
程式：可能与不可能、存在与不存在、必然与偶然

这些概念或范畴只可适用于人类意识里面的现象。因此这是我们给自然法则，而非自然将法则给予我们。我们确定的理解，依其本身的思维法则，以广大的整体印象来构筑这个世界。因此我们为这个世界所作的图画，并非实相或实在的形象，与实际的并不完全一样。

虽然如此，但感觉与理解之间必然具有某种关系，而这种关系实际上已由自然科学实验的可能性得到证实。审思与计算既可用实验加以测量，那么感觉与理解之间必然具有一种共同的基础。

不过关于超感觉的事物，也有一种普遍而又必然的认知。例如：上帝的存在是否可以证明？

诚然，这类事物可以想到，但无法感觉到。超感觉的东西，只能想到，或只可"了解"。但是人类心灵的认识作用，必然具有某种内在或实质的东西，才能孜孜不倦地像专注于哲学一样专注于神学，专注于超感觉的事物。

依照康德观念，理性看清外界现象之间的关系之后，得到一个结论：这个外界世界的事物不但可形成一个绝对的整体，而且也有一个绝对的成因。这个审思引致"宇宙"的观念。但这个内在与外在世界——灵魂与自然，两者协助形成了一个互相包含的假定——一个终极的共同基础。这又导致了"上帝"的观念——上帝掌握并结合万物。

同样这个上帝的观念也出自一种理性的需要，上帝是否存在，并无合理的证明。上帝是一个合用而又合乎需要的观念，也是理性要求我们加以依附

的观念。人类是为了实际的理由而相信上帝和不朽,这大概是由于这些观念的能否成立,并依赖于科学与理智的证明。理性迫使我们行动,"就像"上帝和不朽都是事实一般。

实用的理性在此参与进来,于是康德在他的下一部著作《实用理性批判》之中论证:"在知识问题上,如果说理论的理性受制于经验的话,那么实用的理性便超越经验了。理论理性否定或无法证明的若干真理——灵魂的不朽、意志的自由、上帝的存在——可因实用理性的原理而得成立。"

康德在接下来的第三部巨著《判断力批判》,讨论了崇高而又美好的自然秩序(目的论的判断)。此类判断属于纯粹理性与实用理性之间的那种中项。

康德为哲学思想建立了一个新纪元。凡是关心哲学的人,都无法忽视他的一些理论——它们的发展一直持续到今天。

但他并不只是一位伟大的哲学家而已——他是一位名副其实的道德人物,他重视道德的义务和人类的尊严,他的信念全都出于他那始终如一的高贵品性。

精彩佳句

> 我生性是一个探求者,我渴望知识,不断地要前进,有所发明才快乐。

《源氏物语》

作品背景

作者　紫式部
类别　小说
国籍　日本

名作简评

　　《源氏物语》又称"紫物语",被公认为是世界上最早的一部长篇小说。目前文学界对此书的确切成书时间没有定论。一般认为本书成书于1001—1008年间。作者紫式部（约978—1016年），日本平安时代著名女作家。本姓藤原,由于当时妇女地位低下,一般有姓无名。因其父、兄都曾任过式部丞这一职位,再加她所作《源氏物语》的女主人公紫姬颇为世人喜爱,所以被人称作紫式部。她出生中层贵族,父亲对中国古典文学颇有研究。紫式部自幼随父亲学汉诗,造诣颇深。最爱的书是白居易的诗文。她对音乐、佛经也有很深感悟。22岁时由于家道中落,嫁给了一个年近50岁的地方官藤原宣孝做第四房妾,两年后,丈夫去世,她带着幼子过着孤寂的生活,这种生活处境使她对妇女的不幸的遭遇有着切身感受。

　　5年后,她被召进宫中,做皇后彰子的侍从女官,为彰子讲解《日本书记》和白居易诗作。和彰子的接触,使她熟悉了宫中生活,为她的创作提供了丰富的素材。因为良好的文学功底和对女性命运有深刻的体悟,她写成了《紫式部日记》和具有世界影响的《源氏物语》。

　　《源氏物语》是紫式部的巅峰之作,也是日本11世纪初的重要作品,有日本"红楼"之美誉。全文共有54卷,篇幅浩大。它以平安时代中期藤原式"摄关政治"（指平安时代外戚专权的一种政治体制）盛极而衰的历史转折为背景。故事涉及4代,上下70余年,登场人物400余人。前44卷描写源氏的一生。后10卷描写的主人公变为熏君，后10卷又称"宇治10卷"。自发表以来，日本和其他国家的众多学者一直在探讨它的主题思想和艺术成就。在长期的探讨中形成了不同的观点，归纳起来大致有两种：

第一种观点：《源氏物语》的中心内容是描写光源氏与周围女性的恋情。光源氏一生放荡不羁，用情不专。他虽与葵姬结婚，却把大量的时间和精力消耗在对其他女性的追逐上，从上层贵族到中层妇女无不在他寻觅之列，甚至与继母藤壶乱伦，对养女玉曼也发生戏狎和猥亵的关系。他一生爱恋的女性，都在痛苦与悲哀中生活，或忧郁早亡，或落发为尼。光源氏这种拈花惹草、偷香窃玉的行径，充分暴露出平安时代上层贵族腐朽的精神面貌。

第二种观点：紫式部在这部作品中首先通过光源氏这个形象，反映了平安时代的社会现实，揭露了贵族之间争权夺利的斗争和统治阶级内部的尖锐矛盾。作品一方面写了光源氏周围的一个个美丽而柔弱的女子，她们因为爱他而落入不幸的生活中，在叹息和眼泪中度着岁月。也写了光源氏一生被情所困，处境痛苦，最后只好皈依佛门的绝望和无奈。另一方面，作品又表现了光源氏的性爱生活是与政治斗争紧密相联的，在表现尖锐政治斗争时，着重展现了光源氏在政治上从追求到彷徨、从悲观厌世到精神破灭的人生轨迹。以揭示人生就是一大悲剧，人人都逃脱不了，衰老病死，人去楼空的结局。作者在作品中还表达了她对妇女问题的看法：她认为在当时的社会条件下，妇女毫无幸福可言，只能寄希望于男子的"多情"和"博爱"。由此在作品中没有把光源氏追逐女色、广纳妻妾看作是劣迹，而是浓墨重彩地把他塑造成一个多情善感、对恋人有始有终的人。特别是他在荣华绝顶时期修筑了六条院，把过去结识的十多个妇女纳入其中，就连家境不好、长相丑陋的末摘花也未抛弃，让她们与自己共度美好时光。这和当时的许多贵族男子喜新厌旧、始乱终弃、随意糟蹋女性的行为，则是完全不一样的。在没有更合理的婚姻制度出现之前，作为中等贵族出身的紫式部，只能把自己的理想寄托在像光源氏这样的男子身上。

两种观点的主要差异集中在对主人公光源氏的评价上，这也正应了那句古语：仁者见仁，智者见智。其实对一部文学作品的评价往往就是这样一种趋向多元化的评价理念。

艺术成就方面,紫式部在《源氏物语》中除了用现实主义手法去描写上层社会的生活外,还对人物进行了独特的心理分析,她善于把人物放在尖锐的矛盾冲突中,深入地挖掘他们的矛盾心理,从而揭示出心理矛盾的现实基础。《源氏物语》的心理刻画常与环境描写交织在一起,通过景物描写,既展现了那时的自然景色,又表现了人物的精神面貌。如光源氏赴须磨之前拜辞桐壶陵墓的一段,除了抒写光源氏悼念先皇的哀痛之情,还描写了陵园"云遮月暗"、草繁树密的阴森景象。这种环境气氛与主人公放逐前的苦闷心情十分吻合。

正如麦吉尔所说:"《源氏物语》无疑是中世纪日本小说的最佳典范,人们从中可以看到1000年来日本小说的发展。紫式部的传奇讲的是青年人的事情,很像日本编年史的传统神话故事。小说故事情节的发展使之达到散文传奇的鼎盛境界,足以同西欧中世纪散文媲美。"在日本小说创作艺术上,《源氏物语》具有里程碑的意义。在它之前的作品,或者篇幅短小,或者篇幅虽长但情节不完整,人物不鲜明。《源氏物语》在情节、人物、环境描写等方面都已具备了长篇小说的特点。首先是以纤细精巧的手法塑造人物性格,刻画人物内心世界;其次是情景交融,以景托情,通过自然描写创造艺术氛围,反映人物心理或处境;再次,语言通俗优美,绵密细致,具有日本语言所特有的温柔典雅的特色。

《源氏物语》无与伦比地再现了11世纪日本的生活,忠实客观、细致入微地描绘了当时的习俗、礼仪和贵族风尚。将日本古典文学推向高峰,对日本后世文学产生了巨大而深远的影响。日本目前已形成了一门专门研究《源氏物语》的"源学"。《源氏物语》在世界文学史上也占有辉煌的地位,紫式部被欧洲人誉为女流作家第一人。

但是由于时代和社会制度的不同,对《源氏物语》中的有些章节,特别是对光源氏的猎艳史,一定要采取批判的态度,摒弃消极的东西,树立积极的人生观。

内容精义

古时候,日本的某一个朝代有一个桐壶天皇,对一个出身寒微的更衣宠爱有加。这引起了皇后弘徽殿的妒恨。更衣生下一位小皇子,在孩子3岁时,因长期的凌辱和虐待,在忧郁中死去。桐壶对小皇子倍加宠爱,但是考虑到他没有外戚支持,为了他的性命,把他降为臣子,赐姓源氏。源氏长得十分俊美,加上他多才多艺,光彩照人,被人们称为"光君"。这也是光源氏这一称号的由来。

光源氏12岁就举行了成人仪式,与左大臣的女儿葵姬结为夫妻,但由于葵姬性情冷漠,行为矜持,光源氏并不喜欢她,于是就移情于其他女性。不久,桐壶帝又纳一宫女藤壶为妃,因其长相很像光源氏的妈妈,光源氏便主动亲近,与藤壶发生了乱伦关系。不久藤壶生下一子(即后来的冷泉天皇),长得极像光源氏,桐壶不知真相,把这个孩子立为太子。与此同时,光源氏还不断追逐空蝉、轩端荻、夕颜、末摘花、六条妃子等女性。他还从一个寺院的老尼处弄到一个年仅10岁、长得很像藤壶的小姑娘紫姬,把她带到隐秘的地方精心培养。光源氏的妻子葵姬一直遭到冷遇,过着孤独寂寞的生活,最后在忧愤中暴病而死,留下一个儿子夕雾。光源氏把紫姬扶为正妻。这时他在仕途上也平步青云,官至近卫大将。桐壶帝死后皇后弘徽殿之子朱雀帝即位,右大臣从此得势,他们和光源氏以及左大臣相互争斗,因此,光源氏的境况就不妙了。恰在这时,他又同右大臣的女儿,服侍朱雀帝的胧月夜发生恋情并被人发现,右大臣和弘徽殿怀恨在心。为了躲避当权者的打击,光源氏被迫远离京都到须磨、明石隐居起来。右大臣一派横征暴敛,朝廷内外怨声四起,朱雀帝重病在身,力排众议,坚持请源氏回来。不久冷泉皇帝继位,青春盛年出家的藤壶因为长年的忧郁离开了人世,冷泉皇帝在服丧期间知道了自己身世的秘密,对源氏倍加礼敬,源氏也再一次飞黄腾达。33岁已经做了太政大臣,相当于太上皇的地位,这是他一生的最辉煌的时期。

他营造了一个豪华的宅院——六条院。把以前与他有过私情的女子都接来与他共享荣华,就连最丑、出身平常的末摘花也没忘记。他又打听到红颜命薄的夕颜的女儿玉鬘的下落,并把她也接到了六条院,收作养女。他对这个养女也是暗怀非分之心,但是始终没有得手。

不久光源氏一派的内部,即光源氏与左大臣的儿子因为冷泉天皇立皇太子一事产生了矛盾。这让光源氏感到他的地位不保,同时也因他自己本性难移,他又娶了朱雀帝的女儿三公主为平妻。紫姬外表平静,但是内心十分苦闷,多次请求出家,但是源氏不允许。源氏发现三公主与右卫门督柏木(葵姬的侄子)私通,并生下一子,就是薰君。源氏感到人生无常,一切如梦,这也正是自己与继母乱伦的报应。三公主痛不欲生,在万分悲痛中削发为尼,柏木也在羞愧之中病重死去。他们的孩子薰君在光源氏的抚养下成长起来。

紫姬在无限的抑郁中与世长辞,源氏犹如失去了灵魂,这时他也意识到往日的荣华富贵、歌舞升平,都不过是一场梦而已。晚年的光源氏无论对情场还是在官场都充满了悲哀和绝望。他深感前途渺茫,在万般悲凉的境遇下遁入空门,52岁时死去。

书的后10卷是写被源氏养大的薰君以及源氏的外孙、明石皇后的儿子匀宫。薰君从小就为自己的身世而苦恼。他爱上了宇治八亲王的大女儿,而此女子决定独身,拒绝了他。他十分痛苦。但是亲王的大女儿有意撮合薰君和自己的妹妹。薰君旧情不改,诱使匀宫追求亲王的二女儿。谁知匀宫喜新厌旧,亲王的二女儿十分痛苦,大女儿也因此忧愁而死。皇上招薰君为驸马,薰君却仍然难忘亲王的大女儿。亲王二女儿看他可怜,便把亲王的私生女,长相酷似姐姐的浮舟介绍给他。

薰君转而追求浮舟,将她藏于宇治山庄。未料好色的匀宫追到宇治山庄,装作薰君的声音敲开了门,诱骗了浮舟。浮舟夹在两位公子中间,进退两难,跳进宇治川自尽。后来幸而被人救起,但是她心灵已死,看破红尘,落发为尼。薰君打听到她的下落,多次派人去探望,但是浮舟在心中已经与他断绝了关系,因此再也不作任何回信,永远保持沉默。全书就此结束。

精彩章节品读

"帚木"卷

"若紫"卷

"须磨"卷

精彩佳句

除却累世冤家,即便两边有隙,若一人诚心以待,对方自会悔悟。

只恐怕世上完全一无是处的与完美无瑕的女子,同样也是少有的吧。

骨肉之爱,本是天理;然而毫无血亲的人顾爱,即或是一句善言,也极为珍贵。

人世间事,若不审时度势,一味去装模作样,卖弄才学,也免不了会自找诸多烦恼……无论何事,即使心中明白,还是装作不知的好;即使想讲话,还是话到嘴边留三分的好。

艳阳高升,原野上的朝露很快便了无痕迹,光源氏痛感人生如梦,像朝露一般,愈加万念俱灰。

《我生活的故事》

作品背景

作者 海伦·凯勒
类别 自传
国籍 美国

名作简评

海伦·凯勒1880年出生于美国亚拉巴马州的一个小镇——特斯开姆比亚。生下来19个月时,海伦发起了高烧,高烧退后,妈妈给她洗澡时惊讶地发现,她的小眼睛一眨不眨。眼科医生的检查表明小海伦双目失明。紧接着妈妈又发现小海伦失去了听力。3岁时,海伦连话都不会说了。

但是海伦却奇迹般地学会了英语、法语、拉丁语、希腊语,她的著作,如《海伦·凯勒日记》,尤其是这本《我生活的故事》,被译成50多种文字,风靡了五大洲的每一个角落。

马克·吐温说:"拿破仑和海伦·凯勒是19世纪两个最出类拔萃的人物。"海伦·凯勒并没有做过任何惊天动地的大业,但却受到全世界亿万人民的尊敬和爱戴。这其中的秘密是什么呢?《我生活的故事》将给你明确的答案。在这本书中,海伦·凯勒几乎倾注了全部的感情,以富有诗意的描述向您展示了一卷精彩的人生画面。

《我生活的故事》不仅给聋哑盲人以精神的鼓舞,而且也给正常人以奋斗的力量,其中的精神内涵曾经哺育了一代又一代的人,使人们对生活总是充满热情。

人生不过是性灵的生活,一位盲人作家的人生更是性灵的生活,她在黑暗中、万籁寂静中看到的、听到的最美好的东西,往往是正常人无法看到、听到的。在这个充满物欲刺激的世界里,最难能可贵的是拥有一个属于自己的精神园地,在这个精神园地里种植一点什么,然后收获一点什么。这个精神园地就是海伦的心灵倾听到的世界上最美妙的声音,看见的最美丽的风景。

海伦是19世纪出类拔萃的人物之一,而《我生活的故事》则是近两个世纪以来能触动人们心弦的文学著作之一。

内容精义

在海伦很小的时候,她就失去了常人生来具有的视觉和听觉,她甚至无法用自己的嘴说出一个小小的心愿。由于对外部世界一无所知,她脾气变得古怪,动不动就大发雷霆。她经常扑倒在地上,发出阵阵尖叫;起床后拒不洗脸;吃饭的时候调皮捣蛋。关于小时候的这段经历,海伦写道:那时,我仿佛感到被一只无形的手紧紧地抓着。于是,拼命想挣脱这种束缚。

1887年,经人介绍,一个受过良好教育的爱尔兰姑娘安妮·莎利文做了海伦的家庭教师。从那以后整整半个世纪,安妮·莎丽文一直是海伦朝夕相守的良师益友。是安妮教会了海伦写字,"说话","听讲"。安妮以她独特的方法引导海伦进入了与常人无太大差别的生活。为了让海伦掌握单词w—a—t—e—r(水),她带着海伦到水边,当清凉的水流过海伦的手时,她在海伦的手上拼下这一个单词。海伦觉得,"不知怎地,语言的谜底揭开了,原本水就是流过我手心的一种物质。这个活的字唤醒了我的灵魂,给我以光明、希望、快乐。"安妮还通过教海伦用手摸别人的嘴唇,中指放在鼻子上,大拇指放在喉咙上,让她可以清楚地"听到"对方的声音。更有趣的是,通过训练后,海伦只要把手轻轻地放在小提琴上,海伦竟能"听到"小提琴的演奏!

就这样,几年后,海伦还上了学。移居英国的拉德克利夫后,海伦就读于剑桥的吉尔曼女子中学。上课时,安妮总是坐在海伦身边,把老师讲的内容写在她的手上。

1900年海伦考进了剑桥大学的拉德克利夫学院,成为有史以来第一个进入高等学府的盲聋哑人。

但是大学生活使海伦感到失望。她觉得没有独立思考的时间,上课时无法记笔记,因为她的手在忙着"听讲",回到宿舍后再匆匆地把脑子记下的东西写下来。她从德国等地搞到了一些盲文书籍,海伦贪婪地读着,直到手上磨起了血泡。

海伦毕业于1904年,此时,她在英语方面取得了优异的成绩。她一毕业,欧美各主要报刊的约稿就像雪片般涌来。同年,海伦应邀到圣路易斯博览会,呼吁全世界关心聋哑人的教育问题。

20世纪30年代,海伦访问欧亚各国,呼吁民众关心聋哑盲人,并为聋哑盲人发动募捐。

海伦·凯勒有高尚的精神。她坠入只有聋哑盲人才能体会的沉默的深渊之后,是她的信仰支撑着她在艰难人生路上奋勇前进。

海伦还向人们昭示着一个生活的起码道理——

我,一个盲人,向你们有视力的人作一个提示,给那些善于使用眼睛的人提一个忠告:想到你明天有可能变成瞎子,你就会好好使用你的眼睛。这样的办法也可使用于别的器官。想到你有可能变成聋子,你就会更好地聆听声响:鸟儿的歌唱,管弦乐队铿锵的旋律。去抚摸你触及的一切吧,假如明天你的触觉神经就要失灵;去嗅闻所有鲜花的芬芳,品尝每种食物的滋味吧,假如明天你就再也不能闻也不能尝了。

让每一种器官都去发挥它最大的作用,为世界通过大自然提供的各种接触的途径向你展示的多种多样的欢乐和美的享受而自豪吧……

《我生活的故事》并无明显的结构,而是海伦以自己的心灵作框架,向人们展示了一种既完美又充满诗意的人生文化。

精彩章节品读

《假如给我三天光明》

精彩佳句

黑暗将使人更加珍惜光明；寂静将使人更加喜爱声音。

如果静止的美已是那么可爱的话，那么看到运动中的美肯定更令人振奋和激动。

《人口论》

作品背景

作者 马尔萨斯
类别 社会学专著
国籍 英国

名作简评

人类从开始出现在地球上,就为求生辛苦挣扎。但目前人口正以史无前例的速率增长,人口问题空前迫切。在这种情况下,大家会重新注意一本1798年出版的书——该书作者是一位英国神职人员,名叫马尔萨斯,书中说明及探讨了粮食资源必须负担人口快速增长所造成的问题,写得巧妙有力。本书全名是《人口规则影响未来社会改革论》。

马尔萨斯生于1766年,1834年去世。他是苏瑞一个小地主的儿子,剑桥大学毕业后被英格兰教会封为神职人员,担任阿尔本尼的副牧师。后来他受聘为哈雷布瑞学院的现代史和政治经济学教授。那个学院靠近赫特福,专门训练要到东印度公司服务的学生。他的后半生都在该校任教。

马尔萨斯写《人口论》,志在回应他在父亲家听到的一些观点。老马尔萨斯不分青红皂白地热烈支持卢梭和卢梭的英国门徒威廉·高德温。今天我们只记得高德温是诗人雪莱的岳父,其实他写过一本阐述全球慈善哲学的作品《政治正义》,非常有名。照他的看法,人的品格源自外部的环境,只要改善这些环境,人的品格也会改变,结果战争次数就会减少,专制政治会被彻底废除,贫穷会被消灭,罪犯也没有了,连两性间的激情和一切令人不愉快的伴随现象说不定也会绝迹。

马尔萨斯听了这种议论,也看了那本书,最后得出结论:高德温相信人类社会和人类本身可以改善到完美的境地,真是无稽之谈。他嘲笑必然进步的观点,他一直觉得高德温的理论大错特错,于是着手写一本书加以辩驳。

内容精义

《人口论》第一页就直接表达他的观念:"一切生物的繁殖永远有超过养料供给程度的趋向……本论文主要的目标就是检讨这一跟人类本性密切相关的原因所造成的结果。"富兰克林博士观察到:除了数目过大,彼此争夺生存资源外,动植物多产的天性是没有界限的。"这一点千真万确。大自然通过动物界和植物界大量自由散布生命的种子,对于它们生存所需的空间和养分却比较谨慎和节俭。地球上所含的生命芽胚若能自由发展,几千年间便可塞满数百万个地球。强大又无所不在的自然律规——生存资源匮乏——使它们的数目局限在规定的范围内。在这个大规律之下,植物族和动物族一直缩减,人没什么理由躲过这个原则。"

马尔萨斯几乎没什么资料作依据,但他阅读范围相当广泛,就凭自己读过的东西去作结论。他断言人口在不受遏止的情况下每隔25年会增加一倍,并且觉得这结论不会有太大的误差。生存资源增加的速度比较难决定,英国虽然农业大大改善,25年增加的数量约等于目前的产量而已。从整个地球来看,这种增加量速度已远远超过人类。

那么,人口成长最终只能靠粮食不足来制止,但这种情形只在饥饿时发生。每个社会都有其他的遏制力量在或强或弱地发生作用,使得人口数降低到生存资源能负担的水准。遏制方法有两种:一是预防(小孩出生),一是积极(降低已出生人口的数目)。

先谈积极减少人口,方法"千变万化,包括各种程度地降低人类的自然寿命。包括各种不健全的活动、艰苦的操劳、不良气候的折磨、生存资源极端的匮乏、儿童照顾不周、大城市过度发展、各种节制的行为、一大堆常见的疾病和疫病、战争、瘟疫、饥饿,等等"。

预防幼儿出生可说是人类独有的能力。植物和非理性动物的增加是本能的,但人是讲理的动物。他结婚生子之前会自问:他会不会因此而降低生活质量,被迫放弃原有的习惯?有没有什么工作机会能让他养儿育女?他能不能为儿女提供与他自己相同的教育优势和发展优势呢?他怕不怕万一有大群儿女要抚养,而自己无法使他们免于衣衫褴褛,贫困邋遢,他会被迫向"各啬的慈善之手"求援？于是第一道预防是不结婚，此外还有"男女混交、不自然的热情"——我们猜此处是指同性恋，"背叛婚姻，以不恰当的手法隐藏不正常关系的结果"——我们猜马尔萨斯所谓"不恰当的手法"不但意指堕胎，也指各种避孕措施。

一般演说中提到"马尔萨斯主义"，常用来指节育之类，也许读者看了上面一段话会感到吃惊。其实马尔萨斯从来不是这种含意下的"马尔萨斯主义"者。他宣扬的是"道德限制"，也就是上述预防性遏制力的第一条。

听起来倒像马尔萨斯天性残忍似的，其实很少有经济学家——甚至很少有严肃的作家——谈过这么多有关"爱情"的话，这么赞扬爱情美妙的一面。他如痴如狂地说，"由友谊提升的爱情似乎是肉体之乐和精神之乐的混合体，尤其适合人性，最宜唤起灵魂的同情心，产生最高尚的满足。不管精神之乐多么强，也许很少人在体验过美妙爱情的真正喜悦之后，不再回顾那段日子，回顾自己想象力最爱涉及、带着甜蜜抱憾的心情再三回忆和沉思、恨不能再活一遍的日子，觉得是他一生中最明朗的时期。"

说真的，两性之间的热情是人类幸福的主要成分之一。"若非想到有某个情感对象可分享一切，晚餐、温暖的房屋和舒适的火炉都会失去一半的乐趣。"

如果这样的幸福必须努力工作，耐心等候才能获得，幸福感必会加强几分。"爱的激情是品格形成的强大动力，往往能唤起最高贵最慷慨的行为，但只有感情集中在一个对象身上，而且困难重重不易完全满足时才能达到这种境界。"一个男人应该等到有相当的地位，可让妻儿过他自己习惯的舒适生活时再结婚。

如果晚婚变成通例，"无论男人对于这种匮乏多么不能忍耐，女人却都会欣然支持"。如果"社会比较有道德的一半"人能信心十足地等到二十七八岁再结婚，她们可能宁愿这样，而不必 25 岁就背负起生儿育女的重担。

男人的义务很明显：他不能把他养不起的小生命带入世间，他若明知自己可能养不起妻儿还要结婚，那他就犯了影响自己、妻子和后代的罪过。等他养得起可能出生的子女时再结婚显然对他有利。同时他还得节制，不要在婚外满足激情。

"一个男人若养不起儿女，就得挨饿。"马尔萨斯真的是这个意思。他反对动用私人慈善或分发教区赈济品来减低不谨慎的行为所应得到的惩罚。

回溯过去，很容易看出马尔萨斯的主张有不少错误的地方。他没想到农业会空前进步，使得远比过去更多的人口能来到世间，并欣欣向荣。他没料到英国殖民地会延伸到澳洲和加拿大草原，连美洲中部也开发了。他也没有想到他那个时代没有人住的荒原与沙漠现在会有大量人口居住和成长。但他的学说基本上是正确的，人口增长确实该有界限，即使界限远比他所说的范围广得多；而人类的生殖力好像没有任何界限。换上他常用的另一个术语来说，人口成长正压迫着生存资源，而灾祸就在前面。在"人口爆炸"方面我们没有什么新知识可以教马尔萨斯，他倒有不少东西可以教我们。

精彩佳句

> 任何享受如无节制，都有损于其本身的目的。仁爱之心的作用实际上就是在某种程度上缓和自爱之心带来的恶，但仁爱之心决不能取代自爱之心。

《傲慢与偏见》

作品背景

作者 简·奥斯汀
类别 小说
国籍 英国

名作简评

简·奥斯汀1775年12月16日生在英国汉普夏郡的斯蒂文顿村，是该村牧师乔治·奥斯汀的小女儿。她很早就开始写短篇小说，也爱写诙谐诗文和讽刺作品。她在斯蒂文顿村住到26岁，日子过得安静祥和没有什么值得记述的。她会偶尔离家到巴斯旅游一段时间，去伦敦的次数更少。但她在乡下小环境所刻画出的自己的人生和时代却无人能比。

《傲慢与偏见》是她最早完成的作品，她在1796年开始动笔，取名叫《最初的印象》，1797年8月完成。她父亲看后很感动，特意拿给汤玛士·卡德尔，请他出版，但对方一口回绝，这使得他们父女非常失望。于是简·奥斯汀着手修订另一本小说《理性与感性》。1798—1799年她写作了第三本小说《诺桑卡修道院》，旨在讽刺拉德克里夫传奇作家学派，写完后以10英镑的价格卖给理查·克罗斯比，但他摆在抽屉中好几年没出版，到了1816年又卖还给她。

1801年乔治·奥斯汀退休后，一家人迁往巴斯。此后10年简·奥斯汀很少写作。也许因为手上有3本小说还没出版，她失去了勇气吧。1805年她父亲去世后，奥斯汀太太带着简和她姐姐卡珊德拉搬到南安普顿。直到1809年定居在乔顿城其兄爱德华的汉普夏庄园之后，简·奥斯汀才再度认真提笔。《理性与感性》修订后她自费出书，销路不错。于是她重写《最初的印象》，改名叫《傲慢与偏见》，1811年同时开始写一本新小说《曼斯菲尔庄园》，

1813年完成，马上就售出了，《傲慢与偏见》也于 1813 年 1 月出版。接着完成《爱玛》，1815 年 12 月由约翰·慕瑞出版。同年她的健康状况恶化，但仍在写《劝服》一书。可惜她未及看到这本书付印，也没能亲睹《诺桑卡修道院》出书。两本书都在 1817 年她死后才出版的。她最后的遗作没有完成，名叫《一本小说的片断》，今名《沙地屯》。

内容精义

《傲慢与偏见》的女主角伊丽莎白娇美动人，是朗伯恩镇班纳特夫妇的次女。她母亲把安排嫁出 5 个女儿当作人生最大的目标。有一位富有的单身青年宾利先生住进尼查菲尔德庄园，班纳特太太立刻告诉班纳特先生"他正是我们女儿的理想对象"，叫丈夫等宾利先生来到附近时，一定要去拜访他。

于是班纳特先生成为第一批向"尼查菲尔德"新住户献殷勤的访客之一。宾利先生从伦敦带来一批亲友，要在集会厅开舞会，其中包括他的两个妹妹、妹夫赫斯特先生，以及另外一个年轻人达赛先生，那人"高挑优雅的体态、英俊的五官、高贵的风采很快吸引了全室的注意"。

可是不久大家就发现，他的举止跟外貌并不相符。这位达赛先生被视为"太傲慢、不屑于与人为伍，很难交往，跟他的朋友宾利先生简直没法比"，宾利先生活泼、直率，每支舞都跳。达赛先生只跟宾利小姐和赫斯特太太各跳过一支舞，人家要把别的太太小姐介绍给他，他一概回绝。由于男士人数少，伊丽莎白·班纳特有一回没有人邀请她跳舞，宾利先生跳到一半，特意过来催达赛先生加入舞池，请伊丽莎白当舞伴。伊丽莎白无意中听见他的回答。

"她长得还可以，但不够漂亮，诱惑不了我；我现在可没心情奉承被其他男人冷落的小姐。"

班纳特太太原先就不喜欢达赛，看他藐视自己的女儿，则由反感转为愤恨。宾利先生倒跟她的长女珍跳了两次舞，说她是"他生平所见的最美的可人儿"，另一个女儿玛丽也听见人家跟宾利小姐说她是这一带最有才艺的女孩。

珍受邀到尼查菲尔德庄园去吃晚餐，班纳特太太非常高兴：快要下雨了，珍不得不骑马前往,可怜珍半路困在雨中,患了严重感冒,只得留在那儿住几天。伊丽莎白步行3公里路去探望姐姐,珍不肯放她走,宾利先生就邀请伊丽莎白留在尼查菲尔德庄园跟姐姐做伴。

她作客期间,达赛先生渐渐看出伊丽莎白的性格和外貌远比当初所知迷人得多。宾利小姐发觉达赛先生的目光常常盯着伊丽莎白,怀疑他愈来愈爱慕她,就想方设法使他对伊丽莎白产生厌恶的感觉,但是不成功,因为"达赛先生对别的女人从未像对她这样着迷。他真的相信,若非她的家世较差,他真的有坠入情网的危险"。

等珍病情好转,可以下楼参加活动后,查尔斯·宾利对她十分殷勤,伊丽莎白则对达赛先生的侠气感到惊讶,觉得他好像变了不少。

不久菲利普太太邀请韦汉吃饭,伊丽莎白这是第二次见到他,她觉得韦汉非常讨人喜欢。韦汉一个劲儿向伊丽莎白献殷勤,并说出部分真情。韦汉告诉她,他从小就跟达赛一家有来往,已故的达赛老先生是他的教父,实在是大好人,少爷对他的态度却十分不好。

宾利先生在尼查菲尔德庄园开舞会,伊丽莎白希望跟韦汉先生重逢,却听说他"不得不进城"去了,非常失望。她跟达赛先生跳舞,想引他谈谈韦汉先生,达赛不肯多谈。后来宾利先生告诉伊丽莎白,乔治·韦汉是已故达赛老先生家总管的独生子,达赛先生不但没有亏待他,反而对他出奇仁厚。

那一晚珍和宾利先生共度了大部分时光,班纳特太太非常开心,跟卢卡斯爵爷夫人大谈这桩得意姻缘。人人都听见她那沾沾自喜的谈话,包括达赛先生,伊丽莎白觉得很屈辱。晚宴下半段大致由柯林斯先生作陪,好友夏洛蒂·卢卡斯频频跟柯林斯交谈,使伊丽莎白可以暂时摆脱他冗长而又乏味的陪伴,伊丽莎白十分感激。

第二天柯林斯先生向伊丽莎白求爱,班纳特太太见女儿拒绝了,便十分气恼。没想到柯林斯先生只是自尊受损,很快就从夏洛蒂·卢卡斯那儿求得安慰,辞行前已跟她订了婚。班纳特太太听到这个消息后心烦意乱,等珍听说宾利先生已离开尼查菲尔德,"无意再回来"后,班纳特太太的怨气更加大了。

柯林斯先生和夏洛蒂在圣诞节过后不久结婚,次年3月伊丽莎白应邀到亨斯福去探望他们俩。夏洛蒂似乎过得快乐又满足,亲热地接待她,后来他们统统受邀到罗辛斯去陪凯瑟琳·狄包爵爷夫人吃晚餐，柯林斯先生对此非常高兴。

一周之内他们又两次应邀到罗辛斯。复活节时达赛先生来拜望姑妈，柯林斯先生连忙去向访客致意。当达赛先生和他的堂弟费兹威廉上校陪柯林斯一起回家时，夏洛蒂和伊丽莎白大吃一惊，伊丽莎白趁机告诉达赛先生她姐姐这3个月都住在该城，达赛先生对此事毫不知情。

下一次他们再赴罗辛斯赴宴时，费兹威廉上校对伊丽莎白殷勤有加，达赛先生也一样。从这以后两位绅士定期来牧师公馆，伊丽莎白外出到公园散步时，达赛先生常和她不期而遇。有一天她碰到上校，谈话间他无意中说出达赛先生对好友宾利先生非常照顾，曾让他躲过一场不幸的婚姻！伊丽莎白知道对方指的一定是宾利和她姐姐珍的恋情。

那天晚上伊丽莎白借口头痛，推辞不去罗辛斯赴宴。达赛先生既然毁掉珍一生幸福的希望，她就不想再见他了！达赛先生特地来访，探询她的健康状况，尽管她的态度十分冷淡，但他却吐露衷曲，坦承自己仰慕她热恋她。她对达赛的求婚一口回绝，指责他拆散珍和宾利，而且对韦汉很苛刻。

第二天她收到一封达赛的长信，信中抱歉自己曾劝阻宾利不要再依恋她姐姐，他根据观察认为珍对他的朋友没什么感情。至于韦汉，他是自愿拿3000英镑，推掉达赛老先生提供的牧师薪金，而且他还在达赛的妹妹乔琪安娜15岁那年诱使她坠入情网，并计划私奔。幸亏达赛及时赶到，加以劝阻。伊丽莎白回到朗伯恩的家中，对这封信思索良久。

达赛再次拜访伊丽莎白的姑姑姑父贾蒂纳夫妇，发现只有伊丽莎白一个人在家中忧心忡忡。他关切地询问，伊丽莎白向他透露了一则可怕的消息。她刚收到珍寄来的信，信上说妹妹莉蒂亚跟韦汉先生私奔了，家人不知道他们去哪里了，更糟的是，大家都知道他俩并没有结婚。贾蒂纳夫妇不在家，一个仆人奉命去请他们火速回来。达赛走了以后，伊丽莎白心想大概永远见不到他了。

贾蒂纳夫妇得到消息后，立刻安排回朗伯恩，贾蒂纳先生答应协助班纳特先生到伦敦寻找犯错的小两口。韦汉欠下了1000多英镑的赌债。班纳特先生回来也没打听到什么消息，不过两天后贾蒂纳先生寄来一封信，说他已见到莉蒂亚和韦汉。他们没结婚，不过他希望不久举行婚礼。对方要班纳特先生保证：莉蒂亚在父母双亡后可得到 5000 英镑遗产的五分之一，父母在世期间她每年可拿到 100 英镑的津贴。贾蒂纳还说，韦汉先生的处境并不像起初想象的那么惨，债务还清后还会有一点余钱。班纳特先生看了这句话，明白韦汉已得到资助，心想自己不知怎么还妹夫的人情债才好。

莉蒂亚和韦汉结了婚，双双到朗伯恩作客。伊丽莎白听妹妹说达赛先生参加了他们的婚礼。他们走了以后，伊丽莎白写信给贾蒂纳先生询问事情的真相，姑姑立刻回信说是达赛找到莉蒂亚，替韦汉还掉赌债，促使他举行婚礼，不过达赛先生希望消息不要传开。贾蒂纳太太在信末说，她很喜欢达赛先生，达赛就缺"那么一点点活泼劲儿，只要有个聪明的妻子，很容易教会他"。

后来宾利先生回到尼查菲尔德庄园，由达赛先生作陪到朗伯恩拜访，达赛默不作声，相当冷漠，伊丽莎白感到很失望。不久查尔斯·宾利和珍订下婚约，一两天后凯瑟琳·狄包爵爷夫人专程来看伊丽莎白。她逼问道：是否不止姐姐珍快要出嫁，连伊丽莎白本人也要跟她侄儿达赛先生结婚了？

伊丽莎白惊骇得满面通红，但她不搭腔，爵爷夫人很生气，说这段姻缘不可能成功，叫伊丽莎白保证不跟达赛先生订婚，还说达赛跟她女儿是有婚约的。伊丽莎白不肯作任何保证，爵爷夫人临走时十分不悦，预言伊丽莎白的野心永远不会得逞。

达赛先生再度到尼查菲尔德庄园，由朋友作陪来朗伯恩作客，他跟伊丽莎白倾谈很久。他对姑妈的干预十分生气，并否认跟表妹有婚约。接着二度求婚，这回伊丽莎白接受了。

《傲慢与偏见》被公认为简·奥斯汀最好的作品。这部乡下中产阶级的家居生活故事，通篇充满喜剧气氛。作者才华横溢，以独特的叙述风格把日常琐事讲述得非常有趣。她对女人观察入微，刻画人物栩栩如生，这使得全书洋溢着青春的喜气，这是一部时间安排精确、描写恰到好处的杰作。

精彩章节品读

第五十二章：作者用细腻的笔触描写了当伊丽莎白得知莉蒂亚成婚真相以后的心理活动，真实生动地展示了她懊悔的心情。

精彩佳句

什么事都可以随便,没有爱情可千万不要结婚。

将感情埋藏得太深有时是件坏事。如果一个女人遮盖住对自己所爱的男子的感情,她或许会失去得到他的机会。

《红与黑》

作品背景

作者 司汤达
类别 小说
国籍 法国

名作简评

他是那种远非文人一词所能涵盖的精神典型,不能把他贬为作家。——保罗·梵乐希

亨利·贝耶尔,笔名司汤达(他用过50个左右的笔名,这是其中之一),取自一个德国小镇的名字。他生前不受同时代的人重视,如今名扬世界,早就得到了补偿。他常说自己在1880年以前不可能得到世人的了解,说他的书不是写给同时代感觉迟钝、有偏见、知识有限的人看的,他是为后来几代已经启蒙的人类写作。他的情感、判断力、思想都走在时代前头,可以说是浪漫主义时代的写实主义者,所以很吃亏。司汤达出生在卢梭的自由主义时期,成长于拿破仑征服各地的光荣下,本身是个自由思想家,情感上比较接近18世纪而非19世纪。今天大多数批评家都认为,无论是在文风还是处理手法上,司汤达都可以说是真正的"现代"小说家的先驱;近百年来大多数伟大作家一致尊他为大师,并从他的作品中获益良多。

亨利·贝耶尔1783年生在葛伦诺伯,他的父亲是个成功的地方律师。母亲在他7岁那年去世,后来几年他在家中饱受虐待,小男孩对父亲怨恨极深,终身未能释怀。司汤达16岁靠一位有权势的表亲介绍到战争部任职,后来参与过拿破仑的大部分战役,包括在意大利、德国、俄国和奥地利的战役。1800年,他17岁时,拿破仑正走向权力的高峰,享尽荣华和显赫的权势。1814年拿破仑战败,司汤达也暂时失去了担任公职的机会。他自称后来的15

年全在"旅行、伟大又可怕的恋情、以写作求安慰"中度过。他退居意大利，开始写书：先写绘画史、旅游和音乐方面的文章；继而写了一部令人难忘的半心理学半哲学研究，在1821年出版，名叫《论爱情》；出版后他曾去了英格兰，写了一本比较拉辛与莎士比亚的著作。

虽然有一两位同辈作家承认司汤达的作品不错，但这些书没有多少人注意。他的下一部作品是长篇小说《亚曼斯》，书中他首次借自己的分析才能来探讨个人动机和社会行为。其实这是他私下反社会的战役，尤其要捍卫那些被财势阶级的腐化行径隔断了上进之路而抗拒挣扎的弱势个体。1830年出版的第二部小说《红与黑》，强有力地表达了司汤达对于多才穷汉想求取权贵子弟所享的利润和快乐不成，而与社会产生种种冲突的看法。

1830年的革命使司汤达重新担任公职，这回他先当法国驻屈亚斯德地区的领事，时间较短，然后改派到西维塔维琪亚，一直任职到1841年中风无法履行职务，才请调回国。几个月之间，司汤达的中风又复发两次，第三次是致命性的，终于在1842年3月23日死亡，享年59岁。他埋葬在蒙马特公墓，墓碑上刻着他自己写的墓志铭：

米兰人亨利·贝耶尔
他活过，他写过，他爱过。

司汤达担任外交官的最后几年写过好几本书，包括另外两本长篇小说《巴玛市的嘉德修道院》和《卡斯特罗修女院院长》、许多短篇小说和《一位观光客的回忆录》。他还留下许多手稿，大多是自传性质，有些在他去世多年后才被人编纂出书——有《日记》《自我中心者回忆录》和《亨利·贝耶尔的一生》。

内容精义

《红与黑》是司汤达的杰作，充分展现出他的才华。这本小说的情节来自警方纪录档案中的一个事件，小说讲了一个出身虽低却颇有才华和抱负的青年，受制于当时社会的不公不义，有志难伸。

贝森康附近的乡下小城维利尔镇有一个木匠的儿子，名叫于连·索瑞尔，他背拉丁文的能力惊人，吸引了当地教会长老的注意。通过长老引荐，于连到市长家当小孩子的家庭教师。于连是个情感强烈却不太圆滑的青年，虽工于心计但很慷慨，他在感情方面很诚实，因在乎别人对他的印象，所以总是不敢表露出自己的想法。他看见全世界一切门的开合都取决于出身，发现聪明人的一点伪善可以派上大用场。他对自己的卑微出身深感怨恨，下面是司汤达笔下的于连首次进入市长家的情形：

　　……对于他获准加入的社交盛会，他只觉反感和憎恶，虽然他只是敬陪桌尾末座——也许这正是他反感和憎恶的原因吧。

　　市长很看不起于连，然而，市长美丽贤德的妻子雷纳尔夫人因饱受愚蠢自大的丈夫冷落，很快就对这位新来的敏感才子有了好感，庆幸有他做伴。于连把市长夫人的欣赏视为无上的光荣，他觉得自己有特殊的才华，于是决定向雷纳尔夫人进攻。女方尽管有重重道德上的疑虑，不久还是成了他的情妇。

　　在彼此的关系经历某些风暴和紧张后，于连渐渐真心爱上了雷纳尔夫人。事实上她正是于连心目中的理想女性，这段情缘正合他本性和野心的要求。他心荡神驰告诉自己——"她出身高贵，我是工人的儿子，但她照样爱我。"不过雷纳尔夫人有时候稍嫌他做事不够谨慎；终于有人写匿名信给市长告发这段情缘，说此事在当地已议论纷纷了。雷纳尔夫人很快就平息了丈夫的妒火，于连则被送去念神学院，这次还是多亏教会长老安排。小说谈到于连读神学院的部分，写得极具反讽意味，他在神职人员比较不设防的时间跟他们相处，得知要在社会上生存装腔作势永远必要而且永远有效。

　　于连虽然知道整个社会情势不利于他和他所属的阶级，但他渴望成功和出名几近狂热。他发觉平民要取得权势，教会也是少有的门径之一，他决定加以利用。他披着虔诚的外衣，很快就赢得神学院院长的信赖，院长自己调升到巴黎，于连也受邀担任全国大权贵之一的狄拉莫尔侯爵的秘书。不久他便成功地爬上外交副官的高位。

　　现在于连已经有了社会经验和社交手腕，他在巴黎待了一段时间后，发现有一位颇为自负的侯爵千金玛蒂尔姐疯狂地爱上了他。书中对这个情节转折的处理可以说是司汤达最典型的反讽：世上再也找不到那么简单又那么复杂的东西了——他让我们看到人类动机的多面性、行为常有的矛盾，看到我们大家可以多么自然而又狡猾直率。于连起先并未被玛蒂尔姐吸引，她向他示爱的时候，他怀疑是出身高贵的情敌设计陷害他，想让他出丑。于是他躲着她，玛蒂尔姐唯恐自己犯了错误，选上一个懦夫，就激于连在明朗的月光下爬进她的闺房。于连自觉名誉岌岌可危，只好接受……但他预料会遭到伏击，所以全副武装。他的担忧纯属多余，他证明了自己的勇气，玛蒂尔姐觉得自己没爱错人，就变成他的情人。侯爵听女儿说她怀了身孕，不管怎样也要嫁给于连，为避免遭公众议论，只得勉强接受这位杰出的平民成为家中的一员。

侯爵正要宣布这桩讨厌又不得不接受的婚事时，突然收到雷纳尔夫人的一封信，指控于连是投机客，诱奸过她。于连眼看一生的抱负即将实现——他已被册封了爵位，被赠送一笔财产，而且被任命为轻骑兵军官。后来得知那封信的事，他自觉荣誉受损，必须去摧毁出卖他的人。他匆匆赶往维利尔镇，决心枪杀雷纳尔夫人，可是他深爱过这个女子，面对她的娇颜，他实在下不了手。雷纳尔夫人在教堂座位上诚心祷告，他站在几尺远的后方，想到自己要做的事，手不禁发抖……

就在这一刻，在弥撒中服务的年轻执事摇铃表示要进行"举扬圣饼"仪式了。雷纳尔夫人低下头，脑袋几乎完全被披肩褶纹遮住，于连再也看不清她了。他朝她射击，没打中；他再发一枪，她倒下了。

结果雷纳尔夫人只受了轻伤，几天后就康复了，于连则被逮捕，接受审判。雷纳尔夫人仍深爱于连，后悔寄那封信，所以全力营救他。侯爵的女儿也一心一意花钱打点，希望他能获释。相关人士用尽他一向讨厌的各种社会势力和特权，想叫法官和陪审团释放这位杀人未遂犯——但这回特权没派上应有的用场。于连被判死刑，丧命在断头台上。

这个奇特的爱情故事虽然基本上是情爱动机的研究（有人问过司汤达他是什么，他答道"人心的观察者"），却以阶级情感为基础。有一股政治不安的强烈激流贯穿全书。于连天生热情又正直，但社会和教会的腐化逼使他虚伪——连他的真爱也遭到了曲解。司汤达在战争和外交界的战场上度过风风雨雨的岁月，有过多次不幸的恋情。这本通俗小说在政治和心理方面的观察含有深刻的反讽，也许要归功于他的情场失意。该书有一种非常明显的风格——表里不一，爱恨交织，读者仿佛觉得自己正同时跟着猎犬和野兔一起奔跑。"作家理念应该浪漫，文风却应该古典。"司汤达说。他为我们创造了聪明、野心勃勃、勇敢、在情场和社交两得意、可与任何传奇英雄媲美的于连·索瑞尔，却以非常明白、非常冷静的分析式文体来介绍他，结果热烈复仇的插曲成了反讽叙事的经典杰作。

除了对故事题材的精彩处理之外，司汤达的文风光彩动人——非常真切，让主人公跃然纸上。大文豪中他最早拥护口语的、亲密的、完全真诚的文风，活泼自然，有种单纯的魅力，深刻而不矫饰，不断反讽却含有一丝丝美味的鲁莽，不讲究优雅的词汇，不咬文嚼字，却永远有一股真实韵味。他谈到浪漫主义者时说过，"我不欣赏现在流行的风格，我不耐烦。我只明白一条规则：要清清楚楚。若不清不楚，我的世界会完全崩溃……"古往今来很少作家能做到从无赘言，司汤达便是其中之一。很多读者发现，看他的书一行都不能跳，否则必会错过简单的词汇中所蕴含的天才笔触。一切都非常真实，我们好像不是读这本书，而是活过这本书。

有关司汤达作品的第一篇重要评论1840年才出现，正好在司汤达的生命末期给他带来一点迟来的认可。执笔者是巴尔扎克，他谈到刚出书不久的《巴玛市嘉德修道院》：

> 这么一本书没得到任何回音，我丝毫不感到惊讶。凡是从中找不到粗俗玩意儿的作品，必然遭受这种命运。能使这类作品成名的优秀读者暗中一一投票，且慢慢进行，很久很久才能显现出他们选择的成果。

精彩章节品读

第十三节：于连收到玛蒂尔坦小姐挑衅似的求爱信时所产生的一系列细微而激烈的心理活动，欢乐、自豪、彷徨、兴奋、慨叹、警觉、怀疑；是心理活动描写的经典之一。

第二十节：于连与玛蒂尔坦议论结婚之事时，一封信击碎了他的狂傲；于连受到强烈刺激，在一种疯狂的心态下，枪击雷纳尔夫人。

精彩佳句

少说话,尤其要紧的是,绝对不要说自己不知道的事情。

在有法律之前,合乎"自然的"只有狮子的力量,或者动物饥寒时的需要,更简单地用一个字表示,便是"欲"。

《巴黎圣母院》

作品背景

作者 维克多·雨果
类别 小说
国籍 法国

名作简评

维克多·雨果14岁那年宣布,"我希望成为夏多布里昂,不然就当无名小卒。"结果他没有成为夏多布里昂,但他已在法国大文豪群中争得一席之地。

雨果1802年2月26日出生。父亲是将军,随侍拿破仑的小弟约瑟夫·波纳巴提,当拿破仑提拔约瑟夫担任西班牙国王时,他的父亲也一起前往马德里。约瑟夫国王有感于雨果将军的忠贞,就任命他为马德里总督。

雨果将军把家眷一起带到西班牙,于是维克多成为"贵族学院"的学生,这种环境不仅是让他受教育而已,学院中浓郁的贵族气对他日后的思想倾向有极深的影响。

波纳巴提家的势力圈崩溃不久,他的父亲不幸去世。波旁王朝颁给他母亲一笔恩俸,她带着维克多在巴黎生活。1821年她去世后恩俸也停止了,此时维克多毫无财源,一度过着赤贫的日子,但时间并不长。

不久他开始发表一册册诗集。他的诗属于古典形式,颇得保守批评家的青睐;因所抒情怀有强烈的保皇倾向,所以朝廷也很喜欢,而雨果的主要志向就在于此。说真的,路易十八世非常喜欢雨果的诗,特别颁给他1000法郎的恩俸,还册封这位年仅23岁的诗人为荣誉勋章爵士。

说也奇怪,此时雨果的情感却开始转向。1827年、1829年和1830年他分别发表了《克伦威尔》《玛丽安·德拉莫》和《亨纳尼》等3本剧本,显示他的政治倾向明显变得支持共和政体。

1845年路易·菲利普册封雨果为贵族。

1848年的革命摧毁了贵族议院，但雨果当选为第二共和众议院议员。这回他的议员身份仍是非常短暂，1851年拿破仑三世发动政变，罢黜他的官职，他逃到布鲁塞尔。

流亡期间他开始猛烈抨击法国新政权，比利时当局下令将他驱逐出境。于是1852年他从布鲁塞尔转往海峡群岛中的泽西岛，4年后旧事又重演一次。这回他在邻近的古恩塞小岛，买下霍特维尔宅邸居住。1870年普法战争证明他的主张完全正确。战争结束，法国当局撤销对他的禁令，他重返巴黎。1885年5月22日在巴黎去世，葬在法国先贤祠。

他一生著作颇丰，其中有3部小说——《巴黎圣母院》（1831年）、《悲惨世界》（1862年）和《海上劳工》（1866年）——使他在文学上占有永恒的地位。《巴黎圣母院》可以说是古今伟大的通俗历史传奇之一。

内容精义

故事始于1482年1月6日，15世纪的巴黎正在庆祝"万王和万愚节"。庆典期间法兰德斯大使团也刚好抵达，要来安排奥国马西米连大公（即奥国太子）之女玛格丽特和法国皇太子联姻的有关事宜。

巴黎红衣主教光临后，大使团也来了，于是一位赤贫诗人皮埃·葛林戈耶授权的一项"秘密教仪"表演因此中断。葛林戈耶几度想重新开始"秘密教仪"，但好像没人感兴趣，何况有一位法兰德斯人建议群众火速用根特城乡亲特有的方法选出他们的"万愚教主"——就是比赛哪一位候选人能够做出最丑的鬼脸。

比赛进行中，现场来了一位古怪可笑的人物。"我们不敢奢望读者想象得出那个人的四面体鼻梁——马蹄形的嘴巴——红色浓眉下小小的左眼——右眼则完全消失在一个巨型肿瘤下，牙齿如大象的尖牙突出在唇肉上——下巴分叉——尤其整张脸呈现出凶恶、惊骇与忧郁交织的表情。读者若有办法，请自己揣摩这样的组合吧。"

面容丑恶好像还不够，此人全身也丑得足以和他的面孔匹配。"他的大脑袋和一头红长发在肩膀和大驼峰中间，前胸也突出来——两条腿长错了位置，只有膝盖的地方能彼此触碰——双手奇大——可是，他尽管长得这么畸形，步履却从容不迫，显示出生气勃勃、活力充沛、勇气十足的样子。"

群众认出畸形的侏儒就是圣母院大教堂的敲钟人加西莫多。他们觉得没有人能扮出比他长相更丑的鬼脸，于是一致选他为"万愚教主"。

万愚游行队伍率众出发了，可怜的诗人葛林戈耶因为欠了6个月房租，不敢回家，本来计划靠"秘密教仪"表演赚钱付房租，但现在酬劳看样子也收不到了。他在街上游荡，不名一文，心想不知能不能找个地方睡觉，找点东西吃。此时恰好在路上碰到一位美丽的吉普赛少女艾丝米哈尔达正跳舞给民众看，然后跟漂亮的小白羊德雅莉变些惊人的把戏。她表演的时候，一位神父从上面出言诅咒她。葛林戈耶认出那人是副主教克劳德·佛洛娄。吉普赛少女被佛洛娄的话吓慌了，不再表演。群众一生气，转而攻击神父，此时万愚游行队伍正好进入广场，加西莫多就跳过去保护神父。

故事倒叙回去，原来加西莫多是弃儿，从小被抛弃在圣母院。依照惯例，神父将他摆出来，希望有女人肯收养他。但他实在太丑，没人要，院方想把他送到孤儿院，一位年轻的教士——就是现在的副主教佛洛娄——说他愿负责养育这个残缺的小家伙。那是16年前的往事，如今丑陋的加西莫多已20岁，担任圣母院的主要敲钟人，耳朵完全被震聋了。因为佛洛娄对他不错，所以他非常崇拜尊师。

广场乱纷纷的当儿，艾丝美哈尔达趁机溜走。葛林戈耶相信她一定有房间可住，于是决定尾随她，希望到时候说服她共用房间。他们正穿过一条黑黑的窄巷，加西莫多突然由暗处冲出来抓住艾丝美哈尔达，显然想把她带走。幸亏附近有一支守夜小队，队长佛布斯·夏多柏斯救了少女，他手下的卫兵则逮捕了加西莫多。少女问了队长的姓名，接着溜下马走得无影无踪，队长来不及阻止。

葛林戈耶决定不蹚这趟浑水，赶快开溜，不久就来到"正派人这种时刻绝不敢进入"的"奇迹死巷"。"奇迹死巷"是巴黎一处流浪汉聚居的地方，住那儿的人统称为"流氓帮"。

该地住户认出他是陌生人，逮住他硬拖到流氓帮帮主面前。说除非他答应加入流氓帮，而且有女人愿意收容他为丈夫，否则他会立刻被处死。但没人肯嫁他，艾丝美哈尔达在此时挺身而出说她有联姻之意，救了他一命。

第二天加西莫多被押到地方官面前，被判在葛瑞夫广场的枷刑台挨一小时鞭子,然后留在那儿再示众一小时。他冷静地接受严厉的惩罚,事后却说口渴想喝水。群众非但不相助,反而辱骂他,丢东西砸他,最后艾丝美哈尔达拿着一个水罐走上枷刑台的阶梯,倒水给加西莫多喝。此时有个可怕的嗓音大叫道:"天罚你,埃及女儿!天罚你!天罚你!"

那是女人的声音,由广场一角的洞穴传来——有位名叫沙许特的女隐者已在那个洞穴幽居多年。沙许特年轻的时候曾是名妓,花名"雏菊"。她因卖淫日渐憔悴,渴望情感有个寄托,竟奇迹般怀了身孕。她生下最美的女娃娃,把所有爱心灌注在女儿身上。孩子4岁那年被吉普赛人偷走,从此她就隐居洞内,对所有吉普赛人恨之入骨。

佛布斯队长已跟佛洛狄莱丝·袭德劳瑞姑娘订婚。有一天他去探望未婚妻,在她母亲家俯临巴维斯广场,广场一侧便是圣母院大教堂,当时艾丝美哈尔达正在广场上跳舞。佛洛狄莱丝和朋友们有兴趣看她表演,佛布斯就叫她带小白羊上来。小白羊跟一位年纪比较小的女孩玩耍,居然从吉普赛姑娘脖子上挂的小袋子抽出几个字母,拼出了"佛布斯"字样。艾丝美哈尔达看自己心中的小秘密被揭穿,十分尴尬,匆匆离去。队长不愿快乐狎游的机会溜走,就跟踪她,她终于答应与队长幽会。

副主教佛洛娄原来是个非常阴险的坏人。他涉猎炼丹术;更严重的是,他对艾丝美哈尔达有了邪恶的欲望。他得知佛布斯跟艾丝美哈尔达幽会,就说服天真的队长在做爱期间让他躲在房间里观赏。

艾丝美哈尔达心里非常矛盾。一方面热爱佛布斯,一方面很想找到生身父母——她也是弃儿,有人警告过她,如果她失去童贞,就永远找不到父母了(为了这个理由,她曾拒绝和葛林戈耶"完婚")。然而她对佛布斯的爱情胜过一切,终于同意委身于他,正当两人准备燕好时,她突然看见队长背后有个黑色的身影一跃而过,把一根匕首刺进队长的背脊。

她晕了过去,醒来时发现自己和小白羊德雅莉已被逮捕,背负谋杀和巫术的罪名。审问中她不肯承认刺杀佛布斯之事,因此遭到严刑逼供。她受不了折磨只好认罪,回到法庭后,她被判在圣母院忏悔,然后在葛瑞夫广场吊死,小白羊也一起处决。

等待行刑期间,她被关在污秽的地牢里,副主教特地来探望——其实攻击佛布斯的人就是他——说艾丝美哈尔达若肯当他的情妇,他就设法救她。他还说佛布斯已死,求她跟他走。但艾丝美哈尔达把副主教赶出去,说佛布斯既然已死,她也不想活了。

第二天艾丝美哈尔达被拉出去行刑,她先被囚车载到圣母院大门口去执行前半段刑罚。其实佛布斯没有死,囚车"咔啦咔啦"驶进广场的时候,他正在探望未婚妻。他对艾丝美哈尔达已不感兴趣,并劝佛洛狄莱丝不要看忏悔典礼,但他未婚妻坚持要看,叫他也站在身边一起观赏。

副主教诵完赞美诗之后,艾丝美哈尔达恰好抬头,看见佛布斯跟他的未婚妻佛洛狄莱丝站在阳台上。她呼叫他的名字,佛布斯听见了,赶忙躲进屋里。艾丝美哈尔达见此情景,心想对方可能是误解她,以为她想杀他,一念及此,突然倒在地上失去了知觉。

当时另外有一个人也在现场观礼。加西莫多在圣母院拱壁高处,一路盯着程序进行。他虽然听不见声音,却知道忏悔之后就要行刑,而死囚正是他站在枷刑台时甘冒群众盛怒拿水给他喝的美女。打从那个时候他就爱上了她。

行刑官的助手们正要把失去知觉的艾丝美哈尔达放回囚车,加西莫多借着一根绑在教堂楼座上的绳索顺着圣母院外侧爬下来,把少女挟在腋下,带着她一起跳进教堂,嘴里喊道:"圣殿避难!"一切来得太突然,谁也没法阻止他。

他专心照顾艾丝美哈尔达好几个礼拜。如果当局决定把少女带出庇护所,唯一的合法途径就是颁布一项特殊的议会法案。法案生效前夕,"流氓帮"决定来救艾丝美哈尔达。不幸加西莫多误解了他们的意图,阻止他们前进。

攻打大教堂期间,副主教由她"丈夫"葛林戈耶陪同(副主教知道自己若单独找她,她一定不予理会)来找艾丝美哈尔达,劝她跟他们转往安全的地方。可是一出了教堂,葛林戈耶就不见了,副主教再度劝她充任他的情妇。她不肯答应,副主教便逮住她,交给葛瑞夫广场上痛恨吉普赛人的女隐者沙许特监管,自己则去叫卫兵。

他走开期间,沙许特认出艾丝美哈尔达脖子上的护身符,知道她不是吉普赛姑娘,而是她被拐走的女儿。她想从卫兵手中救女儿一命,结果双双被拖出洞穴,艾丝美哈尔达当场被吊死,老妇人则摔死在地。

副主教告诉卫兵艾丝美哈尔达藏身的地点后,回到圣母院,登上屋顶;艾丝美哈尔达上吊的绞架从那边可以一览无遗。他专心看热闹,没发觉加西莫多已来到他身边——加西莫多曾眼见他把少女带走,知道是副主教害少女被处死刑。在艾丝美哈尔达脚下的梯子被拉开的那一刻,加西莫多把副主教推下栏杆，副主教于是摔死在广场。

从此以后再也没有人见过加西莫多。艾丝美哈尔达的尸体被放在一处停尸间，一两年后，有人打开那个地方，发现里面有两副手臂交缠的人骨。一个是被施刑的女孩，喉部留有护身符的残片；另一个是脊椎和胸部畸形的人。

《巴黎圣母院》篇幅很长。书中有不少大段落细细描述历史地点、事件和风俗，以现代眼光看来，其中很多似乎太累赘，与主题不相干。雨果喜欢描述传奇细节，加上太多产，有些作品难免缺乏深度和创造力。现代读者就算从他的散文（而非韵文）作品中找不到同时代比较从容的作家所具有的风味，但他生前所获的盛名依旧是实至名归，《巴黎圣母院》始终是历史传奇中数一数二的典范。

精彩章节品读

第二卷：比埃永·甘果瓦夜闯格雷司农场，艾丝美哈尔达拯救了他。

第四卷：副主教佛洛娄爱上了吉普赛姑娘艾丝美哈尔达，企图用卑鄙手段得到她。

第七卷：敲钟人加西莫多杀死副主教佛洛娄，并伴随艾丝美哈尔达一同死去。

精彩佳句

> 过度的痛苦也像过度的欢乐一样，十分剧烈，却不长久。人的心是不可能长期处于某一极端之中的。
>
> 宽宏大量，是唯一能够照亮伟大灵魂的光芒。宽宏大量，位于一切其他美德前列高举火炬。没有它，世人都会成为摸索着寻找上帝的瞎子。

《高老头》

作品背景

作者　巴尔扎克
类别　小说
国籍　法国

名作简评

巴尔扎克这个名字很容易引起五味杂陈的情感。他大腹便便，脸孔胖嘟嘟，爱穿一件白色袈裟，围一条金链子当腰带；他常一连好几个礼拜每天写作12小时不休息，靠一壶壶不加糖的浓咖啡维持体力；他刻画人物栩栩如生，好像比活人更真实，甚至会幻想他们来陪他喝茶——很多文章提到他，语气十分亲昵。

巴尔扎克1799年出生在法国都尔的农家，1850年因劳累过度而死。他在短短的一生中写出了大量文学作品。他常年负债，靠不断借钱来应付超额的社交生活开支，同时不断有杰作问世，反映他早就存在于脑海中的整个世界。古往今来再也找不到比他更兴高采烈的创作天才了。

《人间喜剧》涵盖了巴尔扎克多部自称以"极为详细地追溯我们现代社会的历史以及风俗的印象"为自己目标的小说。内容可分为私人生活、外省生活、巴黎生活、政治生活、军事生活和乡村生活等，可以构成一位法国批评家充满档案柜的"记录室"。书中对"七月王朝"统治下的法国社会各阶层描写得非常精确，而功利主义和发财欲在那个时期达到高峰；法国大革命使中产阶级挣脱了束缚，他们的重要性不断升高，新的社会、政治和经济观正酝酿着日后的改变。对于这一切以及比较传统的乡间生活，巴尔扎克的小说都充分反映出来，足见他脑中装着一整群一整群的人物。

本来他的《人间喜剧》打算收纳达4000个角色，但最后他通过仔细观察社会各阶层，成功地塑造了2000位左右的人物。他亲身经历过巴黎的时尚世界，新闻记者、学生和律师书记3种人生经历更有助于他对各种人物的把握。生意人、艺术家、演员、农民、商务旅客、囚犯、玩世不恭的人、高利贷主和潜伏在巴黎近郊的人间害虫都被他一一重现，小至衣服、谈吐、背景、甚至收入和开支都写得非常详细。对于自己并未亲身认识的阶层，巴尔扎克往往以动物学家的热忱仔细研究，他会在大街小巷追踪落单的个体，听他们谈话，吸收他们的心灵倾向，直到自己的灵魂进入他们的灵魂为止。

巴尔扎克不甘于只是描述，他要设法了解。他自诩为社会科学医生，想掌握社会上各种会产生影响的人类行动和力量。他相信人类被激情和自利的混合心理驱使，他们表面上重视传统，遵守法律，骨子里却以自利的热情追求自己的目标，执著于得失、野心、肉欲以及终身甩不掉的各种偏执狂观念，往往因此毁了一生。他笔下的很多角色都是这种人，界定得清楚明白，用同一个模子依据他们的脾气各不相同铸出来，或悲惨或可怜或可惜。此外，巴尔扎克的大多数小说都偏好探讨人生丑陋、邪恶、污秽的一面，很少刻画美丽的一面，倾向于暴力和兽性，充满悲观的写实主义。但我们不得不承认这些作品栩栩如生。他使我们接受他笔下的世界，而他的才华就埋藏在里边。有些批评家认为《人间喜剧》中最好的一部小说是《高老头》，这本书可以说完全符合上述的论点。

内容精义

故事开头是典型的巴尔扎克式场景的描述。巴黎最狰狞的拉丁住宅区有一间阴森森的膳宿公寓，由视钱如命的寡妇佛奎耶夫人主持。只要寄宿者付房租，她根本懒得去管他们。房客形形色色：一个是将军委员长的遗孀科杜尔夫人，一位害肺痨的年轻女子维多玲·泰勒夫，一个是被形容为"社会磨坊苦力"的等死的老人，还有一位戴着脏兮兮绿色眼罩的干瘪老处女米修诺小姐。除了维多玲还可以靠合适的青年点醒之外，其他这些人都心胸狭窄，污秽不堪。另外有一位佛群先生，块头壮壮的，个性也强——戴一头黑色假发，留着染色的胡须，笑声很爽朗。房客们都喜欢他，但没有人知道他干哪一行，而他那一双亮晶晶的眸子仿佛能贯穿到人家的灵魂深处，叫人望而生畏。一般公认这位佛群先生"是男子汉"，但他的心到底合不合人性又是另一回事了。另外有一位短期房客，就是年轻英俊的法学院学生尤金·狄拉斯提格内，他意志坚强，头脑清楚，一心想在巴黎社会出人头地，另外还有"高老头"本人。

  故事发生在 1819 年 12 月，面如满月、一副傻相的高老头已在佛奎耶膳宿公寓住了 6 年。他是退休的脆面条师傅，带着一个装满服饰的衣橱、一大堆家用银器和很多钞票住进来。起先他每星期外出赴宴一两次，后来不再出去吃，再过些时候他卖掉一些银器，两年后转而要求换个比较便宜的房间。其他房客传言他在证券交易所赌博，也有人说他在女人身上大肆挥霍。每隔一段时间就有两位衣着时髦的小姐来看他，所以后面的说法似乎更有道理。高老头显然是个浪子，有一天佛奎耶夫人慢慢地问他两位小姐是他什么人，他柔顺地回答说那两位小姐是他的女儿。女儿才怪！没有人相信他。又过了 3 年，他的开支进一步削减，换住更小的房间，服装也不讲究了。再也没有人来看他。佛奎耶夫人恶意质问道："你那两个女儿不再来看你了吗？"他用颤抖的声音说："她们偶尔会来……"

  这些情节里面隐藏着一个悲惨的故事，成为书中两条主线之一。高老头是巴尔扎克笔下又一个执着的人物——这回执着的是父爱。他很早就丧妻，在女儿德尔芬和安娜丝塔西身上不惜投下大量亲情和钞票；样样给她们最好的，从不拒绝她们的要求，他说："做父亲的要快乐，必须随时付出，不断付出才使你真正成为人父。"事实上，这两个女孩子是他的整个宇宙，也是他在世间闯荡所依赖的线索。他在恰当的时机替她们找到了丈夫，一个是法国贵族，一个是富有的德国银行家，两者都是看在巨额的嫁妆分上才娶他的女儿。两个女儿都跻身在巴黎时髦的社交圈，一度很欢迎老父去作客，后来丈夫们看见岳父身上再也榨不出钱来，就让他吃闭门羹。不过女儿偶尔还来看看他。她们俩都有情夫，情夫欠了债，高老头卖掉银器，降低自己的生活水准，救他们脱困。他欣然戒了烟，卖掉自己最后的投资，只求换来德尔芬或安娜丝塔西嫣然一笑。"我愿出卖圣父、圣子和圣灵，也不愿看她们落泪！"他的爱心并未得到回报，但他容许女儿践踏他。说真的，为她们受苦是他的快乐之一。她们登上马车去参加时髦舞会，他只要偶尔摸摸她们的衣裳，看她们一眼，就感到很满足。他自称是"一具不幸的老残骨，女儿在哪里，我的灵魂就在哪里"。他不指望女儿爱他。只要一点点错觉就足以给他幸福：他不得不相信，他给钱时女儿满面春风，非常高兴，其中就包含了她们对父亲的情感。

只要一点点亲情，那就够了。故事一开头就让我们看到他必然会尝到幻灭的苦果。

不过书中另一条主线，就是青年尤金·拉斯蒂涅的事业。他出身穷苦的乡下家庭，家人省吃俭用寄钱给他，让他在社交界出风头。他通过一个表亲打进巴黎时髦人士的宅邸，其中包括德尔芬和安娜丝塔西的家。他很快就发现她们对她们的父亲铁石心肠，还发现她们婚姻不美满，过着自私自利的生活，他对此一时惊慌失措。但后来野心重新燃起，他体会出自己要在社会上成功，所需金钱非家人所能供应。资金该上哪儿去找呢？此时诱惑者佛群出现在他身边。他早已宣扬成功是一种美德，拉斯蒂涅现在觉得他的话很有道理。佛群对拉斯蒂涅的事情非常关心，向他提出一项建议，也透露出自己的愤世嫉俗和狠心。他说："我一个人对抗整个有组织的社会，把它打得落花流水。"他的计划很简单。维多玲·泰勒夫有个哥哥继承了一笔财产。佛群要安排那位哥哥决斗死亡，财产就会由维多玲承接，到时候拉斯蒂涅再娶她就行了。100万法郎喔！佛群只要求抽 20%。拉斯蒂涅听了暴跳如雷，却又忘不掉此事带来的灿烂前程。

我们跟着拉斯蒂涅在社交界往上爬，我们看拉斯蒂涅跟德尔芬交往过密，跟高老头的友情也日益增长。最后高老头花钱弄了一间公寓给拉斯蒂涅，让他跟德尔芬可以随时接近，自己因此变得不名一文，但女儿露出甜甜的笑靥，容许父亲暂时见到她时，他已感到非常满足。魔鬼的代言人佛群一直激励拉斯蒂涅挥霍……直到膳宿公寓记录中一个令人难以忘怀的夜晚，消息传来：维多玲的哥哥已经被杀，不久佛群自己也得到了报应。写到这里，巴尔扎克开始使用闹剧手法。原来佛群是巴黎黑社会势力的人物，诨名"骗子死神"，属于已定罪的逃犯。警察终于追查出他的行踪。他们劝戴眼罩的老处女米修诺小姐在他的酒里下药，然后借口要摇醒他，确认了他肩膀上的犯人烙印。确定之后警方闯入膳宿公寓去逮捕他，结果把他的黑色假发扯下来，露出一头红色的短发。他的脸好像变形了，叫人觉得他"强壮兼狡猾得触目惊心。此时这个人的灵魂和精神清楚地显现出来，活像站在地狱火焰投出的强光中……血色涌上他的面庞，眼睛像野猫闪闪发亮"。佛群发表了一篇死不悔过的演说，对整个人类表示轻蔑，然后被警察带走了。

现在故事渐渐达到高潮。拉斯蒂涅和高老头正准备永远迁离膳宿公寓，德尔芬突然赶到，她整个人几乎要崩溃了。她的全部财产已被德国大亨丈夫占为己有，拿去供事业周转——她怀疑是不正当的事业——德尔芬必须答应他留下那些钱，她的丈夫才容许她继续养情夫。于是高老头投在女儿身上的储蓄全部化为乌有。不久安娜丝塔西也带来类似的故事。她卖掉钻石为情郎还赌债，她的丈夫发现了，勒索她，要她签字把所有的财产让渡给他。这还不算，她仍缺1.2万法郎，来求父亲给她钱。但高老头此时已一无所有。最后的1.2万法郎已用来布置那间公寓……这个消息使得两个女儿激烈争吵，高老头劝架无效，哭着倒在床上："孩子们，你们再这样，我会死掉！"安娜丝塔西立刻走出房间。那天晚上尽管传来父亲病重的消息，德尔芬照样跟拉斯蒂涅去听歌剧。他们到第二天稍晚才想起他，结果只有拉斯蒂涅去看他病情如何。拉斯蒂涅发现老头那天早上起床去卖最后一件银器给安娜丝塔西买新衣服，病情恶化了。如今他精神有点错乱，做梦在奥德撒发财，要交给女儿……

那天晚上拉斯蒂涅收到德尔芬的字条，抱怨他冷落了她。后来见了面，拉斯蒂涅要她去看看父亲，她却坚持要拉斯蒂涅陪她参加舞会。此时高老头在凄惨的阁楼里病情发作，濒临死亡。不过他神智还很清楚，第二天他听说两个女儿都不来看他时，他终于明白了：十年来心中暗暗怀疑女儿对他没有亲情，一点不假。可是高老头真是父母中至高的典范，他不怪女儿只怪自己。他说："她们是无辜的，请告诉每个人。"他宠坏了她们，为她们受尽屈辱。他放弃了自己的权利，结果不经意宠坏了孩子。"我是她们不孝行为的祸首。我总是纵容她们幼稚的怪主意。她们15岁就养了自用的马车！她们要什么有什么。该怪我，只能怪我，但我是爱她们才犯错的。她们的嗓音融化了我的心……"

接着垂死者的心情突然一变。他大发雷霆，要求人家把他的孩子叫来。她们有义务来，这是法律规定的。该强迫她们尽义务，必要时派兵去抓她们。他说她们是恶毒又狠心的女人。他诅咒她们，他憎恶她们。几乎几分钟后他又嘀嘀咕咕说要到奥德撒去赚100万给她们。然后他痛骂女婿，深信是他们不让他女儿前来。很快，他进入弥留状态，嘴里咕哝道："不要见她们——有死亡的刺痛……"最后拉斯蒂涅去接她们，只有德尔芬答应待会儿过来。但她姗姗来迟时，高老头已经死了，死前身边只有拉斯蒂涅和一位医学科的学生。他摸他们的头，把他们当作自己的女儿，嘴里说出最后的遗言："啊，我的天使们！"

两家有钱的亲属都不肯出钱为他举行葬礼，最后高老头只能举行了三流的葬礼。两个女儿都没有参加。奔丧的只有拉斯蒂涅和一个膳宿公寓的仆人。仪式仅历时20分钟。于是高老头安息了，仆人念出墓志铭："一个从不口出恶言的和善好人；他从不麻烦别人，也没伤害过任何人。"

拉斯蒂涅对上流社会的渴慕有没有因此而治愈呢？他在高老头墓前洒下了一滴泪，"青春的最后泪水"，然后目光又转向墓地山丘下闪烁的巴黎灯火。

精彩章节品读

第三章：初见世面。拉斯蒂涅从周围人的言行中认识到了巴黎上层社会的冷漠与自私。

第五章：两个女儿。高老头的两个宝贝女儿只知向父亲要钱，对父亲却毫无爱心。

精彩佳句

只能把男男女女当作驿马，把它们骑得筋疲力尽，到了站丢下来，这样就能达到欲望的最高峰。

《法国大革命》

作品背景

作者 汤姆士·卡雷尔
类别 历史散文
国籍 英国

名作简评

世界上的大事中,1789 年的法国大革命可谓家喻户晓。此事这么有名,大概与一个默默无名、正在奋斗却非常有天分的苏格兰记者汤姆士·卡雷尔写过这段历史有关系。

卡雷尔为什么选这个题目,需要做点解释。他在法国没有亲人也没有利害关系,对法国和法国人没有切身认识,法国语言方面的知识也只有一点点。他一度跟妻子住在她的克根普托克农庄,有一次偶尔到爱丁堡访问,要写一篇文章,他在市立图书馆找资料读到一条大革命前几年跟法国朝廷,尤其是玛丽·安东尼皇后的丑闻和奸谋很有关系的《钻石项链》。他写法国大革命,也许就是那个时候起的念头。

卡雷尔写了后来收在他的《散文集》里的那篇文章,然后转而探讨整个法国大革命。革命的原因是什么?为什么在那个时候爆发?主要人物是谁?过程中是否有自己一向注意的大道德的作用?这是他会提出的几个问题,但他很快就发现:在爱丁堡找不到答案。于是他决定迁往伦敦,1834 年 6 月他们夫妻在伦敦契尔西亚区琪的恩街一所住宅居住,从此他没搬过家,将近半世纪后在那儿去世。

他在伦敦认识了几个有本事的人,也交了几个朋友,其中包括拥护实利主义哲学等理论的优秀青年作家约翰·史都华·密尔。

第一册书稿在 5 个月后完成,卡雷尔送去请密尔评论。密尔把它拿给密友哈丽叶·泰勒夫人,因为他十分信赖她的文学判断力。夫人有事忙着,结果文稿意外地被女佣烧毁,只剩下最后的四五页。密尔为这场灾祸惊骇万分,坚持要卡雷尔收下一张100英镑的支票,供卡雷尔支付家用,好重写毁掉的手稿。卡莱尔没留副本,只有几则笔记,但他不屈不挠地重写,终于在1837年初完成。1月12日他写信给妻子,告诉她作品完成了。"他们会怎么处置这本书,没有人知道,亲爱的金妮,他们已经一两百年没见过这样出自肺腑的作品了;他们若要将它放在脚下践踏,随他们的便。"勇敢的妻子答复道:"呸!呸!他们不可能踩在脚下。"

6个月后出书了,证明卡雷尔太太的判断正确。那本书非常畅销,从此卡雷尔的前途有了保障。尽管卡雷尔文风古怪,但《法国大革命》始终是描述那段划时代冲突的英文作品中可读性最强的一本。卡雷尔具有很多历史学家缺少的一样东西:他的历史观很特别,不把历史当作已成过去和已经完成,而当作仍然存活,仍在进行中。他的想象力丰富无比,可以重新捕捉过去,再现出来,我们一页一页看下去,仿佛置身现场,分享一个历史转折点的热情、危险、失望和强烈的刺激。

内容精义

这部作品篇幅很长,故事起头很慢。开头几章描述一度被称为"受爱戴"的路易十五恶心的垂死场面以及他统治下的战争和皇室将亡的惨状。贵族挥霍着从佃户身上榨取的租金,穿华美的衣裳,大吃大喝,尽情堕落,自恶名昭彰的罗马皇帝以来无人能比。教会失势了,受过教育的人士唯启蒙思想家马首是瞻。老百姓呢?"他们奉召前来,照法令规定服劳役,照法令规定缴税金,为了跟他们无关的争端战死沙场,他们的双手和劳力掌握在别人手中,自己却一无所有。未受教育,没有慰藉,不得温饱,蒙昧无知,邋遢贫苦,闭塞挫折,这就是百万人民的命运……"

故事一章一章慢慢地进展下去,开始记录旧王朝蹒跚地坠入没落的深渊。我们走近崖边时,步伐加快了,此时卡雷尔才显示他的大才华。

天亮了,一个千秋万代的人都忘不了的日子:1789年7月14日。整个城市都处于熙熙攘攘、忙乱准备、激动兴奋、险象环生的环境中。老人眼中流下了眼泪:"儿子们,这一天我们要表现得像男子汉。记住父辈的冤屈,记住子孙辈的权利！暴政和烈焰压顶，除非自救，没有人会救你。今天你必须动手干，不然就死亡。到巴士底狱去！"

在阴森可怕的旧堡垒墙内，管理员狄朗奈跟所有军士一样，在难以预料的悲惨冲突中进退维谷。设在狄维尔旅社的人民司令部要求他承认"国民军，那是比'投降'好听一点的代名词"，另一方面，国王陛下下的命令十分明确，所以他们不能投降，可是他的卫戍部队只有32名伤兵，加上32名青年。虽然狱墙有9尺厚，有大炮有弹药，但存量只能支撑一天。

狄朗奈开了火，他拉起吊桥。砰砰几声——从此燃起燎原的混乱，熊熊的乱火！流血场面出现，叛乱爆发，引出无尽的枪声、狂乱、诅咒——头顶上有一双大炮从要塞中砰砰射出葡萄弹，让我们知道自己能干什么事。巴士底狱被包围了！

不管什么易燃材料的大火，任其燎原蔓烧吧！守卫室被撞开，病人的餐室被撞开……有人流血了，伤者被抬进瑟里塞路的民宅；垂死者留着最后的私产委托权不让步，要等可恶的堡垒陷落。可是怎么攻陷呢？墙壁这么厚！

巴士底大钟在内院一小时一小时不慌不忙地滴答走着（外面听不见），好像它本身或世上都没有什么了不起的事情发生！开火时大钟敲一下，是一点钟，如今快要五点了，怒火并未熄灭。下面的地牢里，7个囚犯听见地震般的闷雷声……如今世界大乱已有4个钟头。可怜的伤兵倒在城垛下，或者倒拿着枪站起，他们已用餐巾做了一面白旗……吊桥放下来，门房梅拉在桥板落地的一刻把它拴牢。人们像洪流一拥而入：巴士底狱陷落了！巴士底狱攻陷了！那天深夜狄连科公爵进入凡尔赛宫的皇家住处，向国王报告那天巴黎发生的大事。"噫，那是造反！"可怜的路易十六说。狄连科公爵答道，"大人，不是造反——是革命。"

这一段历史的再现栩栩如生。卡雷尔在写皇家受到错误的指引，不幸逃出巴黎，想跟东北边界包易乐领导的保皇军会合时，描述技巧的高明也堪与上一段媲美。他们乘一辆崭新的四轮有盖马车逃亡。马车已知道世界的变化，轰隆轰隆地前进，东倒西歪，速度跟蜗牛差不多；中途发生障碍……"十一匹马，双倍的赏钱，原来皇家为了逃命不眠不休20小时只走了69公里。迟缓的皇室！可是每一分钟都很宝贵：皇室的命运就悬在短短几分钟之内。"黄昏慢慢来临，在圣梅尼郝小村庄。"疲惫的凡人，做完一天的辛苦田事返家，村里的工匠津津有味地吃着晚餐，或者逛到村街去吸一口甜空气，听听人世间的消息。"村子最后一扇门外站着一个男人，"身穿松垂的睡袍——是个刻薄、暴躁的男子，外貌凶险，仍属壮年——他是此地邮电局局长尚·巴普蒂斯·卓耶"。大马车隆隆驶入村庄，卓耶上前一步，细看来人：戴着低垂吉普赛帽的女士，戴圆帽和假发、一直探头看窗外的绅士——他们身上有某种令人熟悉的味道。卓耶匆匆抽出一张新纸钞，将国王的肖像和马车上的人对照一下："简直是一个模子印出来的！"

马车继续前进。夜幕降临了，马车夫啪啪地挥动马鞭。他们平安穿过克里蒙，皇家一行人"各自坠入梦乡"。这时候卓耶和同行的镇书记正策马疾奔，当皇室大马车隆隆开到瓦瑞村入口时，发现道路被一辆家具车堵住，车门口伸出几支枪。"夫人，你们的通行许可证呢？"卓耶站在一旁，一行人被客客气气迎入绍斯先生的杂货店休息，等待天明！路易下了车，他们全都下了车，被带到店铺楼上的房间。"国王陛下即刻'要求备点心'。有人端来乳酪面包和一瓶葡萄酒，他发现自己喝过的葡萄酒就属这次最棒！"天亮后他们打道回巴黎——从此走上断头台。

卡雷尔最善于描写时间仿佛静止、空气中充满期待的这一类事件。他描述紧张大事实在高明到了极点。就拿1793年7月7日星期二"容颜美丽安详、体态曼妙的25岁女子"夏洛蒂·柯戴坐上"勤劳号"前往巴黎的情景为例吧。"没有人跟她道别，祝她一路顺风；她父亲发现一张字条，说她已到英国去了。"其实她不是去英国，而是去巴黎。她来到一间污浊的房间，恐怖时代的全能工具马赫"如今坐在公共浴室里，他患了革命热病——还患了一种这部历史宁可不提的疾病，深以为苦。他病得非常厉害，憔悴不堪，他旁边有个浴缸三脚凳可以写字。'马赫公民，我是从造反基地凯恩来的，想跟你说话。''请坐，孩子。现在叛国贼在凯恩做些什么事？有哪些代表在凯恩？'夏洛蒂说出了几个代表的名字。'两个礼拜内他们就会人头落地。'热诚的人民之友哭丧着脸说完，抓起写字板写下：巴巴罗克斯，培西昂。他在浴缸中侧转，光光的手臂缩着写道：培西昂和洛罗和——夏洛蒂已抽出刀鞘里的利刀，一举刺入书写者的心脏。"

夏洛蒂·柯戴在革命法庭遭到审判，但她显得美丽又安详。她说："我杀一个人，拯救十万生灵；杀恶棍拯救无辜；杀野蛮的兽类，让国家休养生息。

我在革命前已是共和政体的拥护者,我从来不缺乏干劲。"死刑判决通过了,那天傍晚,"致命的囚车从监狱大门出来驶向市区,上面坐着一个美丽的少女,身上裹着谋杀犯的红罩衫;好美,好庄严,生机勃勃,向死亡进发……很多人脱帽致敬,只要有心肝的人谁不为之感动?其他的人都暗暗抱怨和哭泣。"

此后不到一年,革命党自相残杀。在断头台下,丹敦曾哀叹道:"噢,我心爱的妻子,我再也见不到你了!"——然后又打断自己的话:"丹敦,别太软弱了!"他对上前拥抱他的赫罗尔·塞契尔说:"我们的脑袋将在那儿会合。"也就是刽子手的袋子里。接着对刽子手山姆森说出最后遗言:"向民众展示我的头颅吧!那是值得展示的。"

等革命的烈焰渐渐烧尽,罗伯斯庇尔的下场又跟那些人不同。囚车载着他往断头台驶去,宪兵用剑指着他,让民众看清他是哪一个。一个女人冲上囚车,一手抓住车,一手像女巫般挥舞着,大声嚷道:"你的死亡振奋了我的心,我欣喜欲狂。"罗伯斯庇尔睁开眼睛,"恶人,下地狱去吧。带着所有妻子和母亲的诅咒!"到了断头台下,他们把他摆在地上,等着轮到他。当他的身子被举起来的一刻,他双眼又睁开了,瞥见血淋淋的巨斧。山姆森为他脱下外套;从下巴处拉开脏兮兮的内衣,他下巴软绵绵垂着,突然发出一声泣号,听来恐怖,看来更恐怖:"山姆森,下刀要快……"

一幕接一幕,直到最后一幕降临,有个名叫拿破仑·邦纳巴提的青年炮兵军官下令打几发"葡萄弹",街上布满最后一批革命党的尸骸。于是"我们称之为'法国大革命'的东西终于被轰入虚空,成为过去的历史!"

《死魂灵》

作品背景

作者　果戈理
类别　小说
国籍　俄国

名作简评

尼柯莱·瓦西利维兹·果戈理出生在乌克兰索罗津尼兹村的一个哥萨克家庭。19岁正是敏感浪漫的年龄，他前往圣彼得堡，在政府机关当一个卑微的抄写员。他任职时间很短，却对当时牢牢掌握俄国的官僚统治深恶痛绝，于是决心到美洲找出路。他辞掉工作，向母亲借钱出发了，到了鲁贝克却又中途折返，因为他相信自己有才华，可以变成大演员；接下来6个月他在圣彼得堡的许多剧场里东飘西荡，却没什么结果。

大多数俄国人喝茶聊天就能醉倒，果戈理也不例外。他夜夜跟同伴们讨论俄国庞大腐化的文官制度是多么不公平，最后竟相信自己有义务揭发其中的罪恶。他仍然迷恋戏剧，就写了一部的喜剧《钦差大臣》，用以针砭时政。诗人祖科夫斯基当时正担任皇储的家教，把它拿给沙皇尼古拉一世看。没想到严厉的沙皇竟非常喜欢，下令该剧1836年3月19日在皇家剧院演出。沙皇坐在皇家包厢里，从头大声笑到尾，落幕时还宣布："人人得到了该得的褒贬，我尤其如此。"

说这部戏轰动，还不足以说明它所得到的重视。尽管评论者大肆赞美，大众更包围了票房，权利很大的文官首脑们却召开了秘密会议，决定要除掉怪人果戈理。他们知道沙皇对他有兴趣，只得偷偷行动。在他们无情的迫害下，敏感的果戈理逃到罗马，靠一小笔津贴度日，他以为是朋友在资助他，其实津贴是尼古拉一世提供的。

《死魂灵》

1830年初期，果戈理已完成一部浩大的长篇小说初稿，命名为《死魂灵》。故事虽然诙谐有趣，充满讽刺，题材却很悲惨，他朗读给普希金听，普希金听完大叫说："上帝啊，俄国是多么可悲的国家！"后来普希金又告诉朋友们："果戈理没有捏造什么，这是单纯的事实，可怕的事实。"果戈理在罗马着手修改草稿，但进度缓慢。1837年普希金在决斗中死亡，对他打击很大，再加上流亡异域给他带来的伤害，他患了忧郁症，每次发作期都很长。第一册直到1842年才出版，尽管叙事有好几处疏漏，这本书却一举扬名，成为俄国伟大的非韵文体经典名作。可惜几年后果戈理一时灰心，把未完成的续集手稿烧毁，所以第二册始终未能出版。

内容精义

辛辣讽寓是果戈理感受最深的题材。本书的主角是一个名叫乞乞科夫的恶棍，他在政府海关当官员，因为做了不名誉的事而下台。他为了要补回失落的财富，想了一条妙计。当时每一位俄国地主都拥有农奴，又名"魂灵"，每年必须为他们缴人头税。政府每隔10年或20年才统计一次人口，而魂灵的死亡率很高，地主往往得为已死的魂灵缴税，他们觉得很不公平。乞乞科夫计划旅游全国，廉价买下死魂灵，然后将购买的名单交给地方官，地方官以为他们是活的农奴（头脑清楚的人谁也不会买死的），就会签发让渡契约。乞乞科夫有了这份文件，可以到任何一家银行，用名下的魂灵抵押借大额款项。他要用这笔钱在偏远的省份买一小块地和几个真正的活魂灵来耕种。

乞乞科夫带着赛里芬和仆人培楚许卡，乘一辆3匹马拉的轻便马车，兴高采烈抵达N镇。他在客栈向侍者打听镇上显贵们的事，然后把脸颊刮得光溜溜的，穿一件橘色的丝绸双排纽扣的礼服，戴一条洒过古龙香水的手帕——去拜访他们。他最善于抬出显贵来自涨身价，常用漫不经心的口吻提到大人物，加上对镇上政务赞誉有加，又爱叫每一个人"大人"，给听者都留下非常深刻的印象。他来了还不到一天，地方官就已邀请他次日晚上参加一个大型招待会，他的日记本上写满了未来一周的午宴和晚宴期约。

人人都被这位客人给迷住了，当他宣布要离开一段日子的时候，镇民抗议声四起，可是乞乞科夫坚持要走，他神秘兮兮地说有个使命要去完成，就搭车离去。镇上纷纷谣传他是政府高官，正从事重大的秘密工作。

现在我们一路跟着他绕行乡间,风光又热闹。从他在N城的新朋友那儿,他取得当地地主们性格和癖性的珍贵资料,知道该骗谁、谄媚谁或威吓谁跟他做生意。不错,他访问的人之中有些觉得他是无伤大雅的神经病,有些觉得他是圣洁的慈善家,可是大家都急着不劳而获捞一笔,纷纷应允了他的建议,过不了多久乞乞科夫已经成了几百名死魂灵的主人。

计谋得逞使乞乞科夫贪心大起,他决定去拜访许多里以外一个非常有钱的地主。不幸赛里芬头一夜喝了太多的伏特加酒,走错了路。他们迷途碰上大雷雨,马儿受惊,马车翻覆在泥地里。结果有个富裕、古怪、吝啬的寡妇科罗波慈卡夫人收留乞乞科夫过夜,经过一番讨价还价,她把名下大量的死魂灵卖给了他。第二天早上乞乞科夫再度出发,中途停在一家客栈吃东西,他在N镇结识的大嗓门汉子诺兹德雷夫过来跟他打招呼——这次邂逅非常凄惨。诺兹德雷夫醉得厉害,在当地的集市上赌博输了钱,他坚持要拖乞乞科夫回家,硬要他喝酒吃东西,可是乞乞科夫提起农奴的事,诺兹德雷夫却不肯卖,反而要押注自己的犬马和其他财物跟乞乞科夫对赌,赌博方式由乞乞科夫来挑。乞乞科夫犹豫不决,诺兹德雷夫暴怒,骂他是江湖术士,正要把他扔出门外,刚好有个高级警官赶到,以攻击邻居的罪名逮捕了诺兹德雷夫。乞乞科夫庆幸自己全身而退,下令赛里芬往N镇疾驶——速度愈快愈好。抵达之后,他直接去找当地的议长,呈上农奴名单,办好了让渡文件的签字盖章手续。他志得意满地住进客栈,地方官的仆人来找他,大人物都转过来欢迎他,他开心极了。看到另一个房间有个美丽的姑娘,他连忙打听她的身份,得知她是地方官的女儿,特意要人引荐。从此他的眼光一直盯在她身上,也不看别人(其实他对地方官的千金不是真的关心)。这一来其他的太太小姐都很生气,男士们看他突然对他们的事情失去兴趣,也觉得懊悔。这时候诺兹德雷夫出现了,依旧烂醉如泥,大声骂乞乞科夫是恶棍,买死魂灵的名单要做非法和邪门的用途,整个舞会都听见了。

乞乞科夫匆匆离开现场——但伤害已造成。第二天早晨镇上闲言四起,诺兹德雷夫到客栈进一步羞辱他,说他计划诱拐地方官的女儿,乞乞科夫发现阴谋败露,决定趁早逃走。马车一路颠簸向南行,他想到人对人的冷酷无情,心情十分抑郁。

但他是个达观的人,当他走到一个满是密林高山的肥沃山谷的地方时,已恢复了原来的乐观态度。他最先造访的是思想开明的田蒂尼科夫,让对方相信彼此志同道合，乞乞科夫跟他做了一笔划算的交易。接着这位死魂灵的主人继续前进，去探访怪人贝屈斯契夫将军，将军嘲笑他的建议，说他是傻瓜。但将军也有他的用处，从此乞乞科夫不断提到"我慷慨的后台老板贝屈斯契夫将军"，结果很有效。接下来他去找地主皮突克，皮突克的房地产已完全抵押出去，乞乞科夫失望之余，在当地结交了一位姓普拉顿的先生，普拉顿带他到一位以现代方法经营地产成功的自由主义派巨富科斯坦左格洛家去过夜。

科斯坦左格洛虽是精明的企业家，却以为乞乞科夫是大好人，自愿拿出一笔不小的款项供他置产。乞乞科夫自然赶快接受，向一位遭到困难的地主买下一块地，又订制了几件新衣裳，包括一件烟灰色的双排钮礼服。现在一切的烦恼都烟消云散了，他穿着华丽的新衣昂首阔步地走来走去，还向一位精明的大人物慕拉左夫吹嘘他未来的大计划。

但时间已经不多了。有位新的大总督被派到该省，说来也巧，他正是当初以诈欺罪名把乞乞科夫赶出海关的人。这位亲王首次到本地区来访，就有一群人围在他身边，拿出来不可辩驳的证据指控乞乞科夫行骗。乞乞科夫正为自己的成功得意时，惨遭逮捕，被押到亲王面前。乞乞科夫听到指控，匍匐在地上，唠唠叨叨地自称无罪。可是亲王冷冷说出他的本性，还说他的每一文钱都是用"可耻的诈骗或偷盗方法赚来的，应得的处罚是流放西伯利亚并受鞭刑"。

乞乞科夫跟抓他的卫兵纠缠，因敌不过他们，被关进镇上监狱的阴湿牢房。美丽的外套破破烂烂，身体青一块紫一块；最严重的是，原告们把他保存所有不义之财的宝贵公文箱拿走了。他入狱一个钟头后，慕拉左夫来看他。慕拉左夫知道真正的错不在乞乞科夫，而在于害他堕落的腐败制度。慕拉左夫要乞乞科夫郑重发誓以后老老实实过日子，然后代他向亲王求情，指出无数政府官吏靠他的邪恶计谋获利，也同样有罪。亲王勉强开释被告，把公文箱还给他，命令他立刻离开该镇。接着他召集官吏，教训了他们一顿，乞乞科夫则订购了一件新的烟灰色的杂火焰纹的双排扣礼服，高高兴兴地坐车去找新树林和新草地。

这部小说虽然未完成，但120年后仍被视为小说作品的杰作，足可证明它的伟大。诚如普希金说的："果戈理的笑声背后可以感觉到看不见的泪水。"在诙谐、讽刺和壮观的乡间生活描述背后，他对于这萦绕不去的忧虑有几近完美的分析,那种东西我们找不到更好的名词,姑且称之为俄国魂吧。

但果戈理对乞乞科夫下场的处理充满同情,出版时却引来强烈的争论,他收到成千上万的来信要求他第二册必须给恶棍主角应得的惩罚。极为敏感的果戈理此时已经离开心爱的俄国,流亡异域。他本来就感到很痛苦,这些来信等于雪上加霜。他写信给朋友们和批评家,说续集会让乞乞科夫洗心革面;可是他精神错乱愈来愈严重,第二册只写出支离破碎的片断。无可救药的不安使得他从一个地方流浪到另一个地方。1848 年他到耶路撒冷去朝圣。最后他一无所有地回到俄国,身上只有一个小袋子,里面装满攻击他作品的小册子和剪报。他随意分送这些东西,余生整天祷告和斋戒。1850 年他病危躺在床上,大声叫着"梯子!快,梯子!"可能是指旧约希腊文译本中耶利米要求的"灵魂之梯"。他死后,几个忠贞的朋友代他安排葬礼,并在他的墓碑上刻了他相当喜欢的一句话:"我将大声苦笑。"

精彩章节品读

第一章:骗子乞乞科夫亮相。
第六章:吝啬鬼普留希金。

精彩佳句

女人的眼睛是一个无边际的国土,倘若有人错走了进去,那就完了。

就投机钻营来说,世故的价值永远是无可比拟的。

《三剑客》

作品背景

作者 大仲马
类别 小说
国籍 法国

名作简评

大仲马的《三剑客》和《基督山伯爵》是世界文学史上最著名的历史传奇。这两部传奇故事已历经 100 多年,仍受到全世界读者的喜爱。谁没听过艾德蒙·丹特和紫杉堡,谁没听过达太安,三剑客阿索斯、波索斯和阿拉密斯?谁脑海中不是自小说留存着下面一系列的画面:奋不顾身的决斗;穿斗篷和羽毛帽的三剑客在某个路旁客栈狂饮;午夜马蹄在摇曳的月光下飞奔;红衣主教黎希留策划打垮王后的邪恶形影;小瓶的毒药、秘密口信和密商侠义大事的豪杰影像。谁不为《三剑客》的纯真而着迷,为大仲马诉说冒险故事的速度和真心的快乐而神魂颠倒?在这本路易十三时代的阴谋和反阴谋故事中,大仲马迷住了你我,现在略微谈谈他,更有助于传达他作品的风格。

大仲马生于 1802 年,祖父是一个诺曼贵族,祖母是海地的黑人女子。他父亲担任拿破仑麾下的将军,力气奇大,在儿子 3 岁时去世。大仲马小时候跟赤贫的母亲在乡下过着随遇而安的生活,21 岁时搬到巴黎,写得一手好字,这是他唯一可以挣钱的本领,他因此在奥尔良公爵的办公室找到一份书记的工作。这位头发卷卷、嘴唇厚厚像黑人的青年无知得吓人,可是有位朋友特意安排他接受文学教育,而他天生有写作的冲动。他们合作写轻松的音乐喜剧,结果却失败了,直到他 27 岁时推出第一部严肃的作品——一部浪漫主义式的历史诗剧才略微受到好评。不过,盛名已在等着他,1829 年他的剧本《亨利三世与他的朝臣》得到认可。于是热爱生命、挥金如土、兴高采烈、对全世界都很和气的大仲马的本色开始显露出来，他立刻购置了一副眼镜、一件活泼的背心、一匹马、一个男仆和富丽堂皇的公寓。成功使他充满孩子气的喜悦。他很健谈，爱说笑话，对朋友和仇敌一概满面春风。他体内洋溢着珍贵的创作冲动，日后终成为"巴黎之狮"，法国文学界的半人半神，大家都叫他"和蔼可亲的大力士"，他的作品红遍了文明世界的每一个角落，他坦承头号读者就是他自己。

大仲马一生文学著作极多，他奢侈放纵，日子过得很热闹，事业也很成功。他没有虚荣心，天真无邪，他爱冒险和刺激，对当时浪漫小说的病态感到乏味。他永怀赤子之心，高高兴兴地接受人生的一切。《三剑客》在1843年年底写成，1844年连载刊出，不少清新的观点——在字里行间浮现。作品一推出就很受欢迎，声势惊人，连大仲马自己都吓了一跳，因为他认为文句中并没有十分深刻的思想，没有经验的凝练，甚至没有衰凄感人的场面。

大仲马有很多合伙的写书人，所以有一位批评家曾提到他的"小说工厂"，其中最重要的是青年作家兼学者奥古斯特·马魁，他替大仲马做了不少研究，提供很多新点子，而且代他拟小说草稿。1843年，大仲马正准备写一部路易十四时代的史学作品，意外读到一本《达太安回忆录》，书中人是17世纪初一位有钱的军人。大仲马拟出框架，送去请马魁提意见，接着两个人碰面讨论未来小说的角色。在《三剑客》写作期间，马魁似乎做了不少艰难的基础工作，他提供历史素材，甚至写了一些关键的章节，只是这几章后来经过大仲马补充，才有了更丰富的色彩。我们不妨说文豪大仲马卷着袖子、穿着敞领衬衫坐在光秃秃的工作室像村中铁匠拼命打铁的时候，马魁正忙着给他送上长度适中的铁块，结果锻炼出一本可读性极高的传奇。这本传奇整体看来令人难忘，即使个别的部分不见得完美，写得不太均匀，却洋溢着大仲马的生命热诚。

内容精义

小说的历史场景选得很高明。法国历史上没有一个时代比路易十三统治时期更充满不安和阴谋——当时王朝积弱，贵族党争，天主教和胡格诺教派的宗教斗争非常激烈，所以国家内部分裂，只有红衣主教黎希留的铁腕能带来富强和统一的假相。武装团和私人军队遍布乡间。虽然官方已不允许再决斗了，但每年死于决斗的人仍数以百计，道德在乱世中严重衰落。果决的青年要战斗成名、发财，得到美女垂青，机会真是再好不过了。照资料书的记载，御林步兵队的军官达太安先生就是其中之一。大仲马逮住机会好好发挥了一番。

首先，他从各种来源抽取历史背景和书中的重要角色：软弱又暴躁的路易十三，美丽却不快乐的王后"奥国安妮"，机警而极受敬畏的黎希留主教，以及无能却颇受查理一世宠爱、被怀疑爱上法国王后的英国白金汉公爵。有了这些人物来扮演书中的角色，大仲马开始说故事了。18岁的格斯肯尼省贵族达太安渴望立功出名，想用宝剑雪耻，他骑一匹老马到巴黎碰运气，口袋里只有15枚银币和一盒神奇的疗伤药。到了巴黎，有人答应让他进御林步兵队担任皇家保镖，他碰见3个御林步兵，跟他们各自决斗了一回，后来成为好友。三剑客中阿索斯是想法浪漫的爵爷，波索斯是虚荣、壮硕但脾气很好的傻子，阿拉密斯曾在神职机构当书记，渴望重新进入教会，闲暇时爱写神学论文，他们跟新交的朋友一起与黎希留的卫兵搏斗，打了一架又一架，双方一年四季在巴黎街上争战不休。

现在场景转到高层政治方面。黎希留争取王后的好感不成，得知白金汉公爵的秘密恋情，就假造王后的口信，把他诱到巴黎。路易十三曾送给妻子一套12枚的钻石饰扣，王后把它又转送给白金汉公爵，要他答应立刻返英。黎希留听到她送礼物的风声后，就劝路易十三宣布开个舞会，届时要求王后戴那套钻饰参加，王后在国王面前可能信誉扫地了。黎希留猜她会火速派人到白金汉宫取回钻饰，特意安排一个女间谍到伦敦偷取其中的两枚，那么王后出席舞会时，钻饰将只剩10枚而不是完整的12枚。这位间谍名叫米蕾蒂，是书中的主角，是通俗剧常有的人物，貌美如花，心如蛇蝎，是阿索斯的前妻，后来嫁给一个英国人；她年轻时在法国犯过不少罪，被公共刽子手打过烙印。大仲马把她刻画成半蛇半狮的人物。她偷到了两枚钻石饰扣，达太安和三剑客受王后之托到白金汉公爵那儿取回整套钻饰，一路追踪米蕾蒂到英国。旅途中黎希留手下的另外几个间谍想打倒他们这帮弟兄，但他们的座右铭是：众位一体，团结一致。波索斯、阿拉密斯和阿索斯一再卷入纷争，只好催达太安撇下他们，火速向英国前进。他抵达英国，白金汉公爵已经叫人打造了两枚复制品来代替失踪的两枚，达太安到他那儿取回钻石饰扣，结果王后戴着完整的钻饰出席舞会。

现在情节的另一阶段开始了。这几位剑客兄弟奉召解救罗歇尔围城，他们到那边以后，米蕾蒂两度想谋杀达太安，因为达太安曾跟她幽会，发现了她身上有死刑犯烙痕的秘密。黎希留在军营附近接见米蕾蒂，波索斯无意间听到了内容。她将被派到英国，替红衣主教威胁白金汉公爵，说要揭发他和王后的关系，把王后毁掉，以此胁迫白金汉公爵不要去救罗歇尔城。四剑客——达太安已正式入伍——防卫一个从胡格诺教派手中夺下的城堡，空档期间商量如何阻止她的行动。

米蕾蒂的英国小叔子温特爵爷吃过她的亏，非常痛恨她，四剑客决定向他示警，告知他米蕾蒂要前往英国的消息。她一到朴兹茅斯就被掌理该城的温特爵爷逮捕，关在他的城堡中，由约翰·费尔顿上尉率领的海军卫兵负责监视。作者用了好几章的篇幅描写米蕾蒂的小叔子威胁要把她驱逐到岛上。米蕾蒂发现费尔顿上尉是狂热的清教徒，就假装有同样的信念，捏造事实说白金汉公爵强暴过她，劝费尔顿帮助她逃往法国。接下来描写费尔顿在朴兹茅斯暗杀白金汉公爵的历史事件，但书中内容已经过一番篡改。在法国，报应已等待着邪恶的阴谋客。达太安热恋一位王后的侍女，黎希留下令把她关在一所修道院。米蕾蒂去看她，取得她的信任后，计划除掉她。达太安等人追踪米蕾蒂，可惜米蕾蒂已将她毒死，朋友们都来不及相救，但米蕾蒂本人也被逮捕，因无数罪行而受审，在午夜草草砍头。消息传到黎希留耳中，他把达太安找来，说要治他叛国罪。可是年轻人果断勇敢，智慧超群，举止坦然，使红衣主教终于相信他是国王的忠仆，未来也可能为他自己所用，就委派他担任御林步兵队的上尉。

这只是大仲马书中故事的大纲。大量错综复杂的事件、种种幽默、许多杰出的小人物……不及一一备述。最重要的是，唯有阅读书中内容才感受得到它的速度、清新以及促使本书成功的概念。这一帮弟兄挺身捍卫受难的王后，半是侠义，半是恶作剧；有钱的青年军人靠宝剑为生，对情人殷勤，对仇敌毫不留情，对朋友们则笑声不断，慷慨大方；他们喝酒喝得凶，睡觉睡得熟，热爱生命，在任何时代，这种人的吸引力永远不消减。

《简·爱》

作品背景

作者　夏洛蒂·勃朗特
类别　小说
国籍　英国

名作简评

1847年的某一个下午，勃朗特一家人在英国约克夏荒野边缘的哈沃斯牧师公馆吃午餐。餐具收走之后，大女儿怯生生地敲敲老父亲的书房门，走进去呈上一本书和几张简报。

她说："爸爸，我写了一本书。"

"是吗，孩子？"

"是的，我希望你看看。"

"我怕眼睛太吃力。"

"不是手稿，已经印成书了。"

"老天，你绝对想不到要花多少钱！怎么可以确定稳赔不赚？你怎么把书卖掉呢？没有人认识你，没人知道你的名字。"

"可是爸爸，我想不会赔钱，听听我念一两篇评论，并叙述其他的评论内容，对你也没有什么损失嘛。"夏洛蒂坐下来，读几篇评论给父亲听，然后把自己的作品交给他，让他一个人慢慢看。几个钟头后他在茶几边露面说："孩子们，你们知不知道夏洛蒂写了一本书，而且比想象中的好多了？"

这是夏洛蒂·勃朗特叙述自己告诉父亲她已完成《简·爱》时的情景，由夏斯克尔太太写在勃朗特的传记中，她是夏洛蒂·勃朗特的朋友，她写的传记是所有勃朗特传记中最好的一部。

勃朗特家本来有5姐妹，老大玛丽亚和老二伊丽莎白1824年夏天前往柯宛桥慈善学校，几个月后夏洛蒂和妹妹艾米莉也去了。学校发生了传染病，11岁的玛丽亚和10岁的伊丽莎白因生病被带回家，最终还是去世了。玛丽亚·勃朗特在小说中化身为海伦·伯恩斯，夏斯克尔太太在传记中说："夏洛蒂·勃朗特再现人物的能力太强了，书中海伦正是玛丽亚·勃朗特的翻版。"

内容精义

简·爱是个可怜的孤儿，从小由舅妈里德太太照料，此人属于英国小说中颇不让人喜欢的中产阶级太太的类型。故事开头小简·爱只有10岁，里德太太的亲生儿女时常骚扰她，惊吓她，对她作威作福，终于使她忍无可忍，于是她被交给一家专收女孤儿的慈善教育机构抚养。小说中被称之为罗伍的学校，一般认为作者描写的就是从里斯到坎巴尔的道路旁那家夏洛蒂·勃朗特和姐妹们就读过几年的学校。

照她的描述看来，那个地方很可怕，至少早年如此。环境很差，食物令人恶心，老师们严厉又狠心（只有校长谭波小姐例外，作者描写她，笔调充满同情）。学校的主控者是当地的一位神职人员，书中叫做布罗克赫斯特先生，实际上描写的应是卡鲁斯·威尔森牧师。

简·爱带着里德太太恶劣的介绍信到慈善学校，有一段时间，伪善又专制的布罗克赫斯特先生常常整她。可是谭波小姐经过一番努力终于认清了她的真性格，她功课表现也很好，在校的最后两年在学校担任小老师。到了18岁，她离校进入社会，出去当家庭教师。

简·爱在州郡报纸登广告求职，有一位费尔法克斯太太从70里外靠近米尔科特工业城的桑费尔得庄园来信邀她赴任。情况是："有一个女学生，10岁以下，薪金每年30英镑。"简·爱回信接受，并在指定时间到桑费尔得庄园报到，费尔法克斯太太热诚相迎，原来她只是管家。雇主是这里的主人爱德华·罗契斯特先生，他是个有钱的单身汉，常常不在家；简·爱负责管教男主人所监护的孩子，不久简·爱发现，小女孩是罗契斯特先生在巴黎的情妇所生的女儿。

罗契斯特先生好几个礼拜没有在桑费尔得庄园露面，接着突然闯进简·爱的人生。12月某一天下午，她正在乡间散步，突然有一只大黑白花狗由后面追上来,活像幽灵猎犬,还有一位男士骑一匹壮马出现。骑士走远后,突然传来"一阵滑行声,还有一阵'现在究竟该怎么办?'的惊呼",随即有一阵劈里啪啦的滚落声引起她的注意。人和马都倒地了,他们在弯道滑溜溜的冰层上失足摔了一跤。她赶上去,尽量帮忙,那人道几声谢谢就奔驰而去。"他面色黝黑,五官端正,眉毛很浓,已经过了青年期,但还没到中年,大约35岁左右。我不怕他,却有点羞怯……"

她回到桑费尔得庄园,发现全家上下忙做一团。费尔法克斯太太告诉她:"罗契斯特先生刚刚回来;他在路上出了意外,马儿失足倒地,自己的脚踝也扭伤了。有一个男佣人已经去找医生。"

次日傍晚,简·爱和她的学生阿黛儿应邀在客厅陪罗契斯特先生喝茶。起先她觉得男主人有点唐突,叫人手足无措,不久就习惯了。她不但不讨厌他,反而常常被他吸引;虽然简·爱面貌平庸,但毫不做作,他也好像从她身上发现了某种气质,颇能吸引他本性中比较高尚的一面。过了不久,他已将她当作知音,甚至将自己年轻时代某些不轨行为说给她听。至于她嘛——"罗契斯特先生在我眼中丑不丑?才不呢,满心的感激加上许多怡人的联想,使得他的面孔成为我最爱看的画面,一个房间有了他,比最亮的火光还要令人欢欣鼓舞。"

可是她仍有许多不明白的地方——对于他,对于那栋宅子,尤其是对一位独居在三楼后顶层做针线活儿的女佣葛丽丝·波尔,感到十分纳闷。

简·爱到桑费尔得庄园两三个月时,家里发生一件怪事,使她和主人变得十分亲近。有一天晚上她听见头顶上的房间传来悲惨的呢喃,接着是手指猛刮她的房间的声音,大厅的钟敲过两响后不久,外面传来恶魔般的笑声!她匆匆披上衣服,来到走廊,发现浓烟不断从罗契斯特房间里冒出来。她一把推开门,看见他的床铺着了火。她一面叫"醒醒!醒醒!"一面猛烈摇他,但他已被烟熏昏。于是简·爱抓起水罐,连床带人被淋了个透。罗契斯特这才醒过来。他问道:"有水灾吧?"她不知不觉幽默地回答说:"没有,先生,火灾倒有一场。"

她以为男主人听完她的叙述会很吃惊,没想到他只是若有所思。他让简·爱坐进他的椅子,把全身裹紧,吩咐她不要动,自己拿起蜡烛,走上阁楼。他走了很久才回来,脸色苍白。他说:"我查清楚了,不出所料。你先前没听过这种怪笑声吗?""有,先生,有个女人在那边做针线活儿,名叫葛丽丝·波尔——她就那样笑法。她这个人很特别。"罗契斯特先生说:"没错。葛丽丝·波尔——你猜对了。就像你说的,她很特别——非常特别。"

出事的第二天,简·爱发现葛丽丝·波尔静静地给罗契斯特先生的床帘缝上新布边,其他佣人正在清理头一天晚上留下的乱局。有人告诉她,主人头一天晚上在床上看书的时候睡着了,窗帘着了火;幸亏他及时醒来,从洗面架上的大水罐倒水把火浇熄……费尔法克斯太太告诉她,罗契斯特先生突然决定到来尔科特城另一边相隔10里左右的乡下庄园,要去参加一场家庭宴会。而去年圣诞节曾到桑费尔得庄园参加舞会的大美人白兰琪·英格拉姆母女也会去参加。简·爱的心绪愈来愈消沉,她觉得自己居然以为男主人对她有点兴趣,实在太傻了。

几天后,罗契斯特回礼请客,他的府邸嘉宾云集。简·爱变得微不足道,来宾只把她当作穷家庭教师。死寂的夜里又发生另一个非凡的场面。一阵恐怖的叫声震撼全府,走廊上挤满了穿睡袍的绅士淑女,人人都在问,"罗契斯特先生呢?"罗契斯特先是陪伴来宾,平息他们的恐惧,然后一一打发他们回房睡觉。过了一会儿,他来敲简·爱的房门。开门之后,他请简·爱一起上三楼。到了阁楼的一个房间,她意外发现有个男人躺在一张旧床上,那人昨晚才露面,像是不速之客,很不受欢迎。他名叫梅森。喏,他全身血淋淋的,满是伤痕——还有口咬的伤口!眼看他就要送命了,罗契斯特先生偷偷出门去找医生,由简·爱照顾他。趁着天还没亮,别人都在睡觉,他们把他悄悄送走。

早上罗契斯特先生说:"简·爱,你过了古怪的一夜。我留下你单独照顾梅森,你怕不怕?"她说:"我怕有人从里面的房间出来。葛丽丝·波尔以后还住这边吗,先生?"罗契斯特先生冷静地说:"噢,会的。别伤脑筋想她的事……"

不久简·爱去舅妈家,发现舅妈奄奄一息,临终前她坦承曾对简·爱一位住在马带拉的有钱的叔叔谎称简·爱当年在罗伍学校夭折了,她心里很懊悔。简·爱回到桑费尔得庄园后,很快就把这失之交臂的钱财之事抛到了脑后,因为前途似乎一片光明。她仍是个家教,白兰琪已完全退出,罗契斯特向简·爱求婚了。由于此时简·爱觉得他"已渐渐变成我的整个世界,而且比全世界更重要，几乎是我天堂的希望……那段日子我看不见上帝，只看见他所创造的人儿，把这个人儿当作我的偶像……"简·爱当然接受了他的求婚。

一个月过去了，婚礼前最后一天晚上，简·爱又经历了一件可怕的事情。她半夜醒来发现房间里有人，挂结婚礼服和面纱的橱子开着，有人把它拿出来，高举在空中。简·爱发现来者是个女人，浓浓的黑发披在背后，是个从来没有见过的女人，她正把面纱披在自己头上，然后扯下来，摔在地上用脚踩。

过了几个钟头，简·爱和爱德华·罗契斯特肩并肩站在村中教堂里，举行结婚仪式。当牧师问这桩婚事有没有什么"阻碍"时，有个男人上前宣布有阻碍，因为罗契斯特以前结过婚，妻子尚在人间。那人（原来他是伦敦来的律师）宣读一份誓词，大意是说罗契斯特15年前在牙买加的西班牙城娶过一位名叫柏莎·梅森的女子，接着他引介一位证人，就是上回恐怖之夜简·爱照顾过的梅森先生。他说："罗契斯特太太现在就住在桑费尔得庄园，4月份时我见过她。"

罗契斯特唇边浮起一抹阴森森的微笑宣布婚礼取消，带一行人回家，来到三楼，走进阁楼的一个房间。"梅森，你知道这个地方。她在这边咬过你，拿刀刺过你。"他说。大家在另一个房间看见葛丽丝·波尔正用长柄锅煮东西，而"房间另一头暗处，有个身影前后奔跑。是兽是人，乍看还分不出来，它好像四肢着地爬行，像什么古怪的野生动物乱抓东西乱咆哮，身上却又穿着衣服，长着一头浓黑的带灰的头发，像鬃毛般披散着，把脑袋和面孔都盖住了。"简·爱立刻认出她就是撕毁婚纱的神秘客。"当心，先生！看在老天爷份儿上，当心！"葛丽丝·波尔嚷道。疯子跳起来——她块头很大——凶巴巴地抓住罗契斯特先生的喉咙，用牙齿去咬他的脸颊。他们缠斗了一会儿，罗契斯特终于将她制服，把她双手反绑在椅子上。

罗契斯特先生转向旁观者说："那就是我的妻子。那就是我唯一体验过的婚姻滋味。"他伸手搂住简·爱的肩膀，"而这一位才是我想娶的人，这位在地狱边缘站得如此庄严、如此安静、泰然望着魔鬼狂舞的少女……"

那天简·爱和罗契斯特讨论这突发的状况。他们长谈好几个钟头，他解释自己年轻时如何上当娶了楼上那个可怕的女人，完全不知道她家有遗传的疯病。他把她带回英格兰，偷偷藏着，自己到外面找乐子。后来简·爱走进他生命中，一切都变得不同了。他想娶她，现在还想娶她！除了形式，他们也许仍可以结为一体。他们可以出国，他们可以幸福度日，一切都不会有问题。

可是简·爱不肯。她断然告诉罗契斯特自己是多么爱他——她坦白陈述深沉的爱情感觉，简直吓坏了维多利亚时代的读者。她内心深处知道罗契斯特的建议是错的，而且不会有好结果。他敦促、恳求、发怒，甚至几乎落泪。"他把头别开，而朝下伏倒在沙发上。他脱口而出：'噢，简！我的希望——我的爱——我的生命！'接着发出一阵深深的饮泣。我已经走到门口，可是，我又走回来……我跪在他身边，我把他的脸由垫子上翻过来转向我，我吻他的面颊，我用手顺一顺他的头发。'上帝保佑你，亲爱的男主人！愿上帝使你别受到伤害和委屈，引导你，抚慰你——回报你过去对我的善意。'他伸出手臂，但是我避开了他的拥抱，立刻走出房间。离开他的时候我从心底呐喊'别了！'感到绝望，又加上一句'永别了！'"

简·爱离开桑费尔得庄园之后，一度穷困潦倒，生了重病，但她偶然结识了一位年轻的神职人员和他的两个妹妹，他们居然是她的表兄弟姐妹们。她差一点答应嫁给牧师表兄，即使他要的不是妻子而是传教生涯的伙伴，千钧一发之际她依稀听见一个遥远的声音呼唤她"简！简！简！"她毫不犹豫，匆匆赶回桑费尔得庄园，发现那儿已成废墟。她到村中客栈打听，听说该地被藏在里面的一个疯女人放火烧掉，疯子本身也从城垛上跳下来摔死了。罗契斯特先生呢？他想救她，结果被烧伤，现在双眼失明，住在一处乡村庄园。简·爱连忙赶过去，表明身份的场景非常动人。没错，他说，他曾呼叫她的名字，就在她依稀听到的那一刻，而且听见她的声音回答说："我来了，等等我……"

精彩章节品读

第二十三章：写罗契斯特向简·爱求婚。
第二十七章：简·爱经过激烈的内心斗争后决定离开罗契斯特。
第三十七章：简·爱听从内心的呼唤而回到罗契斯特身边。

精彩佳句

有些人给予的怜悯……是一种有毒素的和侮辱性的礼物，完全有理由朝着表示怜悯的人脸上扔将回去。

你以为我贫穷，相貌平平就没有情感吗？我向你起誓，如果上帝赋予我财富和美貌，我会让你难于离开我，就像我现在难于离开你一样。可是上帝没有这样安排。但我们的精神是平等的。就如你我走过坟墓，平等地站在上帝面前。

《呼啸山庄》

作品背景

作者 艾米莉·勃朗特
类别 小说
国籍 英国

名作简评

《呼啸山庄》是整个英语小说领域中狂野、奇特、壮观的作品之一。作者艾米莉属于的勃朗特家族，是《简·爱》作者夏洛蒂的妹妹。作品于1847年问世，出书后一年她就去世了。

夏洛蒂·勃朗特读到妹妹的原稿时，"深深对如此无情和不宽容的本性、如此失落和沉沦的灵魂对人的压迫"感到震撼。她坦承书中笼罩着一股"黑暗的恐怖"，在如此骚乱又激昂的气氛中简直难以呼吸。

如果是这样，看这本书就是一种折磨而不是一种享受了。可是内容不止这些，阴霾的白云中处处有阳光由云间露出来，"我"住在石南荒野逍遥自在，看蛾子在蓝铃花之间飞翔，和风送来夏日花朵的清香。

书中开头是故事的结尾，故事时间长达30年，直写到1802年，直接叙述，时间上前后跳动。书中有两个女主角，是一对母女，名字都叫凯瑟琳，读者很容易搞混。串起整个故事的是一个男性角色——几乎没法称之为"男主角"——他简直像弥尔顿笔下的撒旦，是有力的魔鬼表征。我们追随这位希拉克利夫的一生，就能渐渐了解和欣赏这本伟大又惊人的小说所蕴含的恐怖以及补偿性的同情。

内容精义

本书开头为1801年，第一位叙事者是暂时租赁西约克夏荒野画眉山庄的青年男子洛克伍德。有一天他穿过石南荒野，走四里路去见他的房东希拉克利夫先生，房东自己住的地方叫呼啸山庄。洛克伍德解释给我们听，"呼啸是意味深长的乡下形容词，描写暴风天气"。只要看寥寥几株发育不良的枞树斜斜伸展，整片荆棘的枝子都歪向一边，活像渴望太阳的施舍，就不难猜出北风的威力了。可是那栋房子是石屋，造得很坚固，足可遮风挡雨。

我们跟着洛克伍德先生跨过门槛，第一次瞥见希拉克利夫先生。"他长得像肤色黝黑的吉普赛人，衣着和举止则像绅士，也许有些邋遢，可是他身材俊秀挺拔，表情忧郁，不修边幅并不显得失态。也许有人会怀疑他带点劣等的自尊……"

第二天洛克伍德先生再度光临那栋旧农场建筑，发现希拉克利夫性格深处有一些奇怪的地方，值得深入探索。这一回洛克伍德遇到一对神秘的青年男女，他们好像跟希拉克利夫一起住在呼啸山庄。他俩是谁，在那里干什么？这些问题目前我们暂时不深究。我们翻到第四章的一半，一系列叙事者中最重要的奈莉·狄恩太太的故事开始了。

故事开头时奈莉还是十三四岁的姑娘，她常待在厄恩萧家族居住的旧农场建筑呼啸山庄中。"因为家母曾担任海德利·厄恩萧少爷的奶妈，我跟他们家小孩一起玩惯了：有时候我会跑跑腿，帮忙晒干草，在农场附近流连，随时准备听候差遣。"收获季节的一个晴朗的夏日早晨，奈莉口中的"老主人"穿好衣服下楼准备远行，告诉正跟奈莉一起坐着吃粥的 14 岁的海德利和 6 岁的凯瑟琳说他要去利物浦，"来回各 60 公里，很远！"问他们要带什么回来。海德利说要一把小提琴，凯瑟琳小姐则要一根马鞭，别看她小，马厩里每一匹马她都能骑。3 天后他累得半死回来了，马鞭在路上弄丢了，至于小提琴呢——他敞开大衣，嗐，小提琴已"碎成一片片"。但他带回来另一样东西："一个肮脏、衣衫褴褛的黑发小孩，他已经会走路和说话，但是放他下来时，他只是四处张望，一再说些没人能懂的怪话。"厄恩萧太太打算把他推出门外，责问丈夫到底是怎么想的，居然把"吉普赛娃儿"带回家。老厄恩萧一屁股坐在椅子上，只管呻吟，大家一再催问，他才叙述自己在利物浦街上发现这个小鬼，饿得半死，无家可归，像哑巴一样。为了纪念一个童年夭折的儿子，他们给他取名叫希拉克利夫；不管是给他当名字还是姓，反正他没有别的名称了，而希拉克利夫就此进入他日后要主宰和摧毁的家庭。

原来希拉克利夫是个阴郁、坚忍的小孩，体格异常健壮，性情非常凶猛。

没人知道他确切的年龄,但他被捡来时大约六七岁,十来岁就长得像大人一般。海德利恨他闯入自己的家庭,对他很残忍,希拉克利夫长大以后发动反击;凯瑟琳则好像从一开始就深受他吸引。照奈莉·狄恩的说法,她是个很野、很难缠的瘦姑娘,但她的眼睛最美,笑容最甜,步履最轻盈,在教区里没人比得上。她非常非常喜欢希拉克利夫。"我们要罚她,最严重的一招就是不让他接近她。"而他像一只忠诚的狗,默默追随在她的左右。

如果厄恩萧老先生还在世,也许会容许他们俩结婚,可是希拉克利夫抵达两年后,老先生突然在一个10月的傍晚坐在椅子上去世,海德利变成了一家之主。希拉克利夫长到16岁时走路垂头弯腰,表情低鄙,天生缄默的脾气被夸张说成是不随和、阴森,因为他不得不在农场上苦干,只好放弃陪凯瑟琳读书的念头。他是粗野的单身汉,可是凯瑟琳对他却有一种特殊的情感。有一天傍晚她跟狄恩太太坐在厨房灶火边,她告诉目瞪口呆的狄恩太太,"奈莉,我'就是'希拉克利夫!他无时无刻、无时无刻不在我心坎,我不是把他当作一项快乐,正如我不见得总以自己为乐,而是当作另一个自我……"

可是她长大并不打算嫁给希拉克利夫。他已被她哥哥贬低到这步田地,"现在嫁给希拉克利夫会使我自贬身价"。她打算嫁给画眉山庄的少爷艾德嘉·林顿,他刚刚求婚,她已经接受了。艾德嘉年纪很轻——比她大4岁,人英俊、又有钱;他爱她,他的父母也不反对。她选这门亲事还有一个理由。"奈莉,我看得出来,你觉得我是自私的坏蛋,可是你难道从来没想过,我若和希拉克利夫结婚,我们会变成乞丐?反之,我若嫁给林顿,我可以帮助希拉克利夫提高地位,使他不必受我哥哥摆布。"

她们俩都不知道希拉克利夫正在听她们谈话,而且没听完凯瑟琳说出最后的理由就溜走了;那天晚上他愤然离开了呼啸山庄。凯瑟琳见他突然离去,心烦意乱,但也已打定主意嫁给艾德嘉·林顿,婚礼在她18岁那年举行。几年后,在一个醇美的9月黄昏,希拉克利夫去而复返。他已长成高大、英俊像运动健将的男人。仪表、举止也大大改观,"虽然太严厉,算不上优雅,但粗鲁的感觉已一扫而空"。

希拉克利夫未得到许可,就自行在呼啸山庄住下来,海德利·厄恩萧(他太太刚去世,留下一个小男孩,名叫哈瑞顿)整天醉醺醺的,家境日趋贫穷和破败,终因喝酒而死亡。而希拉克利夫回来的那天傍晚就设法进入画眉山庄。凯瑟琳欣喜若狂地欢迎他,因为她怀了身孕,她丈夫只好顺从她,可是内心却充满忧虑。他担心是有理由的,希拉克利夫报仇的决心并没有改变。不久艾德嘉知道19岁的轻浮妹妹伊莎贝对希拉克利夫如痴如狂,对此他感到非常担忧。几星期后他们俩私奔了。希拉克利夫带走伊莎贝的动机很明显:除非凯瑟琳为丈夫生个儿子,否则伊莎贝将成为哥哥的财产继承人,而事情再过几星期就可以揭晓。希拉克利夫对待新婚妻子非常凶暴,他们一回呼啸山庄,他马上告诉凯瑟琳:他只爱她一个,他远走高飞再回来,当上她小姑的丈夫,都是为了她。林顿不准他上门,但他克服了一切阻力。

凯瑟琳重病的消息传到他耳中,希拉克利夫哄奈莉带一张字条给她,然后趁艾德嘉和佣人上教堂的时间溜进林顿家。希拉克利夫一把推开她的房门,就把她拥进怀里。"凯瑟琳,你为什么要背叛自己的感情呢?"他呻吟道,"你爱我——那你有什么权力离我而去?有什么权利——回答我呀——对林顿产生好感?悲苦、落魄、死亡,以及上帝或撒旦所能给人的一切打击都不能使我们分开,你却自顾自这么做。我没让你心碎——是你自己撕碎的,你撕碎了自己的心,也撕碎了我的心……"

凯瑟琳哭泣道:"别烦我,别烦我。就算我做错了,如今我将因此而死去。够了!你也弃我而去呀,但我不谴责你!我原谅你!也请你原谅我吧。"

当天晚上12点凯瑟琳生下一个小孩,是个女孩儿,跟着她一样也取名叫凯瑟琳,产后两个钟头她就去世了。

《呼啸山庄》的第二部分从18章一直写到30章。叙事者仍是奈莉,主要是描述那个恐怖和悲苦之夜出生的女孩儿凯瑟琳二世。大多数读者可能会觉得这部分十分松散,而且凯瑟琳二世是个讨人嫌的小东西,被宠坏了,虚荣、愚蠢又固执。17岁那年,她被希拉克利夫设计嫁给了他和伊莎贝生的儿子小林顿(伊莎贝生下他后几星期就离开了他),说来也要怪她自己。小林顿是个可怜、软弱、哭哭啼啼、顾影自怜的小家伙,小凯瑟琳对他怀有怜悯的情愫。艾德嘉·林顿在希拉克利夫手里遭受这个致命的打击,不久便离开人世,而小林顿也没活多久。于是希拉克利夫成了画眉山庄和呼啸山庄的主人,如今已20出头的哈瑞顿·厄恩萧和凯瑟琳二世一起住在呼啸山庄。1801年洛克伍德造访呼啸山庄时碰到的青年男女就是他们两个人。

现在我们回到第三章,洛克伍德叙述那一夜他被雪所困,不得不在呼啸山庄过夜的情景。他被安顿在一间靠窗的斗室中,很冷很不舒服,他一直做梦——好怪的梦!有人嘎啦嘎啦拍窗户,他把手臂伸出玻璃窗,被一只冷冰冰的小手抓住了!"放我进来!放我进来!"一个非常忧郁的声音啜泣道。他问道:"你是谁?"那声音哆嗦着答道:"我是凯瑟琳·林顿,我回家了,我在石南荒野迷了路!"他嚷道:"走开,我永远不放你进来,就算你求20年,我也不干!"那声音哀叹道:"已经20年,20年了。我当了20年的游魂!"他被这句话吓醒,大喊大叫。希拉克利夫冲进来,嘴里咒骂着却非常兴奋,洛克伍德奔出房间时,看见他跪在床边,用力推开格子窗。他呜咽道:"进来吧,凯瑟琳,千万要进来!噢,拜托——再一次!噢,心爱的!凯瑟琳,这回总算听见我的呼唤了!"

一年后,洛克伍德再次拜访呼啸山庄,这是最后一章的内容。哈瑞顿和凯瑟琳二世在家,他们显然非常相爱;奈莉·狄恩也在场,她说希拉克利夫前几个月去世了——有一天早上她发现他"僵硬地断了气",躺在洛克伍德所熟悉的那间箱状斗室的床上。他去世前几天好像异常激动,似乎正期待着什么,不肯吃也不肯喝。但他并没有生病,医生很为难,不知该怎么宣布死因。他们照他的吩咐,傍晚把他葬在坟地里,与他多年前热爱的女子为邻。奈莉想起希拉克利夫说过他曾在艾德嘉·林顿葬礼上做过一件事。他说:"我叫那位替林顿掘坟的教堂司事把她棺材盖上的泥土铲开;我打开棺盖……又看见了她的面孔——容颜依旧!……我把棺材的侧板撬松,盖起来:不是靠林顿那一边,滚他的!我巴不得他的棺木被铅焊死。我贿赂教堂司事等我死后葬在那边时把那块侧板拉开,我的棺材板也抽出来……"

坟场不时有人说起他的故事。奈莉告诉洛克伍德,"有一天傍晚我正要去画眉山庄——晚上黑漆漆的,眼看就要打雷了,就在呼啸山庄转角,我碰见一个小男孩赶着一只大羊和两只小羊,他喊得声音很大。我问他:'小兄弟,怎么啦?'他哭诉道:'希拉克利夫和一个女人在那边,山岩下面,我不敢从他们身边走过去。'"

大家看见一对相爱的幽魂傍晚漫游回来,洛克伍德咕哝道:"他们真是天不怕地不怕。两个人在一起,胆敢抗拒撒旦和他的魔鬼兵团。"

洛克伍德走回画眉山庄,半路绕到坟场看一眼。"我找了一下,很快就发现靠近荒野的斜坡上有3块墓碑:只有艾德嘉·林顿的碑石下长了草皮和苔藓;希拉克利夫的坟墓还光秃秃的。我在怡人的天空下绕着几座坟徘徊,望着飞蛾在石南丛和蓝铃花丛中鼓翼飞翔,聆听轻风吹过青草地,心想怎么会有人以为沉静的泥土中安息的人儿睡不安稳呢。"

《呼啸山庄》

精彩章节品读

第十八章：凯瑟琳和希拉克利夫之间的情感纠纷。

第三十四章：希拉克利夫在幻觉中。

精彩佳句

> 唯一的爱人啊，我何曾忘记了爱你？
>
> 在我的生活中，他是我最强的思念。如果别的一切都毁灭了，而他还留下来，我就能继续活下去；如果别的一切都留下来，而他却给消灭了，这个世界对于我就将成为一个极陌生的地方。

《英国史》

作品背景

作者　麦克雷
类别　历史散文
国籍　英国

名作简评

麦克雷之后还有很多人写过英国史,但是都不像这本书那么受读者喜爱。其中没什么奥秘,理由很明显,他把历史写得趣味盎然。1841年他有一天早上写满6大张纸的时候,曾说道:"除非能写出一本在年轻女士桌上取代最新流行小说的作品,否则我是不会满意的。"7年后,《英国史》第一册出版了,短短几天内他知道自己已经成功,而且不限于年轻的太太小姐们爱读。抢得到该书的读者人手一册《英国史》,后来几册也都一样畅销。多年过去,书一版一版上市,同类的严肃作品可能没有一部如本书这样经久不衰。

本书全名《詹姆士二世继位后的英国史》,麦克雷原先打算从1685年"一直写到人们记忆可及的时代",大概是指1820年乔治三世死亡为止。照他的计划,工程十分浩大,说不定要写50册。结果他命不够长,只写到1702年威廉三世驾崩。真可惜,我们若能看到他记述马波罗在大战中赢得辉煌的胜利,大英帝国在北美和印度立足,不知有多好。

他相信"这一变化万端的叙述有个普遍的效果,就是激起一切宗教心灵的感恩,一切爱国志士胸中的希望……人若拿自己命中注定要活过的时代和仅存于想象中的黄金时代作比较,也许会大谈世界的退化了;可是我们只要对过去有正确的认识,就不会对眼前的时代产生阴郁或消沉的看法"。我们有充分的理由证明他的想法正确。

《英国史》

内容精义

麦克雷一定是想纠正某些人的错误观念，所以头两章用极高的才华匆匆描述查理二世统治期结束前的英国史之后，便写出了古今读者认为最出色的一章作品。今天谈社会史非常普遍，而麦克雷撰写这一谈到1685年英格兰社会状况的篇章时，在当时等于冒险涉猎一个处女领域。因此说他是"社会史之父"，甚至"地方史之父"也不为过。虽然有不少杰出的作家追随他的脚步，但没有一个人能够用这么详细、这么深刻的理解来勾勒过去。

麦克雷提出的第一点是人口稀少。首度人口普查要到一百多年后才举行，詹姆士二世时代的英格兰子民人数无法精确估计，但最可能的数字在500万～550万之间。1685年以后北方各区人口大增，而那一带的大部分地方直到18世纪还是野蛮地带……诺森伯兰和昆伯兰首长获得授权，招募武装队伍保卫当地财产和秩序。他们要求教区养侦察犬来猎捕山贼。为找猎物而逛到泰恩河源头的户外运动者发现石南荒地"住的是一个跟加州印第安人同样野蛮的种族，而且意外听见半裸的女人唱着狂野的歌，身佩晃动的短剑的男人跳着战舞"。乡间只有一半左右的土地有人垦殖，其他都是荒野、森林和沼泽。离伦敦仅有数里的地方，几千只野鹿在恩菲尔猎场的沼泽低地漫游。

麦克雷描述乡下士绅"主要的乐趣都来自田野运动和粗俗的官能享受"，教区牧师们只勉强看得懂祈祷书，社会地位不高，结婚最多只能娶乡绅的管家或被遗弃的情妇，接着麦克雷进一步描写城镇和都市所发生的变革。

伦敦比现在大多了。查理二世的时代，伦敦大都会的人口超过次要大城市布里斯托或诺威治17倍。布里斯托人口不到3万，是第一大海港，可是大多数街道很窄，马车和轻便车开不进去，货物要摆在狗拉车上运送。诺威治是最重要的羊毛制造业的主要基地，人口比布里斯托少一点。再下来是北方的都城约克和西方的都城艾克斯特，人口不过1万出头。里兹已是约克郡羊毛制造商的主要基地，但人口不过7000，伯明顿钮锃刚开始出名，但还没有人听过伯明顿枪械，当地人口不超过4000，海边名胜一个都没有。但上流社会人士和喜爱热闹生活的人纷纷赶往契尔登汉、敦桥泉和布克斯敦，在上述提过的地方，"他们挤进低矮的木棚，大吃燕麦饼和另一种美食，主人说是羊肉，来宾却怀疑是狗肉"。

连接各城镇的公路简直糟透了。"左右两侧污泥堆积很深,泥沼中央露出一条窄窄的硬土道。几乎每天都有马车受困,动弹不得,总要从附近农场找来一头牛,才能把车拉出泥淖。"至于旅游的人,除非人数众多又有武装,否则就有被强盗拦路打劫的危险。

萨克莱有一次评述道,麦克雷"读 20 本书,只为写一个句子;旅行百里路,只为写一行内容",我们翻阅这美妙的章节,深信此言不虚。我真想多引几段,尤其是他写到当时知性生活的部分。例如描写戏院"借用性魅力来促进艺术的魅力,年轻的观众带着莎士比亚和班·强森同时代的人所未知的情绪,去看迷人女性所饰演的温柔活泼的女主角";谈到科学的发现,说"黑暗时代作祟世间的魅影在光明之前逃之夭夭"。但这个章节只是第三章,后面还有 22 章呢。结尾前由于作者生病,描述威力大减,趣味稍稍降低,而病魔在他 49 岁那年夺走了他的生命。本书每一章都用无与伦比的真切画面把古代的事情写得栩栩如生,历历在目。

1685 年 2 月 1 日星期天傍晚查理二世"怀特豪尔宫"的一幕深印我们的记忆之中。"有几个正正经经的人依据当时的规矩,进宫缴税给君王,他们预料这种日子朝臣的仪态必然十分端庄,结果大吃一惊,简直吓坏了。大走廊挤满酒鬼和赌徒。国王坐在那儿跟 3 个女人聊天嬉耍,她们的魅力傲视三族,她们的恶行足使三族蒙羞……查理二世正与 3 位嫔妃眉来眼去,有个英俊的少年以颤声吟唱着情诗。20 个朝臣围坐一张大赌桌玩牌,桌上的黄金堆积如山。国王说他身体不太舒服。他没有胃口吃晚餐……"

查理二世驾崩,弟弟詹姆士二世代他治国。詹姆士和哥哥一样,是法国国王的傀儡,而且乐于扮演傀儡的角色;但他跟查理不同,他盲从某些观念而且很残忍,是一个固执己见的傻瓜。自从一百多年前"血腥玛丽"登上王位以来,他是第一个掌权的天主教徒,为了他自己的教会,他计划颠覆英国教会和英国宪法。他统治初期便遇上蒙矛斯公爵的叛变——蒙矛斯是其兄查理国王的私生子,长相英俊,风度迷人,又宣布捍卫新教,所以颇受暴民爱戴。麦克雷这一章(第五章)写得最高明,他叙述冒险家公爵如何争夺王位,如何无法胜任,如何走上全面毁灭一途,等叛乱平息,蒙矛斯公爵被处决之后,可怕的司法屠杀便随之发生。

麦克雷依照惯例,深入森默瑟郡,并到席德吉摩尔探勘 1685 年 7 月 6 日英格兰本土最后一场战役决战的地点。起先蒙矛斯公爵"努力扮演顽强能干的战士,他手持矛枪步行,以身作则并大声鼓舞手下的步兵。但他深谙军事,不可能不知道大势已去。突击和黑暗带给他们这一方的优势已经丧失……他看出自己若再耽搁,皇家骑兵很快就会截断他的退路,于是他骑马离开战场。他的步兵虽然被遗弃,仍然英勇抵抗。御林军从右面攻击,禁卫骑兵队从左面攻击;森默瑟郡的乡巴佬以镰刀和枪的枪托对抗皇军的战马,勇气不亚于老兵……然而坚忍的乡下人战斗难以持久。他们弹尽援绝。'弹药!看在上帝分上,来些弹药!'可是手边没有弹药啊。现在国王的炮兵出现了……叛兵阵营的矛枪开始颤抖,行列纷纷溃散,国王的骑兵再度猛攻,把眼前的一切完全摧毁;国王的步兵越过沟渠涌上来。直到此刻曼迪普矿工们还勇敢固守,献出宝贵的生命。可是他们几分钟后就完全溃散了。叛军不止1000人死在荒野"。

蒙矛斯公爵被抓住,死在塔楼山一个笨手笨脚的行刑者之手,恶名昭彰的法官杰夫瑞斯爵爷把"西乡"变成可怕的屠场。74名叛军在朵契斯特上了绞架,森默瑟郡短短几天内有233个囚犯被吊死、取出内脏然后肢解。"每一个交叉路口,每一座市场,每一个曾供应蒙矛斯兵源的大村庄的绿地上,都有系着脚镣手铐的尸体在风中哗哗作响,竿子上叉着人头或肢解的尸块,把空气弄得恶浊不堪,使旅客阵阵作呕。许多教区的农民每次在教堂集会,都会看到蒙难邻居的脸在门廊顶端阴森森向他们咧嘴狞笑。"可是杰夫瑞斯大法官"大笑,大叫,开玩笑,诅咒,很多人以为他从早醉到晚……"

第八章麦克雷叙述7个主教认为王室"免罪宣言"存心对地方和英国教会的威望及财产造成致命的打击,不肯在他们辖区的教堂宣读这项诏令,因此受审;这部分的描写也同样精彩动人。

就这样我们读到詹姆士二世的统治期结束,退位逃亡,由女婿威廉三世和女儿玛丽二世继位。接下来几章的焦点是波恩战役(十六章)威廉在爱尔兰打垮詹姆士的军队以及万伦柯大屠杀(十八章)高地家族互相犯下可怕的罪行。大片历史叙述在威廉国王驾崩后落幕了,他正要率领欧洲大联盟对抗法国国王,壮志未酬身先死。马波罗的胜利就在眼前,麦克雷却未及活着写下这些场景。他的一生也落幕了——他坐在坎辛顿住宅图书室的安乐椅上,旁边桌上摆着一本书,翻到他正在读的一页——他一向希望在阅读中死去,果然如愿以偿。麦克雷死后葬在西敏寺,但他最伟大最持久的纪念碑就是《英国史》,书中用一般人能懂的方式诉说一场大革命终结了史都华王朝,引入深刻的和平变革,使英国在现代世界获得领袖地位的故事,这一丰碑永垂不朽。

《包法利夫人》

作品背景

作者 福楼拜
类别 小说
国籍 法国

名作简评

《包法利夫人》写的是一位乡下医生太太的故事，描写她婚姻的不幸福，先后有过两位情郎，最后因积欠一位放贷的生意人大笔债务，对方取消抵押品收回权，找了法警进驻她家，她以自杀收场。此书在1856年出版，但由于维多利亚时代的假正经作风弥漫英法两国，福楼拜和出版商被控出版"黄色书刊"而遭到起诉。福楼拜比较幸运，虽然判决书表达了对《包法利夫人》某些方面的不满，却也声明《包法利夫人》不像"某些作品只求满足感官的激情、满足放荡淫逸的精神，或者把人人该敬重的美德当作笑柄来嘲弄"。

福楼拜的书销路不错，颇得文学批评家青睐。这是法国境内所写的第一部完全写实的重要小说，甚至在全世界任何地方都可以这么说。书中探讨地方民众生活以及医生、教士、化学家、律师的书记、收税员、小地主等通常被人忽略的社会阶层的人物，相比之下，巴尔扎克和司汤达等人爱描写上流社会或者冒险、歹徒、强盗，写人说话的语气最真实；简·奥斯汀则爱描写悠闲的中产阶级。而福楼拜则将包法利夫人的世界刻画得相当客观，隔着一段距离观察，不偏好任何固有的美德，作者为此下了6年工夫，常抱怨自己不得不"每日与庸才为伍"。

还有，这本书的题材虽有些琐碎，文风却无懈可击。作者决心要写出一本无一字无一句不重要的小说。他以艺术家的态度写作，福楼拜说他有时候花8天的时间构思一页内容。他要自己写的东西能完美表现每一个物体、地点、环境和人物。他无论写什么，都要先通过朗读的考验，让用语的节奏和流动达到十全十美的境地。他说："词汇当与呼吸的必然性相呼应——坏句子会沉甸甸压在胸口，阻碍心跳，没有半点生机。"

100多年后的今天，福楼拜写作的品质、感受之生动、描述之精确翔实……使得书中每一个令人神伤的情节都具有一种难忘的特性。举个例子来说，谁忘得了爱玛·包法利第二次"失足"，跟律师的书记里昂在庐昂大教堂幽会，教区差役喋喋不休缠着他们大谈教堂的历史，最后里昂把爱玛送上出租马车，叫车夫爱驶到哪儿就驶到哪儿。车夫一停下来，就有个愤怒的声音催他前进。于是，她漫无目标逛了一下午，正好象征爱玛乱糟糟的人生。

在码头边、在运货桶之间、在街上、在转角，善良的人们张大了诧异的眼睛，望着这个乡下地方十分罕见的画面：一辆出租马车罩着遮帘，看来比坟墓还要密闭，像船一样颠簸走着。

中午在旷野中，大太阳更凶猛地照着镀金灯笼，一双光秃秃的手由黄帆布小遮帘下悄悄伸出来，扔出几张小纸片，随风飞散，像白蝴蝶在盛开的红苜蓿田里亮灿灿飞走。6点左右，马车停在一条后街，有个女人下了车，面纱盖着脸，头也不回地走开了。

内容精义

爱玛·包法利是一位诺曼第农夫的女儿，父亲送她进修道院受了几年好教育。她头脑灵敏，全班就数她最会回答神父的教义问答题目。可是她离家之前本性已定，最早的宗教阶段她爱怜生病的羔羊、耶稣流血的心以及钉在十字架上的形体，但不肯望弥撒。告解时她捏造些小罪过，以便在阴影中跪久一点，双手合十贴着栅栏，聆听神父的低语。到了修道院，有一位来补内衣的老处女会唱上个世纪的老歌，常跟女生们谈些伟大的情史，带几本浪漫的长篇和短篇小说给她们看，书中描述受迫害晕倒在孤馆僻地的贵妇人、被狂热恋人驱策至死的马儿、夏日的森林、海誓山盟、啜泣、眼泪、树丛里的夜莺、勇如猛狮却柔若绵羊的绅士，等等。

她是模范儿童，可是父亲到修道院带她回家的时候，修女们看着她走，一点也不惋惜。福楼拜写道："她本性是为花儿而爱教堂，为歌词而爱音乐，为热情的刺激而爱文学，反抗信仰的奥秘，碰到纪律就发火，天生嫌恶纪律。"爱玛从修道院出来,成为 19 世纪中叶完整的浪漫派。

她别无选择地嫁给了当地的医生查尔斯·包法利,丈夫天生软弱,想象力缺乏,对爱玛一点吸引力都没有,完全纠正不了妻子浪漫的夸张表现,他甚至不知道她有这些倾向存在。爱玛需要仰慕丈夫——即使他没有一点让人敬爱的地方;他是个蹩脚医生,至少有两回不得不求救于同业,活该受了一番羞辱。这一对新婚夫妇受当地贵族邀请参加舞会,爱玛看见衣着华丽的富人并跟一些优雅的年轻人跳舞,下面是一段重要的插曲:

> 他们一望而知是有钱人——清爽的肤色在瓷器的青白、绸缎的幽光、老家具的镶饰衬托下更为清爽,而这些物品有佣人负责维护,一直保持最佳状态。他们的脖子在低低的领结下活动自如,长髯落在翻起的领子上,用幽香袭人、绣有姓名缩写的手帕擦嘴唇。渐老的人看来年轻,年轻人脸上却有成熟的韵味。他们那满不在乎的表情焕发出的热情始终获得满足的安详感,而斯文仪态中却又透出一股独特的狠劲儿,因为对某些安逸事,如管理纯种名马啦,与浪荡妇人为伍等驾轻就熟,才会显出这样的结果。

这个经验使她的人生出现一条大裂缝,像波涛汹涌的黑夜,暴风雨打裂了山坡。爱玛恍如遭遇船难的水手,以绝望的眼神凝视自己生命的孤寂,转而向雾蒙蒙的遥远地平线寻找一面白帆。她放弃绘画和音乐。

有一件事发生了。他们搬到庐昂附近一个比较大的村子扬威尔村,爱玛结识了里昂——一位年轻的法律公证人书记,他有点柔弱,同样是浪漫派的人。他们都爱海洋、高山和旅游,他还会弹吉他。对这种多愁善感的情谊他们彼此都很满意。后来里昂到巴黎去应考,爱玛的人生再度空虚起来。她已年近 30,虽生了个小女孩但浪漫情怀却未因此消减。接着罗多菲·波兰杰先生出现了:他是富裕的小地主,对付女人的经验很丰富。他决定要勾引她——尽管她有丈夫,有个孩子,邻居又爱说闲话,但他实在很喜欢这个眼神锐利的白皙女子。她对自己说:"我终于有情郎了。"福楼拜描写道:"众多红杏出墙的浪女开始在她记忆中吟咏,以她们歌声的魔力迷惑她。"

罗多菲深谙勾引的技巧,懂得用正确的态度讨好女人,有一段时间两个人常骑马穿过树林,他任由包法利夫人发生错觉。后来他玩腻了,而她愈爱愈深,一心想私奔。他顺从她的愿望,两人计划到威尼斯去。起程的最后一刻他叫人送了一封信给爱玛,请她放弃她的伟大爱情。爱玛因此大病一场。

罗多菲最能满足她,是因为他很聪明,懂得迎合她的需要,扮演非凡的情郎,所以失去他使爱玛的灵魂严重受伤,不止是结束了一段怡人的经验而已。她慢慢康复,浪漫情怀得不到满足,一度故作虔诚,从宗教活动和慈善行为中寻找安慰。她给自己买了一张歌德式的祈祷凳。

但这一切历时不长。里昂回庐昂市来执业了。虽然说是里昂在出租马车上勾引她,但她主导了整个游戏,她才是这段情史主控的一方。爱玛征得蠢丈夫许可,每周到庐昂上一次音乐课。她不时和里昂在剧场、酒店和妓院专业区的一家旅馆享受浪漫生活。她叫包法利先生给她一份代管财务的委托书,很快就把一笔小遗产挥霍殆尽。她纵情购买各种衣服和奢侈品,在家则选用豪华的地毯和窗帘,顺应自己喜洋洋的心情。

拉赫洛是典型的貌似可靠其实贪婪的生意人,住在扬威尔村,他无限制地赊贷给包法利夫人,当然狠狠敲了她一大笔。正当她对风流韵事失去了新鲜感,开始觉得偷情也跟婚姻一样平淡时,她的财务已经恶化到无法收拾的地步。她的一切将被廉价拍卖。拍卖单贴在门上的那天,她苦求拉赫洛无效,一筹莫展跑到当地法律公证人那边去借 8000 法郎,那人想勾引她,她拒绝了,她改找收税员,最后更跑到罗多菲的大庄园去求他,然而一切都是枉然。最后她吞砒霜自尽。福楼拜仔细描述她死前的痛苦,包括在十字架印上一吻,接下来的反应很特别,痉挛停止的几秒钟,她看着手镜中的自己,痛哭失声。

有些评论家指出:福楼拜的作品显示出他极端愤世嫉俗,对小资产阶级过分憎恶。他们说,爱玛运气居然这么坏,实在太不合乎常理了——她会嫁给查尔斯·包法利,又被罗多菲这么自私的人勾引,柔弱的里昂竟然又是一个无法满足她内在需求的情夫。而她身边的人若非坏蛋就是迟钝乏味,完全无法洞悉她敏感的心性。药店主人荷麦是刻画得极巧妙的小镇人物,是反对宗教权威的知识分子。他不是无情的人,只是肤浅没有眼光。她至少该碰上一两个了解她的人吧?

爱玛·包法利的人生不是悲剧,缺少必然性——她的浪漫情怀会落得悲剧下场,是因为她婚姻不幸福,而且大多归因于她一生中的几个偶发事件,归因于她身边没有上流社会的人物。这本书是今天所谓的"人生切片"深度观察。爱玛这个人活得轰轰烈烈。法国大评论家艾弥儿·法奎曾谈到她:"包法利夫人,不朽的包法利夫人,是我所知的一切文学中最完整的女性画像。福楼拜不甘于只为她作传;他对书中人必要的演化发展、可以经历的连串变化以及注定要发生的结果怀着感情和智慧，日复一日，年复一年，巨细靡遗地耐心写完整本传记。全书正是一个在我们眼前渐渐松懈的灵魂依照人性逻辑过完一生的故事。"

如果她的浪漫情怀算是一种病态，那病根就在于她随时决定生活在地平线另一端；在于无法从身边的事物领略其中的风味、美姿、怡人的品质和诗意。浪漫病在于相信那种风味、美姿、怡人特质、诗意和幸福永远不在我们置身的地方。也许正基于这个理由，天生有强烈浪漫倾向、只好透过文艺来抒发的福楼拜，谈起书中的女主角，曾说过："包法利夫人就是我。"

精彩章节品读

上卷八章、九章：描述女主人公参加舞会的经过和归来的变化。
中卷：叙述了爱玛的两次婚外感情遭遇和心理、行为方式的转变。

精彩佳句

在所有的表现中间，所有的形体中间，所有的样式中间，只有一个表现、一个形体和一个样式表现我的意思。

她睁大一双绝望的眼睛，观看她的生活的寂寞，她像沉了船的水手一样，在雾蒙蒙的天边，遥遥寻找白帆的踪影。

《论自由》

作品背景

作者 约翰·史都华·密尔
类别 哲学专著
国籍 英国

名作简评

在1859年之前大多数人谈到自由，脑子里想的是免于暴政的压制。那一年以后，许多爱思考的人对自由的看法已深刻得多了——因为他们有机会阅读该年度出版的一部新书，那就是约翰·史都华·密尔写的《论自由》。

当时密尔的智力和文学影响力正处于高峰。他生于1806年，父亲是实利主义哲学界仅次于耶利米·班坦姆的代表者。他从来没上过学校，完全由父亲在家教导。他3岁开始学希腊文，然后学算术、历史和拉丁文。依靠父亲的影响，他在伦敦东印度公司总社找到一份书记的工作，一生为官，1858年才退休。这份差事相当清闲，使他有时间发展工作以外的兴趣，他写了几本理论书和政治经济学方面的书，大受好评。接着写了一本谈功利主义的小书，他对于这门枯燥的哲学的看法比父亲通人情，然后他开始写《论自由》。此书和他早期的大部分作品一样，得到哈丽叶·泰勒夫人很多帮助——泰勒夫人是一个鉴赏力极高、极有修养的女人，20余年间他们彼此一直维持纯精神的情愫，后来她丧夫孀居，两人终于在1851年结婚。1858年她死于肺痨，密尔非常伤心。

我们探讨这本书，首先要肯定一点：密尔为自由的概念增添了新的范畴。他不关心政治自由：在19世纪中叶的英国，这方面实际上已经达到了。但世上仍有暴政，各种各样的暴政，阶级和专业利益的暴政，惯例、社会习俗和广泛接受的偏见等暴政。他是当代知识界数一数二的知识分子，特以训练精良的文笔全力指责和攻击这种暴政。

内容精义

密尔在头几页告诉我们："本论文旨在提出一个非常简单的原则……基于自卫，人类才有权个别或集体干涉他人的行动自由。而文明社会要在其多数成员不情愿的情况下对他们正当运用权力，也只有以防止其他人受害为目标才可实行。他自己实际上的善德不足以作为干预他人的正当理由……任何人行为中唯一必须对社会修正的，就是跟别人有关的部分。只涉及自己的部分他有权完全独立，不受别人管辖。对于自身，对于自己的身心，个人拥有主权。"

当然密尔也有某些例外。他的主张只适用于天赋能力较强的人，不适用于小孩和少年，也不适用于那些落后民族。但上述原则适用于一切有能力接受诤言和劝谏来自我改善的人。

那么，"人类自由的恰当领域"首先就在内在意识的范畴，要求良心的自由，思想和情感的自由，对于一切实际或推测、科学、道德或神学题目构成的意见或情操的自由。与此必然相关的就是表达及发表各种意见的自由。其次，这一原则要求鉴赏和追求的自由——我们有权按照自己的性格塑造人生、随心所欲地等待结果，只要我们的行为不伤害同胞，即使我们觉得我们的行为愚蠢、荒谬或错误，他们也无权阻挠。第三，有了每个个体的自由，在同一界限内，个人组合团体的自由也产生了——只要不伤害别人，结社的成员又已成年，不是被迫或被骗，可因任何目的结社。

> 整体而言，无论是什么政体，只要这些自由不被社会尊重，那么这个社会就绝对不是自由的社会……唯一名副其实的自由是照自己的方式追求自己福利的自由，只要我们不企图剥夺别人的自由或者阻碍人家获取自由就行了。

密尔在第二章专门谈这个问题的一个特殊层面，就是思想和讨论的自由。一般人都认为，某政府若由多数选票选出，可代表人民的意识，就有权管辖人民该不该知道什么、说什么和做什么，只因为那样符合大多数人的心声，他反对这种看法。"但我否认人有权靠自己或政府施行这种高压。权力本身是不合理的。最坏的政府没有资格滥权，最好的政府也是这样。照大众意见来运用权威跟违反民意运用一样有害，甚至害处更大。"接下来是一段最有说服力、最常被引用的文字，包含了密尔福音的精华。

　　就算全人类看法相同，只有一个人意见相反，如果那人有权力的话，当然不该制止全人类发言，同样的，全人类也不该制止那一个人发言。

如果某一意见只是个人的执着，对别人毫无价值，压制它只损害到少数几个人的利益。但事实并非如此。"制止表达一种意见，贻祸在于剥夺了人类的福祉——包括后代子孙及现存的一代，包括拥护及不同意那个意见的人，而持异议的人损失更大。"

有三种可能性我们必须铭记在心。首先，人们想靠权威压制的那个意见可能是正确的。当然啦，想压制它的人并不以为然，可是他们并非绝对没有谬误。历史上挥动法律武器来铲除最佳人物和最高贵教义的例证比比皆是。密尔只举两个例子，但都非常重要，而他举例的几段内容可以说是最动人最有说服力的散文。

第一段开头就说，"人类再听多少次提醒都不为过：从前有个人名叫苏格拉底。他生活在充满伟大事迹的时代和国家，而对他和那个时代最了解的人把他的事迹流传到我们今天，尊为当时最有才德的君子。"他生前的遭遇如何呢？世人"有充分的理由相信"，审讯他的判官们是"真心认定他有罪，把那个时代本该最受善待的人当作歹徒，判了死刑"。

第二个例子让人印象更深。"谈完苏格拉底案后，再谈另外一个不会构成反高潮的司法不公的例子：事情发生在1800多年前的耶稣受难之处。凡是目睹过其言行的人都对此男子留下的至高无上的道德光辉印象深刻，往后18个世纪，世人膜拜他，把他当作上帝下凡，可是他生前被屈辱处死，罪名是什么？居然是亵渎神明。"

其次，万一有权者想压制的意见是错的呢？其实错误看法也往往含有部分真理，唯有靠相反的意见互相冲突激荡，剩余的这一部分才有机会显现出来。

还有第三种可能：一般公认的信念不止正确而且百分之百是真理。即便如此，没有经过有力而认真的质疑辩驳，真理还是跟偏见、独断的教条、传统的修道誓约差不多，照样对任何人都没有用处，只会阻碍真实、诚挚的信念成长。

密尔提出这一切为个人养成自己意见、自行决定生活方式的权利请命，是因为他深信人类个性及人格的价值。"人做什么固然重要，做某事的是哪一种人也很重要。人用生命来完成和美化一切，其中最重要的成果当然还是人类本身。就算能以机器人建房屋、种谷物、打仗、审案件、甚至建立教会和祈祷，要牺牲目前住在世上比较文明地区的男女和自然来换这些机器人，仍是可观的损失。人性不是一架照模型生产来做指定工作的机器，而是一棵必须按照内在生命力的倾向朝四面八方自由生长发展的树木。"

密尔在后面某一章把上述真谛归纳成两条"座右铭"：（一）个体的行为只要不牵涉到别人的利害，不必对社会负责。社会只能用劝告、指引、说服和规避等方法正当表达对他行为的不悦或不赞同。（二）对于有损别人利益的行为，个体必须对社会负责，如果社会认为有必要施以社会性或法律性的处罚才能保护社会，个体得承受处罚。由这两个座右铭可以看出密尔不是极端的自由论者。社会不能欺压个人，但个人对社会也该负某些义务和责任。

密尔以举例方式用这些座右铭来指导日常生活的某些问题，有时候未提供答案。一个人若喜欢赌博，不妨随他；可是有人想开赌场，该不该批准呢？人爱酗酒由他去，可是"某人若曾因酒醉而对别人施暴……下回他又酗酒，就该处罚，我认为这完全合法"。违反公共行为准则当然该受罚。男女同居应该容许——但人能不能自由开妓院拉皮条呢？社会不该禁止人买危险药品，但卖方该警告他买的是什么。父母该负责让子女受恰当的教育；大家该认清"生下小孩却不能为其提供食物，为其头脑提供指导和训练，对儿女和社会而言都是罪恶"。

密尔对女性的态度在1869年出版的另一本书《女性的臣服》中表达得非常完整。《论自由》一书曾说过，"丈夫对妻子几近专横的权力不必加以扩大，因为要完全除去旧恶，最重要的就是妻子应该跟其他的人拥有相同的权利，同样受法律保护。"

这本小册子还有很多很多精辟的言论，此处不可能一一引述。《论自由》是一本值得一读再读的书。部分内容适用于某段时期，但大部分至今仍然新颖、富有创意，此书所提供的信息在目前仍有说服力。有了公共开支所提供的教育、社会保障制度、计划雇用制、广播和电视规则和条款等，国家几乎无所不能。个体不受重视，人类的精神受到重压，这已是常见的现象了。这种情况下，我们真该想想密尔在书上最后一段所写的话："长远来看，帮国价值就在于构成国家的诸个体的价值啊……"

精彩佳句

> 凡将人民侏儒化，以便使他们成为手中驯服工具的国家，即使这样做的动机是善良的，也会发现这些矮小之人不可能成就大业。

《物种起源》

作品背景

作者 查尔斯·达尔文
类别 生物学专著
国籍 英国

名作简评

如果说有一本书曾造成人类思想上的大革命，那就是查尔斯·达尔文的《物种起源》了。在1859年此书出版前，进化是一种有趣的观念，只有少数对当时通行的解释不太满意的纯思想家才相信这一观念。此书出现后，大多数受过教育、能了解其中问题并评估其论点的人士都得到一个结论：达尔文已成功论证了演化的事例，而且进一步举出可能发生和确实发生过的事情。

所有不同种的生物——动物和植物，鱼类和昆虫，甚至人类——为什么成为今天这个样子？在达尔文时代以前，一般人认为：他（它）们都是被特别创造成现在这样子的。各物种都是上帝某一次特别的创造行为的结果。虽然古代有些哲学家兼科学家都曾提出一点进化论的形迹，但他们的观念完全无法改变大多数人的想法，大众宁愿继续相信圣经中万物打从初始就由神创造出来的说法。

1831年，未满22岁的查尔斯·达尔文在加入费兹洛伊舰长指挥的皇家海军测量船"小猎犬号"，踏上全球科学发现之旅。他父亲是舒兹伯瑞城有钱的医生，娶了史塔塔郡陶艺大师约西亚·威吉伍的女儿。查尔斯·达尔文小时候在舒兹伯瑞学校表现出众，后来上了爱丁堡大学，本来想当医生继承父业，可是他受不了鲜血和手术室里尖叫的病人，就改变了志向。他曾被送到剑桥去读教士方面的课程，差一点当上教士。但他自认为很难咽下某些日后他必须宣讲的东西，何况他真正的兴趣在于博物学和地质学方面。中小学时代他便热爱收集甲虫,这种热忱至死不衰。所以他听见教授推荐他以不付工资的博物学家身份陪费兹洛伊舰长出航,真是大大松了一口气。

达尔文自己宣称,"小猎犬号"之旅成为他一生最重要的大事。他们直到1836年才回国,途中不仅探访了南美洲海岸,也到过大西洋、太平洋、澳洲和新西兰许多人迹罕至的岛屿。达尔文不管到哪里都睁大了眼睛,随时准备好笔记本,因为他已经有了"为自然科学增添一点东西"的野心。现在我们回头看看他的名著《物种起源》第一页的内容。

> 以博物学家身份随皇家海军"小猎犬号"出航的时候,我深深被南美的生物分布以及该洲现在和过去原居物的地质关系等方面的几项事例吸引住了。这些事例……似乎阐明了物种的起源——我们有位伟大的哲学家曾称之为奥秘中的奥秘。返乡之后,1837年我突然想到,若能耐心搜集和思考各种与此相关的事实,说不定能对问题得出一点结果。我已下过5年的工夫,来思索这个主题,草拟了一些短短的笔记。1844年再把它扩大成几项当时我认为可能的结论略记:从那个时期至今,我一直在追求同样的目标。我希望大家能原谅我谈这些细节,我想借此证明我不是仓促下结论。

达尔文用了20年工夫来调查研究这个题目,如果不是1858年6月18日星期五下午在肯特郡唐恩镇家中被邮差送来的一封信吓一大跳,他也许会继续考虑下去。信是一位博物标本收集家阿胓烈·罗素·华勒斯在东印度摩鹿加群岛的一座岛屿上卧病写成的。信封里附了一篇小文章,名叫"谈物种无限偏离原型的倾向"。只要看一眼就知道,华勒斯不但跟达尔文研究同一个问题,而且对不同物种发生的原因也获得了和达尔文相同的解释!

达尔文的第一个反应是想废弃自己的作品,让华勒斯独享一切光荣,但朋友们一再相劝,最后他同意自己跟华勒联名准备一份报告,在伦敦林尼恩协会的一次会议上发表。事情按计划进行,报告于1858年7月1日宣读,30位会员(两位作者都没有出席)听了,但没留下什么深刻的印象。

内容精义

> 考虑物种的起源时,不难想象一个博物学家思索生物共同的相似点、胚胎学上的关系、地理上的分布、地质序列及其他这一类的

事实后，会得到"物种并非个别独立被创造，而是像变种般从其他物种衍生而来"的结论。可是，这样的结论就算有坚实的基础，除非能让人看出世上无数物种怎么样修改才达到今天的结构和相互适应十全十美、令人佩服的境地……否则这结论便不足以服人。博物学家时常提到气候、食物等外在环境为唯一可能的变种原因。只从某一种意义看来……这话可能不假；可是，举个例来说，啄木鸟的双足、尾巴、尖嘴和舌头这么适合抓树皮底的昆虫，如果只归因于外在的环境，未免有些荒谬。就拿槲来说，它的营养来自某些树，种子必须靠某些鸟类来传送，花朵分雌雄，绝对需要某种昆虫从一朵花带花粉到另一朵花去，若只以外在环境、习惯或植物本身取舍的效果来解释这种寄生植物的结构以及它和好几种不同生物之间的关系，也同样荒谬。

这是书中提出的问题，现在我们来读读达尔文着手解决的办法。他告诉我们，观察之初，他觉得仔细研究驯养的动物和耕种的植物也许能略微阐明这个问题。所以他的第一章专门探讨驯养的动物，尤其是鸽子。这一章达尔文坦承自己无知，他说"主宰遗传的规则大都还不为人所知"，这话非常有名。这些规则一直处于未知状态，直到19世纪末一位默默无名的澳洲传教士葛里哥·孟德尔所做的豆子和蜜蜂实验公之于世，情况才有所改观。他并不知道植物和动物的品种变化怎么由一代传给下一代，但他得出了驯养或种植的品种方面一个非常重要的结论。他说："关键在于人的累积选择能力。大自然带来一连串变化，人又朝对他有用的方向增添一点；可以说人类为自己造出了有用的动植物品种。"

达尔文相信在驯养或种植状态下如此。在自然状态下也是选择发生了作用，但威力和效果远甚于人类所为。运作方式如何呢？是透过"生存竞争"——他在1838年读到马尔萨斯40年前出版的《人口论》时，知道了"生存竞争"的重要。达尔文写道，整个自然世界"一切生物高速率增长，生存竞争不可避免随之而来……每一种生物快速增加，如果不予以摧毁，一对雌雄生命体的后裔很快就会布满整个地球。连繁殖较慢的人类25年都可增长一倍，照这种速率，不到一千年，他的子孙在地球上会连站立的空间都没有"。

这方面我们未必随时能察觉。"除非人彻底把这一点牢记在心，否则就看不清甚至会误解……整个大自然的经济。我们看见大自然的面目灿烂可喜，我们不时看到食物过度丰足。但我们却没有看出，不然就是忘记了：悠哉悠哉在我们周围唱歌的鸟儿大抵以昆虫或种子为生，它们正不断摧毁生命；也许我们忘了这些鸣鸟或者它们的鸟蛋、鸟巢会被猛禽和猛兽毁掉；我们没有随时谨记在心……现在食物也许过剩，却不是每年四季都如此。"

由于这种不断的竞争，"无论多么轻微、基于什么原因发生的品种变化，只要在物种中的个体与其他生物或生存环境的复杂关系中多多少少对这些个体有利，就能有助于这些个体的保存，被广泛承续下去。如此后裔存活的机会也比较高，因为任何物种定期生出的许多个体，只有少数能够存活。我把这一条'每一个微小的品种变化只要有用，都会保存下去'的定律称为'天择'，以便标明它和人为力量的关系"。

"天择"的说明之后，随之而来的是一段很短却非常有趣的东西，达尔文称之为"性选择"。他解释说，这种选择"不是靠物体跟其他生物或外在环境相关的生存竞争，而是靠某一性别，大概是雄性个体间为占有异性而进行的竞争。结果未成功的竞争者不至于死亡，只是减少了子嗣或没有子嗣。所以性选择不像'天择'那么苛刻"。整个自然界最有力、最持久进行的就是'天择'。达尔文宣称，"我相信'天择'是最重要的变种方法，但却不是唯一的。"

在《物种起源》的其他章节中，达尔文阐述了他的理论，深入地进行说明，并且以最严肃最尽责的态度检视许多可能为人提出的反论。当时包括不少有资格判断的人，仍然不相信达尔文理论的正确性，至少不相信其完整性。

他在最后一章写道："我不懂为什么这本小册子所提出的观点会震撼人的宗教情感。当我不把万物视为'上帝'的特殊创造品，而当作寒武纪第一道地层堆积前就已存在的几种生物所衍生的结果，我觉得万物似乎变得高贵起来。"下面是他最后颇具说服力的一段话。

> 想想一处紊乱的河岸布满各种各样的植物，鸟儿在灌木丛上唱歌，各类昆虫飞来飞去，虫子在湿泥里爬行；想想这些精心构成、彼此互异、复杂而互相依赖的形体中都是照我们身边的某些定律产生的，想来多么有趣啊……用这种观点来看待生命以及造物主最初注入一种或数种形体的能量，想想地球依照地心引力定律运转，最美最妙的形体就从这么简单的起点转出来了，而且还在产生中，想来又是多么庄严伟大。

精彩佳句

我能作出今日的结论,并不是轻率而速成的。

科学工作使我亢奋。

《茶花女》

作品背景

作者 小仲马
类别 小说
国籍 法国

名作简评

本书成书于 1848 年。其作者亚历山大·小仲马（1824—1895 年）是 19 世纪法国著名小说家、戏剧家，被现代文人称之为"谜一样的作家"。他是以多产闻名于世的杰出作家大仲马的私生子，直到 7 岁才得到父亲的承认。年轻时的小仲马在其父奢华而又漂乎不定的生活影响下，也过着纸醉金迷的生活。他"觉得用功和游戏都是索然无味的"，但另一方面，他又热切地盼望着自己也能像父亲一样，名扬文坛。于是，他开始从现实中取材，从妇女、婚姻等问题中寻找创作的灵感。

20 岁时，他与巴黎名妓玛丽·杜普莱西一见钟情。为维持生计，玛丽在和他交往时仍然保持同阔佬们的关系，小仲马一气之下就写了绝交信出国旅行。几年后，小仲马回国，得知只有 23 岁的玛丽已经去世，死景非常凄凉。小仲马百感交集，悔恨万分，将自己囚禁于郊外，闭门谢客，一心要将自己的这段生活述诸笔端。这也是他创作之程的开始。一年后，这本凝聚着永恒爱情之痛的《茶花女》问世了。此时小仲马年仅 24 岁。小说一经出版，立即轰动了法国，尽管遭到上流社会的恶意谩骂，但更多的人均被其真实感人的故事征服了。

《茶花女》以女主人公玛格丽特·戈蒂耶的生活经历为主线，采用第一人称的写法，真实生动地描写了一位外表与内心都像白茶花那样纯洁的少女沦落风尘而不能自拔，直至被摧残致死的爱情故事，从而深刻地揭露了资本主义社会所宣扬的伦理道德观念虚伪腐朽的本质。作品在艺术表达上独特而新颖。组织情节时，用了追叙、补叙、倒叙，手法多变，生动有趣。一个个悬念的设置，扣人心弦，使人不忍释卷。特别是作品洋溢着浓烈的抒情色彩和悲剧气氛，有感人至深的艺术魅力。1852 年，小仲马把小说改编为剧本，据说上演时剧场爆满，万人空巷。当小仲马将《茶花女》演出大获成功的消息，告诉远在比利时的父亲时，电报上写道："第一天上演时的盛况，足以令人误以为是您的作品。"父亲立即回电："我最好的作品正是你，儿子！"

小仲马的处女作《茶花女》所取得的成功无疑是巨大的，这部作品也足以使他取得如大仲马一样的名声。《茶花女》也许在社会道德方面未必替小仲马争得好评，但却实实在在让作者在死后依旧名垂千古。人们所津津乐道的"大小仲马"构成了法国文学乃至世界文学史上罕见的"父子双璧"的奇观。

一个简单的风尘女子的故事，成为世界文学中的不朽珍宝，这其中必然有它不寻常的因素。那么，究竟是什么东西让《茶花女》具有非凡的意义，并且 100 多年来都引人入胜呢？

或许，埋藏在这个故事之下的是一种深刻的背叛。在小说中，这种背叛体现在两个人身上。首先是玛丽格特，她背叛了她作为一个被人玩弄的风尘女子的角色，她要像一切健康的女性那样去追求自己的爱情和幸福；这违背了资产阶级道德规范，势必要遭到他们的联合绞杀。然后是阿尔芒，他背叛了他作为一个"清白"人家后代的角色，偏偏要去爱上一个让所有"清白"人所不齿的风尘女子，这也不符合资产阶级普遍遵守的"道德规则"，同样等待他的结果也是无情的扼杀。正是这两个具有叛逆性格的角色，演绎了打动我们心灵的爱情故事。茶花女也成了我们心中一朵永远美丽的"恶之花"。正如烹利·巴塔伊说的那样："茶花女将是我们的世纪之女，就像玛侬是 18 世纪之女一样。"

小仲马给我们再现的不是日常生活的一角，而是富有哲理意味的永恒真实。作品中男女主人公身上所体现的叛逆性格和悲剧结局，恰恰又更深远地讽刺了资产阶级社会伦理道德的虚伪。在谴责社会给他们造成悲剧的同时，两人身上的缺点也是造成他们悲剧结局的原因之一：玛丽格特对物质生活的沉溺和难以自拔，阿尔芒的自私狭隘。作者笔触细腻，深刻而生动地刻画了人物丰富多彩的内心世界，把人物复杂的性格通过生动的语言和人物的行动栩栩如生地展现在读者眼前。故事情节曲折、结构紧凑，读来令人有荡气回肠之感。

　　《茶花女》的问世在文学史上有着极其重要的意义。它率先把一个混迹于上流社会的风尘女子纳入文学作品描写的中心，开创了法国文学"落难女郎"系列的先河。而它那关注情爱堕落问题的题材，对19世纪后半叶欧洲写实主义问题小说的产生以及写实性风俗剧的潮起，都产生了极为深远的影响。

　　《茶花女》后来又被改编成歌剧，由意大利著名的音乐家威尔第作曲，影响更为深远。或许，人们从中体验到了亚里士多德所说的那种"恐惧与怜悯"的情感吧！

　　《茶花女》也是最早被介绍到我国的西方文学名著。1897年著名的翻译家林纾将它介绍到我国，当时译名为《巴黎茶花女遗事》，产生了"可怜一卷茶花女，断尽支那荡子魂"的巨大反响，深受我国人民的喜爱。1907年，我国留日学生组织"春柳社"，又把小说改为剧本，在日本东京首次公开上演，这次演出还标志着我国话剧的开端。

内容精义

　　1847年3月12日，巴黎的一条大街上贴出一张拍卖家具和古董的广告，拍卖的地点在昂丹路9号。这是一所豪华住宅，物主玛丽格特在3个星期前去世，除了遗物外，她还留下了一笔数目可观的债务。

　　玛丽格特原是一个贫穷的乡下姑娘，来到巴黎后沦落风尘，开始了卖笑生涯。由于生得花容月貌，成了红极一时的"社交明星"。因为她装饰打扮时总少不了一束茶花，人们都称她为"茶花女"。她死后，墓碑下也摆满了茶花，这是一个叫阿尔芒的青年放在那里的。阿尔芒是个穷小子，但他是玛丽格特唯一真正爱过的人。

　　有一次，玛丽格特不幸得了肺病，阿尔芒每天都去看望她，并为她的病痛难过得流下了眼泪。这一切深深地打动了玛丽格特，使她把阿尔芒当成了理想的情人。

　　玛丽格特自从爱上阿尔芒后，便想方设法打发掉把她当成"爱女"供养的老公爵，甩开纠缠不休的N伯爵。然而，她的开销太大，又使她不能完全断绝同这些人的往来。另一方面，阿尔芒穷于应付和玛丽格特在一起时的开支，开始去赌博和借债。玛丽格特和阿尔芒在老公爵为她买的乡间别墅里过着充满情爱的日子,这一行为激怒了老公爵,决定停止供给她的一切费用。风闻茶花女失去了靠山并同一个穷小子住在一起,债主们纷纷上门逼债。玛丽格特坚持不向阿尔芒要一分钱,为了还债,她悄悄卖掉自己的马车,披肩,典当掉钻石首饰。好多人都劝"茶花女"回到老公爵、N伯爵身边,但是遭到"茶花女"愤然拒绝。

玛丽格特和阿尔芒开始了新的生活。然而好景不长,阿尔芒的父亲来责备他败坏了家庭的名声,要他丢弃玛丽格特。阿尔芒坚决抗拒,但不知什么缘故,玛丽格特突然不辞而别,并留言和他一刀两断。玛丽格特和N伯爵重归于好,阿尔芒嫉恨她贪图荣华富贵,决意对她进行报复。在一次舞会上,阿尔芒当着玛丽格特的面对一个妓女大献殷勤,借以刺激玛丽格特。玛丽格特受不了阿尔芒的侮辱和折磨,以至于不敢去舞场和剧院。但阿尔芒还不罢休,又写信去辱骂她,说她是没有良心、没有情义、把爱情当作商品出卖的娼妇。玛丽格特含垢忍辱,面对阿尔芒的误会,伤心万分的她劝阿尔芒忘了自己,离开巴黎,永远再不相见。但想不到的是,在她主动登门与阿尔芒重修旧好的第二天,却收到阿尔芒送来一张作为"度夜价钱"的500法郎的钞票。深受打击的玛丽格特,大叫一声,昏倒在地,从此一病不起。

她的病情严重,脸色苍白,大家都把她忘了,她失掉了财源。临死前,债主们都来了,带着借据,逼她还债。执行吏奉命执行判决,查封了她的全部财产,只等她死后进行拍卖。弥留之际,她几次叫着阿尔芒的名字,"从她的眼里流出了无声的眼泪"。死后只有一个好心的女邻居米利为她入殓。当阿尔芒重回巴黎时,米利把玛丽格特的一本日记交给了他。从日记中,阿尔芒知晓了她的高尚心灵。"除了你的侮辱是你始终爱我的证据外,我似乎觉得你越是折磨我,等到你知道真相的那天,我在你眼里也就显得越加崇高。"

阿尔芒从玛丽格特的日记中终于明白了玛丽格特不辞而别的真正原因。原来,阿尔芒的父亲曾单独找过"茶花女",恳请她还回他的儿子和家庭的清白。他还告诉"茶花女",他的女儿要出嫁了,但是男方打听到阿尔芒和"茶花女"的关系后,要求阿尔芒结束在巴黎的浪荡生活,否则就要取消婚约。为了这些缘故,"茶花女"只好向阿尔芒的父亲发誓与阿尔芒绝交。知晓内情的阿尔芒追悔莫及,痛心疾首,但一切都已经太晚了。

《茶花女》

精彩章节品读

第六节：阿尔芒迁坟

第十节：互诉衷情

第十八、十九节：不安的幸福生活

第二十四节："复仇"的爱情

第二十六节："苦难"的爱情

精彩佳句

> 只要付出真实的感情，无论对方是何种女人，都足以使男人升华。
>
> 头脑是狭小的，而它却隐藏着思想；眼睛只是一个小点，它却能环视辽阔的天地。
>
> 被人焦急等待的回信，总是在人们不在家的时候来到。
>
> 只有在多多研究了人性以后，我们才能够动笔创造出人物来，与只有在认真学习一种语言以后，我们才能够运用这种语言一样。
>
> 取得一颗没有被人进攻的经验的心，也就像取得一座没有守卫的城池一样。

《父与子》

■ 作品背景

作者 屠格涅夫
类别 小说
国籍 俄国

名作简评

伊凡·塞格耶维奇·屠格涅夫写《父与子》之前，已经是出名的剧作家兼诗人，而《父与子》这本小说所引起的争议比世上任何小说都猛烈、深刻而持久。他自己说过："我不愿扩大这本小说所引起的效应。我只愿说，'虚无主义者'一词被成千上万的人挂在嘴边……我的名声被一层阴影笼罩着。我不自欺欺人。我知道那道阴影将永远存在。"

屠格涅夫家族是地主，但他小时候并不快乐，父亲看上母亲的钱财而娶她，母亲怨他没感情，对家人和农奴十分专制。在爱做梦、重理想的少年眼中，经常斗争的气氛实在令人难受，他愈来愈喜欢退入自己的心灵世界。他最大的安慰就是看书，阅读普希金、果戈理等当代主要自由主义作家的作品。他跟这些人一样，对俄国忠贞热情，也像他们一样深知俄国必须找机会学欧洲其他的国家，力求发展。

屠格涅夫十八九岁被家人送去上大学，先去莫斯科，后来改到圣彼得堡。他是好学生，读书非常用功，如今脱离了家庭的束缚，潜在的才华终于苏醒。母亲以儿子的学术造诣为荣，在1839年允许他转往柏林大学念书，他在那边待了两年，视野再次拓宽。他返乡后满脑子都是俄国必须西化的观念，可是当他担任公职，走上母亲雄心勃勃地为他选的事业后，这些理想遭到了打击。他跟心目中的前辈英雄果戈理一样，发现俄国政府的官僚作风令人无法忍受，他跟家人大闹几场，终于辞了职。

《父与子》

1840年屠格涅夫的诗篇颇受批评家青睐,剧本更是名利双收,其中《乡间一月》至今还被许多国家搬上舞台。妙笔生花的《运动员素描》在1847—1852年间出版,名气愈来愈大,他母亲在1850年去世,死前知道儿子被尊为俄国顶尖的作家之一,感到心满意足。

《父与子》一书出版后,成千上万曾把屠格涅夫当偶像的俄国青年气冲冲地写信给他,质问他怎么敢"以讽刺手法描绘"一位象征他们理想目标的人物。同时他还收到为数更多的老一辈斯拉夫文化拥护者和反动派的来信,赞扬他有勇气指责骇人的现代现象——虚无主义者。他跟批评者辩论,也跟仰慕者辩论,这都是白费工夫,因他而起的风暴持续汹涌。后来他写道:"误解的整个原因在于巴札洛夫这一类型的人来不及经历普通的阶段。作者在他出现的每一刻攻击他。我介绍新类型用的也是新手法——以如实表现取代理想化……当作者对自己笔下的人物不显示清晰的同情或憎恶,读者很容易困惑不解。读者马上生气了……毕竟书本是为了给人助兴而存在的。"

屠格涅夫就像大多数伟大的艺术家,非常非常敏感。他像蜗牛,缩进自己壳里慢慢走开,最后定居法国,变成福楼拜的密友,是莫泊桑等年轻一辈的作家争相追逐的对象。但不出他自己所料,笼罩他名声的阴影一直存在,陀思妥耶夫斯基和托尔斯泰猛烈贬低他的作品,伤他极深。他对俄国的深情并未改变,1880年他最后一次探访心爱的祖国。此时风暴已息,虚无主义壮大了,大家终于体会出《父与子》一书所刻画的未来是多么真切。我们不妨记上一笔:他的祖国之行得意非凡,将近20年的苦难记忆一扫而空。

内容精义

《父与子》1862年首次出现在被称为"年轻一代喉舌"的卡特科夫《俄国先驱报》。这部小说预言1860年在俄国发生的自由主义运动将广为传布,而其中心人物巴札洛夫就是政治地平线上隐约浮现的那种可怕的人物——虚无主义者的原型。屠格涅夫日后提到这个人物说:"我企图创作某个类型时,必有各种成分调和而成的活生生的人物为蓝本……主角巴札洛夫是根据一位青年乡镇医生的性格塑造成的。他在1860年之前不久才去世。那位了不起的人物身上有一种正在明显化的素质,具有像我一样的理念,当时仍比较乱,后来才有了'虚无主义'这个名字。"

巴札洛夫是个挑战者，毁灭一切也遭到毁灭。他是反偶像崇拜者，也是随时跟虔诚人士冲突的科学人士。他生性勇敢，以危险度日为荣，孤零零遗世独立。他什么都不信，也不信任自己努力捍卫的劳工阶级，因为他知道他们骨子里都是懦夫。

我们初见巴札洛夫的时候，他正跟他的热心门徒阿卡迪亚·科桑诺夫一起到后者的父亲尼柯莱的乡间住宅去度假。巴札洛夫高高瘦瘦，额头很宽，生就一双锐利的绿眸子和讽刺的表情，加上下垂的浅茶色胡子，粗粗的长大衣，看来十分醒目。尼柯莱对儿子的朋友一向很欢迎，可是巴札洛夫简洁的谈话和无礼的态度叫他有点不安。从阿卡迪亚的闲聊中他知道巴札洛夫是才华出众的学生，拥有自然科学的学位，现在学医，明年就要毕业了。

尼柯莱·科桑诺夫是和蔼多虑的人，曾把自己的梅林诺庄园分给解放的农奴，只留四英亩自用，在上面建了一栋红锡屋顶的朴实的小木屋。但他不太能干，任由财产管理员揩油，多亏住在一起的哥哥帕瓦尔鼎力相助……尼柯莱有种种烦心事，加上最近又死了妻子，他感到孤单，便收了个出身微贱的情妇芬妮兹卡，并生了一个儿子。他含羞带怯地向阿卡迪亚说明这项道德上的过失。儿子说这样的安排很不错，他舒了一大口气。巴札洛夫对芬妮兹卡彬彬有礼，并对婴儿米提亚长牙齿的毛病提出忠告，尼柯莱对他放心多了。

巴札洛夫认为尼柯莱是宅心仁厚的老糊涂蛋，难怪农民要匿称"梅林诺"为"赤贫农场"。他真正的敌手是帕瓦尔——这位前任军官腰杆挺得直直的，贵族气十足，身穿英国西装，非常瞧不起整天解剖青蛙、吃饭时狼吞虎咽的年轻人。帕瓦尔跟他打招呼，巴札洛夫只用单音节回答。他们彼此厌恶还有更深的理由：帕瓦尔偷偷热恋着芬妮兹卡，只有巴札洛夫看出来了。于是帕瓦尔故意公开他的反动观念，激巴札洛夫说出他的虚无主义观点，最后气氛弄得很紧张。当巴札洛夫宣布要到60里外去看他的父母，阿卡迪亚决定陪他到半路的小镇再踏上自己的行程时，可怜的尼柯莱才松了一大口气。

他们在路上碰到一个傻乎乎的花花公子席特尼科夫，席特尼科夫疯狂追逐每一个新运动，目前自称是巴札洛夫的门徒。他高高兴兴地跟他们打招呼，坚持要他俩去看他的"解放"朋友伊芙朵克丝亚·库希金女士，伊芙朵克丝亚畅谈前卫派观念，并且拿香槟招待他们。巴札洛夫对她非常无礼，但她根本看不出来。第二天晚上在地方官的舞会上，阿卡迪亚遇见了艳惊四座的安娜·奥丁索福夫人。夫人请他带巴札洛夫去见她，说她想见见"有勇气什么都不信的人"。奇特的三角关系随之发生。阿卡迪亚莽莽撞撞爱上了安娜；安娜觉得阿卡迪亚是个讨人喜欢的青年，但却对巴札洛夫颇感兴趣，深受他的谈话鼓舞；巴札洛夫拼命想让冷若冰霜的美人儿接受自己的虚无主义观点，对于她的诱惑力却颇为反感。

安娜请他们到自己的乡村住宅小住，他俩在那儿结识了安娜热诚敏锐的妹妹卡蒂雅以及一位干巴巴的老姑娘，也就是她的姨妈。安娜房子豪华优美，保养得宜，正是巴札洛夫想摧毁的一切事物的缩影。他越认识安娜，愈瞧不起她的生活方式。她父亲是英俊的贵族，把财产全部赌光了。他死后，她故意嫁给有钱的中年男子奥丁索福。几年后他去世，把财产留给她。3年来她一直住在庄园里，除了姨妈、妹妹卡蒂雅和她自己，她从未试着用自己的财富帮助任何人。

但巴札洛夫还是情不自禁爱上了这位冰山美人，暖洋洋的夏日一天天过去，他内心充满渴望，想把她改造成血脉鲜活、能回报他情爱的热情女子。他带安娜长途远征研究植物，长篇大论跟她谈俄国的新生，激发她对现代科学的兴趣，傍晚默默打量她，绿眼珠紧盯着她的面孔。这时候阿卡迪亚伤心欲绝。卡蒂雅常弹琴给他打气，竟不知不觉爱上了他，只是他的心思全放在她姐姐安娜身上。

一个炎热的傍晚，事情终于到了紧要关头。安娜告诉巴札洛夫：她确定彼此会变成亲密的朋友，但她希望巴札洛夫对她能更推心置腹。他探询对方想不想知道他缄默的理由，她报以肯定的答复。于是他脱口而出："我告诉你，我像傻瓜像疯子一般狂恋着你……喏，你逼我吐露了心声。"她第一次温柔地呼叫他的名字："耶夫基尼·瓦西基尔耶维奇！"他转身抓住她的纤手，把她拉到胸前。她没挣扎，却不知怎么轻轻飘出了他的怀抱，站在房间另一头，吓得睁大了眼睛。他冲她询问，她却惶然低语道："你误会了我的意思。"然后转身走出室外。

第二天他酸溜溜地对安娜说她这个人没有能力爱他，也没有能力爱任何人，就动身返乡。老父老母高高兴兴地欢迎他回来，可是没过几天巴札洛夫就因为父母的溺爱、小题大做、整天跟来跟去而透不过气来，突然取道回"梅林诺"。可是他在那边也不得安宁。阿卡迪亚不再对他充满敬爱，他跟巴札洛夫一样，也忘不了安娜，很快就回到她家。尼柯莱正为财务困境发狂，帕瓦尔老用讽刺的言词提起虚无主义，叫人简直受不了。帕瓦尔指控巴札洛夫想诱惑芬妮兹卡离开他弟弟，并挑斗巴札洛夫决战，故事就此达到高潮。两人用手枪决战，帕瓦尔受了皮肉伤。巴札洛夫给他施以专业的治疗，可是尼柯莱心情不愉快，气氛很紧张，巴札洛夫只好离开"梅林诺"回故居。这回他强迫自己接受父母爱心的照料，为了压抑满腔思念安娜的痛苦，全神贯注地处理民间爆发的斑疹伤寒。有一次验尸巴札洛夫不小心割伤自己，也染上了这个病。

巴札洛夫的父母哀痛欲绝，苦心照顾儿子。他父亲曾任军医，对现代医术却一无所知，只好眼睁睁看着儿子一天天憔悴，走向死亡。巴札洛夫知道这种病的每一种症候，自知不久于人世，要求父亲送个口信给安娜。父亲照办，安娜带一位德国医生前来，医生为巴札洛夫诊察之后，告诉安娜和老父："病情已经无望了。"

安娜单独走进病房，坐在床边。巴札洛夫用凹陷的双眸凝视她，低语道："心思高贵的人儿！噢，好近，好年轻，好清新，好纯洁……好了，再会吧！活久一点，那是最好的事，而且要及时把握人生。你看到了可怕的画面：一条虫被压扁了还在扭曲挣扎。你瞧，我还以为自己能摧毁好多东西呢……有好多问题要解决，我就是巨人！现在这个巨人只求死得不失体统……"突然间他努力坐起来，"听着……你知道那个时候我没吻你……在奄奄一息的灯火上吹口气儿，把它吹熄吧……"安娜吻吻他的额头，他往回躺，嘀嘀咕咕说："够了！现在……一片黑暗……"他不再说话，迷迷糊糊昏睡，第二天终于断了气。

6个月后，梅林诺庄园为尼柯莱和芬妮兹卡以及阿卡迪亚和卡蒂雅两对夫妇举行婚宴。大家举杯敬两对幸福的新人，也向正要移居德雷斯登的帕瓦尔敬酒。没有人提起那位曾给大家带来重大影响的人。只有卡蒂雅跟阿卡迪亚碰杯时低声说了一句："为纪念巴札洛夫干一杯！"

精彩章节品读

第七章：巴札洛夫在阿卡迪亚家的庄园中见识到的一切。

第十七章：巴札洛夫和阿卡迪亚与安娜姐妹间的恋爱纠纷。

第二十七、二十八章：巴札洛夫之死。

《父与子》

精彩佳句

一个人让自己的牛奶烫伤了,看见别人的凉水也要吹两下。

一个人把他整个的一生都押在"女人的爱"那一张牌上头赌博,那张牌输了,他就那样地灰心丧气,弄得自己什么事都不能做,这种人不算是一个男子,不过是一个雄性的生物。

《战争与和平》

作者 列夫·托尔斯泰
类别 小说
国籍 俄国

名作简评

列夫·托尔斯泰伯爵（1828—1910年）是贵族地主，住在俄国中部家族地产上的一栋大房子里。他生于1828年，35岁开始写《战争与和平》，完成后有70万字，人物多达529位，5年后分期出版。今天这部巨著被译成数十种文字，被公认为世界文学史上伟大的小说之一。

我们读完前100页，仍不知道托尔斯泰要把我们带往什么地方，可是这些人物在我们心目中已变得非常重要，我们的心跟着他们跳动。

他写作的时候俄国和法国已发生战争，托尔斯泰本人参加过克里米亚战争，他真实描述军队的活动以及军事气氛，始终强调个人（现在又有好多新人物登场）以及他们对事件的反应。一章又一章，叙事由一个场面跳到另一个场面，从大决战和初步的战役跳到卑微小兵的谈话和青年军官的戏谑……我们终于隐隐约约察觉了作者叙事的目的。俄国人对抗拿破仑的爱国战争始于1812年拿破仑入侵俄国。法军在遭到弃守的莫斯科待了6个礼拜，最后不得不撤退。作者把书中居于要角的贵族青年安置在俄军之中，以延续国内叙事的主线，并通过他们来看这场战争，借以探索他们自己在战争中的变化发展。

但我们尚未到达这本复杂多变的作品的核心。托尔斯泰的双重目标确实野心勃勃，但仍不足以解释故事情节为什么会大量流泻而出以及他为什么选这些事件来描写。写完奥斯特里兹战役之类的世界大事，看似琐碎的家庭事务随之而来。聚光灯的焦点不断变换,从一个家庭转到另一个家庭,从一场光芒四射的舞会转到两个人之间静静的谈话,从恋爱事件转到打猎场面,转到彼埃尔加入"共济会",转到一位暴躁老亲王欺压未婚女儿的花边描写,转到高层政治、青年的欢乐与悲哀、一位纯真少女险些被诱奸、圣诞夜的哑剧表演、订婚与结婚——一个个构思极高明却显得不连贯的场景都环环相扣地发生在贵族的圈中。这一切有什么意义?要通往什么方向?

对于真实人生,我们也会提出同样的问题吧。这样一来我们就渐渐接近本书的核心以及它之所以伟大的线索了。托尔斯泰热爱人生,他写《战争与和平》,如同创造了一件实物的精摹品。《战争与和平》虽然看似全无目标,却表现出杂乱无章、不连贯、变化万千、挣扎中的寂寞人类。他也把自己的活力注入这件精摹品之中,所以我们为了它本身而接受了它并欣赏有加,就像真实人生一样。他为我们重新创造了我们都必须面对的大现象,带着我们走向未知的终点。

内容精义

1805年7月圣彼得堡有位社交名流办了一场晚宴。几个月前拿破仑刚登基为法国皇帝,接着他吞并热那亚,由大英帝国手中夺取汉诺威,并加冕为意大利国王。他是英格兰的敌人,如今也正威胁奥国,并给俄国带来了威胁。英奥俄三国正进行联盟计划,这天晚上圣彼得堡掀起了反拿破仑的狂潮,人人都反对这位"反基督徒",这位杀死波旁王朝继承人翁济安公爵,如今又威胁整个欧洲的野人。

晚宴上这些话题与闲言碎语以及上流社会装模作样的礼仪交织进行。我们渐渐认识了不同的人物,他们之间虽有明显的差别,但是好像没有一个特别值得注目。一位是戴眼镜的高大青年,很害羞,谈话很惊人,与矫揉造作的沙龙气氛格格不入,他名叫皮埃尔,是一位极有钱的俄国亲王的私生子。另一位青年安德雷王子相貌英俊、愤世嫉俗,对人很冷漠。晚宴中还描绘了另外几个家庭,我们曾见过他们的女眷。

但场景很快就增加了,其他家庭一一登场,我们对书中人有了更详细的了解:他们的家居生活,他们的抱负,他们的爱情,他们的嫉妒。当时贵族生活的全貌渐渐呈现在我们面前:贵族住在宫殿中,靠成千上万农奴在他们的乡间地产上替他们工作，维持巨富生活，每天过悠闲日子，有数不清的佣人伺候。他们的背景虽跟我们截然不同，但我们越认识他们，就越看出他们寻常的人性特质。他们都是有血有肉的人物，各不相同，有些年轻人非常可爱，非常讨人喜欢，他们生机勃勃、忙忙碌碌地过日子。

现在我们回到战争与和平这两面。书中前段俄国未遭侵略时，战争与和平是分开的。前线有军人，家乡有平民，军人放假等于从战争过渡到和平世界，也就是说，年轻的贵族带回新的经验，随自己所见所行而感到厌烦、激昂或茅塞顿开，他们看待家人和朋友的眼光也是崭新的。也许他们成熟了，也许没有，反正他们变了，这些改变过的男士在贵族的小水塘激起了新的涟漪，给读者带来了新鲜的场面。家庭关系进展到新的阶段，我们仍以为个体能主宰自己的命运。

接着大难来临了。拿破仑入侵，全国进入战争状态。托尔斯泰密切追踪史料来源，刻画征服者拿破仑自以为能独立掌控事态、调派几十万大军踏入俄国的情景。他也描绘了俄军总司令库图佐夫，库图佐夫不相信在这场最伟大的战争中，个人能凭估计或打算得到什么结果，他觉得这场斗争是天意注定的，他只能顺着天意往最后的结果努力，而他觉得侵略者失败将是最终的结局。此处一项新因素进入书中。托尔斯泰描写战争大事——斯摩棱斯克沦陷、保罗既诺会战、莫斯科疏散并被法军占领、法军撤退又遭俄军袭击——特意将那些自以为能左右世局的野心家们徒劳无功的下场，和那些单纯、勇敢、诚信、不向他们屈服的人物进行对比。托尔斯泰想表明人生比一个人更强大，命运如何对待我们每个人根本微不足道，最重要的是积极接受。在充满悲剧和苦难的战争部分，他集中描写有本能智慧的人——以"耐心"为座右铭的库图佐夫；快快活活上战场、穿上干净的衬衫赴死、只求投奔造物主的农夫们；在污浊和饥饿中为自己秘密的憧憬而满面笑容的法军俘虏。

这部书充满信仰和对现实的领会，积极、乐观、热爱人生和自然。法军撤退，最后一名士兵跛着脚退出边界后，脉络又集中在灵性题旨方面。有些一直陪我们走过全书的人物已不存在了。有位满腔热血、焕发着青春美的少年勇敢攻击法国人，壮烈牺牲。在第一章中以愤世青年姿态出现的安德烈王子，多年来一直在追寻能给人生带来意义、给心灵带来安慰的经验。当他在战场上受了致命的重伤，躺在病床上，梦见自己孤零零在一个房间里，死神想要闯入，此时他追寻的一切终于来临。梦中他企图闩门，门栓却卡住了。

他想抵住门板，门板却渐渐被推开。然后死神进入屋内……就在那一刻，有个看护他的传令兵说："醒一醒"——他忽然体会出死亡就是人生的清醒过程。从那一刻开始他的生命慢慢退潮，平平静静走到终点。

现在我们终于来到本书的核心，领悟整部悸动的人生精摹品所蕴含的真正寓意。几个主要人物都属于不同的类型，脾气各异，却一致追求灵性的真理。除非他们能洞悉人生和人类命运的意义，否则他们不可能幸福快乐；除非他们能瞥见主宰万物的神力，否则他们不可能安于日常生活的琐碎细节。这种灵性的觉醒以不同的方式降临到每个人身上，无法强迫得到。他们是追寻者，可是不管他们多么努力追寻，醒悟的时刻都是自行降临的。对于托尔斯泰笔下的这些精英，这样的醒悟却是不可缺少的。

这是非常积极的观点，但并不表示回避人生、从神秘主义中可以求得救赎。相反的，全书的主要人物皮埃尔是个整天忙得团团转的人。他胃口奇佳，也纵情吃喝。身为平民，他设法到保罗既诺战场去看究竟怎么回事。莫斯科焚城时他救了一个小孩，却以纵火煽惑罪被法军逮捕。囚禁期间，他跟一位有直觉智慧的犯人朋友谈话，真理的顿悟就在那一刻降临。他这才体会出上帝存在并无所不在。上帝就在眼前，就在生命中，用不着到别处去寻找。

这些主角们盲目追寻生命的真谛，相当感人。他们有些在战争中劫后余生，再艰辛再困苦再受罪都不放弃追寻。这正凸显出托尔斯泰的另外一个观点：无论外部的局势多么残酷，我们的重心仍在自己心底，真正重要的是我们的性灵生活。

但并非所有人物都是"追寻者"。在书的最前面有过种种叙述的三大家族，几乎人人都是各具特点的高尚人物，也就是说，他们拥有基本的善意。但他们大多数不问人生的问题；不去睁开眼睛看更广的地平线。他们觉得没有必要。他们也有几个迷人的个体：有位老伯爵，他是大家族的首脑，没什么用处，但随时愿意为他人牺牲。他女儿娜塔莎是位敏感、快活、吸引人的姑娘，自觉很有魅力，一心想付出和收获爱情。她哥哥尼柯莱是想象力贫乏的青年，实事求是，果决又诚恳。

年轻人在结尾时大多找到了他们的人生位置，最后几章描述他们在自己的乡下庄园跟家人团聚，呼吸风暴后的安静空气。托尔斯泰本来想把书名取为"结局皆大欢喜"。他所谓"欢喜"指的是简单的乡村工作、生儿育女、夫妻互相扶持——能让大家分享人生的快乐、找到生存重心等建设性的一切事物都包括在内。

可是"结局"一词含有切片晒干的特质，与本书的气氛完全相反。《战争与和平》没有真正的开头和结尾。通篇尽是迁移、变化、流转，尤其个体和时间的关系更是如此。最后几页为了强调生命永续不绝的活动，托尔斯泰描述安德烈王子从未谋面的失怙儿子梦见父亲，醒后发誓要"做一件连他都会感到满意的事"。

现代读者习惯了紧凑的情节和作者拼命争取他们兴趣维系他们兴趣的努力，会觉得《战争与和平》是一本很难读的书，不只是篇幅极长而已。没有廉价的震慑效果和夸大动人的情节，更没有刺激神经的玩意儿。读者必须坚持到底，若能这样，收获可大了。书中充满生命的悸动、命运的变迁以及值得纪念的人物，最后，我们未必记得伟大的战争场面，但一位少女初次参加舞会的认真劲儿、一个老人垂死的场面、一场爱的宣言、一个少年轻骑兵高高兴兴磨军刀的情景、孩童的呼喊、老年人颤动的嗓音、俄国的浩大空间，尤其是托尔斯泰热爱生命、渴望加以了解的那股强有力的精神，必将萦绕读者心中，永远忘不了。

精彩章节品读

第三卷：拿破仑进攻法国，安德烈身受重伤。
第十三卷：拿破仑大军进驻莫斯科，娜塔莎一家逃出俄罗斯。
第十五卷：皮埃尔和娜塔莎历经波折，有情人终成眷属。

精彩佳句

> 每个人通过自己的道路走向真理；我能说的只是：我不仅写下文字，而且以此而生，仅仅以此为幸福，并为此而死亡。

《安娜·卡列尼娜》

作品背景

作者 列夫·托尔斯泰
类别 长篇小说
国籍 俄国

名作简评

《安娜·卡列尼娜》的构思始于1870年,直到1873年才开始动笔。这是作者一生中的精神困顿时期。最初托尔斯泰是想写一个上流社会已婚妇女失足的故事,但随着写作的深入,原来的思路不断地被修改。安娜从最初构思中的"失了足的女人"(她趣味恶劣、卖弄风情、品行不端),变成了一个品格高雅、敢于追求真正的爱情与幸福的"反叛女"形象,成为世界文学中具反抗精神的女性之一。

《安娜·卡列尼娜》通过安娜追求爱情失败与列文在农村面临危机而进行的改革与探索这两条线索,描绘了俄国从莫斯科到外省乡村广阔而丰富多彩的图景,先后描写了150多个人物,是一部社会百科全书式的作品。这部小说艺术上最突出的特点是首次成功地采用了两条平行线索相互对照、相辅相成的"拱门式"结构,并在心理描写上细致入微、精妙绝伦。在这部小说中的大段的人物内心独白,都是现实主义描写的典范。

陀思妥耶夫斯基对《安娜·卡列尼娜》是这样评价的:"这是一部尽善尽美的艺术杰作,现代欧洲文学中没有一部同类的东西可以和它相比!"

内容精义

安娜·卡列尼娜为了调解哥哥与嫂子多丽的家庭纠纷,从彼得堡乘车到莫斯科去。在莫斯科车站，她认识了青年军官渥伦斯基。渥伦斯基毕业于军官学校，后涉足莫斯科社交界，并以其翩翩风度得到了多丽的妹妹吉提的垂青，但他只是与她调情，并无结婚的意思。

渥伦斯基在看到安娜的一刹那，即成为恋情的俘虏。他在舞会上对安娜大献殷勤，并跟随她回到彼得堡。吉提为此十分伤心。

8年前安娜与大她20岁的卡列宁结婚，并生了一个儿子。安娜的丈夫亚历山大·阿·卡列宁其貌不扬，却是一位显赫的官场要人，他在部里工作，成天醉心于功名利禄。

起初安娜面对渥伦斯基热烈的追求还一直压抑着自己的感情，但是不久，渥伦斯基的热情逐渐唤醒了安娜沉睡的爱情。他俩最终不顾一切地结合了。安娜怀上了渥伦斯基的孩子，渥伦斯基要求她立即与她的丈夫离婚，但安娜因舍不得儿子而无法下定决心。

有一天，安娜与卡列宁一起去观看一场盛大的赛马会。比赛中，渥伦斯基由于操作失误，翻身坠马，安娜情不自禁地大声惊叫。卡列宁认为她这样有失检点，迫使她提前退席。安娜无法忍受丈夫的伪善与自私，在回家的路上对卡列宁说："我爱他……我憎恶你……"卡列宁思之再三决定要与安娜维持表面的夫妻关系，因为：决斗，他害怕受伤或送命；离婚，他担心涉讼公堂，家丑外扬；分居，会使妻子投入情敌的怀抱；最要紧的是他要维护个人名誉，确保仕途生涯。

卡列宁去边远省份调查时，收到安娜病危的电报。他匆匆返回彼得堡，但心里却渴望妻子早些死掉。原来，安娜在分娩时，由于产褥热而感染重病。生命垂危的安娜呼唤卡列宁的名字，请求丈夫与渥伦斯基和解。卡列宁深受感动，含泪把手伸给渥伦斯基，并主动让他留在安娜的身边。

渥伦斯基在病房中度过了3个不眠之夜，待安娜病情好转后回到自己的住处，思绪万千。卡列宁宽厚的举动令他倍感自己的卑劣与渺小；思及与安娜的爱情及自己的前途，绝望、羞耻、屈辱和负罪感使他举枪自杀但未遂。渥伦斯基在伤愈后准备去塔什干服役，临行前来向安娜告别。见面后，两人再也无法抑制热情之火，终于放弃一切私奔到国外去了。

真心爱着吉提的康坦斯丁·列文求婚未成，回到自己的庄园，但由于庄园的不景气，使他思考农业的出路问题。为了改革农业经济，他去欧洲进行考察。不久以后，在多丽的安排下，列文与吉提在一次宴会重新见面，两人消除隔阂，倾心相爱，很快结了婚，过着平静而又幸福的生活。

渥伦斯基与安娜在欧洲旅行了3个月。安娜感到快乐无比，而渥伦斯基在满足了个人情欲之后，一种百无聊赖的情绪在滋长，并感到失去了单身生活的自由。不久，他们便动身回国。

他们返回彼得堡后遭到冷遇。旧日的亲戚朋友拒绝与安娜来往，这使她感到屈辱和痛苦。渥伦斯基则也被社会舆论和重新踏进社交界的欲望所压倒。他坚持要与安娜分居，避免和她单独见面。同时他还禁止安娜参加社交活动和看戏。对此安娜感到意外，她依然我行我素，但受到了别人的羞辱，为此渥伦斯基与安娜发生了激烈的争吵。

自安娜出走后，伪善的利姬娅帮助卡列宁理家，并成为其心腹。在她的影响下，卡列宁改变了离婚的打算，决心利用一切手段打击安娜。所以当安娜写信请求前往探望儿子时，遭到了拒绝，她只得背着卡列宁偷偷地去见儿子一面，每次会见都痛苦异常。

安娜要求渥伦斯基把爱情集中在自己的身上，她想尽各种办法去博得渥伦斯基的欢心，而渥伦斯基正是欣赏她这一点，但天长日久，渥伦斯基对安娜逐渐冷淡起来。渥伦斯基又开始热衷于社交，他常常去俱乐部，把安娜一人扔下，置她于孤单、寂寞的境地。安娜对渥伦斯基说，假如他不再爱她了，也请他老实地说出来，结果渥伦斯基十分恼火。一次渥伦斯基要到莫斯科近郊的母亲的别墅去办理事物，安娜与他大吵一场，因为她认为他又爱上了别的女人。渥伦斯基愤然离去，安娜觉得一切都完了。

渥伦斯基走后，安娜回想起这段生活，明白了自己是一个被侮辱、被唾弃的人。她来到火车站，正巧仆人带回来了渥伦斯基10点钟才能回家的信。安娜绝望了，于是她决心"不让你再折磨我了"。她投向急驰而来的火车轮下。

安娜死后，渥伦斯基非常痛苦，受良心的谴责，他志愿加入了军队，但求一死。

精彩章节品读

第三节：渥伦斯基在火车站初次遇上安娜，即被安娜高雅迷人的容貌与风度所征服。人物心理和肖像描写极为精彩。

第十一节：安娜探望儿子时的种种激动不已的心情和强烈的母爱，是文学史上描写母子亲情的传统经典篇章。

第十三节：安娜病危前后，两位情敌卡列宁与渥伦斯基迥然不同的心理活动过程，对比鲜明、微妙玄奥、真切动人，体现了托尔斯泰"心灵辩证法"艺术的高超。

第二十二节：安娜与渥伦斯基吵翻之后，十分矛盾，十分痛苦。她杂乱无章的心绪与火车站乱糟糟的人群形成活生生的对照。她卧轨自杀前一刹那的意识流，都是心理描写上的伟大范例。这是全书矛盾激化的顶点。

精彩佳句

> 幸福的家庭，家家相似，不幸的家庭各个不同。
>
> 没有一种环境人不能适应，特别是他看到周围的人都在这样生活。

《八十天环游地球》

作品背景

作者 儒勒·凡尔纳
类别 科幻小说
国籍 法国

名作简评

人类不时孕育出富于远见、可以展望未来的人物。李奥那多·达·文西就是其中一例,他那丰富的想象力预报了飞机、降落伞,以及坦克的来临。另一个例子是威尔斯,他的科学故事预言了今天的太空时代。这里要说的第三个例子,就是我们这里介绍的儒勒·凡尔纳,他的科幻故事呈现了种种不同的发展情形——在他笔述时似乎天马行空的狂想,不久就都成为事实了。

儒勒·凡尔纳1828年2月8日生于法国的南堤市,其父比尔·凡尔纳是当地的一名律师,事业颇为成功。儒勒于16岁时进入他父亲的律师事务所,并于1848年到巴黎完成他的法律课程。

此时的他雄心万丈,立志要做一位戏剧家,在结识大仲马并得到提携后,于1850年推出了他的独幕剧《破草帽》。

他弃法从文,为"艺术馆"杂志写作科学历史小说,并为一部轻歌剧撰写歌词,此剧于1853年演出,结果非常成功。

抗拒了加州的淘金狂潮之后,他产生了写作一系列科幻小说的念头。他的目的是想在这方面求得他的朋友大仲马在历史小说方面所获得的地位。他深信人类的未来在于科学。

为了改善经济状况,他当了"歌剧院"的秘书。他不仅用业余时间写作小说和杂文,而且阅览了每一种他可运用的探测与发现报告,为他的计划作了准备。但不久他爱上了一位寡妇奥奴琳·摩希尔并与之结为连理。由于他认为婚姻生活是否成功,多半要视经济是否可靠而定,所以弃文从商,做了一名证券经纪人。

不过,他是一个天生的作家,不久就感到这个内在的冲动无法抗拒,于是他重新分配时间,成为一个成功的经纪人兼写作者。

1863年,他的真正文学成就终于因为《气球上的五星期》的出版而来到。那是一部以未来的气球发展理念为基础写成的冒险故事。它是其后推出的"奇特旅行"一大系列丛书之中的第一部。

由于这一系列丛书的成功,他于1865年离开了巴黎证券交易所,迁到苏姆河口附近的一幢别墅之中。自此以后他买了一系列的游艇,并且一艘大于一艘,而他的余生几乎全在海滨或海上度过。

1870年出版便获得空前成功并奠定他在法国文坛最红作家地位的《海底两万里》,就是在这样的一艘船上写成的。1873年,他的盛名又因《八十天环游地球》一书的印行达到顶峰。

儒勒·凡尔纳的故事之所以获得成功,几乎完全在于它们的逼真,即使是最奇特的幻想之作,写得也如身临其境一般的真切。此种才能在《八十天环游地球》这本书中表现得淋漓尽致。

内容精义

《八十天环游地球》主角斐利亚·福克住在伦敦一幢屋子之中,那是英国伟大戏剧家谢立敦逝世的地方。福克是"英国上流社会的完美绅士之一",但除此之外,很少为人所知。显而易见的是,他不但十分有钱,而且还有一副走遍天下的气派。他是一名尚未娶亲的光棍,由一名年轻的法籍仆人路路通侍候。

福克是"改革俱乐部"的一名成员,那是他通常吃午餐和晚餐的地方。某日,大家闲谈时谈到一名大胆的强盗最近抢了英国银行,但疑犯逃往何处,使他们颇难捉摸。其中一人表示:世界之大,随处都有可能。

"那是以前的事,"斐利亚·福克说道,"因为,而今环绕地球一周,只要3个月的时间就行了。"

"其实只要80天的时间就够了,"斐利亚·福克说道,"但天气不良,风向不对,偏离航道,以及遭遇意外等,不在其内。"

《八十天环游地球》

他们忘了那名强盗身在何处的问题，而将话题转到了在 80 天内环游世界的可能性上，因为，在这当中福克认为有可能，而其他成员则认为很难实现。

争论的结果是福克接受挑战，而以 80 天环绕世界一周来证明他的估计。福克接受了两万英镑赌注的挑战之后，立即离开俱乐部，回到家中向吃了一惊的路路通宣布：10 分钟内出发，去做环游世界一周的旅行。这位仆人表示 10 分钟的时间不够准备必要的行李，福克告诉他：他们只需携带一只提包，内装羊毛衬衫两件和长袜 3 双。他们两个在 10 分钟内出发，搭车前往丹佛，从那里渡河到卡勒。

福克接受挑战和立即出发的消息传遍了整个伦敦，他的出行不但成了全市的闲聊话题，同时也成了各家报刊的讨论主题。舆论的压力对他的成功不利，而人们也以此点下了 200：1 的赌注，而他出发之后 7 天，苏格兰警局的警察总长收到一封发自苏黎世的电报："我已看到银行抢匪斐利亚·福克。请即签发拘票到印度的孟买。探员费克斯（签署）。"

事情是这样的：福克与路路通两人从卡勒乘火车到布林第西，顺利地抵达目的地。他们在那里登上"蒙古号"轮船，经由苏黎世前往孟买。费克斯是奉命到世界各地港口监视窃匪的探员之一。

"蒙古号"轮船抵达苏黎世时，费克斯直觉地感到福克就是他在找寻的人。虽无直接证据，但他打了电报到伦敦索取拘票，并且亲自登上"蒙古号"，跟踪福克到孟买。船在红海和印度洋上航行，极为顺利，抵达目的地的时间还比预定的日程早了两天，这使得福克喜出望外。

从费克斯的观点看来，此行提早到达目的地，可以说是一件非常不幸的事情，因为，如此一来，伦敦签发的拘票就赶不上他了。这样，福克就可以搭上开往加尔各答的火车了，而结果是：他在当天晚上 8 点钟做到了。

故事发展至此，福克的旅途就一波三折了。但在前往加尔各答的中途，在到戈尔比与阿拉哈巴之间，乘客被告之必须自寻交通工具。

然而所有一切传统的交通工具都已被熟知当地情况的乘客预订一空。但足智多谋的福克向印度人买了一头大象，使他和路路通得以与在旅途结识的佛兰西斯·克罗马蒂爵士一同出发，穿过森林地带而至阿拉哈巴。

此段行程让儒勒·凡尔纳展示了他对奇风异俗所怀的兴味，他以生花妙笔描述了沿途风光。

他们一行继续前进，在距阿拉哈巴 12 里处，碰见了一个华丽的游行行列，结果发现那是一位酋长的送葬队伍。伴随棺柩而行的是已故酋长的年轻美妇，据佛兰西斯爵士说明，依照当地寡妇殉葬的蛮风，她将被送上她丈夫的火葬堆活活烧死。

福克听了大吃一惊，于是计划将这个不幸的女人解救出来。他们尝试将她从她被锢禁的那座宝塔里面弄出来，但没有成功。在次日早晨仪式开始后，路路通穿过烟火前进，大众以为尸体复活，因害怕而匍匐在地，以致让路路通有隙可乘，迅即将她从火葬场上抱下，在祭司们明白发生何事之前，随着同伴一齐逃进森林。他们一行终于安全地抵达阿拉哈巴。

福克唯恐酋长的手下不肯放过这位寡妇，因此提议将她带往香港，而她则说正好那里有她的亲戚。

他们搭乘火车抵达加尔各答时，遇到警察而被捕。虽无任何指控，但警察仍然要他们去见当地法官。到了法庭之后，他们被告以他们中有人犯了亵渎神圣之罪。因为在孟买发生的一场意外事件中，路路通穿着皮靴走进一座印度神庙，行为不当。庭上判定监禁与罚款。福克为了避免耽搁行程，于是请求保释，获准。他们缴了 2000 英镑的保释金之后，登上"仰光号"轮船，前往香港。探员费克斯也登上了这艘船，继续跟踪。

这一部分的行程开始很顺利，但距香港尚有数天日程时，他们碰上了一场暴风。福克最怕的是因此耽搁而赶不上由香港前往横滨的轮船，结果不幸被他言中了。24 个小时的时间耗掉了，显而易见的，其中的衔接也切断了。

但到香港之后，他们发现"卡尔娜蒂克号"已经留下修理，要到次日才会出海。他们订了铺位。而在福克带着酋长的遗孀艾娥达上岸去找她的亲戚时，费克斯向路路通表明了他的身份和任务。这位忠仆根本不相信他的主人会抢劫，自然也不愿意多费唇舌向他的主人提出警告。于是，费克斯用麻药麻醉了想要去通知主人去横滨的船要提前起航的路路通之后，便登岸监视他追逐的猎物去了。

艾娥达夫人的亲戚此时已经离开香港。福克只好建议她与他们同行。他们两个在以同船乘客身份自我介绍的费克斯伴同之下回到码头时，发现"卡尔娜蒂克号"已经出航了。此船的修复比预估的时间早了一些，而船长是个性急的人，不等岸上的乘客到齐就下令拔锚了。

福克当机立断，随即租了一艘领航船前往上海，希望在上海赶上"卡尔娜蒂克号"。在夜航途中，他们的速度因为遇上了一场暴风雨而慢了下来。不过，他们拦住了一艘开往横滨的美国轮船并且获准搭乘同往目的地。

另一方面，路路通赶上了"卡尔娜蒂克号"，当他在船上清醒过来时，发现他自己只身一人前往横滨。他到横滨之后，决定横渡太平洋前往美国，但在观看一群日本走索艺人表演时遇见了他的主人。

他们一行乘船前往旧金山，费克斯同船随行。他们进入金门大桥时，福克高兴死了——他们的日程排得刚好，一天不多，一天不少。他们在旧金山稍事游览后，随即登上一列开往东海岸的快车。在这段行程中，他们碰上了一连串的惊险事故，而路路通被一群窃车的凶悍匪徒掳去。福克带领一队旅客紧追不舍，终于把路路通救了回来，但他们回到原地后，车已开走了。

这回费克斯帮了大忙，他弄了一辆雪橇，使他们一行四人及时赶到奥马哈而赶上一列开往芝加哥的火车，然后从芝加哥前往纽约。他们没搭上开往南安浦敦的轮船，于是登上一艘开往利物浦的货船。

船到利物浦时，费克斯发现那张拘票已在等着他，他勉为其难地逮捕了福克，将他送入看守所。但次日消息传来，抢匪已于3天前落网，于是福克获释。他租了一辆特别快车，仍可准时到达伦敦。不巧的是，此车误点，于8点50分进入伦敦车站，比预定的时间迟了5分钟。

他自以为已经输了，于是在俱乐部签出一张两万英镑的支票后决定暂时待在家中休息。次日晚餐之后，他感到他已爱上艾娥达夫人了，于是向她求婚，在获得她的同意后，随即提议次日举行婚礼。

路路通奉命去找一位住在附近的牧师，以作必要的安排。他去了不到3分钟的时间就带了一个消息回来：福克算错日子了，因为，这一天是星期六而不是如他所想的星期天，因此，如果他能在10分钟内赶到俱乐部，仍可赢得那笔赌注。

福克约略核对了一下，发现他忘了扣除穿过国际日期变更线的时间。

他于8点45分到达俱乐部，在那里聚会的朋友们非常意外，他赢得了那笔赌注。

即使到了更为进步、能以福克当时一半的时数飞绕地球一周的现代，这个故事仍然有其引人入胜和令人感到兴奋的力量。过去如此，未来也是这样——只要仍然有人读书，必会如此。

儒勒·凡尔纳以其细腻的场景描绘和谨慎而又有趣的人物刻画所烘托的真实性，今日看来仍如140多年前一般贴切。这是他的全部作品的得力之处。

他跟威尔斯一样，不厌其烦地创造生动有趣的情境和人物。威尔斯以其对社会与人类问题的关怀而有一定的深度，而儒勒·凡尔纳则以有力而又细腻的描绘使他在科幻小说中获得了与他的前辈比肩、甚至后来居上的成就。

精彩章节品读

第十二章：斐利亚·福克一行人冒险穿越印度中部的大森林，救出了即将被迫殉葬的艾娥达夫人。

第二十章：费克斯和斐利亚·福克直接打交道，侦探与嫌疑犯斗智斗勇。

《汤姆·索亚历险记》

■ 作品背景

作者　马克·吐温
类别　小说
国籍　美国

名作简评

幽默虽已成为美国文学显著特色之一，但其发展却颇为迟缓。而我们了解了其中原因，也就不以为怪了。北美殖民地的居民，原是以地为生的艰苦奋斗的人民。

直到这种生活情况得到改善，幽默才在文学天地之中抬头。它首先在欧文的讽刺作品《纽约史话》之中出现，而后在较为成熟的《见闻录》与《布氏家堂》两书中出现，这是一件很有意义的事情。

但欧文的影响力似乎颇为有限。在他之后的幽默作家，虽也用了速写与随笔这种文体，但却有了一种怪异的滑稽和粗陋的乡土倾向。加拿大籍的哈利巴顿所创造的角色"山姆·斯利克"，即是其中的一个明显的例子。诚然，此时富于普遍魅力的美国幽默之河已经干涸了，直到内战结束，才再次流动起来。

内战之后出现的幽默作家当以这里所要介绍的马克·吐温最突出。他不但寿命长于其他作家，而在1910年他死之前就已显示，他的作品也比他们的长寿。

"马克·吐温"是个笔名，他的真名实姓是萨缪尔·克里门斯，1835年11月30日生于密苏里州的佛罗里达村。他辍学之后，先到一家印刷厂当学徒，而后又到圣路易、纽约以及费拉德尔费耶等地的报社做排字工人。但他无法久留，于是在1857年返回圣路易，请求密西西比河上的著名领航高手易克斯比船长"教他河的学问"。学习两年之后，他拿到了领航执照，取得了副航手的职位。后来内战爆发，他加入南方盟军的一个骑兵队。

当兵才几个月，他就以伤病为由退伍，再回报社工作，这回当的是记者。但他依然不安现状，这样做做，那样混混，直到1866年才以"索克拉曼都工会"通讯员的身份随同一个探险队前往夏威夷从事报导的工作。

探险回来，他决定讲述他在夏威夷所得的经验，结果非常叫座，于是他开始以讲演为生涯而到欧洲各地搜集资料。

此行所得的材料，不但可以用于他的演讲，更可用于他的第一本书——《土包子下西洋》。这本书一出版立即获得了美国读者的欢迎，稍后在英国出版，又获得了更大的欢迎。

既有如此的成就，他就把他的时间完全用在写书上面了。《胡闹一气》与《镀金时代》进一步加强了他那幽默作家的声誉，但使他以幽默天才崛起、而且至今不衰的幽默杰作，是他的第四本书，也就是我们现在介绍的《汤姆·索亚历险记》。

内容精义

汤姆和他的弟弟席德两人，都是由他们的年老姨妈波丽抚养长大的。汤姆是个典型的顽皮小男孩，偷吃，逃学，懒惰，用小男孩特有的狡猾解决所有一切的难题。说实话，"他不是村里的模范儿童。他虽熟识那个模范学童却并不喜欢他"。但他不论陷入什么困境，不论受到什么处罚，从来不怀恶意，不记仇。

他的姨妈为了处罚他，把他的周末假日改为禁闭做苦工，要他粉刷庭院的院墙。那是一个美丽的早晨，但对一个小男孩而言，却不是一个粉刷墙壁的好日子。

在他正要动手工作时，替波丽姨妈打杂的那个黑人男孩吉姆，来到井边打水。汤姆尝试向他行贿，企图要他做替身，但当他正要得逞时，波丽姨妈出其不意地登场，碰个正着。这不仅使吉姆尴尬万分，更使汤姆大失所望。

但不久之后，贝恩·罗杰斯假装自己是一艘轮船走了过来。汤姆置若罔闻，直到前者不停地逗他，说是这样一个好日子还要工作。汤姆一面刷墙，一面答话，说他做的并不是工作，而是游戏。听说这个游戏很好玩，贝恩·

罗杰斯决定用手中的苹果和汤姆交换这个游戏。贝恩·罗杰斯卖力地刷起墙来，汤姆则一面懒洋洋地晒他的太阳，一面大口嚼着对方贿赂他的苹果。贝恩·罗杰斯厌倦之后，其他男孩又相继而来，而汤姆则让他们送他一只风筝、一只死老鼠、一把钥匙、一只独眼小猫、一条皮狗项圈以及其他种种虽无用，但对小孩却有特殊价值的东西。不消多少时间，墙壁刷好了，汤姆出力很少。

汤姆获得波丽姨妈释放之后，便去玩他那"钓"甜饼的勾当。他一路向村中的广场走去，因为已有两群男孩约好在那里碰头，准备玩一场战争的游戏。汤姆扮演一群孩子的将军，而他的好友乔埃·哈波则做另一群孩子的首领。打了一场漫长而又艰苦的硬仗之后，汤姆那一队获胜。

汤姆经过杰夫·萨契尔居住的屋子走回家时，看到园子里面有一个新来的女孩。"这个刚刚加冠晋爵的英雄没放一枪就拜倒了。"他假装没有看到她，并且开始做各式各样怪异的动作，试图赢得她的青睐。但不一会儿，那个女孩就走进屋里去了。稍后，他又走到那里重要他的怪招，希望那个女孩再度出现，但白费工夫。

晚餐时他趁姨妈不在和弟弟打了一架，但不幸又被波丽碰上了，结果是上床睡觉，就这样结束了汤姆生平中的一个典型的日子。

不论是在学校还是在任何其他场合，汤姆总是这个样子：不论事情多么不顺，他总是以天真稚气的狡猾和不在乎的态度接受惩罚，同时也以一种潜滋暗长的欢喜心情面对目前的生活。他经常以一种反抗的心态面对以成年人的形式出现的权威。

但一桩意外，使得汤姆和他的一个朋友的生活中有了不同寻常的刺激。一天夜里，等他的姨妈熟睡之后，汤姆悄悄溜出屋子，到坟场去赴哈克的邀约，到那里去埋葬哈克得到的一只死猫。哈克是村上一个酒鬼的儿子，这个破落户的孩子，虽然没有书本上的知识，但对乡野的事物却了如指掌。而他之所以受到其他孩子的羡慕是因为他拥有没有父母管制的绝对自由，但也因为如此，才被其他孩子的父母视为一个不宜与他们的儿子交往的野孩子。

两个孩子正在准备举行"葬礼"时，忽然听到有脚步声逐渐靠近。他们从藏身之处望去，只见村上的医生带来另一个酒鬼莫夫·波特和一个名叫印第·乔的阴险的人，他们打开最近才造好的坟墓，弄出其中的尸体。

尸体弄出之后，这两个无赖要求医生再给一些工钱，否则便不愿把尸体抬到他的手术室去。医生抗议说他已付给他们工钱了，而当波特变得蛮不讲理时，医生便采取自卫行动。于是打斗发生了，医生一拳将波特打昏过去，印第·乔拾起波特的尖刀，冲向医生，一刀刺进他的心脏。然后，这个杂种将刀拔出，放在仍未清醒的波特手中，而波特清醒之后，便以为他杀死了医生。

这两个歹徒逃走之后，两个男孩便商量怎么办，最后决定保守秘密，以免自找麻烦。医生的尸体被发现后，有关当局派人前来调查，但不见凶手的踪迹，虽然已知波特为其中之一——因为他粗心大意，将他的凶器丢在尸体的身旁——但不知人到哪儿去了。不久，这两个孩子也就把这件事情置之脑后了。

后来，汤姆受到波丽姨妈的责罚，但他觉得他很冤枉，心里很不服气，于是决定出走，以此给他姨妈一点颜色看看。出走途中遇见了他的好友乔埃·哈波，正好哈波也有此意，因为他的母亲打他，说他偷喝奶油，而他一滴也没有喝。乔埃表示他要加入汤姆的行列。不久，他们又碰见哈克，哈克表示也要与他们一同出走。

这3个男孩弄了一艘小船，划到河心当中的一座小岛那里，在那里扮演海盗自娱。但他们忘了携带食物，于是天黑之后，汤姆便回到他姨妈家中，洗劫了她的食厨。

这些孩子在岛上乐不可支地玩了两天。到了第三天的时候，他们听到了河上传来成人的声音，意识到那些人是为搜索他们的尸体而来。搜查的结果是认为他们已经死了，并准备在教堂里为他们举行葬礼。

这个经历使得乔埃想到：他的母亲虽然管教很严，但他非常爱她，因此非常想家。汤姆劝他暂时不要回家，因为他已有了一个计划，乔埃勉强答应了。不过，汤姆并没有透露他的计划是什么。

在举行葬礼的那天晚上，汤姆带着他的朋友们来到教堂，躲在没有人的回廊里面，在那里聆听牧师朗读一篇把他们捧到天上的颂文。在仪式到达高潮之际，汤姆带着他的朋友走到教堂中间的过道，大家因为看到他们仍然活着而松了一口气，而哈波太太和波丽姨妈也都原谅了他们。

时光如流，在这段期间，汤姆和他的朋友们仍然反抗成人的权威。之后一天，传说波特已被逮捕，被控谋杀，关在村中的禁闭室中等候受审。

这个消息使得汤姆十分迷惑，因为他知道波特并未杀害医生。经过一番省思并与哈克认真讨论之后，汤姆决定出面去找波特的律师，将他和哈克目击的情形说了一遍。

印第·乔到法庭作了不利于老友的证明，汤姆也被招来作证。"大家的眼睛都在凝视着他，屏息聆听他所讲的每一句话……在紧张、郁积的心情达到了顶点时，这个孩子说道：'在医生挥出一拳而波特扑倒的时候，印第·乔持刀跳上前去——'"

哗啦！快如闪电，那个坏蛋忽然跳起身来向窗口奔去，一路拨开所有挡路的人群奔逃而去！

汤姆以其在这场审判中所担任的角色而成了"灿烂光辉的英雄……老年人的宠儿，青年人羡慕的对象"。他一声呼喊，大家立即去追印第·乔，结果无功而返。汤姆心里有数，只要这个家伙逍遥法外，他就必须小心避免碰上他。不过，这个警戒并没有阻止他想到"某处挖宝的疯狂打算"。

由于没有找到乔埃·哈波和贝恩·罗杰斯同行，他就决定与哈克结伴。寻宝的事情使他们足足忙了几天的时间。

但对汤姆而言，最兴奋的娱乐是接受萨契尔法官夫妇的邀请，参加他们安排的野餐会。会中有个名叫贝奇的女孩，是汤姆的新欢，而他之所以感到快乐，原因就在于此。野餐的地方是一座广大的迷宫式的地下洞穴，大家用餐之后，发现汤姆和贝奇不见了，便出发去找他们。人们立即组成搜索队，但还是没有见到这两个孩子的踪影。搜索继续进行，一连进行了三天三夜的时间。

在洞里迷失的这段时间里，汤姆一直在找出洞的路子，最后终于被他找到了。有关当局为了防止游客迷失，已在洞口钉上了木板。汤姆确信印第·乔一定藏身洞中，一队人马立即入洞搜索，结果发现那个家伙已经死在被堵死的洞口旁边了。他们将他就近埋了。

在汤姆迷失的这段时间里，哈克也有了一段冒险经验。他听说印第·乔和另一个歹徒打算抢劫道格拉斯的遗孀，因而向她提出了警告，使她没有受到伤害和损失。后来，他生病了，寡妇为了感谢他的协助，特地将他接到家中照顾调护，使他恢复健康，而后又坚持要他将她的家当作他自己的家。但他在生病之前曾经独自寻宝，并且真的寻得了一个价值12000元的宝藏。萨契尔法官依法将这笔钱判归哈克所有，并替他拿去投资，而在这时，道格拉斯的遗孀也打算要"使他受到尊敬"。但哈克觉得他受不了那样的严格管教，决定溜之大吉。他碰到汤姆，向他讲述他的遭遇，并且求他帮助。汤姆劝他回到寡妇那里,并且答应向她说情,要她对他不要那样严格。

这本书以这两个孩子计划组成一个土匪班子作为它的尾声。

这样简短的故事概述,当然没法将其中的风格与幽默特质传达给读者,因为此种特质可以说是存在于语言的讽刺之中,也可说是包容于所叙述的事件里面。除了上述的谋杀事件之外,其他没有特定的故事线索;这本书的整个价值完全隐藏于它对一个精灵小孩日常所陷的困境、他的反应方式以及求生之道所作的描述之中。马克·吐温以汤姆其人为底本写出了这个具有普遍性的男孩,并且在描绘的过程中以一种非常特殊的方式将他自己置于这个孩子的心中。此种真实性,为这本书出版100多年来一直不衰的魅力,扮演了一个重要的角色。

精彩章节品读

第三章:汤姆喜欢上了一个新来的女孩,为了引起她的注意,使出了各种各样的孩子气的花招。

第十四章:汤姆、哈克和哈波在海岛上自由自在地游戏,过着想象中的海盗的生活。

精彩佳句

他发现了人类行为的一个大法则,自己还不知道——那就是,为了要使一个大人或是一个小孩极想干某样事情,只需要设法把那件事情弄得不易到手就行了。

"工作"就是一个人不得不做的事情,而"玩耍"却是一个人不一定要做的事情。

《梦的解析》

作品背景

作者 弗洛伊德
类别 心理学专著
国籍 德国

名作简评

西格蒙特·弗洛伊德于 1856 年 5 月 6 日出生。他的父亲雅各·弗洛伊德在奥地利一个名叫佛瑞堡的小城开设了一家小型制衣厂，他是雅各与其续弦所生的长子。工业革命使得纺织业发生了巨大的变化，也使雅各于 1860 年迁到了维也纳，在那里做了一名成衣商人。

西格蒙特·弗洛伊德自幼接受父亲的教导，直到 8 岁才进学校。显而易见他的智力超过一般学童，在维也纳斯必尔高校第一学期获得全班第一的成绩，他在该校学习了 8 年。他在 14 岁的时候遇见了康德，又通过康德见识了德国其他伟大哲学家黑格尔、费希特以及叔本华等人。有一阵子，他也想做一名哲学家，但想到父亲的经济情况不佳，必须有个职业养活自己，因此，经过一番考虑之后，他决定学医。

他于 1873 年进入维也纳大学医学院，但在头两年里感到颇为困扰，因为他无法确定究竟哪个科系他最感兴趣，经常跳系。好在后来得到了移民英国曼彻斯特的异母兄长的帮助，终于获得了新生的转机。不久之后，他就回到了维也纳，而在那里遇到了恩斯特·布鲁克。

年长的布鲁克，原是著名物理学家罗伯特·梅耶（他在能量不灭方面的发现在科学界引起一次巨大的轰动）的门人，而他自己也是当时最伟大的生理学家之一。在布鲁克的实验室中，弗洛伊德终于找到了他要寻找的目标，从而在这位老师的指导之下做了六年的研究工作。他对他的研究十分专注，以致忽略了其他的学科，使得通常5年毕业的课程，他搞了8年之后才告一段落；甚至到了此时，他仍然意犹未尽，但布鲁克直率地对他表示：他无意让他做他的助手。

他获得营业资格之后，便到维也纳总医院当见习医生，不久就当上了初级的住院医师。在这所医院中，他受到了身为当时首席精神病学家之一的狄奥多·梅耐尔的影响。他以前曾在布鲁克的指导下研究人体的神经系统，此刻又在梅耐尔的指导之下研究人类的中枢神经系统了。

此时他已与他的一位表亲玛莎·柏奈斯订婚，但他觉得，若与梅耐尔继续研究下去，永远也无法得到一个可以养家糊口的职位，因此他决定改弦易辙，着手研究神经系统的疾病。维也纳这方面的专家寥寥无几，因此他又拿定主意，无论如何，要到巴黎去拜当时最伟大的神经病科专家尚·沙考为指导老师。

他的学运亨通，一笔游学奖金使他的梦想成真。从1865年秋天起，他从师沙考，直到1886年春季，他返回维也纳结婚，并挂起专科医师的招牌，接受神经病患者的求诊。

但不久之后，他就受到了保守派同业的反对。维也纳医学会蔑视他在沙考那里建立的新观念，而梅耐尔则将他逐出他的中枢解剖学院，因为他反对弗洛伊德运用催眠术作为治病的手段。无可奈何，他只好退出所有的学院活动，进而完全专注于他所从事的专业。

这真叫作因祸得福，因为，他虽被他的同业排挤出学术的殿堂，但他的病人却为他做了义务的宣传。以致不久之后，他的诊疗所中挤满了求诊的神经患者——他们不管他用什么方法，只要把病治好就行，而他做得的确成功！而为后来他那些富于革命性的发现和学理奠定坚实基础的就是在他诊治患者当中所做的那些实验工作。

在最初的十年当中，他专门研究一种名叫歇斯底里的精神性神经病（简称"癔病"，含有"意识脱离"之义，患者往往啼笑无常，难以自制），结果，于1895年发表了《癔病研究》一书，成为医用心理学发展史上的一个里程碑，因为它揭示出神经病患存在着一种潜意识心理，而将这一发现作为基础的治疗方法则推出了一门新的医科："精神分析"或"心理分析"。

如此新鲜的观念，必然会引起巨大的争论，但弗洛伊德对自己的看法十分自信，因此决定继续他的研究工作，发掘心灵的实质。不久之后，他就推出了更加令人震惊的学说。

在其后推出的学说中,有不少与梦有关的理论。他于1900年发表我们这里要介绍的《梦的解析》之后,以前维也纳针对他的那种争议,就也因此一下扩大到全世界,而他也成了国际知名之士。

内容精义

自神话学上的假设被摒弃之后,人们一直没有推出新的解梦办法。"梦的产生条件,它与醒时心理活动之间的关系,对于睡觉时感觉所需的刺激"——所有这些以及其他若干问题,都需要找出一套答案,而其最重要的一点,则是梦的意义问题。

若要探究梦的意义,首须探究做梦的心灵意义,探究梦与心理作用之间的关系,探究做梦可能会有的种种生物学上的作用;接下来探究其是否可以解释以及个人的梦境内容是否含有某种"意思",例如可在其他心理构筑方面发现的"意味"。

他将这些问题逐一摊开,参考科学家与医生们对于梦的性质所作的新描述,然后指出,大众的意见忽视了这方面的科学判断,并且坚持:梦有意义,不但与未来的预测有关,而且可用某种方法解释因被搅乱而令人困惑的内容并能有所发现。解释方法在于转化记得的内容:照某种固定的关键内容逐件加以取代,或以一系列的符号替换整个的梦境。

对于这些说法,一本正经的人也许会置之一笑,但有一天,他颇感意外地发现:对于梦的看法,与真相最为接近的,并非医学,而是世俗,梦的形成完全出于感官和身体上的刺激。他之所以有此发现,是因为用一套新的心理学探究法探索梦境,而这套方法对于解除恐惧症妄想狂等疾病,颇为有效,而它就是前面曾经提及的精神分析术或心理分析法,而精神疗法或心理疗法则是他解梦所用的一套方法中的起点。

为了阐示他所用的这种方法,他特别以他自己的一个梦作为范例,运用这种精神分析术或心理分析法做了一番分析。这使他创造了一些术语,以"显现的梦境"一词表示醒后仍然记得的梦,以"潜隐的梦想"一词表示经由分析而得的相关内容。接着,他便着手解答由此引出的两个难题:其一,使得潜隐的梦想转化成唯有回忆才能明确呈现的显现梦境,其心理或心灵的历程是什么？其二，促成此种转化作用的那个或那些动机是什么？他将使潜隐梦想转化而成显现梦境的历程称为"梦的运作"。他将中间的关系做了一番说明之后，接着便在这部著作的其余部分讨论了这种后来发现的潜隐梦想，而非显现梦境的基础。

就潜隐与显示两种内容之间的关系而言，梦境大约可分为三类：其一不但可以解释，而且与心灵生活的内容互相符合的梦；其次是本身可解，但因无法与做梦者的心灵生活互相符合而令人感到困惑的梦；其三是既无意义，又不可解，看来似乎断裂、混乱而又无意义可言的梦，而此类梦却占上三类总数中的绝大多数。第一类梦对于分析者而言，可以说毫无困难，但对第二类梦，尤其是第三类梦，在显现与潜隐两种梦境之间呈现出鲜明的对比，致使分析者似乎面对了难解的哑谜，要到显现的梦境被它后面的潜在意识取代之后，才可明白。

这里出现了两个重要问题：其一，显现与潜隐的梦境之间的部分对立现象，与愿望的实现有关；其次，梦的运作形成大规模的压缩或凝结。梦的分析做得愈深入，此种作用给人的印象就愈深刻；梦中的每一个情境似乎都由两个或更多印象或经验结合而成，虽然所有的构成分子中都有一个共同的要素。假如这种梦想之中没有一个共同要素的话，梦的运作就着手制造一个。将两个乍看毫无共同之处的梦结合起来，最方便的办法是改变其中之一的动词形态，使它得以在中途与另一个相遇，而以同样的方式产生一种字形上的变化。

此种压缩的作用进一步说明了若干为它所特有而清醒意识没有的梦境成分。这就是所谓"集体的"与"合成的形象"以及"合成的称号"，后者出现的数目非常之多，且以同样众多的方式结合起来。这种梦的运作经常以同样的合成结构显示两种相反的观念。举例而言，一名妇女梦见她自己拿着一束长长的花枝，就像天使报喜图中常见的一样，此种形象代表纯洁。反之，假如她拿的是白色山茶的话，它所代表的就与纯洁相反了，由于此种形象多与茶花女有关系。

说到这里，我们不妨把我们已知的梦境的压缩作用，做一个总结：梦境之中的每一个要素是什么，取决于梦想里面的材料是什么。它不是一个单纯的要素，那么，这些要素，在梦想之中就不必都有密切的关系了。一个梦的要素，是梦境之中所有这些各别材料的那种"表现"。

压缩加上意念的转化而为情境（"戏剧化的表现"），是梦的运作最为重要、最为特别的性质。但只是压缩与戏剧化的表现仍然不足以说明我们在梦境与梦想的差异之间所得的整体印象。此外尚有一个第三因素也在发生作用。

分析的结果显示：显现梦境与潜隐梦想中的另一种材料彼此相交叉。这只不过是一种表象而已，因为，我们稍后发现，整个的梦境完全出自梦想，因此，近乎全部的梦想无不表现于梦境之中。以主要的内容凸现梦中的东西，必然会在梦想中扮演一个非常低层次的角色。

我们只要能以分析法揭示梦的转移，便可得知与梦的刺激有关的可靠情报和梦与醒之间的关系了。我们从分析中发现，每一个梦几乎都可毫无例外地回溯到前几天得到的印象。作为梦的刺激发生作用的那个印象，也许十分重大而且与白天发生的事情有关。但一般说来，假如我们在某个梦境与白天所得的一个印象之间找出一个关系的话——通常那个印象不但小得难以想起，梦境的内容也只是鸡毛蒜皮的事。分析学者矫正了这种看法，使我们得出如下的结论：大凡做梦，大多与我们白天认为值得一想的事儿有关；凡是在白天影响我们的鸡毛蒜皮之事，都会在我们的梦中纠缠我们。

但梦境并非完全由情境组成，其中也有视觉的断片、言词，甚至少许未加限制的观念在内。由分析而知的梦想，是由一种复杂结构的心结显现出来，其中的各个部分分别代表前景与背景、情况、背离、例证、一连串的证据和反证。每一辆思想列车几乎都毫无例外地伴随着与它相反的种种副本。

但是，梦虽经修饰而成一种图形，仍然有着梦的运作所具有的特殊性。这个问题的重心在于"转移"，因为这是梦的运作最为显著的特殊成就。因此，我们只要加以深入的追究，便会逐渐看出：转移的先决条件是一种纯粹的心理状态，有时候与"动机"颇为相似，往往就是"压抑作用"。由此，我们面对了一个观念——"梦的扭曲"——它是由梦的运作产生的结果，借以达到伪装的目的。

现在，我们该用一般的词语略述一下梦的分析所带给我们的主要发现了。所有的梦境，可以依其对愿望的达成所持的态度分为三等：一、显示愿望未受压抑、未曾伪装的梦境；二、显示愿望受到压抑、已经伪装的梦境；三、显示愿望受到压抑、但未曾伪装或伪装不全的梦境。

弗洛伊德以相当长的篇幅描述了压抑的心理，进而相当详细地历述了梦的扭曲，其中多半伴有伪装了的"性梦"。这使他进一步讨论了梦的象征，而在末尾指出一个方向，表示他对梦的运作所做的解释仍须继续进行。他认为他在这方面所做的工作仍然不够完全，"要到用分析法将其他精神病理结构的起源——例如歇斯底里症状与强迫观念等的发生——弄个水落石出"，才算完成。

精彩佳句

> 潜意识系统可比作一个大前房，在这个前房内，各种兴奋都像许多个体，相互拥挤在一起。和前房相连的，有一较小的房间，像一个接客室，意识就停留于此。

《少年维特之烦恼》

作品背景

作者 歌德
类别 小说
国籍 德国

名作简评

沃尔夫冈·歌德（1749—1832年）是德国长期以来享有世界声誉的伟大的文学家之一，被后人称为德国文学史上的泰山北斗。同时又和同时代的另一位大诗人席勒一起被后人称之为19世纪德国文坛的双璧。

这位伟大的作家一生风雅潇洒，深受女性青睐。《少年维特之烦恼》作为歌德的成名作，为我们诉说了一个凄婉动人的爱情故事，也是他本人青年生活的艺术折射。它曾经深深震撼了歌德同时代年轻人的心灵，他们不但模仿作品主人公"维特"的言行以及衣着服饰，甚至因为失恋去走"维特"之路，以"维特"式的结局结束自己年轻的生命。为此，歌德不得不在此书再版时在扉页上题诗道：

  请看，他出穴的精灵在向你耳语，
  做个堂堂的男子汉，不要步我的后尘。

这部以歌德亲身经历为素材，在短短的4周之内就创作出来的书信体小说，在人们心中产生的影响是难以估计的。很多人也许会问，自杀从来就被看作是一种令人不解的事情，人们对此类事情也是持排斥的态度，那为什么维特的自杀就能引起那么多青年读者的辩护、同情呢？其实这个尖锐的问题正好说明了歌德独有的过人之处。他能敏锐而准确地把握当时青年人那种特有的多愁善感和悲观厌世的心理，并将其全部杂糅后融合于主人公维特的思想性格中，使他成为文学殿堂中不朽的经典。歌德以他非凡的见解与胆识，在当时死寂沉闷的德国文坛燃起了一把熊熊烈火，这火种不仅燃起了德意志的民族激情，而且照亮了德意志的文学之路。1774年此书出版后，立即成了人们关注的焦点，各种评论也纷至沓来。歌德也因此而名声大噪，成为德国文坛狂飙突进的主将。

《少年维特之烦恼》很快就风靡欧洲。据说，当年横扫欧洲大陆的拿破仑皇帝也曾对此书赞赏有加，即便是烽火连天的征战中也不忘将其带在身边，以便随时阅读。1808年，拿破仑皇帝率大军攻下了魏玛公国之后，亲下谕旨召见歌德，并跟歌德大谈特谈他本人对《少年维特之烦恼》的意见。无形中，这本小说的地位又被抬高了许多。时至今日，《少年维特之烦恼》仍吸引着世界各国众多的青年读者。小说中主人公那缠绵无尽的情思，激烈的内心冲突，亦苦亦甜的恋爱感受以及诗情画意的自然景色描绘，经常使他们沉醉其中。

歌德去世后，德国哲学家谢林就说：歌德的死是整个德国文坛甚至是整个德国遭受的"最令人痛苦的损失"。人们把歌德当成了他们的精神支柱，没有了歌德他们就会感到寂寞和空虚。几十年后，大哲学家弗里德里希·尼采对歌德仍倍加推崇，他断言："歌德的文学属于比'民族文学'更高的那一类文学。"诚如他所言，歌德的作品，不论是早期的《少年维特之烦恼》，还是临去世以前完稿的《浮士德》，都超越了时代和国度的限制。歌德在作品中全力投入了他对人类和心灵本性的真切关怀——人活在世上，就应该像维特那样爱，那样恨。这种关怀不但使歌德的作品获得了持久的艺术魅力，而且也使歌德当之无愧地跻身于世界文学巨人之列。

歌德最伟大的著作是诗剧《浮士德》，这部著作使他成为与莎士比亚比肩的伟大作家。但是《浮士德》适合在有了充分的文化准备之后再阅读。所以我们向您推荐这本书。

一个青年陷入爱情后会变成什么样子，那种纯洁的痛苦，可爱的精神失常，深不可测的失恋的绝望，写这一题材没有任何一本经典小说能超过歌德的这本薄薄的小书。此书在我国的"五四"时期就给当时的青年带来了巨大情感震撼。

岁月在不断地流逝，但这丝毫没有影响经典在人们心中历久弥新的地位。以前有、以后也将会有无数的青年人跟随着维特一起去体验那种即被称之为"生命中无法承受之轻"又被称之为"生命中无法承受之重"，但轻重间又让我们没办法取舍、没办法评论的情感——爱情。

内容精义

1771年春天,刚刚经历了一场爱情波折的少年维特离开家乡,到一处僻静的地方隐居,他写信给朋友威廉,描绘当地的风光,在那儿他逐渐忘却了早先郁闷不乐的生活。他找到了一间怡人的小茅屋,四周环绕着可爱的花园。他感到在这块宁静的地方,他将能独自愉快地度过余生。

过了几天,他又写到,他的灵魂在乡村田野的环境中复苏了。他不要与书本为伍,不要有老朋友相伴,因为他来到了一个新天地,徜徉于大自然中间,心旷神怡,甚至都不想作画了。他提到附近一个名叫瓦尔海姆的小村子,在那儿的一家乡村小旅馆里,他能够品尝到美味的咖啡。他经常静坐在两株大菩提树下,阅读古希腊诗人荷马的作品。他给威廉写了很多信,字里行间透露出那种陶醉于自然美景和淳朴生活的怡然自得之情。

他给威廉的信突然中断了。隔了一阵子,他又写信告诉友人的女儿说:他遇到了一位天使。在一次乡村舞会上,他结识了少女夏绿蒂。她是当地法官先生的女儿,住在离瓦尔海姆不远的庄园里。夏绿蒂长得非常漂亮迷人,虽然她已经订婚了,可维特却对她一见钟情,不能自已。他丝毫不理会别人的告诫,在舞会里,他一再邀请夏绿蒂跳舞,想尽办法吸引她的注意力。他们谈起她的未婚夫阿尔伯特,结果刚才还飘飘欲仙的维特变得心烦意乱起来,差点弄散了跳舞的队列。这时一阵风雨迫使舞会中断了,女主人邀请客人们到一间有百叶窗和窗幔的屋子里,在夏绿蒂的组织下,大伙玩起了数数游戏。暴风雨过后,维特终于忍不住背着别人亲吻了她的手。舞会一直持续到第二天早晨,维特送夏绿蒂回家。

从此以后,维特成了夏绿蒂家的常客。他把绿蒂作为对她的爱称。他几乎要陪同绿蒂做每一件事。他无法忍受同绿蒂的短暂分别。当他们到附近郊游时,即便是绿蒂不经意的一瞥也足以使维特头晕心跳,想入非非;每当她的手指无意间触到了他的手,他俩的脚在桌底下碰到一起,他就会感到如醉如狂。他在信中向朋友坦言,他几乎把画画荒废了,因为他全部的时间和精力,都投入到对绿蒂的爱恋中。

过了一段时间,绿蒂的未婚夫阿尔伯特回来了。维特对阿尔伯特拥有绿蒂十分嫉妒。他意志沮丧、状态消沉。好友威廉写信给他,劝他要么争取得到绿蒂,要么根本放弃这无望的爱情。维特动摇不定,他既没办法从有风度的阿尔伯特手中夺回绿蒂,又不甘心轻易放弃对绿蒂的追随。一天,他同阿尔伯特在人的生死问题上争论起来,维特感到要想得到他人的理解是多么的困难。

维特心中的郁结始终无法排遣,忧伤苦闷的情绪与日俱增。唯有在梦中,他才能奢望拥有绿蒂。可是梦醒时分,又陷入了令人绝望的黑暗。最后他不得不下决心离开瓦尔海姆,离开绿蒂和阿尔伯特。他的好心的朋友帮他在一位公使那里找了一份差事。在与绿蒂和阿尔伯特共度的最后几个小时里,维特假装若无其事,并未让他们知道他即将离开,因为他觉得自己无法忍受向绿蒂告别的那一刻。

就这样,繁忙的公务使维特暂时忘记了心中的痛楚。但是随着时光消逝,他渐渐讨厌那位既古板又挑剔的公使了,对于繁冗琐碎的公事也完全丧失了兴趣。一天,他在一位很器重他的伯爵家里吃饭,正巧那天是当地的显贵们在伯爵那儿聚会的日子,像维特这样的小人物是不能参加的。可他忘记了这一点,竟和一位平时熟识的小姐攀谈起来,结果遭到众人横议,最后很不体面地被赶了出来。维特忍受不了满城的流言蜚语,毅然向公爵辞职了。

辞职后,一位侯爵愿意与他结交,所以就邀请他到自己的庄园来做客。维特原本想借侯爵的关系入伍,侯爵知道后,劝他死了这条心。这样,他在侯爵家呆得也不舒服了。他终于找了一个借口回到了心上人的身边。

绿蒂与阿尔伯特已经结婚,他们把他当成老朋友一样的接待。绿蒂不时流露出从前的天真活泼和温柔多情,然而这一切却更刺痛了维特的心。他的心里充满了愤懑与忧虑。脸上没有了以前的生气。他变了,变成了一个整天愁眉苦脸、言行任性而古怪的人。不久在这个美丽而宁静的瓦尔海姆发生了一起杀人案。一个青年长工因为爱上了房东寡妇,竟然把房东寡妇后雇的长工杀死了。维特怀着极大的同情心向法官求情,试图挽回他的生命,但是最后失败了。从此维特陷入了更深的痛苦和忧闷中。他开始产生了厌世和轻生的念头。而在这时绿蒂听从了阿尔伯特的提议,对维特直言,不希望维特对她心存幻想。维特一气之下和阿尔伯特大吵而后离开了绿蒂的家。这时他已经无法承受内心的痛苦,他决定亲手结束自己的生命。

圣诞节的前夜,趁阿尔伯特不在,维特闯入了绿蒂的家,他的异常举动让绿蒂吃惊。为了让维特平静下来,绿蒂让他朗诵几首苏格兰的古诗。而维特读着读着不能自已，一头扑到绿蒂脚下，紧紧地拥抱了她。绿蒂跑进另一个房间并将门锁上，维特站在外面，恳求同她说一句道别的话。

第二天维特的仆人来向阿尔伯特借手枪，声称要外出旅行，作防身之用。绿蒂虽然有所预感但不敢向阿尔伯特说明。当晚维特自杀了，第二天清晨当仆人发现他时，他已经奄奄一息。中午，维特终于含恨而死。绿蒂惊闻维特的死讯，当时昏倒在地。阿尔伯特由于担心绿蒂而来不及参加维特的葬礼。葬礼上没有一个教士、没有一个朋友和亲人，维特就这样凄凉地离开了人世。

精彩章节品读

第一编："六月十六日"写维特初见绿蒂，对她一见钟情。

第二编："三月十五日""三月十六日"维特因冒犯了在伯爵家聚会的显贵而被迫辞职。

精彩佳句

> 能使人幸福的东西，同时又可以变成他痛苦的根源。
>
> 唉，我不过是一个漂泊者，是地球上匆匆的过客！难道你们就不是么？
>
> 一切都须臾即逝啊；唯有昨天我从你嘴唇上啜饮的生命之火，眼下我感觉它们在我体内燃烧，尽管时光流逝，它却永远不会熄灭。
>
> 她看不出，她感觉不到，她正在酿造一种将把我和她自己都毁掉的毒酒；而我呢，也满怀欣喜地接过她递过来置我于死地的酒杯，一饮而尽。
>
> 多么空虚啊！我的胸口这儿觉得可怕的空虚！——我常常想，哪怕能把她拥抱在胸口一次，仅仅一次，这整个的空虚就会填满了。

《追忆逝水年华》

作品背景

作者 马歇尔·普鲁斯特
类别 小说
国籍 法国

名作简评

一个富有的巴黎青年，一个写有若干风雅无聊文章的作者，虽然十分聪明且有天赋，但显然只是一个半瓶醋的业余爱好者。他在他的双亲相继过世之后，逐渐退隐，愈来愈把更多的时间花在一个用软木镶成的房间之中，他身披卫生衫，在医生为他制备的熏蒸雾气的笼罩之下，坐在床上写作。他患有哮喘病，除了夜晚，足不出户，只有透过玻璃，才能看见太阳。

马歇尔·普鲁斯特因为得了哮喘病无法像正常人一样交友、游玩，这倒使他有了更多的时间从事写作，他在死前完成了一部多达 16 册的巨作——《追忆逝水年华》。

哮喘病使马歇尔·普鲁斯特自幼就处于一种与世隔绝的特殊境地，不仅与继承父业行医的兄长罗伯有别，也与许多当外交官的朋友不一样。普鲁斯特与世无争，因为他根本无法与人相争。但正因为这样，他却长久享受了因生病而带来的好处，迟睡与自娱，对他都没有禁忌可言。他不仅感觉敏锐，而且善解人意，因此受人喜爱，包括他的同龄朋友在内，对他都很欣赏。

内容精义

这部巨作的第一册《在斯旺那边》，介绍了善于鉴赏绘画艺术的犹太富翁查理·斯旺，因为他常到马歇尔童年曾经住过的位于康布莱的那栋住宅去。

《追忆逝水年华》

在该书叙述者的家人看来，他是一个虽会为人处世，但有些怪异的人。尽管他经常送药方和贵重的舶来品给他们，但他们对他的兴趣还不到邀约晚宴、介绍新人的程度。他们对斯旺在巴黎的生活情形毫无认识，只知他住在一栋老式的住宅之中而已。事实上，斯旺是盖曼第司爵夫妇的一个朋友，不但为高层的贵族社会所接纳，而且也为爱德华七世所喜爱。他的贵族朋友们之所以认为他很特别，是因为他似乎对他们的厨娘产生了一种比对他们更大的兴趣，而且有可能要忘掉他们一段时间，然而事出突然，使他们颇感意外。

斯旺失魂落魄地爱上了一个下层社会的女人俄德黛·德·克海斯，而她根本不是他平常所喜爱的那种女人。她将他带进了魏尔杜林夫人的文艺沙龙，而他很少提及他在那里与贵族交往的情形。但他与这或那位社会名流交往的蛛丝马迹，可以证明他可真是一个令人讨厌的家伙——这是以魏尔杜林夫人为首的那个"小圈子"对不完全忠于他们的人所下的评语。究竟哪个是真正的斯旺？——那个温文尔雅的社会名流，真正爱好绘画且为了艺术而献身的人？专门勾引女人，见到女人就追的男人？还是这个失魂落魄地爱上一个外表虽美而实际平庸的女人的男人？

理解普鲁斯特这部作品的要诀在于：造成这个世界的材料，不是理智，而是记忆。故事刚一开头，书中的叙述者——一个巴黎少年，接过一杯茶，茶中泡着一枚特制的法国甜饼，名叫"马德兰"。他吃了两三口之后，心中出现这样的情况：

> 一丝微妙的快感侵入了我的感官，但很特别，很超然，没有任何形迹可寻。于是，人生的荣枯对我无足轻重了，它的痛苦对我不再有威胁了，它的短促对我犹如梦幻了——这种新的感觉对我生命、爱所产生的效应，使我充满了一种宝贵的体验；或者，这种实质并非在我的里面，而是它就是我自己。这种强大无比的快乐究竟来自何处？

由泡在茶中的这种甜饼（他童年住在康布莱乡下时，时常受到招待的那种茶点）所唤起的记忆，使他想起了儿时的种种；在这种茶点的刺激之下，他的童年以及其他许多事情都恢复了原有的鲜活而又有力的形象——恢复了原有的灵魂。由此种甜饼以及其类似经验引发的这些往事，与作家记事簿所记的那些往事并不一样，它们是以直觉为基础而作的结果，但这种感触不仅如实地带回了往日的情怀，同时也涉及了已被心灵忘记的一切。我们可以将过去的一切从已将它吸收的死亡之中救出,使它恢复往日的新鲜活泼,多姿多彩,因为,所有这些都是人生的本色。

《追忆逝水年华》不但可以完全吸引住读者的心思,而且可以持续一段颇长的时间。直至今日,它仍然是世界伟大小说中最富原创性的一部,而它之所以富有原创性,完全在于它捕捉了一段富有生命力的生活。读者会因为人物或情节的引发而充满思绪和情感。普鲁斯特的人物比其他伟大小说的人物要含糊得多,矛盾得多,暧昧得多,故而仍然活在我们心中,仍然有所发展;在我们想到他们时,他们仍可继续引起我们的种种情绪,同情、后悔、生气、失望,甚至憎恶之情;他们时而卑鄙,时而高贵,时而表里一致,时而自欺欺人,我们永远没法看清他们的真实面目。

在作者邂逅一群少女的滨海地区,叙述者被人引见一位称为夏禄男爵的贵族,而他之所以对这位贵族留有深刻的印象,是因此人既有令他肃然起敬的真实教养,又有使他感到几分敬畏的蛮劲和活力。

这部小说的叙述者从各种不同的角度来看这位男爵;他钦慕他的铁石心肠,惊异于他的突发脾气,但也在他那种反常行为中看到他的大慈大悲。他对这位男爵的特殊之处毫无所知,直到偶然听到他与一位名叫尤必安的同性恋裁缝的一席对话,才有所了解。其后,叙述者对这位男爵又有了一种新的印象,这也是一种难以避免的结果。这大概是由于这位男爵过于喜欢想念男士,以致过了几年之后他自己愈来愈像女人。他不但愈来愈胖,而且他的臀部也愈来愈大,这使他显得颇为突出;他用香粉抹鼻子,又使用唇膏。他张开两手进出起居室,好似穿了一条无形的长裙。

由于看清了夏禄男爵,叙述者顿觉这个花花世界之中原有大批的同性恋者。或许由于普鲁斯特本人也是一个同性恋者的关系,他夸张了他在那个时代碰到的同好(男或女的同性恋者)的数量。普鲁斯特写道:"同性恋者起初以为世上只有他本人是这样的,直到后来他才明白:这种例外也是正常的。"

普鲁斯特是第一个让同性恋在现代社会中占据应有地位的伟大小说家。但他的艺术中却没有其他作家写此类作品时会有的那种滥情欲望。这位男爵偏好贩夫走卒、青年军人以及电车司机。此种嗜好使他与一名青年提琴手之间发生了一个可悲的恋爱事件。这件事最终使他精神崩溃,身体衰败,甚至完全失去自制之力。斯旺与女人的过度杂交,使他把一生中最好的时光都用到了他所迎娶的一个配不上他的女人的性爱上面,而他既是忠实的,又是背叛的。但单是爱并不足以说明夏禄与斯旺这两位突出男士的性格。他们两个都有特殊的性情和情感的活力。单就夏禄而言，如果不是出生于巴黎近郊的话，他也许会成为大音乐家或政治家，但他却因生命力过于旺盛而以疯癫终其一生。

  普鲁斯特的创作才能本身不容批判与评价。正如一位法国批评家雷弗尔已曾指出的一样：普鲁斯特是少数注视人性而非解释人性的伟大作家之一。无论对人对事，他都没有先入之见。普鲁斯特说明了一位非常伟大的钢琴家为什么优于一位优秀钢琴家的道理。一般人认为前者比后者更加知道如何诠释一支奏鸣曲。事实正好相反，非常伟大的钢琴家根本不诠释那支奏鸣曲：他只知道如何抛开自己，让音乐透过他的手指传达它的信息。

  普鲁斯特对他所见到的一切，只是顺从，而不批判。他从不进行道德说教。然而，这部探究过去、如实展示人性的巨作，却给绝大多数的读者一种高举感，一种生命得到强化而非减弱的感受。人是滑稽可笑的，与其说他好像普罗斯派，不如说他更像丑而且凶的加利班。爱既不是表面的样子，也不是被人造成的样子。也许只有祖母和妈妈们才知道：爱不可与虚荣、野心或贪婪混为一谈。但一个人活在自然世界之中，那是一种多么迷人、多么丰富、多么奇异、多么美丽的背景！

  普鲁斯特在他的作品中所显示的真理是：艺术是人类自救之道中的一种。一种绝对的价值观念，是由多种彼此相对、互相倾轧的价值观念融合而成。正如莫洛亚在《探究普鲁斯特》一书里面所写的一样：他这部小说主要主题，既非描绘可在19世纪末期法国找到的某个社会阶层，也非重新分析爱的种种，而是"人类精神与时代潮流所作的斗争，在实际生活中找一个让自我依附的定点之不可能，在自己内心当中寻求那个定点的义务，在一件艺术作品里面觅得那个定点的可能。"这是《追忆逝水年华》之根本的、内在的、主题。

精彩章节品读

  第一部第一卷：马塞尔年幼时在贡布雷度过的那个难眠之夜。

  第二部第一卷：马塞尔在与母亲品尝小甜点心时，突然回想起自己幼时在贡布雷姑妈家吃过的"小玛娜莱娜"点心的滋味。

第七部：不再年轻的马塞尔躺在床上，怀想过去的生活，他想用追忆重现昨日的时光。

精彩佳句

当现实折过来严丝合缝地贴在我们长期的梦想上时，它盖住了梦想，与它混为一体，如同两个同样的图形重叠起来合二为一一样。

也许从未体验过的快乐事实上并不存在，也许到了眼前，这种快乐的神秘性就烟消云散了，也许这只是欲望的一种投影，一种海市蜃楼。

《尤利西斯》

作品背景

作者　詹姆斯·乔伊斯
类别　小说
国籍　爱尔兰

名作简评

詹姆斯·乔伊斯的《尤利西斯》，是英国文学作品之中的一本奇书，既非纯粹的小说，也非冗长的回忆录，而是二者兼而有之。它是都柏林一位犹太籍的广告推销员、歌女玛丽安·布鸾的丈夫勒保·布鸾一天生活的记述。

乔伊斯写作本书，分别在意大利的狄里雅斯德、瑞士的苏黎克以及法国的巴黎3次执笔。但它跟乔伊斯的其他著作一样，写的全是爱尔兰，特别是都柏林。乔伊斯所写的歌曲、所谈的事情、所说的住宅与街道以及所有的酒店，都是当时所唱、所谈、所住、所行、所开的。乔伊斯生于1882年，离开爱尔兰后，只回去过少数几次，而且只是短暂的拜访。他当时是个身无分文的书生，在一位来自高圩的年轻女友（后来做了太太）瑙拉·巴纳克尔陪同之下前往。但当一位朋友问他为何不回爱尔兰时，他简单地答道："我曾离开过它吗？"

其他现代作家中也有集中笔力再造某一时期某个都市或环境的例子，但没有一个人像乔伊斯这样全心全意地来写。本书的特点在于：作者不但再造了书中人物的行为与意识，同时也再造了半意识思想、潜意识作用与意识活动经常同时并行的幻想，因而在这当中开创了所谓"意识流"的写作方法。

在乔伊斯之前的作家中，也有不少人用过内心独白的手法，但他们中没有一个像他这样彻底，这样大胆，至于采用非正统的语言以及其他种种手段，自然不在话下了。在本书最后、最著名的一段中，他将玛丽安·布鸾在"布鸾家一日"的午夜时分半睡半醒地躺在床上时所生的心思,进行了一番冗长的描述,全文共 2000 字,但只用了 4 个句点。此种"意识流"手法,丰富了文艺写作的技巧,使得作家更能描绘男女内心的特性,这大概是由于下意识的心理无法运用四平八稳的散文加以表现的缘故。此种意识流技法,在本书的各种插曲中,配上了多种英语风格或文体的刻意模仿。

内容精义

就以叙述布鸾到一家产科医院探访为例来说,其中就包括了种种不同的段落,从中世纪的英文,到维多利亚时代的散文,可说应有尽有。布鸾在海滨散步时,被一个名叫吉蒂·麦克杜威尔的跛足少女看到。描绘她坐在沙滩上面瞥视布鸾之时的心理活动这一大段文字,就是刻意运用维多利亚时代妇女杂志时常刊载的那种廉价小说格式写作而成。吉蒂所想的事情,是从想起一段没有结果的爱情开始:

> 很久以前那个派对之夜(他那时仍然穿着短裤),当他俩独处而他偷偷伸出一只手臂搂住她的腰部时,她脸色发白。他以一种奇怪的声音称她为小东西,同时急急抢了半吻(首吻),但只吻到她的鼻尖,然后匆匆离开那个房间,去拿茶点。冒失的家伙!品格上的优点从来不是雷李·韦礼的长处,而追求且得吉蒂·麦克杜威尔青睐的人须懂规矩。以一种少见的爱情拜倒在裙下的意中之人,并非迷人的白马王子,而是一个颇有志气的男子汉,尚未找到理想的对象,但意志坚强,表情文静,头发也许有些斑白但很体贴人,将她拥入他那安稳的怀里,用他的深情紧紧地抱住她,以绵绵无尽的长吻安慰她。那将犹如天堂一般。她在这个芬芳的夏日黄昏所渴求的,就是这样一位男士。

乔伊斯对写作技巧的驾轻就熟,使他得以运用英语所具有的各种旋律。看来似是文章诀窍的东西,其实并不是什么窍门,而是描绘人生的片段或活体切片——一种巨型益智分合图——所不可或缺的色彩组合成分。

《尤利西斯》最初由巴黎的莎士比亚印书馆出版,该馆的馆主塞尔维亚·碧琪曾经资助过许多从事创作实验的优秀作家。此书出版之后,立即获得了英、法、美诸国绝大多数一流作家的赞许。但长期以来,一般读者却少之又少。在美国，有人盗印了《尤利西斯》，结果引发了一场抗议。为了支持乔伊斯而签名的作家很多，除了麦斯菲尔、屈佛尔扬、本涅特、高尔斯华绥、吉布司、威尔斯、华尔宝、叶慈外，还有前卫作家如艾略特、海明威等。

随着这次抗议而来的，是纽约蓝灯书屋印行授权版，公开发售，册数不限；这家出版社向联邦当局发出挑战，为该书是否有权公开发售的问题请求法院裁决。1933年，美国地方法院法官约翰·吴尔塞终于判定：该书的发售，合乎美国法律规定。

《尤利西斯》不仅是一部以大胆而又引人入胜的技巧探测都柏林及其部分居民和底层社会而已。一向不太喜欢乔伊斯著作的乔治·摩尔，曾经认为《尤利西斯》是一部重要作品，但他不甚明白的是：乔伊斯为何加入大量荷马的东西？关于乔伊斯此书与荷马的尤利西斯之间的关系，如今既有若干乔伊斯的知性欣赏者写了不少东西（也许是太多了一些），那么我们现在拜读描写都柏林的这部书也不致想到古代的尤利西斯或酒红色的地中海了。但荷马的尤利西斯，既然经常出现在乔伊斯的心底，因此对他这本书的创作所发生的影响也就难以避免，故而也就引起了过去的那个都柏林——赤裸地呈现于一般人的心中、但通常已经隐藏而成历史的那个都市。乔伊斯此书含有一种作为人类广大全景的特性，其中人们所过的生活，虽然微不足道，但有时却也表现了普遍的一面。卑污、浪荡而又滥情的二流歌手玛丽安·布鸾，是尤利西斯寻求支持的那个潘妮萝帕，是妇女们求赐力量的大地女神。他在午夜独语时一再复述他与布鸾之间的初恋的故事（那时他是一个身在直布罗陀的青年男子），而她对于人生所得的最终答案也是：人生在世，值得一活——"是的"一词像钟声一般不息回音于最后一段之中：

> 还有那海，那有时像火一般发红的海，那光辉的落日，还有林阴道旁园中的无花果树，是的，还有那些玫瑰花圃，还有那些素馨那些仙人掌，还有那像少女一般的吉布罗陀，我在那里是一朵山花，是的，当我像安塔露西亚姑娘一般将玫瑰插在我的发间，或穿一件红衫之时，是他就在摩尔式的墙下亲我，而我就像想念别人一样想他，于是我用我的眼睛问他，问了又问，是的……

在《尤利西斯》中首先出现的一个人物，是与勒保·布鸾具有近乎同等地位的斯蒂芬·戴达拉斯，此人也在乔伊斯其他作品如《青年艺术家的画像》与《斯蒂芬·希罗》里面出现。在《尤利西斯》开头之时，斯蒂芬与柏克·

莫利根住在海滨的一座炮塔之中；他跟《奥德赛》中的尤利西斯之子泰勒马可士一样，表达了一个青年的反抗与不满，感到他已失去了他的继承权。斯蒂芬在这本书中扮演一个头脑清晰的人，没有布鸾和他那些成天在昏沉状态之中度日的同伴的混沌。斯蒂芬经常口出讽刺之言，而他所说的话则表达了艺术家抗议混乱与幻想的心声。柏克·莫利根将一面从他母亲家中捡来的破镜子借给他修面，他说："它是爱尔兰艺术的一种象征。一个仆人的破镜子。"斯蒂芬对谈到爱尔兰人的那个教员戴西先生说道："我们是慷慨的民族，但我们也得正直才行。我对那些使我们不快的大话很有看法。"当他与那位教师争论时说道："历史是一种梦魇，那是我要设法避开的。"

如上所示，《尤利西斯》之所以伟大，完全基于如下的一个事实——它使读者慢慢（非常缓慢）地了解到：勒保·布鸾是现代世界中的一位英雄，就像荷马的尤利西斯是1000年前那个半古世界里面的一位英雄。荷马的尤利西斯虽然成了伟大的斗士，但在本能上他却是一个反对打仗的人。而早期的一个传说也认为他千方百计地装疯卖傻，借以避免参加特洛伊之战。不论他是否勇敢，尤利西斯总不失为一个足智多谋的将帅。勒保·布鸾虽然没有斗士的特点，但他也是一个足智多谋的人，对己对人都有充分的认识。

布鸾以身心全裸的形象出现。其性格的最大特点在于："勒保·布鸾先生津津有味地啖食禽兽的内脏。他喜欢鸡杂汤，有坚果味道的砂囊，装有填料的烤心，油煎的火腿和鱼卵。他最爱吃羊肾，这使他的口中发出一些微带尿香的气味。"但作者带着我们进入他潜意识心灵的深处，在描绘重大幻想的一章中，作者对他进行了心理分析，因此，我们看到了这个"女性化男人"的被虐狂倾向。布鸾之所以成为一个不凡之人，是因为我们对他的一切已有相当的认识，但他的特殊之处并不多于其他的。他是一个无名小卒，虽然，对于那些时而欣赏他、时而轻视他的朋友而言，他的表现能力和凡事都知道的学问往往使得他们承认"他不是一个与你共用庭院或土地的人——他是这儿一个最有教养的人，他是布鸾"。

我们几乎看不出布鸾的平凡优点——他专心于他的太太和女儿；他爱护猫狗，饲养小鸟，扶盲人过街；他对故友的遗孤给予超过自身财力的资助；他照顾斯蒂芬，犹如慈父。一旦我们认识他这种多重性格之后，我们便会明白，他本人并不止是他那些小善小德的总和。在一批族性强烈、信仰坚定或成见颇重、但饱食终日而游手好闲的浪荡朋友之中，布鸾可以说鹤立鸡群，颇有完人气概。他并不仅仅是一个爱尔兰人或犹太人而已；他既没有狭心、偏见或自大之症，也没有恐惧或残忍之患。

作为乔伊斯的伯乐之一的法国大批评家华乐里·拉保德曾说：布鸾可像莎翁的福斯塔夫一样永垂不朽。

精彩章节品读

第三章：斯蒂芬独自一人由学校进城途中，徘徊于森迪蒙特海滩。他面对阵阵袭来的海浪，想到自然界沧海桑田的变化、人类世世代代的生死繁衍以及艺术怎样才能保持永恒。

第十八章：女主人公睡梦中意识的自由漂流。

精彩佳句

> 离开一辈子后，他又回到自己出生的那片土地上。从小到大，他始终是那个地方的一名目击者。
>
> 故人生在世，俱应预想其最终之归宿。举凡母胎所生者，终必面对死亡，并化为尘埃。

《美国的悲剧》

作品背景

作者 狄奥多·德莱塞
类别 小说
国籍 德国

名作简评

狄奥多·德莱塞1871年8月27日在印第安纳出生，到了6岁的时候，他家已因穷困而苦不堪言；较大的孩子们各求生路，而德莱塞太太则在丈夫外出谋职时成了3个幼儿的保护神，她靠替人家洗衣和出租房屋来扶养他们。

对于狄奥多而言，这几年却是他一生中最快乐的岁月，因为他这位乐观、勇敢，而又热心肠的母亲，使得这个穷苦至极的家庭充满了温馨的气氛。他如果曾受到任何教育的话，也都多亏了她，因为她在他13岁时将他送进了一所公立学校。

一个新的世界为狄奥多展开了，因为，以前他一直在顽固的父亲的强迫下，去上那些毫无意义的教会学校。读书成了他的嗜好，他所显示的知识程度之高，竟使他的一位老师费尔婷小姐深信他可更上一层楼，因而勉励他继续求学。然而，尽管她从旁鼓励，但狄奥多一到15岁，便充满了"追求生命色彩的野情"，以致某日竟然宣布说："妈，我要到芝加哥去！"

狄奥多受了芝加哥的诱惑，急切地吸收了它那丰盛生活的每一个细节。他的第一个工作是在一家肮脏的希腊餐馆中洗盘子；后来，他又做了一名周薪5元的事务员。他17岁时，他以前的老师费尔婷小姐出乎意料地来访，带来供他上大学的钱。他毫无准备，感到即使努力到年底，也不足以接受费尔婷小姐的赞助。因此他又返回芝加哥，找到一份事务员的工作。不久后，他敬爱的母亲，先是身体衰弱，接着病倒，死在他的怀中。母亲的逝世是他生命中的"最大的心理动乱"。

丢开事务员的工作之后,狄奥多首先在一家洗衣店当驾驶员,而后又在一家分期付款的公司担任收账员。他着手描写芝加哥的人物,就在这段时间,虽然他并没有自视为作家,但他已经感到他应该去一家报社试试了。1892年,报馆需要额外记者采访当时举行的民主国民会议,他从一家报社得了一个临时差事,但他的真正记者生涯,直到他的一篇文章为他在《环球时报》上争得一席之地后,才算开始。

狄奥多的主要任务是特写和专访。他野心勃勃,一心要做剧评家,结果吃了败仗。他为3家戏院所做的经常评论及时上报,但那几部戏却未上演,他只好引咎辞职!

离开《环球时报》之后,狄奥多·德莱塞曾为多家报社工作,最后接受他的大哥保罗的劝告,前往纽约。

保罗是个有名的流行歌作曲家,为狄奥多弄了一个杂志编辑的职位,那份期刊是由他的出版人出资开办的。狄奥多成功地主持了两年的编务之后辞职,从事自由撰稿人的工作。他攒了足够的钱,娶了早在圣路易就已订婚的莎莉·怀特。他的一位好友——跟他一样从事新闻工作的亚瑟·亨利,则建议他试试短篇小说。他的第一篇作品被《爱氏杂志》采用得到稿费75元,于是亨利又鼓励他写长篇小说。狄奥多·德莱塞在不知如何下手的情况下草草拟了《嘉丽姐妹》这个篇名,想不到居然文思泉涌。

在以后几年中,他的事业可谓飞黄腾达。他从周薪35元干起,升到年薪一万,担任布特瑞克3种时装杂志的经理。但这时他已跟自己的工作脱节,他竟在写给一位投稿人的信中说道:"本社拒不接受描写失德关系的故事或以酗酒为主题的卑劣作品。"这句话的讽刺意义是:他不但因为与社里的一位女职员有染而搞砸了饭碗,同时也因此失去了他的老婆。

而不可思议的是,这一记者生涯的丢人结局,却使德莱塞真正有了出头的转机。他开始写作他在双日制裁之前拟写的那两本书中的一本,并把原名《犯界者》改为《珍妮·吉哈德》。

《珍妮·吉哈德》出版于1911年。这部小说的主题与《嘉丽姐妹》大同小异,因为时代改变了,结果轰动一时。自此以后,德莱塞乘胜追击,一连出了《财政家》《泰坦神》以及《天才家》,并在1920年着手写他的第六部长篇小说。这部小说含有纪录片的性质，因为它的核心内容是 1906 年的一件谋杀案——葛瑞丝·布郎被人淹死在摩士湖中。下面所要介绍的《美国的悲剧》于 1923 年出版，出版后立即被推为一部杰作。

内容精义

年方 12 岁的克莱德·格里菲斯参加他的父母在堪萨斯市主持的街头祈祷，感到不快和羞耻。

到了 15 岁，克莱德长成了一个漂亮而又英俊的男子，但因被物欲所诱，不免有些憔悴和浮躁，心态属于永远没法成熟的那种。

他在一家旅馆当侍者，首次尝到了富人的滋味。他小心地瞒着他的母亲，不让她知道他赚了多少薪水和小费。那群浪荡的侍者不但带他去过花天酒地的生活，而且还带他去逛妓院，使他有了第一次性经验。他通过其中一个同事的关系，结识了一个徒有外表的淘金女店员荷丹丝·布里格斯，他迷上了她，给这位女郎大送礼物。一个名叫施巴塞的青年"借"了他老板的汽车，载了那群侍者及其女友去兜风，而克莱德和荷丹丝也在其中。返回途中，施巴塞粗心大意，撞倒了一个小孩，但他没有停车救护，却踩下油门，冲进一条无人的小街，并使车子翻了筋斗。除了施巴塞和一个少女之外，其余人都设法爬了出来；警车的鸣声来到，克莱德让荷丹丝自求多福，而他自己则奔向铁路，跳上一列货车，溜之大吉。次日早晨，他从报上读到那个孩子的死讯，赫然看到他的大名登在上面；施巴塞被控过失杀人，但他已经丢下他的朋友走了。

克莱德一路到了芝加哥，用假名混日子，直到稍觉安全才恢复原名。他 20 岁时，当了士绅联谊会的侍者，在那里见到了他的叔叔丹尼尔·格里菲斯，后者见他与他自己的儿子吉尔伯颇为相像，而且被他那种恭谨有礼的态度打动，决定将他带到衣领工厂。

克莱德满怀希望地到了黎科格斯，前往工厂报到，见了他那冷酷而又自大的堂兄，后者毫不客气地派给他一个薪水最少而且地位最卑微的工作。到职不过数星期，他便应邀到他叔父的豪华府第之中，在那里见到了一个名叫珊杜拉·费契莱的漂亮小姐。克莱德被她弄得神魂颠倒，对她念念不忘。

自此以后，他们未再邀他前往。但格里菲斯先生觉得，对于一个姓格里菲斯的人而言，在结缩水房工作，拿的薪水不够做衣，"那是不行的"；因此让他到打印部去管那些女工，但他的堂兄吉尔伯警告他，若他与她们有了任何亲热的行为，马上就将他革职。

这些富豪人家一到夏天，便到一处时髦的湖边别墅消夏。仍念念梦想珊杜拉的克莱德，则把眼睛盯在报纸的社交栏上，永不满足地拜读有关她的报导。他感到沉闷而又落寞，但他仍然抱着一线希望，希望他能有一天获许进入她的阶层。于是他学习划船，并且要做一名游泳能手。

克莱德爱上了另一个少女罗白黛·奥尔登，她是一位穷苦农夫的女儿，她来到黎科格斯的目的是希望改善她自己的生活。克莱德被她的标致和温柔吸引住了，但也跟他一样寂寞的罗白黛却在梦想着她那年轻英俊的小老板。他与罗白黛之间的一次偶然相遇，叩开了他的情感之门。他甚至不顾厂方的规矩偷偷与她约会，他俩成了一对恋人。但罗白黛一旦到手，克莱德就变心了——她只不过是一名工厂女工而已，怎配当他克莱德的太太……

一天，珊杜拉·费契莱看到克莱德在呆呆地凝视他叔父的住宅，将他看作了吉尔伯。当她发现她看错人了时，仍坚持要将他带回他的寄宿之处。但当他向她坦承他一直想着她时，她深受感动，同时也觉得他颇具吸引力，因而决定接纳了他。克莱德终于进入了那些漂亮小姐的绚烂世界之中，而这个世界的主角便是珊杜拉。

就在此时，罗白黛对克莱德说她怀孕了，克莱德大吃一惊，马上买药给她，但吃了无效，然后又带她去看医生，医生拒绝为她动手术。罗白黛表示他只有娶她为妻了——她对他一无所求，克莱德劝罗白黛返回农场休息一段时间。

克莱德没有如约去接罗白黛，她在绝望之余写了一封信，表示要到黎科格斯揭露她的苦境。克莱德觉得，如果不把她处理掉，他将失去珊杜拉。他想起了他曾与珊杜拉游过的那个名叫大碧潭的幽静湖泊，起意谋杀罗白黛。他急忙赶到农场，对罗白黛表示：他俩首先同度一个假日，而后结婚。

克莱德行事鲁莽而又愚蠢。他与罗白黛在大碧潭那家小旅社过夜，登记为"克利福德·高尔登夫妇"。次日早晨，他提议到湖上划船，然而，一到湖上，他就被那种阴森的气氛吓住了，他的勇气随风而去了，他感到无法下手了。他神色诡异，罗白黛以为他有病了，于是向他走去。克莱德为了避免被她触摸，于是用相机逼住她的面孔。她朝后一退，失去平衡，弄翻了小船，他们两个都掉进了水中。克莱德自己游向岸边，将她留在那里溺死，然后把他的草帽投在湖面，装出他也溺死了的样子。他穿上他预先带来的干衣，将湿衣塞入背包里面，然后穿过树林，到珊杜拉居住的湖滨别墅，加入她的行列。

由于"高尔登夫妇"一去不复返，那家旅社的老板发出警报；那只小船翻了，草帽浮在水面，而罗白黛的尸体也发现了。人们在她的衣袋中搜出一封给她母亲的信，这就证明了她的身份；而她脸上的擦伤则被视为他杀的证据。克莱德留下了太多的不利线索，因此，不久便被拘捕到案并被起诉了。警方毫不费力地对克莱德提出了要命的控诉，虽在法律上他是无罪的，但还是被判了死刑。

在行刑室中，他母亲为他请来的牧师，热切地盼望拯救他的灵魂。克莱德惊恐万分，抓住得救的最后一线希望，宣布了他的皈依和悔改。但他永远不懂的是：他为何应该因为他的人性而受到处罚呢？然而，许多别人也与他自己一样遭到了苦难；而他更不明白的是：不论他是否信神，都得被送到电椅上去。

这是一本有许多光涌暗流的大书，我们只能浮光掠影地摄取它的表层。德莱塞从容不迫地使他这种信步而行的散文发挥了最强的效果。虽然克莱德其人本身只不过是个无名小卒而已，但在德莱塞的笔下，我们从他身上看到了可悲可悯、身受一个以财富估量个人身价的社会之害的牺牲者。正如爱森斯坦所写的一样："《美国的悲剧》是一部含有普遍真实性和客观性的作品……广阔无涯，有如赫德逊河……其大无限，一似生命本身。"

精彩章节品读

意外相会：克莱德与罗白黛互相暗恋，各自的身份使他们不敢贸然表达自己的感情，他们在一次游湖中不期而遇。

诱骗谋杀：克莱德为了能够跟珊杜拉小姐结婚，以便走入上流社会，就决心谋杀已怀孕的罗白黛。

《美国的悲剧》

精彩佳句

别对着阴影,回过头来,对着光明。让我们把这些不幸和阴影斩断了;把这些阴影和黑暗赶开。

最懂得怎样等待的人,到头来就是最幸福。

《论人生》

作品背景

作者 培根
类别 随感集
国籍 英国

名作简评

本书成书于1625年。作者弗朗西斯·培根（1561—1626年），是英国著名的哲学家、文学家、思想家、历史学家。培根对于近代唯物哲学的思想方法有重大贡献，曾被马克思称为"英国唯物主义和整个现代实验科学的真正始祖"，还被称为"大不列颠的活百科全书"。培根的传世代表作有《新工具》《学术的复兴》《论人生》等，其中《论人生》是培根穷其毕生精力所写就的一部人生随感作品。

培根与莎士比亚是同时代的人，都处在西方文艺复兴活动之后的历史时期，那时对人的尊重和打破神权的统治已经激起了很大的反响。而培根与莎士比亚身处民间的地位不同，他从小生长在勾心斗角的宫廷，所以他小心谨慎，大部分时间都在为一个威严全无、腐败不堪、反动透顶的君主效劳，直到老年身败名裂，因为贪污罪被革职。

1597年，培根的《论人生》问世，当时只有10篇，原本是一本献给其兄长的小书。但出乎他意料，该书问世后反响很好，于是培根决心写下去。后来《论人生》增至38篇，原有的一些文章也被大幅度地加以修改，到1625年《论人生》最终完成，共收录58篇文章，但问世后不久，培根便与世长辞了。

《论人生》的创作过程几乎伴随着培根一生全部不幸的经历，它最全面地包容着他在不同时期的思想与情感，内容很广，多是令人回味无穷的名言警句。他对这本书特别重视,每篇文章都曾修改数遍,晚年更将其置于枕边,不时加以增删。《论人生》是英语文学中经典、精炼的著作之一。

就其价值而言,《论人生》无论是在当时还是后世都产生了很大的影响。他对科学哲学、唯物主义、经验主义的推崇,使英国在文艺复兴后开始摆脱中世纪的黑暗统治,在启蒙和理性中走上繁荣强盛的道路。另外,《论人生》还具有简练隽永的格言体裁。这种简练最易为人赏识,因而培根的许多名言妙句历来为人们所引用,被用在文章之前或抄录在笔记本和纪念册上作为赠言,这也帮助它取得了某种经典式的意味和地位。

虽然历代以来,后人对培根在道德方面非议甚多,就如蒲柏所说:"他是聪明绝顶,才华绝顶,龌龊卑鄙也都绝顶。"也有人指责他"有伟大的思想、渺小的灵魂"。但不管怎样在当时英国的政治环境中,他充其量只是一位与世沉浮的道德平庸者。这并不妨碍他作为一个伟大的思想家占有的历史地位,更不会影响今天的我们对他作品的评价。

内容精义

《论人生》的写作从1597年开始一直到1625年完成,其间经历了28年的时间,作者在这28年的时间里思想的变化也比较大,所以这部作品没有特别统一的主旨。《论人生》由58篇散文组成,其中每一篇都是独立成章,重在对人性中的某个侧面或人生的某种境遇阐述自己的见解,以随感形式出现,故该书主要的精华是它的一些议论及其所反映出来的思想。

按一般的观点来说,《论人生》的思想主要体现在以下几方面:

一、《论人生》一书体现了他对人生的敏锐的把握。这样的文章,包括《论人生》《论困厄》《论虚荣》《论狡猾》《论作伪与掩饰》《论复仇》等,占了很多篇幅。其中许多是传诸后世的名篇。培根拥有一种直指人心、透彻灵魂的智慧,加上他一生命运多舛,因此许多篇章都充满了成熟的感情,论人评事一语中的。

如在《论逆境》中,他写道:"幸运所生的德性是节制,厄运所生的德性是坚忍。"他认为"美德有如名香,经燃烧或压榨而其香愈烈,盖幸运最能显露德性而厄运最能显露美德也。"最后,作者得出结论,"顺境多出恶事,而逆境多出德行也",这与我国古代孟子的"生于忧患,死于安乐"有异曲同工之妙。当时培根正逢身败名裂之时，中国古人云，作诗是"穷而后工"，培根这时的情况与此类似，他对逆境人生的理解尤其令人感动。像这样精彩的议论，书中比比皆是。

如在《论父母与子嗣》中，他写道："子嗣使劳苦变甜，但是也使不幸更苦。"在《论财富》中，他主张"不要相信那些表面上蔑视财富的人，他们蔑视财富的缘故是因为他们对财富绝望"。在《论游历》中，他称"游历在年轻人是教育的一部分，在老年人是经验的一部分"。凡此种种，读来有如与智者攀谈，往往能令人在不知不觉间获得新知，并不断为作者敏锐式的点化所折服。

二、《论人生》拥有一种成熟的经验式智慧，对人生、对社会的认识中肯而不偏激。对读者而言，它具有启迪人生、把握人生的现实作用。

《论人生》是一本带有浓厚的入世色彩的社会教科书。培根热心于将他的生活经验传给读者，其中没有高深玄奥的论述，许多评论合情合理，而绝非说教。它的现实性是该书最突出的特点。

如在《论作伪与掩饰》中，作者先是出语惊人："掩饰仅为一种权宜之策或变通之智。"后又引用塔西坨等人的言论来说明掩饰的重要，又说古往今来的豪杰如何瞒过世人，保留他们坦荡诚实的名声。接下来，再详细讲述自我掩饰的上中下三策，如何做到不露声色、守口如瓶，如何施放烟雾、欲盖弥彰，如何弄虚作假、乔装改扮。最后作者分析伪装与掩饰的三利三弊，得出结论，完善的人品素质须有坦荡诚实的名声、守口如瓶的习惯、适当的掩饰技巧及不得已时才用的伪装能力。可见培根并不反对作伪与掩饰的价值，他说："最好的结合是有坦白之名，隐秘之习。"而在《论死亡》中，他认为"死还有这一点：就是它打开名誉之门，熄灭妒忌之心"。这其中充满对生命老道的感悟，体现了培根深刻而复杂的生活观。

像这样的文章，在《论人生》中有很多，甚至包括了《说花园》《论养生》这样的篇章，其中大多有助于读者们更好地去解决生活中的一些具体问题。从"文必有补于世"的角度看，《论人生》比较直接、坦白。

三、在《论人生》中，体现出了很强的政治、社会意识，充满了道德劝诫的意味。这样的篇章有《论殖民》《论真理》《论邦国真正的伟大之处》等。在这些篇章中，培根显然更倾向于当时英国和社会中的进步力量——资产阶级，表明了积极的价值取向。

如在《论贵族》中，培根对民主政体表示赞赏的态度，先认为"贵族人数众多则国贫而多艰，因为这是一种过度消费"。"民主国家的人注重职能而不注重个人，或即说他们注重个人，那也是为了职责的缘故。"后又从个人角度论及贵族，认为他们的出路在于服从国王、为国效力，而不应该只记得祖先的长处，坐享安荣，这都表现了作者对民主的赞赏。在《论变革》中，他写道："人们在变革之中最好能以时间为榜样。"他的这些论点，多少带有着一定的时代进步意义，这便决定了培根式的道德劝诫往往给人积极的观念。

以上所述，只是培根这本不厚却堪称世界巨著的《论人生》的部分内容。像所有指导人生的书籍一样，其真正价值往往在细节而不在整体，在实用而不在观念。因此只有品读《论人生》的读者们，才会真正体会并把握培根式智慧的深刻与广阔。在我们现今的社会中，这种真知灼见，仍然有它的启示意义。

精彩章节品读

《论真理》
《论困厄》
《论狡猾》

精彩佳句

死还有这一点：就是它打开名誉之门，熄灭妒忌之心。

幸运所生的德性是节制，厄运所生的德性是坚忍。

美德有如名香，经燃烧或压榨而其香愈烈，盖幸运最能显露德性而厄运最能显露美德也。

舞台较人生受惠于恋爱者为多。

一个自身无德的人见别人有德行就嫉妒。

《喧嚣与骚动》

作品背景

作者 威廉·福克纳
类别 小说
国籍 美国

名作简评

威廉·福克纳被看作20世纪伟大的小说家之一而享名于大西洋两岸，但他早年却没有任何天才的表现。他的父亲在密西西比的牛津开设一家马车出租行，而他本人则是一个令父母和老师十分费神的孩子，他把大部分的时间用在渔猎上面，整日与父亲的黑人仆从的儿子们鬼混。但他却很爱看书，早在少年时代就把镇上的书店搜罗一空了。

年轻的福克纳，内心深处有一种想要写作的热望，但他却没有能力把他的意念用文字描述出来。他时时涂鸦，涂了不知多少张纸，但都是一些断断续续而且不成意义的句子。他在绝望之余，求他父亲让他到牛津密西西比州立大学英国文学系上课，因而把他青年时代的快乐时光用在那儿的大图书馆中。到了晚上，他便带着当天读进心中的片段，摇头晃脑地回到家中，而后在烛光之下，把那些试作的粗糙诗句写在一本笔记簿上。

对福克纳而言，远在欧洲进行的那场冲突，是他不得不参加的自由圣战。于是他向北方前进，加入加拿大空军，然后又调到皇家空军，担任中尉。

战争将这个满怀梦想的内向者从密西西比赶进了一个新奇而又冷酷的现实世界，正如他的肉体逐渐成熟到能够承受训练一样，他的心灵也逐渐吸收了许多零星知识。退伍回家之后，牛津那个小镇的那些习俗，已使他厌倦到难以容忍的程度，于是他迁到新奥尔良，在那里租了廉价的宿舍，写他的战争小说《军饷》。他的剧作家朋友夏华德·安德森，特地为他写了一封推荐信,将它介绍给一家出版社,使他喜出望外的是,这本书居然被采用了。不久,他便拿了这本书的预付款,登上一艘开往欧洲的货船,在那里兴致勃勃地消费了一年快乐的时光。

他于1926年初回国,身无分文,前途堪忧。《军饷》一书虽在英美两国得好评,但所得的稿酬却非常少。他满怀希望再写一部更伟大的长篇小说,因此,整整两年的时间,他都以农人、猎人、渔人以及木匠的身份在牛津工作,而晚上写他的《喧嚣与骚动》。那是一种没有止境的劳役。有时候,他文思泉涌,整夜奋笔疾书;但较多的时候是文思沉滞,一个小小的段落,往往苦思数小时。终于,他完成了此书,并且确知其中含容着他的智慧,于是将它寄给了他的出版商。但使他十分泄气的是,稿子被退了回来,说是不能以目前的样子出书。如果完全改写一番,也许可以考虑。

福克纳颇为愤怒,几乎将它撕成碎片。然后,他咬紧牙关,找了一个守夜的工作,将一只手推车翻转过来,权充书桌,他席地坐在它的旁边,改写他的这部长篇。他之所以如此委曲求全,是因为他对书中所描写的他熟知的这块土地有着深深的感情。出版商接受了这部新稿,并于1929年以原名印行,结果,恰如期刊《旁观者》所推崇的一样,使他成了"可称为天才的少数现存作家之一"。

《喧嚣与骚动》被认为是福克纳的力作——尽管他本人比较中意于他的另一部长篇小说《寓言》。整个30年代,他都与他的夫人伊丝黛儿住在牛津,他安静而又沉着地写作,在1939年获得欧·亨利纪念奖。10年后,他到瑞典的首都去领诺贝尔文学奖,他的写作成就达到顶峰。我们可从下面所引的一节领奖词中看出其艺术的精华所在:

> "我觉得,"他说,"此奖并非给我这个人,而是给我的作品——以人类心灵的苦痛与血汗凝铸而成的一部生命之作,不是为了荣誉,更不是为了利益,而是为了写出前所未有的人类精神的材料而作的一部生命之作。人之所以要忍受,因为他有一个灵魂,有一种能够同情、能够奉献、能够忍耐的精神。诗人的、作家的责任,就在写出这些事情。高举人类的心智,使他记起往日的荣耀——勇敢、荣誉、希望、同情、怜悯以及牺牲,以此支持人类忍耐下去,是作家的光荣使命。"

内容精义

这部小说也曾引起激烈的争论，事隔几十年，我们重新拜读之后，可以了解其原因何在了。《喧嚣与骚动》是个激烈的故事，它含有整个南方的悲剧，它的主题是康普生世家的分崩离析。那是密西西比州的一个古老家族，因其近亲结婚与放纵而导致了血液上的遗传病。这个基本主题涉及了他们的大批黑人奴隶。

杰逊·康普生及其夫人卡洛琳不肯相信时代已经改变了。他们住在一栋破旧的巨宅之中，花园里面荆棘丛生，马房里面只剩3匹老马和一辆破烂的双人四轮马车。他们生有4个孩子：聪明俊美的昆丁，活泼有趣的凯娣，绷着面孔的小杰逊以及天生白痴的班吉。他的母亲生下班吉后，以残酷的态度对待他，而且经常大骂上帝不公，使她生下这样一个儿子。父亲经常自己关在书房以酒为食，偶尔出来，就对3个孩子以及身患痛风症的年老车夫罗斯科斯大发脾气。

已经显出美女征兆的凯娣，整日支配着昆丁，一起做各式各样的恶作剧，而黑人的孩子威尔希和洛斯特则乐意跟从。成天绷着面孔闹别扭的小杰逊则在一旁观望。但他因嫉恨凯娣和昆丁而在班吉身上出气。这使凯娣颇为恼火，因为她最大的美德就是给这个白痴弟弟以大量的爱。只有她懂得他所发出的那些怪声表示什么，因此他很崇拜她，知道她会照顾他、保护他。

不幸的事情随着班吉的春情发动而发生，因为他不但追逐、甚至企图强奸当地的一个女童。镇民义愤填膺，康普生夫妇这才知道自己疏于教育，但因他俩怕班吉被送入郡立疯人院，于是将这个可怜的孩子阉割了。班吉的悲剧使得凯娣和昆丁的关系靠得更近了，因为她是个生性好淫的女子，而他则随时奉陪。他俩接二连三地偷欢，一连持续了几个月的时间。后来他们的双亲宣布：他们已为昆丁在哈佛注册，那是康普生家常上的大学。他们强调这样做是做了很大牺牲的，因为这些年来，他们不但已卖光了家中的祖产，甚至连祖父留给班吉的牧地也被卖了。这里有一个可怕的场面，痛苦的昆丁大嚷血族通婚的美好，而他的父亲则大吼这种关系的罪恶。结果昆丁被死拖活拉地送到哈佛上学去了，而心有余悸的双亲则决定尽快为凯娣找个丈夫。

凯娣并不是一个忠于任何男人的女子。当昆丁在哈佛饱受挫折之苦的时候，她以玩弄数名男子而自娱。不久之后，家中的气氛愈来愈使她难以忍受了，她的母亲成日对她唠唠叨叨，她的父亲申斥她的种种行为，而小杰逊则成了一个满怀敌意的青年，成天侦查她的行踪，并且添油加醋地向他的父母打报告。她看中了有钱有势的年轻银行家哈伯特·海德，康普生太太则欣喜若狂地写信告诉昆丁，说哈伯特如何奇妙，说他将会发现银行里开有小杰逊和他自己的账户，并且要他一定回家参加婚礼。他读来信时发现其中还有一张正式的喜帖，那是他的母亲以开玩笑的态度附入信中的，她不知道这对昆丁而言是多么痛苦的事情。事隔两天，他家得悉：他投河自尽了。怎么知道他是自杀而死的呢？因为人们在他的裤袋里面发现了两把沉重的熨斗。

现在，这个家族的衰落无可挽回了。凯娣嫁了哈伯特，却感到被她无情遗弃的昆丁依附在她的身上，她为她的新生女儿取名为昆丁；而后，她接二连三地更换情人，试图抹掉以往的记忆。她一度回娘家参加父亲的丧礼，但遭到杰逊的奚落和辱骂，这使她一去不复返，而这正中杰逊的下怀。他如今已经成为一家之主，一心要为他以往所受的屈辱和轻蔑报仇雪恨。

凯娣走后，他便可以为所欲为了。他的母亲虚弱地躺在床上呜咽，因为他每天晚上嘀咕她，说她和他父亲为了昆丁去上哈佛所卖的牧地，都是他们的合法财产，并说他们从未为他找一个像样的工作，从未让他受过体面的教育。他知道她藏有一笔私房钱，而他志在必得。他的母亲受不了他每夜的疲劳轰炸，给了他 5000 大洋，还让他成为当地的一家五金店的股东。他将这笔钱藏在他自己的房里，也拿着五金店的经理的薪水。

杰逊迷上了金钱，因为他认为有钱就有势。他节省了他的大部分薪金，他唯一的重要开支只是每周到邻镇去逛一次妓院。他代他的母亲管理家务，以克扣班吉和仆人的粮食敛财。黑人们对他既恨又怕，但都屈服于他的淫威，敢怒而不敢言。他们都是康普生家的祖先所购奴隶出生的子孙；对于这些忠心耿耿的人而言，传统就是一切，解放则是毫无意义的事情。此时已成年的威尔希和洛斯特偶尔也以反抗为要挟，但年迈的罗斯科斯提醒他们：白人是他们的主子。

凯娣在她的女儿昆丁 12 岁时回了一趟娘家。她的婚姻已经破裂，这次回来是请求她的母亲收容这个孩子,并答应每月寄扶养费。但她在受到杰逊一顿羞辱之后,丢下女儿离去。狄赛照顾着这个小姑娘,让她去上当地的学校;但每天放学之后,她必须返回这个地板"吱吱"作响、园中杂草丛生、外婆躺在床上哀叹好景不长、而班吉缩在一角呻吟的破败的家。尤其糟糕的是,她必须在晚餐时面对她那恐怖的舅舅杰逊,屈服于他的淫威。

小昆丁跟她的母亲凯娣一样,把她的热情倾注在班吉身上,使班吉以为他所崇拜的姐姐又回到他的跟前了,因而跌跌撞撞地到处跟着。小昆丁逐渐长大,愈来愈像她母亲,这使得杰逊也愈来愈恼火。因为他一看到她,就想起当年凯娣和昆丁扮家家而不许他参加。于是他警告康普生太太,说小昆丁也是一个荡妇的胚子。他暗地侦查她的一举一动,监视她的上学和放学情形,注意她的交友状况。每到晚餐,他以交叉审讯的方式盘查她,问她如何度过当天每一分钟的时间,而当她实话实说时,他就骂她撒谎。

小昆丁在17岁时对她的这个舅舅的忍耐已达到了最大限度,于是写信给她母亲,恳求准她与她见面。凯娣立即回信,并且附了一笔可观的款项,但杰逊截获信件,吞掉了款项。并且,当天他还获知:他虽时时警戒,但小昆丁每夜仍然溜出屋去镇里跟一个筹备会的粗鲁青年私会。他带着怒火赶回家中,指责她跟她母亲一样是个娼妇,并且将她锁在寝室里面,然后驾车到妓院寻欢,但他忘了卧室窗前有棵老树,而那是凯娣过去时常溜出的工具。小昆丁不但用了她母亲常用的旧法子,并且还顺手牵羊地带走了杰逊小心藏在房中的那笔大洋。到杰逊返回家中时,才发现小昆丁与那个大胆青年已经不知去向,他虽横穿全郡去追,但他们还是跨过州境跑了。

康普生家的败落自此已经达到顶点。康普生太太躺在床上,因为厄运临头而哭泣;杰逊萎靡不振地坐在书房中,疯狂地酝酿杀机;年迈的狄赛在厨房里安抚班吉,而班吉则紧握着凯娣留下的一双白缎拖鞋,在那里摇来晃去地哀号着。这双老旧的拖鞋象征了贪婪、腐化以及自私,而这些正是矗立在市场中心的那座南军战士雕像以手遮阳望向光明的未来,并且不惜性命加以抗阻的绝症。

精彩佳句

> 钟声又鸣响了……一声又一声，静谧而安详，即使在女人做新娘的那个好月份里，钟声也总带有秋天的味道。
>
> 我把表给你，不是要让你记住时间，而是让你可以偶尔忘掉时间，不把心力全部用在征服时间上面。

《战地春梦》

作品背景

作者 海明威
类别 小说
国籍 美国

名作简评

海明威 1899 年 7 月 21 日生于芝加哥的橡树园，在 6 个孩子中排行第二，其父是位医生兼热心的运动员。他在当地的橡树园高中受教育，两度离家出走后终于 1917 年辍学，到堪萨斯市《明星报》当了一名记者，但只待了几个月的时间，便在第一次世界大战爆发前夕自愿参加了美军在欧洲的一个救护单位。

他被派到意大利前线服务，恰好目击了意军于 1917 年 10 月在卡坡里垛惨遭覆灭的经过。1918 年 7 月，他因受重伤而以伤兵身份被送回国。伤愈之后，他便做了多伦《明星周刊》的专栏作家。1921 年结婚后，他以巡回通讯员的身份前往欧洲，采访了几次著名的战后协商会议。1924 年，他定居巴黎，开始专心于文学。他在巴黎结识了一群作家，包括嘉翠黛·史埕因、伊滋拉·庞德以及詹姆斯·乔伊斯等人。

1923 年他在巴黎出版了他的第一本书，名叫《三个故事加十首诗》。虽然他已显露了一位大作家的才华，但却未在朋友圈外造成任何的冲击，直到 1926 年纽约刊印了《太阳依旧上升》，他才获得比较大的注意。他的另一本短篇小说集《没有女人的男人》，虽也大大地增强了他的文名，但直到他的长篇小说《战地春梦》（原名《永别了，武器》）出版，他才得到世界性的赞誉，被视为战后崛起的杰出作家之一。

他不仅是一位会说故事的高手，同时也是一代文坛巨匠。他的文风刚健，简洁,特别具有美国的特色,可以说是一种崭新的风格。并且,他的魅力也不仅在于文学技巧,他还以他的题材和手法,反映了新一代的普遍幻灭:他们发现,这个世界不仅不再是一个适于英雄生存的地方,甚至比为了矫正一切而战争还要恶劣,还要窘迫。

《战地春梦》一书所写的净化历程,显然非常成功。这是因为其后作品的主要主题,都在歌颂这种不惧危亡的勇气,并且具体而细微地表现了一种面对猛烈运动和战斗的精神。

从文学的观点来看,《战地春梦》并不是一部单纯的"力作",而是一位特殊天才的作品。

海明威以其本身的性格在他的作品中展现了他的刚健之气。接着西班牙斗牛的是非洲的狩猎,而其结果,便是《非洲青山》。他早就以他的坚忍,甚至冷酷成了一个传奇人物。

除了长篇巨作之外,海明威在短篇小说方面也成绩斐然,并获得普立兹文学奖。

直到第二次世界大战发生后数年,他才获得诺贝尔文学奖。此奖是他的中篇小说《老人与海》出版两年之后颁发给他的。

第二次世界大战结束后,他曾定居古巴。他虽曾经欣赏古巴强人卡斯特罗,且一度成为他的好友,但他对古巴后来所采取的革命路线失望了。于是,他回到了爱达荷州的太阳谷。

到了1961年,他的健康每况愈下,成了医院的常客。某次看病回家,他神情显得特别沮丧,第二天早上,他的太太听到一声枪响,发现他已死于地板上面,身旁搁着一支鸟枪。

内容精义

正如《战地春梦》一书所写,这里面有一种净化的经验。海明威写了他所经历的那种幽默而又恐怖的战争之后,接着尝试另一次战争和另一本书,相当成功地写下了《过河入林》,因而摆脱了战争所给他带来的身心影响。

《战地春梦》一书的背景是在意大利的艾松竹战线。故事的叙述者是一位美国佬——隶属于某个救护单位的佛瑞德里克·亨利,他在戈里齐亚一处设在居民家中的军官伙食团搭伙。在时而攻击、时而防守、时而逆袭的间隙之中，生活过得相当平静。消遣的办法不是没有，但多半是泡女人。

在戈里齐亚，有些英国护士在那里服务。亨利的室友雷诺迪中尉，认为自己爱上了其中一个名叫凯瑟琳·巴克莱的护士，便携同亨利一齐去看她。亨利也喜欢上了她，于是在第二天午后单独去看她。从此以后，他俩往来日益频繁，不久之后，发现彼此相爱了——虽然，亨利仍旧认为他并未真的爱上她，那只不过是需要女伴而已，而他也只是获得了女人的青睐罢了。

有消息传来说，他们将在普拉瓦展开一次攻击行动，而且命令已经下达到亨利那个单位。现在，他得向凯瑟琳告别了，虽然只是小别而已，但他却也得向他自己承认：他也许是真的爱上她了。

这次战争的结果是，意军的攻击行动再度遭到惨败，亨利的许多战友当场阵亡。亨利在救护站与他的伙友共用晚餐之际，一颗炮弹飞来，使他的腿部受了重伤。

亨利在一处野战医院停了一段时间之后，被送往设在米兰的后方医院疗伤。但当他们一行抵达米兰之后，发现那个医院除了两名英国护士之外，其他一切都未准备就绪。不久之后，支援的人们来到，凯瑟琳·巴克莱也在其中。

检查结果发现，亨利的腿伤比原先所想的要严重得多，必须动一次手术才行。他的复原时间延长了，但在凯瑟琳的悉心照顾之下，痊愈是没有问题的。在他快要出院时，凯瑟琳一有闲暇，他俩便共处。每当轮到夜班时，她把其他伤员料理完毕，便钻进他的病室，与他做爱。

> 我们彼此认为，她到医院的当天我们就已结婚了，因此算来，我们结婚已有数月之久了。当我要真真实实地结婚时，凯瑟琳表示，我们如果当真结婚，他们就要把她调到别处去了……

亨利与凯瑟琳·巴克莱就这样满足而又幸福地度过了这个暑期。他们偶尔也和凯瑟琳的朋友海伦·福格逊一同出游，后者的男伴是一个名叫克罗威·罗吉斯的美国青年，他也被炸伤亨利的那颗炸弹击中而伤了眼睛。

但这个田园诗式的暑期生活终于告一段落。亨利接到通知，说他可以享受3个星期的假期，享受完了，就得回到前线服役。他将这个消息告诉了凯瑟琳，她说她也要设法请假，如果不准，她就只好辞职了。

亨利从她的话中听出，似乎出了什么事情，在追问之下，她终于坦承她已有了3个月的身孕。这一坦白使她大大松了一口气。因而她鼓起勇气，开始为孩子的出生作安排。于是，他们打算前往玛娇湖的巴兰札，共度亨利的3个星期假期。

但在他们动身之前，亨利得了黄疸病，而在他的疾病好转之时，军方又要展开一次新的攻势，要他立即返回前线，因而取消了他的假期。

在他必须归队的那天夜里，他们情不自禁地进入了一家旅社。他俩只有一两个钟头的时间，而到深夜离开时，他们就得走到车站，以便让他搭上军车。他不忍让她在车站看着他随着车子离去，只好先将她按进一辆马车，把她送回医院。

亨利奉命前往前线的茵塞萨扇形战区，那是他还没去过的地方，位于一个名叫卡坡里垛的小镇。意军的攻击尚未展开，奥军先发制人，一举突破了意军的防线。

德军首次支援奥军的攻势。他们与意军一直面对的那些军队大为不同。他们的名声大于他们的实力，但意军不但因为这种名声而被召回，而且是在一种自卑情结的发作之下往后撤退。

不幸的是，意军的指挥系统发生了运作上的困难。通讯系统紊乱，将官反抗统帅的命令，不久，撤退就成了溃败。

亨利和他的救护单位在撤退中被困，而海明威在这里对于已经纷乱的秩序，军纪荡然无存的士兵，试图严格阻止溃败的军官、难民与伤患的困境等，所作的描绘，使本书的这一部分显得极为出色。在这里，海明威尽情于他本身的净化；在这里，战争的恐怖、愚蠢、残忍以及绝望，都以写实的手法描绘了出来，足以使读者感到震撼。

在整个撤退的恐怖过程中，亨利一直挂念着凯瑟琳和她腹中的胎儿。此种感受使他疲于奔命，眼前的景象他感到灰心，加上爱情的驱使，使他情不自禁地决定离开他的单位，搭车前往米兰去与凯瑟琳会合。

他一路到了米兰的那所医院，发现她已不在那里了。她在两天前与海伦·福格逊一齐离开，门房认为她们去了斯翠沙。亨利弄了一套便衣，追踪而去。由于门房不知道她们的详细住址，他就只好挨家探问那里的旅馆，但他毫无困难地查出了两名英籍护士的踪迹。

凯瑟琳对不想单独离开的海伦发窘了片刻之后，决定到亨利所住的旅馆与他团聚。他俩首度感到能够像正当的夫妻一般生活了。但亨利尚不知道的是，他被镇民视为逃兵了。夜里，旅馆服务员警告他：早晨将会有人来抓他。

唯一可以避免被抓的办法,就是尽早乘船入湖,逃往瑞士。

这个服务员为他们提供了一只小船,于是亨利便在风雨交加的夜里带着凯瑟琳出发了。他们划着小船前进,终于在黎明时分抵达了瑞士的安全地带。他们在蒙磋上面的山旁松林中租了间农家的茅舍。

他俩在这儿度过了一个诗情画意的冬季。亨利再度求婚,但凯瑟琳反对,因为她的肚子已太明显了。

3月,他们搬到劳桑,住进一家旅社,凯瑟琳便在这儿待产。生产时情况颇为复杂,必须行使剖腹生产手术。孩子生下来了,是个男婴,但已死亡。稍后,凯瑟琳持续出血,非常严重,医生们束手无策,最后她也死了。

《美丽新世界》

作品背景

作者　赫胥黎
类别　小说
国籍　英国

名作简评

阿道斯·里奥那达·赫胥黎，1894年出生，1963年去世。其兄为著名动物学家朱利安·赫胥黎爵士，其父是《禾山杂志》的编辑里奥那达·赫胥黎，其孙为积极拥护达尔文进化论的伟大科学家汤玛斯·亨利·赫胥黎。赫胥黎一家，可谓学者世家，一门俊杰。

阿道斯在牛津大学伊顿学院与拜牛耳学院受过教育后先当编辑，稍后又做了《威敏公报》的剧评家。他20来岁时出版了第一本书——一册小小的诗选，其后又出了3本诗集，接着在1920年出版了一册短篇小说，名叫《地狱的边缘》。他的第一部长篇小说《黄脸婆》出版于1921年，这本书的出版奠定了他重要作家的地位；其后的3个长篇——1923年出版的《滑稽的乡村舞》，1925年出版的《那些枯干的叶子》以及1928年印行的《点对点》更是巩固了他在文坛的名声。

他的作品蕴含机智、讽刺乃至挖苦的意味，这种意味表面上为他那一代战后作家所特有，但比起他的许多同代作家，他是当时最具刺激性的作家。

假如他只写他早年所写的那种时髦作品，就像一位只依靠机智与博学取悦于人的作家所做的那样，他在英国文学史上也许可以占据一个比较卑微、但较有意义的地位。但自从他出版了富于技术性的《点对点》之后，他的身份突然重要了：他变成一位富于创意的思想家，较少着墨于讽刺人类的弱点而较着重于人类的前途了；他开始少做讥刺的评述，而多阐述道德上的困境，并且尝试寻求一种兼收并蓄的折中主义的哲学了。此后，直到春末，他写出了一连串的长篇小说、短篇故事以及综论科学、宗教、伦理、音乐、绘画等方面的文集和小品。

即使在他20来岁写出的那些颇欠成熟的作品之中，我们也可看出他在后期作品中开出的这种理念之花的端绪。例如，他的第一部长篇小说《黄脸婆》的一个人物，就曾以此种方式综述了他对这个世界的未来的担心的情形：

> 家庭制度将会消失于无形之中；彻底败坏的社会将需建立新的基础；美丽而又自在无拘的爱神将如一只快乐的蝴蝶一样，在花间飞来飞去。

阿道斯·赫胥黎在写了20本书之后，在1932年出版的长篇名著《美丽新世界》中作为题材加以充分展现的，就是对一个可能的科学乌托邦世界所做的这种讽刺性的描述。

14年后，赫氏为他这本书的新版写了一篇前言。他说：“《美丽新世界》是一本探索未来的书，而一本探索未来的书，只有它的预言看来似可成真时，才使我们感兴趣。"

> 假如我们可从广岛得些教训，就像我们的祖先可从30年战争里面得到的一般，我们也就可以假定：核能应被限用于工业用途。显而易见的是，其结果将是一连串经济与社会的改变，而其改变的速度和程度可以说史无前例。这种远离痛苦的方式，将由权力高度集中的极权政府指导，而一个真正有效率的国家，则由大权在握的政治领袖及其经理队伍控制一批因爱受奴役而不需强迫工作的奴隶人口。

而作为此种社会的需要之一的是，他仍然预示"一种简单得连笨人也懂的优生学或品种改良制度"，用以使人类自身产品标准化，借以协助国家经理人员的工作。而当一切都被考虑之后，他做出如下的结论，"乌托邦对我们而言，比15年前任何人所能想到的都更加接近。"

他所担心的这种乌托邦会不会来到？就算它会到来，会不会像身为严肃知识分子的赫胥黎所能想象的那样能有一些补救措施也颇成问题。然而即使像《美丽新世界》一般冷漠无情，也难改变下面所述的一个事实：当时它被写出之初，它就挤进了19世纪30年代振奋人心的伟大前驱作品之列。它以锐利的姿态将当时需加质疑的自满态度摆到了大众的眼前。尽管它对共同人性的力量和变化懵懂无知，但它仍使许多读它的人开始为他们自己想到社会可能或应该是个什么样子。善于察言观色、态度超然、从心底轻视非知识分子的赫胥黎，以他的明晰和冷静促使他的读者重新考虑，把人类状态能视为本身的一个几乎不可避免的重要课题。假设这个世界没有变成他所描述的那个样子又会怎样？他的预示怎能证明错误？对于这样一个扰人清梦的主题，我们当代的著作，运用小说这种媒介作启迪思想尝试的，可以说少之又少。

内容精义

在伦敦中央孵化处和管制中心，校长带领"一队刚报到的新生……他一向郑重其事地带领新生参观各科各系"。

赫胥黎用这一设计解释他的新世界，随着校长的介绍和学生的发问而逐渐明显，甚至巨细无遗。

在这个管制中心里面，"在这些庞大的孵化器"，造人科学精益求精，已经达到完美的程度。所造之人有五种不同的标准等级，依照希腊字母顺序分为阿尔法、贝塔、伽甘玛、德塔以及埃普西隆5类，各有其预定的社会地位及其配定的工作。阿尔法类是知识分子，即大脑工作者，而此天平的另一端则是埃普西隆类，即心智低于常态的人类，他们只是为了执行卑微的工作和一切辛苦的劳动而被制造出来。

这种制造各种不同智力标准人类的体制，校长将它形容为"安定社会的主要工具之一"，而这个中心里面的一名工厂工人不但支持了他的说明，并且还将在社会地位预定室各种试管与容器之中孵育的卵子做了一番属于他自己的解说。"我们将我们的宝宝们倒进圆瓶里面，"他说，"作为社会化了的人类，作为阿尔法类或埃普西隆类，作为未来的污水处理工人或作未来的孵化处处长们。"说到这里，校长面露微笑，接纳了对他自己的恭维。

等到这些胚胎成熟而成婴儿之后，接着便做新巴甫洛夫条件反射。注定需做工人的人，则被教以一种本能的反应，使他们既不爱读书，又不喜赏花，以免美好或乐趣等类的抽象观念分散他们的工作心情。他们就寝时，在帛床枕头下面的麦克风，便像耳语一般连续不断地灌输种种不一的理念，使他们乐意接受配给他们的社会地位……"我好喜欢我现在的这个样子，我好高兴我不是一个阿尔法人，阿尔法人需做非常辛苦的工作，比我们辛苦得多，谁叫他们那样聪明……"

"家庭制度的消失"也属必然：在过去，福特（或弗洛伊德）曾经明白指出"家庭生活的种种可怕危险：因为人间到处都有父亲——故而到处都有不幸；因为到处都有母亲——故而就有层出不穷的颠倒错乱，从性虐待到贞洁狂，应有尽有；因为到处都是兄弟、姐妹、叔叔、伯伯、叔母、伯母——故而到处都是疯狂和自杀"。而在新世界，"双亲"一类的字眼如今已经成了猥亵词语，而"父亲"和"母亲"也已成了不堪入耳的话题。

在这个新兴的科学乌托邦中，正如它的一名居民所想的那样，"而今天下太平，人民安乐。他们得到他们所要的一切，绝不想要得到他们得不到的东西；他们生命安全；他们不会得病；他们不怕死亡；他们不知情欲与衰老为何物，非常幸福；他们没有母亲或父亲的折磨；他们没有妻子、孩子或爱人的烦恼；他们既有如此的制约，一举一动几乎都情不自禁地要行其当行。如有任何差误出现，还有索麻可以补救……"此处所说的"索麻"，是一种广为应用的缓冲剂，是一种温和的镇静药，凡有精神紧张的现象发生，随时都可取用。

至于休闲或娱乐，人们可以造访"最近开放的威敏教堂酒馆"等地，"其中有喀尔文音栓和他的16名萨克斯手，还有伦敦最佳色香风琴以及各种新出的合成音乐"。或者，他们也可前往名叫"感情馆"的电影院，只要把手放在座上的金属按钮上面，就可以感觉片中对手的实际感受……"6000观众的实体口唇可以接在一起而使他们的面部性感带感到几乎难以忍受的电击之乐。"或者，当片中的一个人物一头栽倒在地时——"扑通！脑袋好疼！观众发出一阵'哦！''啊！'之声"。

特别需注意的是，这里不但要鼓励大家时常服用索麻，同时还要严格审查一切读物，以免发生不快或不满之事。

赫胥黎反复申述他所想象的未来细节，几乎占据了《美丽新世界》前面一半的篇幅：他跟许多其他处理同类题材的作家一样，对他自己所想的可能情况，着迷与憎恶的心情同样强烈。被他用来推展这部小说情节的人物，几乎毫无地位可言，而这个故事的本身也并无高明之处。他先写一个名叫柏纳·马克斯的青年，由于管制上发生了一点小小的错误，偷偷爱上了一个名唤蕾宁娜·克朗的少女。他觉得普遍修习的杂交生活很叫人厌恶，于是想把蕾宁娜占为己有，而这在新世界的"安定"社会中是一种从未有过的欲望，致使他自己和蕾宁娜都感到极度的窘迫。"一个人有感情，社会团团转。"她以略带申斥的口气对他如此说道，而她所用的这句话，则是他们被造以来就耳熟能详的警语之一。然而柏纳自己很清楚：他们这种唯物主义的生活有着精神上或性灵上的缺点。"在理智上和工作上，我们都是成年人，"他说，"但一涉及感情和欲望就成为婴儿了"。

他俩携手到新墨西哥境内的一处保留地区度假，那里保留的少数"野人"，生活在一种"前文明"的状况之下，作此保留，只是为了保持历史的趣味。他俩在那里遇到了一个名叫约翰的年轻人，此人曾经发现并读过一本名叫《莎士比亚作品》的古书。他向柏纳和蕾宁娜提及此书，并且引用了其中的一些章句，但他俩对这些感到莫名其妙，这大概由于这些话说的是个人与个人之间的关系，超出了他们的经验和理解范围。但他们对这个小伙子很感兴趣，他们不但对他描述了他们自己的社会状态，并且向他提议带他一同前往。约翰听了，热情洋溢，禁不住引用《暴风雨》中的话喊道："哦，美丽的新世界！"他说，"那里面有那样的人！"柏纳听了大感不解地瞪着这位青年说道："你说话的方式非常奇怪。不论怎么样，你为什么不等到亲眼看到那个新世界再说？"

这个小伙子体会到了"文明"的意义，但不久就对它感到厌恶了。尤其糟糕的是，由于完全没有受到制约，他竟疯狂地爱上了蕾宁娜。他带着憎恶的心情离开，前往苏利郡，在一栋被弃的"航空灯塔"中过起苦行的生活。但他在那里无法安静，因为游客川流不息，每个午后都有人乘着直升机前来俯视这个可笑的小伙子的一举一动，并且纵声大笑。最后，他终于上吊自杀。

精彩章节品读

第九至十二章：文明人与野蛮人的初次见面

第十八章：野人在重重的困惑压力与文明世界造成的冲突中上吊自杀。

《飘》

作品背景

作者 玛格丽特·米切尔
类别 小说
国籍 美国

名作简评

《飘》是美国现代著名女作家玛格丽特·米切尔的唯一小说作品,成书于1936年,以南北战争时期南方动乱的社会现实为背景,以"乱世佳人"郝思嘉为主线,描写了几对青年的爱情纠葛是享誉世界的经典爱情小说。

作者玛格丽特·米切尔(1900—1949年)出生于美国亚特兰大市,从小便受到良好教育的熏陶,成年后获文学博士学位。她曾在《亚特兰大新闻报》做记者,工作努力,成就卓越,于1937年获美国新闻界最高奖普利策奖,1939年获纽约南方协会金质奖章。1949年,她不幸被一位喝醉酒的司机开车撞死,英年早逝。

米切尔的一生十分短暂,未能留下更多佳作。但即使仅此一部也足以奠定她在世界文学史中不可动摇的地位。《飘》是一部典型的通俗爱情小说。作者以女性特有的细腻笔触成功地刻画了青年女子在追求爱情过程中的复杂心理活动。把郝思嘉这一复杂人物形象表现得淋漓尽致。郝思嘉——文学人物之林的精灵。她有时让你觉得面熟,有时又显得那么陌生。有时你能理解她,有时却觉得她莫名其妙,但不管怎样她都犹如真人一般出现在你的面前。这就是本书最大的成就。她年轻貌美,但她的所作所为又显得如此的残酷、贪婪、自信。为了自己的任性,为了家业的振兴,她把纯洁的爱情和神圣的婚姻作为交易的筹码。

3次婚姻没有一次出于真心,后来她才终于明白她一直念念不忘的卫希礼懦弱无能，倒是自称是自己同类的白瑞德值得爱。小说中个性化的对白，生动的语言，细腻、灵动的人物、场景以及作者为爱而营造的浪漫气氛，都使这部作品极具魅力，从而也确立了《飘》在美国小说史上的重要地位。

爱情之花是娇嫩的，但是作者却让郝思嘉与白瑞德的爱情之花诞生在战争的废墟上。用残酷来衬托美丽，用喧哗来体现深沉。在这样一种残酷而美丽、喧哗而深沉中让人感受爱的真挚。

全书故事情节生动，在悲欢离合中演绎情感沉浮。被称为"乱世佳人"的郝思嘉和被称为"乱世英雄"的白瑞德也成为人们心中的情感偶像。读者无法面对他们的分离，所以在众多读者期盼的目光中续集《斯佳丽》出版了，成熟的郝思嘉在续集中终于与白瑞德组成了幸福的家庭。

内容精义

1861年4月，美国南北战争前夕，在佐治亚州靠黑奴种植棉花致富的种植园主的圈子里，人们都在谈论战争，而迷人的郝思嘉小姐并不关心战争局势，她认为自己的魅力究竟能征服多少人才是至关重要的。但是她的好心情却因听到心上人卫希礼即将与媚兰订婚的消息而变坏了。她本来认为自己是当地的第一美女，而且舞姿动人，没有人能比得上她。她觉得卫希礼是爱自己的。所以她打定主意要在卫希礼的订婚宴上大显身手，以赢回卫希礼，让他向自己求爱。

第二天精心打扮的郝思嘉穿上了最惹眼的袒胸露臂的绿色花布裙，确实是宴会上最亮丽迷人的女人。她四处搜寻卫希礼，却发现一个面孔像海盗的男人一直在注视她。这人至少有35岁，个儿高，体格强壮。他是军火投机商白瑞德。郝思嘉找准机会和卫希礼密谈。她向他表明芳心，并要求两人一起私奔。卫希礼拒绝了她的提议。郝思嘉气急败坏，顾不得什么南方淑女风度，抓起花瓶就向卫希礼砸去。这一幕全落在了声名狼藉的浪子白瑞德眼里。

郝思嘉气急之下任性挑逗媚兰的弟弟查理，并草率地与他结婚。她并不爱查理，甚至新婚之夜，她让查理在圆手椅上度过了一夜。婚后一周，查理入伍，不过两个月后，查理因病死于军中。郝思嘉不得不按习俗穿丧服，过沉闷的寡妇生活。在一次为南方军队举行的义卖会上，白瑞德以捐赠150美元的高价获得了与郝思嘉跳舞的权利。两人大出风头，并感觉兴趣相投。白瑞德重新把她带入丰富多彩的社交生活中。

南方的局势越来越困难了,南方众多男子都上了战场,而英俊魁梧的白瑞德却留在后方做各种投机生意。他经常来看郝思嘉,并送礼物给她,使她重新成为令人羡慕的对象。她又快乐起来,又成为地方上第一美人了。她想征服白瑞德,但用尽各种方法,白瑞德不为所动。

卫希礼请假回家,临走前发现媚兰怀孕。卫希礼恳求郝思嘉无论在什么情况下都要帮助媚兰,与媚兰在一起,郝思嘉答应了。

1864年5月南方军队节节败退,不久卫希礼在战斗中被俘。亚特兰大即将陷落,媚兰正值这时分娩。医生们都在忙着处理伤兵,郝思嘉只得自己为她接生。媚兰产下一男婴后,白瑞德冒着生命危险带着她们,坐上一破旧的马车,冲出已陷于大火中的亚特兰大,驶向郝思嘉的家园陶乐。中途,白瑞德离开她们上前线去了。郝思嘉非常愤怒,但又无可奈何。

郝思嘉回到家乡。发现老家已遭北军洗劫,田园荒芜,房屋烧毁,并得知母亲已去世,父亲精神失常,两个妹妹身染重病,家中只剩下几个老仆。她虽然正值19岁芳龄,但觉得自己已十分老练,于是决心重整家园。她放下小姐架子,亲自挤奶、劈柴、种地、摘棉花,甚至在危急关头开枪打死一前来抢劫的北军士兵。这时她更觉得什么都不怕了。

1865年春,战争以北军的胜利而告终。卫希礼,回到陶乐。陶乐庄园的工头如今已混成了一个官,他为了霸占陶乐庄园,故意提高地产税,逼郝思嘉脱手,300美元的税款让郝思嘉觉得不堪重负。她再一次恳求卫希礼带她私奔,又遭拒绝。郝思嘉觉得自己只剩下陶乐庄园这唯一的安慰了,她要不择手段保护陶乐。

于是她只身一人前往亚特兰大,以出卖自己为代价向狱中的白瑞德借钱,但是白瑞德表示自己无能为力。绝望的郝思嘉巧遇妹妹的未婚夫甘扶澜,获悉他尚有一些资产。郝思嘉略施巧计,诱引甘扶澜向她求婚,从而保住了陶乐。

白瑞德出狱后告诉郝思嘉他有50万美元,郝思嘉便向他借钱,开始经营有利可图的木材厂。由于她的精明强干,木材厂生意兴隆。

战后的南方社会动荡,白人与黑人固有的矛盾激化,使得生活的不稳定因素增加,一些人组织了三K党。甘扶澜和卫希礼也参加了三K党的活动。郝思嘉在前往工厂的途中遭黑人抢劫,并被撕破了衣服。甘扶澜和卫希礼等

《飘》

三K党人要为郝思嘉报仇,他们组织了对黑人的报复,却遭到了大批北军的镇压。多亏白瑞德带他们转移才脱身,但是甘扶澜在冲突中死去。

甘扶澜死后,白瑞德又向郝思嘉求婚。婚后两人生活奢华无度。但郝思嘉仍对卫希礼念念不忘。生下女儿美蓝以后,一夜郝思嘉巧遇卫希礼,回来后便与白瑞德分睡。

媚兰准备在家中为卫希礼举办秘密生日会。她叫郝思嘉去叫上班的卫希礼回家。在木材厂郝思嘉与卫希礼谈起战前时光,感慨万千,不禁相拥而泣,这一场面恰巧被人撞见,流言四起。郝思嘉十分尴尬,不愿再在生日会上露面,但是白瑞德却坚持要求她去。说如果今晚不露面,一辈子也见不得人了。次日,两人大吵一架,白瑞德带着女儿美蓝不辞而别,郝思嘉也回到陶乐修养。3个月以来白瑞德没有给她来过一封信。而3个月后,白瑞德回到家中,他像换了一个人似的,对人谦恭有礼、温文尔雅。原来他是希望自己的女儿能在友好的环境中成长。白瑞德开始参与政治活动,很快成为知名政治人物。一天,美蓝却在骑马中意外身亡,夫妇俩异常悲伤。

媚兰病危时告诉郝思嘉,白瑞德十分爱她,希望他们两人能幸福。郝思嘉,此时也意识到自己真正爱的就是白瑞德。媚兰死了,郝思嘉回家希望与白瑞德重新开始,但白瑞德已心灰意冷。他表示不愿意让自己的心作第三次冒险了,他同意给她自由。

郝思嘉此时才28岁,她认为一切都还不晚。她要先回陶乐故园,在那儿修复自己疲惫不堪的身心,她相信希望就在明天。而她也终于明白,她丢掉的灵魂不是卫希礼,而是白瑞德,她决心,无论如何也要把白瑞德找回来。

精彩章节品读

义卖会上郝思嘉与白瑞德出尽风头,在守寡的阴影下挣脱出来的郝思嘉重放青春光彩,作者采用烘托手法使人物形象惟妙惟肖,呼之欲出。

郝思嘉杀死一名抢劫的北军逃兵。这是一场以弱胜强的决斗。场面激烈,血腥中带着一丝快意。

郝思嘉与白瑞德坦诚交谈。这是人物感情总爆发的时刻。这也是电影《乱世佳人》中最令人难忘的重头戏。对话极其精彩。

精彩佳句

你每次装起伪善来的时候，就是你最美丽的时候，也就是你最荒唐的时候。

男人可以把世界上的任何东西都肯给女人的，就只不容女人有见识。

人要发大财，只有两个时代，一是国家正在建设的时代，一是国家正在毁坏的时代。建设的时代财发得慢，毁坏的时代财发得快。

财产是男人所有的，女人不过替他们管理管理。管理得好，名誉是男人得的，女人还要从旁称赞他能干。男人划破一个指头，便要像牛一般大吼，女人养孩子，却只能闷声地呻吟，为的是怕男人听见不舒适。

《存在与虚无》

■ 作品背景

作者 萨特
类别 哲学著作
国籍 法国

■ 名作简评

让·保罗·萨特（1905—1980 年），法国 20 世纪重要的哲学家之一，法国无神论存在主义的主要代表人物。以他为代表的存在主义思潮曾风靡欧美，并在世界范围内产生了广泛影响。同时他也是优秀的文学家、戏剧家、评论家和社会活动家。

萨特出生于巴黎一个海军军官家庭，幼年丧父，从小寄居外祖父家。他很小就开始读大量的文学作品。中学时代接触柏格森、叔本华、尼采等人的著作。1924 年考入巴黎高等师范学校攻读哲学。1929 年，获大中学校哲学教师资格，随后在中学任教。1933 年，赴德国柏林法兰西学院进修哲学，接受胡塞尔现象学和海德格尔存在主义。回国后继续在中学任教，陆续发表他的第一批哲学著作：《论想象》《自我的超越性》《情绪理论初探》《胡塞尔现象学的一个基本概念：意向性》等。1943 年秋，其哲学巨著《存在与虚无》出版，奠定了萨特无神论存在主义哲学体系。他本人最重要的思想和观点都已包容在这部洋洋洒洒、既天才横溢又有些冗长的著作中。这部书，与 1960 年发表的《辩证理性批判》一起组成了萨特哲学体系的两大柱石。

萨特是一个存在争议的人。一直以来人们对于萨特的学术地位、文学成就、人格与操守，有着褒贬不一的声音。然而有一点是肯定的，他生前的影响是巨大的，他受着无数大学生的顶礼膜拜，直到现在，人们还在谈论他，关于他的著作，关于他的为人。可见，无论他是思想家，还是小丑，有一点却无可置疑：他激起了人们的兴趣。

其实萨特的《存在与虚无》，刚刚出版的时候并未得到好评，而且从一开始就难以被学术界正统权威势力接受。1943年，在法国占学院派统治地位的是新康德主义代表布兰舒维克的传人勒塞纳和拉瓦勒，他们代表着官方教学学术机构的权威。在他们看来，《存在与虚无》实属离经叛道之举，这样的书，如何能进入哲学的神圣殿堂？这些人以冷嘲热讽的态度对待这部"哲学著作"。据德桑第回忆，他在（花神）咖啡馆就听见勒塞纳与拉瓦勒在一起嘲笑萨特在书中论述的"黏滞"的概念："关注'黏滞'？这太不可思议了！这样的词，怎么能出现在哲学论著中，并且经常出现！"实际上，萨特最终也没有得到学院派的承认，他是法国第一位、也是唯一一位声名如此显赫、除了在中学执过教却从未进入高等学府正式任教的哲学家。

第一篇关于《存在与虚无》的书评不是出于哲学家，而是出于一位青年文学家之手，这位未来的著名电影制片人名叫阿斯退克，他的书评发表在《诗歌》杂志第44期上，文中充满对《存在与虚无》的作者的无限敬意，可以说是对这本书的第一声欢呼。

但是无论怎样《存在与虚无》的成功都是不言而喻的。当然，它最终为人瞩目，还是要到1945年战争结束之后。那是存在主义的时代。战争之后的气氛使人们不得不怀着一种悲怆的心情关注个人与历史的关系，实质上还是知识界如何面对现实的问题。与其说《存在与虚无》以哲学著作的身份吸引了广大读者，不如说是这本书所呈现在人们面前的色彩，或者干脆说是由于他作者在书中所散发的个人的独特魅力，即由于萨特哲学家与作家的双重身份造成的结果。到了20世纪50年代，存在主义在法国思想界发展成为最具影响的思潮，其影响远远超出了思想领域，超出了法国国界。而这部《存在与虚无》也就被视为法国存在主义运动的奠基之作，萨特本人也确定了自己在这个运动中的无可争议的领导地位。

萨特还有一些文学创作如：《墙》《苍蝇》《自由之路》《魔鬼与上帝》。他的文学和哲学是紧密联系在一起的。他的哲学依托于文学作品而得到了广泛的传播；而他的文学也是凭借着哲学思想而得到提升的。可以这么说，萨特更多程度上是一位文学家，一位曾经拒绝接受诺贝尔奖的文学家（1964年）。而作为哲学家的萨特是在1943年，《存在与虚无》发表以后才诞生的。

萨特的哲学是一种行动的哲学，他用他的新哲学提供了一种变通的办法：

不要教会，也不要政党，而是一种富于挑战性的个人主义学说——如果一个人走上了敢于用行动和富有勇气的道路，他就可以看作是自己灵魂的绝对主宰。

"无疑，萨特哲学的成功很大程度上得益于一个时代。一种思想一旦适应了时代，就具有无比的力量。"维克多·雨果如是说。萨特的思想恰逢其时：一方面，他向渴望和期待自由的人们鼓吹自由，但这种自由并非唾手可得（存在主义用行动界定人，它告诉人们，希望只存在于行动中，行动是人生存的唯一理由）；另一方面，萨特领导着知识界风尚的一次重要变革，此类重要的变革是周期性发生的。

"作家在他的时代都有一个位置。每一句话，哪怕是沉默都会有回音。"萨特做到了，于是，萨特成功了。他吸引了人们的注意力，他作了盛况空前的演讲，他在青年人中间赢得了无数的崇拜者。他出版了他的《存在主义是一种人道主义》，他把他的哲学真正地推向了社会、推向了人民大众。

萨特在战后走出了书斋，积极推行社会主义学说。

实际上，萨特和罗素一样，对公共政策的见解没有任何连贯性和一致性。他一旦去世，他的学说也就丧失了生命。萨特在自己生前的最后15年里的活动显得无足轻重，他的追随者也越来越少。

萨特的没落是十分引人注目的。有人开始站出来说，萨特根本就称不上是一位严肃有条理的思想家；他无法与学术地位跟他相当的知识分子保持友谊；他无法对他的很多观点自圆其说。1968年5月20日，他在巴黎大学会堂向学生们发表讲话，冗长空洞的内容遭受到了空前的失败。结束时，萨特说："我现在要离开你们了，我很累。如果再不走，我会以很多蠢话收场的。"

时至今日我们再来评论这位伟人时，我只想说，你可以不同意萨特的某些观点，但是全盘否定萨特则是十分错误的。因为他是"他那一代知识分子的伟大榜样"。也正如法国前总统德斯坦所说："萨特的逝世使我们感到人类智慧的一盏明灯熄灭了。"

内容精义

《存在与虚无》分四部分：第一部分是论述虚无的问题；第二部分是论述自身的存在；第三部分是论述为他人；第四部分是论述有、做和存在。"存在先于本质"是本书的重要观点。在阅读中一定要先弄清楚"存在""虚无""自由"和"他人"的关系,这是《存在与虚无》基本的精神脉络。

下面介绍《存在与虚无》的大致结构。

前三部分是要解决现象学本体论的基本观点问题:萨特确定了存在的范畴,确定了自为的存在的结构与特性及其存在规律。在这个基础上,后面两部分主要探讨自为的存在与其他的自为的存在、与自在即与处境的具体关系,从而论证了人的自由,并且最终以现象学的"存在精神分析"的方法描述了自由的伦理意义,这也是"现象学本体论"的落脚点。

一、导言:对存在的探索。在本书的第一部分,萨特明确了他对存在思考的起点,提出了存在的两种不能互相还原的存在形式:对意识来说超越的存在和意识本身。

二、虚无的起源。在这一部分中,萨特以他的现象学的意识论去进行本体论的探索。

三、自为的存在。"自为的存在"和"自在的存在"相反,它是指人的意识的存在,它是以对"自在的存在"的内在否定来规定自身的。萨特是从三个方面来论述"自为的存在"的。

四、我和他人。包括:1.他人的存在;2.身体;3.与他人的具体关系。

五、拥有、作为和存在。这一部分是《存在与虚无》最重要的部分,萨特认为前面4部分的长篇论述,其实都是要归结到这一部分的中心问题上来,那就是"人的自由"的问题。由于自身、他人的体验以及自为本身都是由行动决定的,所以行动的永恒可能性就应被视作自为的本质特征,萨特由此阐发他的自由的理论。

在《存在与虚无》的结论部分,萨特进一步明确了他的基本哲学立场。在本书第四部分萨特已经把他的本体论定义为"对于被看作整体的存在着的诸多存在结构的解释",本体论就是对在世存在整体的各种结构的描述。本体论不能亲自表述出一种道德律条,所以他最终是要描述面对处境中的人的实在要负起责任的伦理意义。

在本体论的层面上,自在与自为的关系不是互相独立的,而是自为通过内在关系与自在发生关系且努力要去构成理想的整体。如果没有自在就不会有具体的自为。而人不断企图要成为作为这个整体的"上帝"而存在,就是"自为的自在的存在",就是说人的实在和他要成为的自为的存在之间没有共同的尺度，每个人要成为的上帝不同，每个自为的虚无化过程也就不同，统一的人类价值是没有的。人本身就是一个道德主体，就是各种价值赖以生存的那个存在。所以，存在精神分析法就是要揭示：人就是要追求成为自在与自为综合为一体的存在。人的过程就是对理想目标的追求和超越，就是自为向自在的整体化过程。

萨特最后指出，真正要解决有关自由的各种问题，只有在道德的基础上找到答案。萨特预告他将要专门写一部这样的著作，但他始终没有完成这个在此预期的著作。

萨特在此书中把存在分为"自在的存在"和"自为的存在"两种。一块石头是一块石头，一点也不多，一点也不少。就石头来说，它是其所是，这件事物的存在总与它本身相合，这就是"自在的存在"。"自为的存在"实际是指人的存在。在萨特看来，今天的我和昨天的、未来的我不一样，我的意识总在不断地发生变化，人正因为有意识，所以人的本质就不固定。人一生下来，他没有本质，而只好作为存在体存在世界上，本质是后天的，是通过人的意识自由选择的，意识选择是纯粹个人化的事情，每个人的选择都不相同，因此，人的本质也不相同。"存在先于本质"就是这个意思。

但是人总不能忍受人本质的不固定性，这种情境造成人的不安全感受。所以，人在努力寻找使自己由"自为的存在"变为"自在的存在"，变得像磐石一般有不可动摇的坚实性。然而这可能吗？萨特沮丧地看到，由于人有意识，这可恶的意识，使人总处于摇摆之境。只要人活着，他就找不到他的坚实性。人的存在的极端不稳定性的偶然性是他命中注定，是悖论。

于是，人面对着虚无。没有他自己时，世界对他是一片虚无，有了他自己，这个自己却是本质空缺的自己，所以他面对的仍然是虚无的感觉。不过人类特有的尊严在这里诞生了。萨特自豪地说：这种虚无才是行动意志的基础。于是，"自由"的概念被提了出来。

萨特对自由简直是着了魔的，这是一种无限的自由，一种绝对的自由。他说："人命运是自由的。意味着人要做上帝"，"一旦自由在一个人的灵魂里爆发了，神明对这个人就无能为力了"。这些响亮的口号不难想象在战后，在一片价值废墟之上，是如何振聋发聩了。人生而自由，是不应该受到奴役的，德国法西斯是倒行逆施，两次世界大战彻底摧毁人类对上帝的信仰。所以，小知识分子由衷地感谢萨特为他们提供一种非传统的思想。存在主义号召人们面对恐怖与荒谬的现实，让他们能看到人的尊严并保持自己的特性，对他们来讲，这是一条十分理想的自救之途。

"他人即地狱"是萨特流传深广的思想。个体有了自由，必须面对他人。我们两个人不能成为一个人，其根源就是我们意识的多样性。你想的和我想的不一样，这使人常常觉得恐慌，因为我看见我所设定的世界突然间从我的手指尖逃脱了，逃向另一个人的设计之中，这个人不断地注视着我，因为我也是世界的一部分，所以他也企图设计我，于是我被迫要变成他者的存在。

《恶心》是萨特最喜欢的小说，在这部小说中，萨特突然发现了"恶心"这种人类普遍共有的心情。他的存在主义思想一下子被打开了，里面的主人公洛根丁原来对自己的存在和对外部世界没有什么清醒的认识。但突然有一天，他感到浑身不适，开始了恶心感，也就是从那时候起，他意识到了自己的存在。恶心是对现实世界的体验，是因为认识到自己存在的荒谬而生发的生理反应。萨特说，人只要认识自己的存在，就永远会有恶心的感觉。萨特在战争期间有10个月的时间被关押在纳粹贝尔森集中营内，他的荒谬、恶心、虚无的体验都是贝尔森集中营给的。

精彩章节品读

导语

结论

精彩佳句

> 存在先于本质。
>
> 他人即地狱。
>
> 为了使我被别人认识，人应该拿自己的生命去冒险。
>
> 憎恨意味着承认别人的自由。
>
> 我的位置将不是一个聚点，而是一个出发点。

《资本论》

作品背景

作者 卡尔·马克思
类别 经济学著作
国籍 德国

名作简评

《资本论》——一部让我们熟悉不已的作品,自它问世的那一天起就已经宣告了一个时代的来临。它也让世人永远地记住了马克思这个名字。

卡尔·马克思(1818—1883年),无产阶级革命的伟大导师,科学共产主义的创始人。这位思想巨人用他的毕生精力为整个人类社会的前进和发展做出的贡献是无法用数字来计算的。他创立的马克思主义思想在人类思想史上占据着相当重要的地位。有人说,影响20世纪世界进程的思想家有3个,一个是尼采,另一个是弗洛伊德,再一个就是马克思,而马克思及其思想所产生的影响,无论是广度还是深度,都是这三人之最。无论是现在还是未来,他的政治、经济思想都是指引人们前进的明灯。

这位自由主义的犹太人有着敏锐的思想、超常的毅力和坚定的信念,也正是这种个性成就了他的伟业。

在马克思的经济学著作中,《资本论》可谓是最耀眼的一颗明珠。此书耗费了马克思一生的心血,是马克思主义政治经济学的伟大著作。同时它还是一部哲学和科学社会主义的经典文献。因此这本书又被学术界称之为马克思的百科全书。

但是这本巨著却是在我们难以想象的贫穷境地完成的。那时的马克思无钱买面包,更没有钱付房租,有3个孩子在这样的生活中因为营养不良而死去,女儿死的时候他甚至无钱安葬。这种生活使他有过无限的感慨,但是这也使他清醒地认识到这种贫困的根源——剥削。这种深刻的切身体会让他对自己的学说更加的执着,最后他在大英博物馆的图书室完成了这本《资本论》。

《资本论》的问世,是政治经济学的伟大革命,标志着工人阶级政治经济学的诞生。在这部著作中,马克思主义唯物辩证法得到了具体的应用和发展;历史唯物论由假设变成了"科学地得到了证明的原理"。同时该书还从经济的角度第一次使科学社会主义学说得到了论证,是马克思主义理论体系的最深刻而全面和论证,是马克思主义发展史上的一座里程碑。

《资本论》的问世,是科学社会主义史上划时代的伟大事件。本书首次提出的"剩余价值"理论,揭示了资本主义剥削的大秘密。让人们认清了资本剥削的本质。

正如麦克·哈特所说:"哲学家的重要性不仅在于他的哲学思想,而且还在于他的思想是否发生了影响,并且能够促进人们去为之奋斗。如果我们从这方面来判断马克思,我们便会发现他是一位具有重要性的人物。""一位伟大的思想家停止了他的思想,但他所做的却影响了他身后的世界。"恩格斯在他的葬礼上说:"正如达尔文曾发现有机自然界的进化规律一样,马克思也发现了人类社会进化规律。"达尔文也在收到《资本论》一书后给马克思的回信中写到:"虽然我们的研究是十分不同的,但是我相信,我们双方都在热切的企求知识的扩展,而这个必定可以增加人类的幸福。"

从某种意义上说,《资本论》是人们了解人类幸福和经济活动中商品与货币之间秘密关系规律的一本永远性著作。

内容精义

《资本论》全书共分为3卷,主要研究的是资本主义的生产方式、生产关系、交换关系以及经济运动的规律。第一卷阐述资本的生产过程,中心问题是分析剩余价值的生产;第二卷阐述资本的流通过程,中心问题是阐述剩余价值的实现;第三卷阐述资本主义生产的总过程和剩余价值理论,中心问题是分析剩余价值的分配及产生的历史。

第一卷共分为7篇25章,主要讲述的是资本的直接生产过程,是从资本生产过程和流通过程的统一中建构出来的直接生产过程。本卷还阐明了货币和商品的基本原理,论述了货币转化为资本、资本价值增值和资本积累等问题,揭示了资本主义生产关系的产生、发展,直到灭亡的历史趋势。这7篇又可以分为3个部分:第一篇为第一部分,阐述了商品货币理论,分析商品和货币的本质属性,阐明劳动价值理论的各个基本原理。第二部分包括第二到第六篇,阐述剩余价值生产理论,分析了剩余价值生产过程,揭示了资本的本质、剩余价值的起源及资本家剥削无产阶级的秘密。这一部分中提出的有关资本本质和剩余价值起源的理论是马克思主义理论的基石,所以本部分是第一卷的重心所在。第三部分就是第七篇,阐述了资本积累理论,分析剩余价值如何转化为资本,揭示了资本积累的本质及一般规律,指出资本积累的历史趋势。在第一卷的总结部分,马克思从分析资本积累的过程出发得出了资本主义必然灭亡的结论。

《资本论》的第二卷是在研究资本主义生产过程的基础上进一步研究资本的流通,同时也为研究资本生产的总过程打下了基础。这一卷又分为3篇:第一篇题为"资本形态变化及其循环",研究了资本循环过程经历的阶段,资本在其循环过程中不同阶段所采取的形式及特征,以及资本的各种形式在运动中所形成的循环过程与形式。第二篇题为"资本周转",研究的主题是资本的流通速度及其对剩余价值产生的影响,资本流通速度的影响因素也是这一部分研究的一个重点。在这一阶段,资本依据其对剩余价值生产的贡献不同而分为固定资本和流通资本。第三篇题为"社会总资本的再生产和流通",主要研究社会资本再生产的实现条件。总体来说,前两篇论述的是个别资本流通的形式和条件,后一篇论述的是社会资本流通的形式和条件。

第三卷共分为7篇。第一到第三篇阐述的是平均利润和生产价格理论。第四篇阐述了商业资本和商业利润理论。第五篇阐述了银行资本和利润理论。第六篇阐述了土地所有制和地租的理论。第七篇阐述了分配关系和生产关系的关系,进一步揭示了资本主义生产方式的对抗性和历史的短暂性,并指出解决这个对抗性的生产关系的唯一道路是社会主义。

精彩章节品读

工场手工业

借贷资本与利息

精彩佳句

像人一样的生活。

生产力一被解放,劳动就成了人类的需要。

工资只是劳动力的价值或价格的掩蔽形式。

流通或商品交换不创造价值。

资本的价值是生产剩余价值。

《诗 经》

作品背景

作者 多人
类别 诗歌
国籍 中国

名作简评

凡是对中国文学史稍有了解的人都会知道,《诗经》在中国文学中的地位非同小可。在中国文化的浩瀚天空中,美丽、动人的诗歌作品灿若群星,可是这些作品中没有任何一部的地位能够比得上《诗经》。中国古代的读书人将《诗经》奉为神圣的经典,诵读的时候满怀恭敬的心情。这首先是因为《诗经》是我国古代最早的一部诗歌总集,其次是因为人们认为这部诗集的编定者是伟大的圣人——孔子。后代的人们总是有一个坚定的信念,认为圣人孔子之所以要编这样一部诗集,目的不仅仅是让大家去欣赏优美的诗作,更重要的是要通过这些诗歌对人们进行思想品德上的教导。这导致后代的人在阅读这些诗歌时,常常抛开诗歌中优美的意象,悠远的情境,而去探索文字背后隐藏的道德训诫。后来这一点成为中国古代的读书人阐释诗歌的重要特点。

诗经中的诗按照内容可以划分 3 类,汉代的学者分别把它们称为"风""雅""颂"。"风"又称为"十五国风",指的是 15 个国家的民歌;"雅"又分为"大雅"和"小雅",是贵族们在宴会上作的诗;"颂"是周王朝祭祀宗庙时用的诗,也是贵族们创作的。国风的数量最大,共 160 篇,"雅"总共是 105 篇,"颂"最少,只有 40 篇。古代的学者们对"十五国风"的来源十分感兴趣,因为"国风"既然是民间的作品,那么它们是通过什么途径汇集到一起,最后被孔子编辑成一本诗集的呢?汉代的学者对于这个问题的解释是,从远古时代流传下来这么一个风俗:每到春光烂漫、百花盛开的时候,民间的男男女女就会聚集在河边举行一种仪式，目的是驱除灾害，祈求吉祥。在举行仪式的过程中，大家都兴高采烈地做诗、唱歌。当仪式结束，大家快要分手的时候，政府官员就会来到他们身边，把他们作的诗记录下来，带回朝廷，呈献给最高统治者，让他通过这些诗作了解老百姓的思想感情。慢慢地，政府手里的这类诗歌越集越多。再后来，孔子就根据这些材料编成了一本《诗经》。这样的解释十分生动、有趣、充满想象力，但这只能解释其中一部分诗歌的来源。因为古代流传下来的有关资料极为缺乏，所以即使到了现代，学者们对诗经中诗歌的来源还是不能形成统一的认识和全面的解释。

今天我们读到的《诗经》仅仅只是文字组成的一首首诗作，可是在春秋战国时代，它们都拥有自己的乐谱，可以和乐歌唱。只不过后来随着时间的流逝，乐谱慢慢地散失了，后代人对于诗经就只能吟诵，无法歌唱了。这实在是一种遗憾，因为没有音乐的配合，就难以充分体验这些诗歌中蕴含的情感。

《诗经》的诗除了可以入乐歌唱以外，还可以和音乐一起作为舞曲为舞蹈者伴奏。实际上，对于任何一个民族而言，诗、乐、舞三位一体都曾是远古艺术的特点，因为古代人并不像今人这样，把各个艺术门类划分得那么清楚。与孔子同时代的另一位大思想家墨子曾经这样描述人们欣赏《诗经》中作品的不同方式：读书人有的在朗诵《诗经》，有的用琴弹奏《诗经》的音乐，有的在歌唱《诗经》中歌曲，有的则应和着别人的歌唱翩翩起舞。

但那个时代的人们歌唱《诗经》的时候，目的并不仅仅是欣赏，还包含着很复杂的政治因素。那个时代，诸侯国之间的政治军事斗争十分激烈，国与国之间进行着频繁的外交活动。在这种场合里，各国的使节、代表常常为了本国利益而进行针锋相对地论辩，但在论辩的过程中却常常用唱《诗经》中诗作的方式来表达自己的观点和意见，这样不仅使己方的论辩显得高雅，还可以缓和紧张的气氛。更重要的是，用唱《诗经》的办法来表明己方的态度、观念，意在言外，往往能收到比直接的言辞表达更好的效果。如果这位外交官是个精通《诗经》的人，能够根据不同的情况、不同的场合唱出合适的"诗"，往往能使对方折服，获得政治斗争的胜利。

内容精义

在《诗经》的305篇诗歌中，从现代人欣赏的角度来看，最富文学性的是国风中的诗歌。这些诗篇以其纯朴、真诚、强烈的情感，丰富生动的修辞手法，以及鲜明优美的意象打动着千千万万读者的心灵。这些诗篇之所以具有如此巨大的魅力，原因之一是普遍地使用了3种文学手法，它们是赋、比、兴。用现在的话来说，"赋"指的是直接对事物进行细致描述的创作手法；"比"指的是比喻；"兴"的概念十分模糊，对于这一写作手法，千百年来众说纷纭，大致说来，"兴"指的是先借别的事物引起话头，然后再说出真正要表达的东西。这3种方式后来成为古典诗歌创作的经典手法，尤其是比和兴，是诗歌"诗意"的根本来源，也是造成诗歌美感的重要原因。

《诗经》开首第一篇是《关雎》，这首诗实在是太有名了，只要是接触过古典文学的人，几乎没有不知道的。

> 关关雎鸠，在河之洲。窈窕淑女，君子好逑。
> 参差荇菜，左右流之。窈窕淑女，寤寐求之。
> 求之不得，寤寐思服。悠哉悠哉，辗转反侧。
> 参差荇菜，左右采之。窈窕淑女，琴瑟友之。
> 参差荇菜，左右芼之。窈窕淑女，钟鼓乐之。

这首诗可以看作是一位男子写给他心中思慕的女子的情诗。他的本意是要对这位姑娘说："美丽善良的姑娘啊，你正是我渴求的好伴侣。"可是他先说的却是："水鸟发出'关关'的鸣叫，双双站立在河洲之上。"这种写作方式就是典型的"比兴"手法。诗的第二章表达了他因为对那位姑娘过分思念以至于深夜不寐，在相思的煎熬下辗转反侧，既真实诚恳又生动形象。诗的第三章描述了他对未来生活的美好梦想，他和深爱的姑娘结了婚，心中充溢着幸福与满足，他要为她演奏各种乐器，用动听的音乐来让她心旷神怡、容光焕发。这首诗可以称之为"千古情歌之祖"，它真实而又深刻地表达了当一个男人爱上一个女人时那种甜蜜的焦虑、充满梦想的心情，以及要为对方的快乐奉献一切的最深情的善意。与后代诗歌不同的是，诗经中的爱情诗全都是明白显露的，怎么想就怎么说，从来不加掩饰。后代的爱情诗却总是遮遮掩掩、躲躲藏藏、欲说还休。

另一首比《关雎》更优美也更深刻的爱情诗是《蒹葭》。

> 蒹葭苍苍，白露为霜。所谓伊人，在水一方。
> 溯洄从之，道阻且长。溯游从之，宛在水中央。

> 蒹葭凄凄,白露未晞。所谓伊人,在水之湄。
> 溯洄从之,道阻且跻。溯游从之,宛在水中坻。
> 蒹葭采采,白露未已。所谓伊人,在水之涘。
> 溯洄从之,道阻且右。溯游从之,宛在水中沚。

与《关雎》相比,这一首诗意更加浓郁,意境更加优美,而情绪也更加复杂,更加扑朔迷离。如果说《关雎》中男子的心情基本是大胆、自信,对所爱的姑娘志在必得的话,《蒹葭》中的男子则是没有自信、犹豫徘徊,不知道自己能否获得对方的爱情。《关雎》中的男子心思单纯、质朴,坚信自己将来一定能得到心爱的姑娘,似乎从未想到过失恋的痛苦,而《蒹葭》中的男子则充满忧郁、伤感,似乎预感到自己的爱情一定会像在漫漫长途中跋涉一样充满痛苦的煎熬。他几乎可以肯定那位"在水一方"的女子对他来说可望而不可及,他注定要经历一场毫无结果的单相思的爱情。深秋的早晨,河边那大片芦苇已经有些萧瑟了,苇丛上迷漫着淡蓝色的雾气,清冷的白露顺着芦苇的叶片悄无声息地滑落……诗人用这样的风景烘托出男子那忧伤、凄清而又迷离的心境,可以说是后代那些扑朔迷离的、伤感的爱情诗的开山之作。

《国风》中这类优美的诗歌俯拾皆是。在《硕人》中诗人这样描绘美女的容颜:

> 手如柔荑,肤如凝脂。领如蝤蛴,齿如瓠犀。
> 螓首蛾眉,巧笑倩兮,美目盼兮。

诗中的比喻新奇大胆,喻体充满生机与活力,同时又不失雅致,使读者仿佛亲眼看见了这位绝代佳人那流光溢彩的双瞳,玲珑可爱的笑靥。

另一首脍炙人口的名篇是《月出》:

> 月出皎兮,佼人僚兮,舒窈纠兮,劳心悄兮。

诗中用朦胧清幽的月光衬托出女子空灵纯净的美,这种整体的烘托,注重氛围、气质的表现手法与上一首中对五官进行细致描写的手法在表现力上各有千秋。

除描写爱情和女子之美外,《诗经》中还有许许多多美丽感人的名篇佳句,表现了人类生活的各个方面和人类丰富复杂的内心情绪。如《采薇》中的:"昔我往矣,杨柳依依。今我来思,雨雪霏霏。行道迟迟,载渴载饥。我心伤悲,莫知我哀!"表现了某种深刻的内心沉痛之感;《桃夭》中"桃之夭夭，灼灼其华。之子于归，宜其室家。"表达了人们对新婚夫妇和谐生活的美好祝愿。《鹿鸣》表现了对人间友情的珍视，对朋友的思念之情。《七月》以长长的铺叙手法展现了依靠土地生活的人们的朴实的人生内容，作者从一月开始写起，详细地向读者交代了自己每个月必须进行的农事、家事，在这首诗中，有四季轮回的景物变化；有一件件工作连缀起来的实实在在的生活之链；有从工作与劳动中获得的生的乐趣；有在繁重的劳动下人的愁苦与无奈；有在自己的生存方式中对生命的体悟与感受；也有对自己、对他人、对自然的深情。这实在是一首由种种事件、场景、物象、情绪、感触交织而成的生活的大网，这网络的核心是人对"存在"的领悟。

《诗经》的写作年代和编定年代离现在已经两千多年了。但两千年的浩浩时间和空间的巨大变迁也难以阻隔今天的人们阅读《诗经》时对古老时代的感受与追忆，对祖先生活的理解与共鸣。《诗经》展现的是中国历史源头之处五彩缤纷的丰富世界，它那原初的、不经污染、不加限制、不受约束的生命与情感，常常让后代的读者向往、羡慕不已。于是《诗经》这部伟大、杰出的诗歌总集中所具有的场景、意境、意象、词句，便成为中国人永远喜爱的美丽的梦，不断闪烁在我们的心灵之中，反复出现在后代千千万万的诗歌、作品之中，永远让人觉得回味无穷。对于现代读者来说，《诗经》会帮助我们感受到那最本质、最纯朴、也最人性的生活。

精彩章节品读

1. 《周南·关雎》
2. 《周南·桃夭》
3. 《召南·摽有梅》
4. 《邶风·静女》
5. 《卫风·木瓜》
6. 《郑风·子衿》
7. 《秦风·蒹葭》
8. 《豳风·七月》
9. 《小雅·采薇》

精彩佳句

关关雎鸠，在河之洲。窈窕淑女，君子好逑。

蒹葭苍苍，白露为霜。所谓伊人，在水一方。

一日不见，如三秋兮。

昔我往矣，杨柳依依。今我来思，雨雪霏霏。

《老子》

《老子》

作品背景

作者 李耳
类别 哲学
国籍 中国

名作简评

《老子》是一部既简洁又深奥的哲学书，它的作者是李耳，人们尊称他为老子，将他所写的书也称为《老子》，又叫《道德经》。

在中国古代的哲学家中，老子应该算是最富有传奇色彩的一位。人们对他的生平、经历知之甚少，但民间却流传着诸多有关这位哲学家的有趣传说。

汉代历史学家司马迁在他的巨著《史记》中这样介绍老子："他姓李名耳，字聃，是春秋末年楚国人，曾经担任周守藏室之史。"而人们口头流传的关于他出生的故事则是这样的：李耳在他母亲的肚子里一直孕育了3年，他一生出来，就已经是一个银须白发的72岁的老人了，而且一出生就会说话，他指着院子中间的一棵李树说："我就姓李吧！"而关于李耳如何离开这个世界，人们是这样想象的：他在一生中思考了各种各样的问题，他那睿智深邃的思想使他洞察了人世间的一切，于是他决定离开。他骑着一头青牛向西走，经过了长长的旅行之后来到了函谷关，出了关就是毫无人迹的荒凉地带了。当时守卫函谷关的官吏名叫尹喜，是一个擅长望气的人。当他观察天空时，他看见一团紫色的气自东向西而来，他就明白，这是大名鼎鼎的老子到了。于是他热烈地欢迎老子的到来，并对他说："如果你要出关的话，就必须为我写一本书，否则我不会放你出关的。"老子无可奈何，只好暂且住下，将自己毕生的思想精华写成一本书，这就是著名的《道德经》。书成之后，尹喜果然信守诺言，放李耳出关。出关后的李耳逍遥地坐在青牛背上，悠闲地向着天与地交接的地方进发……

人们之所以将老子的生与死想象得如此离奇,大概是因为人们对这位最原始的智者充满了敬意,对他深邃的思想、高超的智慧以及他解释天地万物时那独到的眼光充满崇敬。后来人们进一步将其神化为道教神仙中那位骑在青牛背上的太上老君。而在中国的成语系统中,将即将发生的吉祥的事称为"紫气东来",体现了老百姓对老子的敬佩与怀念。到了唐代,因为唐的皇帝也姓李,就干脆认老子作老祖宗,尊其为"太上玄元皇帝"。

中国古代的哲学思想、政治思想、社会学思想与人生哲学一般来说可以大致划分成两个基本对立的方面,这就是道家思想与儒家思想。几千年来,孔子创立的儒家思想一直是社会上的"显学",是受官方提倡的思想与学说,是占据主流地位的学说。但在一般知识分子的心目中,道家思想与儒家思想缺一不可,它们一刚一柔,一动一静,一进一守,互为补充,相辅相成,才能为知识分子的心理带来平衡状态。而老子正是道家学派的创始人,道家学派思想的精华就是《老子》一书。

内容精义

《老子》这本书共 81 章,5000 字,分为上下两篇,上篇开头第一个字是"道",下篇开头第一个字是"德",因此合称为《道德经》,这也就是函谷关的守吏尹喜请老子写的那本书。而实际上,现代的学者大都认为,这本书并不是老子写的,而是我国前期道家学派编定的,只不过它的确代表了老子的思想。

《道德经》之所以将"道"字放在开篇第一个字,是因为老子哲学的中心概念就是"道",这本书中关于"道"的描述是这样的:

道生一,一生二,二生三,三生万物。

"道"这种东西在天地形成之前就已经有了,它独立存在于天地之外,它在宇宙间的运行不会改变,也不会消亡。它实际上可以被看作是万事万物的母亲,也就是书中所说:"独立而不改,周行而不殆,可以为天下母。"如果用现代哲学的本体论来衡量的话,老子所说的道,正是宇宙万物的"本体",那么,这个"道"是什么样子的呢?老子描述说:"惟恍惟惚。"也就是说,恍恍惚惚,无形无色,难以用感官去把握,可是这一团迷离恍惚的东西之中并非空无一物，而是：其中有象，其中有物，其中有精。"道"是无知无欲，自自然然，什么行动也没有，可是却决定和支配着天地万物的生存变化。实在是一个十分超越而又带几分神秘的东西。

今天的人大概很难真正体会老子所说的"道"的含义到底是什么，可是在老子时代，有很多人都能切身地体验到"道"的存在，并在静心冥想之中与道合而为一。远古时代的人相信天地之间存在着一个人格神，它有着人一样的躯体，也有着和人一样的情感，它的一喜一怒都支配着人世间的祸福。可是老子提出的这个最高决定性作用的"道"并不是神，只不过是一个诞生万物的来源，这就使中国的哲学思想向前迈进了一大步。

如果从老子的本意来看，《老子》一书实际上不是纯粹的哲学书，称其为政治思想书或社会思想书可能更合适一些。因为《老子》的书处处体现了老子的政治学、社会学思想。老子对当时统治者过分严厉的统治十分不满，他在书中写下：

民之饥，以其上食税多，是以饥。

老百姓之所以没有粮食吃，是因为统治者收的税太多。

民之难治，以其上之有为，是以难治。

老百姓之所以不听政府的话，是因为政府提出的要求太过分。

民之轻死，以其上求生之厚，是以轻死。

老百姓之所以拿死不当一回事儿，是因为统治者太放纵私欲，使人民生活痛苦，因此人们宁愿死去。老子希望统治者能变得聪明一些，知道统治之"道"，统治之"道"的内容是：

处无为之事，行不言之教。

对老百姓要宽松，要通过自身的正确行为对老百姓进行影响，而不是喋喋不休地进行说教，理由是：

我无为，而民自化；我好静，而民自正；我无事，而民自富；我无欲，而民自朴。

只要统治者实行宽松的政治，老百姓自然就变得文明，有教养了；只要统治者不行苛政，老百姓自然就变得行为正确，遵纪守法了；只要统治者不向人民施加苛捐杂税，老百姓自然就会生活富裕；只要统治者洁身自好，老百姓自然就会变得纯洁质朴。

老子还是一位对社会生活具有深刻洞察力的思想家，他独到的眼光使他总结出了许许多多普通人难以发现的生活经验和人事变化的规律，其中最主要的对后世人的生活产生长久指导意义的是他具那有辩证法色彩的"对立统一规律"。

> 有无相生，难易相成，长短相形，高下相盈，音声相和，前后相随。

也就是说，矛盾双方总是相互依存的。

> 曲则全，枉则直，洼则盈，敝则新，少则得，多则惑。

这段话的意思是，事物的发展总是向着相反的方向转变的。

> 祸兮，福之所倚，福兮，祸之所伏。

这是大多数中国人知道的福祸相生的观念。从这一认识出发，如果事物的确是矛盾双方相依相存，如果事物的确是向着相反的方向转变，人类应该如何安排自己的行为呢？《老子》一书提供给人类的策略是：

> 将欲歙之，必固张之；将欲弱之，必固强之，将欲废之，必固兴之，将欲夺之，必固与之……

简单说来就是以退为进，欲扬先抑。《老子》一书对此有两句十分精辟的总结：

> 柔弱胜刚强。
>
> 夫唯不争，故天下莫能与之争。

在矛盾转化的规律下，可以做到：柔弱变为刚强，无为变成"有为"。

《老子》一书表达的思想是充满睿智的，它教会我们谦退不争的人生态度，教会每个人如何在竞争激烈的社会中掌握立身处世之道，游刃有余地置身于纷繁的社会生活之中，既不伤害别人，也使自己不受到伤害。有意思的是，老子十分向往的生活方式是一种十分简单、十分原始的生活，他似乎对人类社会发展、人类文明进化所带来的先进的生活方式不感兴趣，希望社会退回到"小国寡民"的时代。

《老子》

　　使民复结绳而用之。甘其食，美其服，安其居，乐其俗。邻国相望，鸡犬之声相闻，民至老死不相往来。

也就是说，人应抛掉已经拥有的文明与文化，应该废除已经建立的发达的政治、军事、法律、教育等社会制度，每个人都应该去掉自己的智慧，去过最简单、最单纯、最质朴的原始先民式的生活，这样就可以安居乐业，可以和平相处，可以免除现代社会的一切弊病与争端。虽然《老子》一书提出的解释方式是不可行的，但却反映了一个像老子这样的智者对文明与进步所带来的反面效应的深刻洞察，对人与人之间关系恶化的忧虑之感。

对于中国人乃至全世界的人来说，老子都可以称得上是名副其实的智者，或许他的思想并不全面，但他在感兴趣的思想领域里的确见解深刻，目光独到，他所达到的思想高度也是后人难以企及的。正是这一原因，使他的哲学与思想几千年来渗透于中国文化的各个方面，对中国人的生活产生了巨大影响。

精彩章节品读

第一章、第二十一章、二十五章、四十二章：对道进行了总体描述。
第二章、第七十五章：集中表达政治思想。
第二十二章、三十六章、五十八章：集中表达辩证的矛盾对立转化思想。
第八十章：生活理想。

精彩佳句

> 有物混成，先天地生。寂兮寥兮，独立而不改，周行而不殆，可以为天地母。吾不知其名，强字之曰"道"，强为之名曰"大"。
>
> 祸兮，福之所倚，福兮，祸之所伏。
>
> 道生一，一生二，二生三，三生万物。万物负阴而抱阳，冲气以为和。
>
> 大方无隅，大器晚成，大音希声，大象无形。

《论语》

作品背景

作者 孔子
类别 语体散文
国籍 中国

名作简评

在中国两千年的封建社会里,占据主流地位的统治思想是儒家思想。古代的读书人,几乎人人尊奉儒家,在儒家思想的熏陶下成长,按着儒家思想的内容来确立为人处世的原则、标准,按照儒家思想来规划自己的一生,在儒家思想的指导下做官。因此,儒家思想对中国古代读书人的影响是无与伦比的。

儒家思想的创始人是孔子,而唯一一部直接体现孔子思想的书是《论语》。

《论语》在中国古代知识分子心目中的地位可以说是至高无上的。在南宋大思想家朱熹编定的《四书》中,《论语》排在第一位,而《四书》成为宋以后知识分子必须记得滚瓜烂熟的教材,《论语》在儒家经典十三经中位列第一,其地位的重要可见一斑。

对于《论语》的作者孔子,只要是中国人,都耳熟能详。孔子生活在距今天两千多年前的春秋时代,他是鲁国人,祖先曾经是宋国的贵族。在孔子很小的时候,他的父亲就去世了。因此孔子童年时代的生活是十分艰辛的,他干过各种各样的工作,包括管理牛羊和仓库。但他具有普通人难以具备的素质,那就是:对知识的永不满足的好奇心,对自己所信奉的价值体系的坚定信念,不达目的誓不罢休的顽强毅力。这3种素质使他从同时代人中脱颖而出,在思想与学识方面逐渐达到顶峰。从34岁开始,孔子积累的知识已经达到相当丰富的程度了,他的思想也基本定型,他感到需要通过授徒来使自己的思想流传后世,发扬光大,于是就开始办学校。第二年,鲁国发生了内乱，孔子离开鲁国到达齐国。齐国的国王齐景公曾经听过孔子的大名，对他的到来表示欢迎，并向他请教一些政治上的问题。孔子的回答深受齐景公的赞赏。后来，孔子回到鲁国，先后担任过不同官职。在他55岁那一年，因为执政者的执政思想，远远背离了他心中的价值观念，他认识到自己的政治理想无法在鲁国得到实现，于是毅然决定离开鲁国，开始了他一生中最具光辉的行动——周游列国。他向各国的当政者讲述自己的政治见解与抱负，希望有人能够听从他的意见，按照他的设想来治理国家。他整整漫游了13年，拜访了卫、宋、陈、郑、蔡、楚等国家，但是没有一个国家愿意实施被孔子视为理想政治的"王道"，孔子一次一次地遭到拒绝，但他一次又一次地鼓起勇气，恢复信心，向着下一个国家进发，继续为他心目中的理想政治而努力。旅途的艰辛、当政者的拒绝、世人的不理解、人事的变化、年龄的增长，没有一件事能动摇他心中的信念。在周游列国的过程中他忍受了许许多多的风霜、苦楚与困厄，他的名气也渐渐传遍了各个诸侯国，人们都知道有这么一位为自己那不合时宜的理想而百折不挠的人，即使所有的人都反对他的观点，他也依然坚持，绝不动摇。坚持自己的理想信念的孔子是伟大而坚强的，但他也是孤独的。13年之后，孔子老了，精力也衰退了，他也终于认识到自己的理想在自己的有生之年大概是不可能实现了。于是他便回到鲁国，但他并没有因此而放弃自己的信仰，而是找到了另一种方式来证明自己的价值，通过另一种方式来实现自己的理想，那就是从事教育，整理古籍。他向一批又一批的弟子们讲述他的政治观念，讲述他心目中的理想政治、理想人生，学生们又向他们的学生讲述同样的内容。门下的弟子们将老师的讲授记录下来，编成一本书，名叫《论语》。从那以后，世世代代的读书人都诵读着《论语》，将孔子理想当作自己的理想，无数的读书人用无数次的政治实践和生命实践不懈地朝孔子讲述的那一理想政治努力，无数的人在前赴后继地为实现孔子没有实现的理想而奋斗。就这样，孔子为他的思想与理想找到了一个超越个人生命的、永不中断的实现历程。在教授弟子的同时，孔子努力修订古代的文化典籍，在对《诗》《书》《礼》《易》《春秋》的整理中，孔子倾注了自己的心血和思想，而孔子个人对中国的贡献也被记入文化之流中。在孔子回到鲁国的第五个年头，孔子奋斗不息的生命终于停止了，终年73岁。后世的人们尊称他为"至圣先师""万世师表"。时至今日，中国人依然受惠于他的思想。

内容精义

孔子的政治理想与人生理想集中体现在《论语》一书之中。

孔子的政治理想以施行仁政的王道为核心。"仁"的含义是"爱人"。论语中写道：

> 己欲立而立人，己欲达而达人。
>
> 己所不欲，勿施于人。

简单说来，"仁"就是对人的尊重、同情和爱护。以对人的"爱"为前提，为政者应该：

> 节用而爱人，使民以时。

这是说当政者要节约财用，爱护民力，不要无休无止地役使人民。有道德的统治者对老百姓应该：

> 道之以政，齐之以刑，民免而无耻；
>
> 道之以德，齐之以礼，有耻且格。

这是说为政，如果仅仅用行政手段和法律对老百姓进行治理，老百姓虽然不敢违犯法律，但却没有廉耻；而如果用礼乐和道德对人民进行管理，人民不但不会违法，而且会温文有礼，文质彬彬。理想的政治应该让贤人、有才能的人都有机会参与到政治体制中去，充分发挥自己的才能：

> 举直措诸枉，则民服，举枉措诸直，则民不服。

也就是说，只有有才能的人都得到重用，老百姓才无话可说。

《论语》中所体现的孔子的人生理想也建立在"仁""爱人"的基础上。孔子认为人应该克制个人的欲望，遵守伦理道德规范。

> 克己复礼为仁。
>
> 非礼勿视，非礼勿听，非礼勿言，非礼勿动。

只有这样，人与人之间才能和谐相处，才能维持一个温馨的生活环境，人与人之间才能真诚相待。为了实现"仁"这一理想，孔子坚定地说：

> 志士仁人，无求生以害仁，有杀身以成仁。

每个志士、君子，当生存与坚持理想两者发生冲突时，不应该为了苟活世间而抛弃理想，应该为了维护理想、信念而献出自己的生命。

《论语》中也记录了孔子关于人的成长的论点，孔子思考的问题是：人如何才能在各方面知识的教育熏陶下成长为一个有健全人格的人？人怎样才能在社会的文明之中成长为一个真正意义上的人？孔子的答案是：文学艺术可以帮助人达到这一目标。

  兴于诗，立于礼，成于乐。

也就是说，诗、乐对人具有重大的影响作用，文学艺术可以使人的心灵变得博大而温暖，因此孔子主张人们应多读《诗经》：

  小子何莫学夫《诗》？《诗》可以兴，可以观，可以群，可以怨；迩之事父，远之事君；多识于鸟兽草木之名。

《论语》中还主张，文与质的统一，提倡中和之美，使"中庸"之道成为中国人追求的人生境界与审美理想。

除了以上这些论述政治与人生的内容以外，孔子有时也会抛开这些严肃的内容，而回复到纯粹感性的、诗意的、优美的体验之中，让生命被心灵的情感笼罩。

  岁寒，然后知松柏之后凋也。
  子在川上曰："逝者如斯夫，不舍昼夜！"

四季常青的松树，代表着某种坚定不移的信念，奔流不息的滔滔逝水，暗示着时间的迁移。其中包含的深切的哲思与诗意感动过世代中国人的心。一生为理想而奋斗的孔子，心目中理想的个人生活样式是：

  饭蔬食，饮水，曲肱而枕之，乐亦在其中矣。不义而富且贵，于我如浮云。

这种对单纯而精简的生活方式的认同，使后来历代的知识分子在坚持道德而过清贫生活与抛弃气节而享高官厚禄的选择中义无反顾地选择了前者，保持了人格的纯洁。

孔子一生共带出了3000多个弟子，其中有名的72人，这72个杰出的学生人人兼通六艺。他们将孔子教给他们的学习方法也记录在《论语》之中，传之后世：

温故而知新。
学而不思则罔，思而不学则殆。
多闻阙疑。
不耻下问。
不愤不启，不悱不发。
学而时习之，不亦说乎？

这些已经成为后世无数读书人身体力行的原则。

孔子去世以后，他的学生不断地讲授着他的思想与主张，孔子学派的影响越来越大，越来越多的人信奉儒家思想。到了汉代，汉武帝在儒生董仲舒的劝说下，为巩固其统治地位，下令"罢黜百家，独尊儒术"，这样，本来是诸子百家中一子、一家的孔子及其儒家，便被提到了新的高度。政府通过行政命令及相应的教育措施强迫所有的读书人只学习儒家思想。刚开始的时候，人们还反抗过一阵子，但随着时间的推移，人们也就渐渐接受了这一定局，以儒家思想为主，而道家等其他思想派别只能处于次要的补充地位。各家思想的力量对比几乎成为定局，其后虽然在魏晋南北朝、唐等朝代有过几次反复，但均无法推翻儒家思想的主导地位。到了明代、清代，政府的科举制度规定《四书》是必读的作品，读书人于是只能将所有的时间花在研习《四书》上，以求顺利通过科举考试，更加没有时间接触其他思想。虽然历朝历代都有人对儒家思想的某些方面提出质疑，但往往会为儒家思想补充内容，而不是以其对立面出现。

因此，如果对中国文化史进行一番巡礼的话，我们所能看到的最显著的人、最突出的思想、绵延最长久的意识形态是孔子和他创立的儒家学派。

精彩章节品读

《为政》

《颜渊》

《泰伯》

《子罕》

《学而》

《论语》

精彩佳句

子曰：学而时习之，不亦说乎？有朋自远方来，不亦乐乎？人不知而不愠，不亦君子乎？

子曰：吾十有五而志于学，三十而立，四十而不惑，五十而知天命，六十而耳顺，七十而从心所欲，不逾矩。

子曰：三人行，必有我师焉。择其善者而从之，其不善者而改之。

子曰：无欲速，无见小利。欲速，则不达；见小利，则大事不成。

《庄 子》

作品背景

作者 庄子
类别 散文
国籍 中国

名作简评

在中国古代文学史上，有一类书可称之为"奇书"。这类书的思想非正非邪，文笔非庄非谐；既是思想深邃的哲理之书，又闪耀着文采精华；既充满诗意的感性文字，又包蕴着深邃的哲学思辨。这类书是作者的智慧与性灵的凝结，也是作者的谐趣与幽默的外化，更是作者超凡脱俗、遗世独立的人格与思想的展现。在这类"奇书"之中，有一部最美妙、最有趣、最具有灵性的作品，它就是《庄子》。

《庄子》的作者名叫庄周，是宋国蒙地人。他生活在齐宣王、梁惠王的时代，年轻时曾经在家乡担任漆园的管理员。

庄子这个人学问非常广博，人间的一切学问无不涉猎，研究范围无所不包。庄子的思想跟老子有点相像，却比老子要广博深厚得多，《庄子》与《老子》相比则更充满灵性与诗意，更充满人的智慧。我们可以把庄子称为集道家之大成的学者。庄子不像老子那样，将"道"描述为神秘的、超越的、形而上的存在，而是将"道"放入自然与人间。作为一个灵心慧性的智者，庄子的思想对人世极富启发意义。

庄子本人是一个让人猜解不透的、与众不同的人，他聪明绝顶，性格恬淡，对人间情感绝不萦怀；他不慕名利，甘于贫贱，却又时时向往着超越与逍遥；他时而好辩，时而沉默；他生活在其中的那个世界明明就在世间，但却是一个常人难以进入的、绝不同于流俗的、充满神奇想象的、充满有趣寓言的世界。他懂得一切,却并没有割舍一切,他知道世界与人类有着无穷的缺陷与疾病,但他自己并没有隐居山林,过孤独而清静的生活。他做的事是唱着歌悠游于人间。

内容精义

按照《汉书·艺文志》的记载,《庄子》一书共52篇。但现在只剩下33篇,包括内篇7篇,外篇15篇、杂篇11篇。学者们一般认为,内篇是庄子亲自写的,而外篇和杂篇是由他的门人弟子们完成的。

仅仅看一下《内篇》的题目,就会让人觉得趣味无穷。《内篇》7篇的题目分别是《逍遥游》《齐物论》《养生主》《人间世》《德充符》《大宗师》《应帝王》。从这些题目所给我们的陌生感、距离感中,可以体会出庄子思维的特异性。

"逍遥游"是庄子追求的最高人生境界,对于这一境界,《逍遥游》中是这样描述的:

乘天地之正,而御六气之辩,以游无穷。

这是一种任何限制都没有、任何外物都不凭借的绝对的自由。这样绝对的自由当然是人人都渴望的,可是怎样才能获得呢?在《大宗师》中,庄子讲出了获得这一自由的途径:

堕肢体,黜聪明,离形去知,同于大通。

也就是说,通过"心斋""坐忘"等主观修养方法,在精神上努力与无限的宇宙和谐交融,努力去体验一种终极的感受,这种感受是:

天地与我并生,万物与我为一。

这样,人就在与天地万物的合一之中抛弃了个体的聪明,而获得宇宙天地间的大智慧与根本精神;扔掉了人的肉体的束缚,而与万物永恒同在。也就是说,这种绝对的自由是通过人精神自由自在地飞升而实现。在这种情况下,即使人依然以肉体的方式生存于世间,精神却可以遨游于天地之间。

可是现实生活中充满种种限制,人们常常因此而感到压迫与局促,《人间世》中认为解决这一切苦恼的办法是超脱:

>知其不可奈何而安之若命。

有了这样的态度，就能摆脱外物的纠缠，使悲喜哀乐不系于心，在任何情况下保持平静轻松、悠然自得的心境，从而使人生不再烦恼。

但是对人生不再烦恼并不意味着对社会的不合理现状视而不见。实际上，面对充满缺陷的社会，不公平的现象，愤激也好，恼火也好，都无助于事实的改变，心平气和地考虑对策，往往更有益处。庄子对这一点体会很深，在《在宥》中指出：

>今世殊死者相枕也，桁杨者相推也，刑戮者相望也。

在《马蹄》中又说：

>夫至德之世，同与禽兽居，族与万物并。恶乎知君子小人哉！同乎无知，其德不离；同乎无欲，是谓素朴；素朴而民性得矣。及至圣人，蹩躠为仁，踶跂为义，而天下始疑矣；澶漫为乐，摘僻为礼，而天下始分矣。

从中可以看出庄子与老子在思想上的近似之处，他们都看到了社会文明、进步的负作用，也看到了个人的聪明导致了人与人之间的争斗与敌对。因此庄子的解决办法与老子有异曲同工之妙，《胠箧》说：

>绝圣弃知，大盗乃止；擿玉毁珠，小盗不起；焚符破玺，而民朴鄙；掊斗折衡，而民不争；殚残天下之圣法，而民始可与议论。……削曾、史之行，钳杨、墨之口，攘弃仁义，而天下之德始玄同矣。

也就是说，通过绝圣弃知的办法来达到天下的和平与社会的安定。庄子生活的时代，已经是战国的中期，各诸侯国之间的政治、军事斗争日趋激烈。大国的统治者为了无限扩张土地与财富而不断发动战争，给国内的人民造成沉重的负担；小国的统治者为了保住自己地盘而忙于应付战争，疲于奔命，也无暇关心百姓的疾苦。这是一个充满战争、矛盾、冲突、流血与死亡的时代，而造成这一切的原因是人的贪欲与人与人之间勾心斗角。庄子提出了一个从根本上解决问题的办法，但却是一个不可行的办法。

《庄子》一书中最吸引人、最令人觉得奇妙无比的是连缀于文章中的那一篇篇寓言故事。这些小故事充满庄子的通达、智慧以及他那幽默的心性。

《大宗师》第六中有一个"相忘于江湖"的故事。江湖的泉源干枯了，鱼儿都困在地面上，用口沫互相滋润，体现了情意的温暖。可庄子却说："相濡以沫，不如相忘于江湖。"因为人为的仁爱毕竟有限，当人需要用仁爱来互相救助时，这世界便不好了。而大自然的爱却是无量的，所以人应该相忘于自然，如同鱼相忘于江湖。

《徐无鬼》第二十四中有一个"吴王射巧猱"的故事：吴王到山上射猴，许多猴子都赶紧躲入深山，只有一只猴子，在树枝上跳来跳去，自恃灵巧，以为吴王射不到它。吴王生气了，命令大家一起放箭，猴子再灵巧，也躲不过众矢齐发，终于被射中而死。

庄子通过这个故事要说的是：本领不可夸，智慧不可耀，锋芒常会带来祸害，所以应自晦光芒。

《应帝王》第七中有一个"混沌之死"的故事：南海的帝王名叫倏，北海的帝王名叫忽，中央的帝王名叫混沌。倏和忽常到混沌住的地方去玩，混沌对他们很好。倏和忽于是私下里商议说："人都有七窍，而混沌却没有，我们替他把七窍凿开作为礼物吧。"于是他们趁混沌喝醉了的时候，每天替他凿开一窍，7天后，混沌死了。

庄子解释说：无为自然的本性，若被加上智巧机智等小聪明，本性将因遭到破坏而死亡。

在《至乐》第十八中有一个"瘤生左肘"的故事：支离叔和滑介叔一起到昆仑山去观看自然的变化。这时支离叔的左肘上长出了一个瘤。滑介叔问支离叔："你会觉得心里不安吗？你会讨厌它吗？"支离叔回答说："不会，生命形体只是大自然偶然的聚合罢了。一个瘤就像一粒灰尘落在我身上一样，况且你我来昆仑，想观看大自然的变化，现在变化偶然降临到我身上，我又怎会介意呢？"

庄子从中领悟到：生命是时时刻刻在变化的，心境应随着变化运行，不要以昨日的心来看待今日的变化。

在《天地》第十二中有"黄帝遗失玄珠"的故事：黄帝来到赤水之北，登上昆仑山去游玩，返回时，遗失了大道。他令智慧去寻，智慧没找着，又叫耳力最好的声闻去寻，也没找着，最后叫无象去找，终于找着了。

庄子解释说：道不能用心智、眼睛、耳朵去获得，要无心无象才能找到大道。因为大道超越了眼、耳、口、鼻、舌、身、意的境界。

《庄子》中还有许多与庄子本人有关的著名故事。如"妻死鼓盆而歌""庄生梦蝶""庄子在荆棘中"等。其中一个有意思的故事是"道在屎溺"。东郭子问庄子说："你所说的道，究竟在哪里？"庄子回答说："道是无处不在的。""那就请你明白地提出一个地方吧！"庄子指着地上的蝼蚁说："道就在蝼蚁身上。"东郭子惊讶地说："怎么会这样卑下呢？"庄子又指着草丛说："道就在稗子小草的身上。"接着又说："道就在硅瓦里面。"东郭子更奇怪了："怎么更加卑下了呢？"庄子说："道在屎溺里。"说完，笑嘻嘻地问东郭子："怎不讲话了？"然后又解释，"你问的话离大道太远了。以大道来观看万物，万物不分贵贱。蝼蚁、稗子、硅瓦、屎溺是一样。它们如果不合乎道，就根本不能存在，所以说，道无所不在。"

　　这个故事直接反映了庄子的观点，即万物都是道的化身，无贵贱之分。道使物有盈虚、始终、聚散，而自身却没有盈虚、始终、聚散。《列御寇》中一个故事表达了庄子对待生死的达观：庄子快死了，他的弟子们打算厚葬。庄子说："如果把天地当人棺材，将日月星辰当作陪葬的宝玉珠玑，将万物当作人们给我的供品，这样看来，我的葬礼不是已经很丰富了吗？举行厚葬干什么？"弟子回答说："如果照你所说，将尸体扔在野外的话，我怕鸟鸢会来啄食您的尸体。"庄子回答："扔在地上时被鸟鸢吃，埋在土里则会被蝼蚁吃，这两者有什么区别呢？"

　　《庄子》作为一部旷世的奇书，在许多的方面对中国人产生巨大的影响。除了在生活方面、思想感情、人生道路上影响了无数的知识分子，《庄子》一书中的寓言、故事、形象也作为取之不尽的文学资源，反复出现在文人们的诗歌之中，《庄子》本身所具有的无穷诗意不断得到激活与阐发。更重要的是，《庄子》一书，可帮助人们突破僵化、恒常的思维模式的束缚，克服"成见""成心"。

　　《庄子》流传到现在已经两千多年，但它的魅力却与日俱增。

精彩章节品读

《逍遥游》

《人间世》

《大宗师》

《庄　子》

精彩佳句

相视而笑，莫逆于心，遂相与为友。

螳螂捕蝉，黄雀在后。

吾生也有涯，而知也无涯。

天地与我并生，而万物与我为一。

《孟 子》

作品背景

作者 孟轲
类别 散文
国籍 中国

名作简评

对中国古代文化影响巨大的儒家学派中有两个著名的人物，一个是创始人孔子，另一个是孟子。因为孔子被人尊称为圣人，所以孟子就被尊称为"亚圣"。他的老师是孔子的孙子子思的学生。作为儒家学派的代表人物，他也写了一部书来表述他的思想，这部书的名字是《孟子》。

孟子名轲，是战国时期邹国人。关于他的生卒年，历来有不同的说法，根据有关记载推断，他大约出生于公元前 385 年，死于公元前 304 年。和孔子一样，他从小失去了父亲，家境十分贫寒，但幸运的是，他有一个贤惠而聪明的母亲。母亲深深懂得，要让孩子有一个成功的人生，首先必须让他接受良好的教育，要受到良好的教育，就必须有一个良好的成长环境。为此，孟子的母亲煞费苦心，接连搬了 3 次家，远离世俗的、商业气息过分浓郁的地方，最后终于定居在一个学校的旁边。这就是民间脍炙人口的孟母教子的故事，它曾经被编成多种戏剧搬上舞台。

孟子不负母望，终于成了一名了不起的学者。从这以后他的人生道路与孔子极为相似。首先是办学校，授徒讲学，同时参与政事，担任某种职务的官吏，然后到各国去游历。足迹所至，往往受到各国当权者的礼遇，但很少有人对他的政治主张感兴趣，更不要说采纳了。他先是去了宋、滕、魏等诸侯国，后来在齐宣王当政时来到了齐国。齐宣王刚见他的时候，对他的政治观点比较感兴趣，于是给了他优厚的待遇，并任命他为卿。可时间长了，孟子和齐宣王政见上的不合渐渐显露出来，矛盾也越来越多。孟子知道，想在齐国实现自己的政治理想是不可能的了。于是，便辞掉官职，返回故乡邹国，将全部精力放到讲学和写书上，直到逝世。

孟子和孔子人生道路的近似，说明了一个事实，在兵荒马乱、烽火连天的战国时代，决定一个国家命运的，不是像孔子和孟子所说的是否施行了仁政，而是军队力量的强大与否，而仁政只能施行于和平的年代。也就是说，孔子、孟子在战国那样的时代宣讲他们仁政王道的理想政治，实际上是不合时宜的，当然不会有人采纳。而在那样一个充满血与火的时代，人的生命显得脆弱之极，随时都会被死亡之手卡住咽喉，因此大多数人要么惶惶不可终日，要么纵情享乐，放纵欲望，很少会有人听从孔子和孟子的教导，去修身养性，"一日三省吾身"地检点自己的道德。因此，他们二人的人生理想也不合时宜。孔孟人生追求的失败，既不是他们的理想有误，也不是时代的过错，而是他们的理想与那个时代根本就不应该相遇。

孟子晚年回到故乡潜心著书，和弟子万章等人编成一部《孟子》，全书分为七篇，它们是《梁惠王》《公孙丑》《滕文公》《离娄》《万章》《告子》《尽心》。

内容精义

孟子将自己对社会的不满、对理想政治与社会的设想、对人性的理解全部熔铸在这部《孟子》之中。

《孟子·梁惠王上》指责了当时不公平的社会现实：

庖有肥肉，厩有肥马，民有饥色，野有饿莩，此率兽而食人也！

在《离娄上》中对不义的战争进行了抨击：

争地以战，杀人盈野；争城以战，杀人盈城，此所谓率土地而食人肉，罪不容于死。

在孟子看来，之所以会有这种事情是因为统治者没有施行仁政。与孔子相比，孟子的仁政更加重视经济问题。他主张恢复古代的井田制，给每户人家分100亩的田地，再分5亩地盖房子，统治者则废除刑罚，减轻赋税，让人们可以安居乐业，自给自足。这样，老百姓吃得饱，穿得暖，没有冻饿之忧，就能将心思放在精神修养上，这时再对他们进行礼义教化，引导他们人人向善。孟子这一思想应该说是十分正确的。

孟子要求统治者施行仁政，为此他提出的口号是：

> 民为贵，社稷次之，君为轻。

这在当时是十分大胆的也是十分了不起的思想，体现了孟子的勇气。更让人敬佩的是，他公然宣称，人民对那些暴君可以诛伐，没有什么不合理的。而这一点实在是石破天惊，关于这件事情，《孟子》中的记载是这样的：

有一次，齐宣王向孟子提起汤放逐桀，武王讨伐商纣王之事，并别有用心地问他："以臣弑君，可乎？"他回答说："杀害无辜百姓的人可以称之为狠毒，而破坏道义的人可以称之为凶残。又凶残又狠毒的人可以称之为独夫。我只听说过人们诛杀了独夫殷纣王，没有听说过人们杀君。"也就是说，一个不爱护百姓的君主就算不上是君主，人们有权废除他或处决他。这样的思想达到了古代民本思想的最高水平，对后世也产生了极为深远的影响。如果说历代中国人在君主集权的统治之下能有一点反抗的勇气的话，这勇气便来自于孟子。

孟子对人性的认识是性善论，也就是《三字经》中所说的"人之初，性本善"。孟子说：

> 恻隐之心，人皆有之；羞恶之心，人皆有之；恭敬之心，人皆有之；是非之心，人皆有之。

因为人人都有善良之心，所以都可以通过教育懂得道德，即使是普通老百姓，也可以将自己培养成古代的尧舜那样的圣人。因为，孟子认为理想的人际关系应是：

> 老吾老，以及人之老；幼吾幼，以及人之幼。

可惜，他这种希望激发人的善心来解决社会问题的想法同样充满了书呆子气，同样不适合他生活的战国时代。

与孟子同期或前期的其他哲学家、思想家相比，孟子最大的特点是"好辩"。孟子的好辩在当时是出了名的。甚至连他的弟子公都子也向他提出了疑问："外人皆称夫子好辩，敢问何也？"孟子回答说："予岂好辩哉，予不得已也。"接着，他便再一次论辩说：

> 杨墨之道不息，孔子之道不著，是邪说诬民，充塞仁义也。仁义充塞，则率兽食人，人将相食。吾为此惧，闲先圣之道，距杨墨，放淫辞，邪说者不得作……昔者禹抑洪水而天下平，周公兼夷狄、驱猛兽而百姓宁，孔子成《春秋》而乱臣贼子惧……我亦欲正人心，息邪说，距诐行，放淫辞，以承三圣者，岂好辩哉！予不得已也。
>
> 能言距杨墨者，圣人之徒也。

实际上，好辩并不是缺点，在古代希腊，辩论发展成一门专门的学问，在古希腊的雄辩家们看来，辩论是区别正误揭示真理的有效途径；而在另一方面，辩论体现了人的语言天赋，体现了人思维的灵活性，知识的丰富性，善于论辩其实是一种十分难得的才能，孟子的论辩正反映了孟子的聪明与机智。告子以水喻人性，说："人性之无分于善不善也，犹水之无分于东西也。"孟子立即反驳说：

> 水信无分于东西，无分于上下乎？人性之善也，犹水之就下也。
>
> 人无有不善，水无有不下。

孟子十分擅长论辩的艺术，他常常采用迂回战术，先设好圈套，让对方钻进去，然后乘其不备，发动突然袭击，当对方发觉上当时，已理屈辞穷，只好认输。

孟子为了批评齐宣王没有治理好国家，先问他："有人把妻子托付给朋友，自己到楚国去，朋友却让妻子挨饿受冻，应该怎样对付他？"齐宣王回答："抛弃他。"孟子又问："法官不能审理好案子，应怎样处理他？"齐宣公回答："罢免他！"经过这两问两答之后，孟子突然把话题转向治国："一个国王没有把国家治理好，该怎么办？"齐宣王一下子哑口无言，只好"顾左右而言他"。

在另一情况之下，孟子先通过设问，使对方暴露其理论弱点，当找到突破口之后，再发动猛烈反击。孟子在同农家学派的陈相辩论时，他针对陈相的老师许行"贤者与民并耕而食"的观点，先追问许行的各种生活用品来自何处，迫使他说出"百工之事固不可耕且为也"，然后又反问道："然则治天下独可耕且为与？"接着便说明社会分工的必要性，又举尧舜为例，说明圣人忙于治理天下，无暇亲自耕作，因此贤者与民并耕而食的观点是不切实际的。

《孟子》一书中还有不少精彩的寓言，有许多已经被后人们浓缩成了成语，如"揠苗助长"等。

除了善辩以外，《孟子》一书与其他先秦学者作品的另一个不同之处是这本书中充满了"骂语"，孟子对他所讨厌、反对的人毫不留情，直言相斥，而没有追求语言的典雅纯净，这可以说是一个比较特异的现象。比如说，他骂陈相背弃师说，追随许行时，指责他是"不善变者"，骂公孙衍、张仪的行为是"妾妇之道"，甚至骂杨朱、墨翟"无父无君，是禽兽也"……这些全都增添了《孟子》文章的锐气，使文章显得锋芒毕露。俗话说文如其人，孟子的性格也直率坦白，这样的性格在先秦学者中比较少见，但都符合他提出的"浩然正气"的人格标准。

南宋的朱熹把《孟子》一书和孔子的《论语》一起列入四书，是官方规定的读书人的基本教材，可见其地位之重要。

精彩章节品读

《孟子·尽心上》
《孟子·尽心下》
《孟子·告子上》
《孟子·告子下》

精彩佳句

> 登泰山而小天下。
>
> 劳心者治人，劳力者治于人；治于人者食人，治人者食于人。
>
> 鸡鸣而起，孳孳为善者，舜之徒也。鸡鸣而起，孳孳为利者，跖之徒也。欲知舜与跖之分，无他，利与善之间也。

《孙子兵法》

作品背景

作者 孙武
类别 军事著作
国籍 中国

名作简评

《孙子兵法》，又称《孙子》或《吴孙子兵法》，是中国古典军事文化遗产中的璀璨瑰宝，是中国优秀传统文化的重要组成部分。其内容博大精深，思想精邃富赡，逻辑缜密严谨。该书对中国古代军事学术的发展产生了巨大而深远的影响，被人们尊奉为"兵经""百世谈兵之祖"。历代兵学家、军事家无不从中汲取养料，用其指导战争实践和发展军事理论。因《孙子兵法》的巨大影响力，一个名字也逐渐被人们所熟知——孙武。

孙武，字长卿，约活动于公元前6世纪末5世纪初，春秋末期著名军事家。祖先是陈国公子完，因内乱逃到齐国，后改为田姓。祖父因为征战有功被齐国国君赐姓孙。后因田家族人在齐国谋反，孙武怕受到牵连，逃到吴国，受到吴国大臣伍子胥的重视和推荐，被吴王任命为将军，从此纵横沙场，在吴国崛起的过程中发挥了重要作用。一般认为《孙子兵法》的思想来源于孙武，实际上是由他的弟子或者战国的兵家编订的。因《孙子兵法》一书的重要价值，孙武被认为是中国古代最伟大的军事家，享有"兵圣"的美誉。

在历史上，齐国人有好兵事的传统。齐国是周王朝的诸侯国，周朝的姜子牙善战有功，被封在齐国，其后代世享封地。春秋战国时期，齐国名将辈出，精通战术谋略者众多，诸多传统思想及时人对兵事的深入研究为《孙子兵法》的成书奠定了深厚的基础。

据考证，中国人对此书的研究最早开始于三国时期。三国时著名的政治家、军事家曹操是第一个为《孙子兵法》作了系统注解的人。这为后人研究运用《孙子兵法》打开了方便之门。《孙子兵法》历代都有著录。1972年4月山东省临沂县银雀山汉墓出土的竹书《孙子兵法》为迄今最早的传世本，可惜为残简，不能窥其全貌。现存重要的版本为南宋宁宗时所刻《十一家注孙子》，宋刻与宋抄《武经七书》本，其中宋本《十一家注孙子》经清代孙星衍校定考辨后，成了近世流传最广、影响最大、最为实用的读本。

《孙子兵法》不仅是中国的谋略宝库，在世界上也久负盛名。8世纪传入日本，18世纪传入欧洲。现今已翻译成29种文字，在世界上广为流传。研究《孙子兵法》的专著，中国有500余部，日本有160余部。孙武被推崇为"兵学鼻祖"，《孙子兵法》被尊为"兵学圣典""百世兵家之师""万古不易之名著"，荣获"世界古代第一兵书"的盛誉。英国元帅蒙哥马利曾说，世界上所有的军事学院都应把《孙子兵法》列为必修课程。美国《大战略》的作者约翰·柯林斯说，《孙子兵法》的"大部分观点在我们的当前环境中仍然具有和当时同样重大的意义"。美国在制定对苏战略和作战纲要中，运用了《孙子兵法》的"不战而屈人之兵""上兵伐谋"等原理。对《孙子兵法》原理的运用，今天已超出军事领域，扩展到经济、商业等领域。

2500年前产生的《孙子兵法》，为什么在今天仍有指导意义呢？这是因为它在战争、军队、谋略、备战、战略决策与指挥、作战原则与方法、军事经济与后勤、军事地理等领域中，都提出了一些具有普遍指导意义的原理。这部不朽名著，堪称战争论和战略论兼容的战略学著作，内容十分丰富，其中最重要的战争、战略理论是以国家利益为重的重战、慎战观。

英国著名军事理论家利德尔·哈特向人透露：他的军事著作中所阐述的观点，其实在2500年前的《孙子兵法》中就可以找到。他也确实对孙武及其著作很感兴趣，不仅为《孙子兵法》英译本作序，还在自己的得意之作《战略论》前面大段引述孙武的格言。1991年的海湾战争，美国海军陆战队军官都奉命携带一本《孙子兵法》，以便在战场上阅读。而现在大多数人也用《孙子兵法》的理论来分析美国对伊拉克的这场战争。

《孙子兵法》是中国古代最古老、最完备的一部兵书，也是中国古代兵书的奠基作品。该书以辩证的哲学思维为基础，总结前人的战争经验，发展了有关战争的军事理论，堪称两千年来中国军事家学习、揣摩和实践的瑰宝，对于中国的军事实践和军事理论的发展具有重大的影响。在当代，《孙子兵法》阐述的辩证思想被人们发扬光大，受到世界各国的高度重视，并被广泛应用于政治、经济、管理的实践中，充分显示了该书的生命力。

内容精义

《孙子兵法》是迄今可以见到的最早的军事理论著作，它构筑了一个精美恢宏的兵学体系，影响了后世兵学发展的方向，在传统兵学中占有十分重要的地位。全书以"安国全军"为指导思想，倡导积极的防御备战观。

结构上《孙子兵法》分3卷，共13篇。

上卷包括《计篇》《作战篇》《谋攻篇》《形篇》4篇文章。《计篇》一开始就指出，"兵者，国之大事，死生之地，存亡之道"，一定要多加注意。接着提出了决定战争胜负的5个条件，孙子把这5个条件归纳为"道""天""地""将""法"。在战争中，具备这5个条件，才是战争胜利的基础。《作战篇》指出，发动战争的前提是先要了解战争带来的不利之处，然后才能知道如何化不利为有利。针对后勤保障问题，孙武提出了以战养战的方针，认为好的将领一定要"取食于敌"，这样才能"胜敌而益强"。《谋略篇》指出了作为一个将领必须深刻理解的几个军事原则：第一是用兵的方法，战争的最佳结果不是破坏和毁灭，而是要保存敌人的力量为我所用，不用战斗就能让敌人屈服，才是真正优秀的将领。第二是攻战的方法，战斗的最佳方法是利用谋略，最差的方法是强攻敌人的城池，攻城是最不得已的方法。第三是说，在战争中要正确估计双方的实力。第四是在战争中最重要的是要了解敌我双方的实力，这样才能取得战争的胜利。《形篇》描述的是战争中的攻守问题。要能善攻善守，才能立于不败之地。

中卷包括《势篇》《虚实篇》《军争篇》《九变篇》《行军篇》5篇文章。《势篇》论述的是战争中如何创造有利于自己的优势的问题。《虚实篇》论述了战争的机动性问题，强调"实则虚之，虚则实之"的灵活性。《军争篇》论述如何在战争中争夺重要利益。两军争夺某一重要战略位置时，必须注意各种情况。《九变篇》提出一个观点，在战争中，由于情况瞬息万变，所以，"将在外，君命有所不受"，做将领的应该根据情况来调整自己的作战方针。《行军篇》专门论述行军过程中对各种地形的注意事项，文中还特别提到某些埋伏的征兆。

下卷包括《地形篇》《九地篇》《火攻篇》《用间篇》4篇文章，《地形篇》承接《行军篇》继续论述地形对战争的影响。主要论述对于险要地形的对策。《九地篇》认为："用兵之法，有散地，有轻地，有争地，有交地，有衢地，有重地，有圮地，有围地，有死地。"所谓"散地"，是指各个国家自己的土地；"轻地"是指自己的军队进入别国后还未深入时占领的土地；"争地"，是指双方争夺的地方；"交地"，是双方都可以自由往来的地方；"衢地"，是指两军交战时存在第三方力量，谁先去争取，就可以获取帮助的地方；"重地"，是指敌人国土的纵深之处；"圮地"，是指道路险阻、极难行走的地方；"围地"，是指能够设埋伏圈的地方；"死地"，是指必须迅速战斗，否则就会全军覆灭的地方。《火攻篇》论述了5种用火进攻的方法。《用间篇》认为尽管"将在外，君命有所不受"，但是，在外的将领很容易受到离间，因此，战争中应该了解对方的情况，适时地利用手段来达到战胜的目的。

思想上，《孙子兵法》主要包括以下几个方面的内容。

"安国全军"的慎战观。

《孙子兵法》首篇《计篇》便开宗明义地指出："兵者，国之大事，死生之地，存亡之道，不可不察也。"为此，要求战争指挥者，战前要认真比较敌我双方各方面的情况，做到"未战而庙算胜"；要不惜重金使用间谍，以充分掌握敌情；要积极备战，"无恃其不来，恃吾有以待之"；要创造有利的战场态势，"先为不可胜，以待敌之可胜"，等等。正是出于慎战的考虑，孙子告诫战争指挥者："主不可怒而兴师，将不可愠而致战。"

"不战而屈人之兵"的全胜思想。

在战略上，孙子主张以最小的代价换取最大的胜利，并在此基础上提出了"不战而屈人之兵"的全胜战略思想。究其实质，就是以军事实力为后盾，通过"伐谋""伐交"等一系列非军事手段来达到自己的目的。这种全胜战略思想，构成中国传统战略文化的重要内容，成为后世用兵者孜孜以求的理想境界。

"重谋尚诈""胜于易胜"的战胜观。

孙子充分认识到战场主动权在作战中的重要作用，提出了"故善战者，致人而不致于人"的重要命题。孙子作战理论的核心是虚实理论。避实击虚作为一般的作战原则已为人们所熟知，但孙子的认识并不限于此，他是以发展的观点来看待虚实的。孙子认为，实现避实击虚不能消极等待，必须充分发挥人的主观能动性，创造有利的战场态势，于是便有了一系列诱敌的诡诈之术和奇正相生的理论。孙子认为，作战指挥员只要正确运用谋略，巧妙地调动敌人，便可以造成决战战场上我实敌虚的态势，从而达到以实击虚、胜于易胜的目的。

"令文齐式"的治军思想。

孙子对军队管理和训练给予了高度的重视，认为"士卒孰练""兵众孰强"是决定战争胜负的两个基本因素。可以说，孙子是中国历史上第一个将军队的管理和训练放在战略高度来考察的军事家。孙子治军理论的核心是"令之以文，齐之以式"。对于军队，孙子要求做到"与上同意""上下同欲""与众相得""齐勇若一"等，认为唯有如此，才能维持军队内部的团结和步调一致。为此，要求统兵将帅一方面要关心和爱护士卒，"视卒如婴儿""视卒如爱子"；另一方面又要严格管理、严明纪律，否则，"爱而不能令，厚而不能使，乱而不能治，譬若骄子，不可用也"。对于将领，则提出了智、信、仁、勇、严的五德标准和清、静、治、幽的个人素质要求。孙子的治军理论尽管还是初步的，但却具有革旧布新的开创性意义。

此外，《孙子兵法》还论及军事地形学、军事后勤学、军事预测学等诸多方面的内容。可以说，中国传统兵学的大体框架在孙子那里已经基本确立了。正是在这种意义上，明人茅元仪在评价《孙子兵法》一书时说："前孙子者，孙子不遗；后孙子者，不能遗孙子。"《孙子兵法》被尊为兵经，被历代兵家奉为圭臬，其原因正在于此。

精彩章节品读

《用间篇》

精彩佳句

兵者，国之大事，死生之地，存亡之道，不可不察也。

知己知彼，百战不殆。

兵贵胜，不贵久。

凡战者，以正合，以奇胜。

不尽知用兵之害者，则不能尽知用兵之利也。

《史 记》

作品背景

作者 司马迁
类别 纪传体史书
国籍 中国

名作简评

中国是一个注重修史的国家。2000 年的历史，25 个朝代，无数波澜壮阔的历史画面，无数叱咤风云的历史人物，虽已成为时间长河中的涛涛逝水，但后人却可以从历朝历代的层出不穷的官修和私撰的史书中重温那远去的一切。在这些官、私史书之中，最为后人所重视的是二十四史，如果将二十四史的内容顺次排队的话，人们可以清晰地看见古代历史流动的痕迹，历史巨著——《史记》被思想深刻的鲁迅称为"史家之绝唱，无韵之离骚"。可以毫不怀疑地说，即使将《史记》与世界一流的历史著作相比，也是毫不逊色的。

《史记》的作者司马迁，一向被人称为具有"良史"之才。这位具有杰出才能的历史学家在他不长的一生中的所作所为和他的著作一样极具启发意义。

司马迁出生在汉景帝中元五年（公元前 145 年），青少年时代在家乡度过。20 岁以后，他离开家乡到各地考察游历，为一个历史学家应该具备的知识与见识做好准备。他游历了全国的许多地方，在旅行中搜集了大量的历史素材，然后他回到首都长安，担任了郎中，这是一个十分贴近皇帝的侍从性质的官，因此他得以随同皇帝对许多地方进行考察。这是他迈向成熟历史家进程中的第二个准备阶段。不久他的父亲司马谈病危，临终时再三嘱咐他努力写好《史记》，大概从这个时候起，司马迁开始明确地为写作史记而收集资料。司马迁在 36 岁的时候担任了国家的太史令，从此获得了自由观看政府收藏的图书和档案材料的特权，这一点对他写作《史记》无疑帮助很大。在司马迁认为时机成熟的时候，便从太初元年（公元前 104 年）开始，正式开始写作史记。那个时候，中国的周边环境并不稳定，汉族与游牧民族的战争连绵不断。参加对外战争的将领中有一个将军名叫李陵，在战斗中被敌人俘虏了。汉武帝打算对李陵家属进行处罚，司马迁为李陵说好话，认为李陵已经尽力了。可不久有消息传来，李陵居然投降了敌人，汉武帝非常愤怒，不仅对李陵的家属处以死刑，还连带着把司马迁也投进了监狱，紧接着对他施加了腐刑。我们已经无法想象司马迁在遭受腐刑之后的心情与精神状态，但司马迁在他写给朋友任安的一封信中详细记载了自己的心情与感受：

> 祸莫憯于欲利，悲莫痛于伤心，行莫丑于辱先，而诟莫大于宫刑。刑余之人，无所比数，非一世也，所从来远矣。
>
> 肠一日而九回，居则忽忽若有所亡，出则不知其所往。每念斯耻，汗未尝不发背沾衣也。

之后，司马迁被汉武帝召进宫去担任中书令，为皇帝掌管文书。这样，司马迁有更多的机会接触皇家的图书馆和档案馆。司马迁忍受着耻辱，用了八年时间，终于将《史记》写完了。关于司马迁逝世的时间，历史没有明确记载，后代的学者们认为大致是在永和三年。

司马迁的独特之处在于，不论处于何种境况下，他都坚持认为，人活一世必须有所建树，他非常瞧不起那种平平庸庸过了一辈子、最后无声无息死去的人。因此他把写作《史记》当作一个大丈夫的事业来看待。

内容精义

司马迁写作的这部《史记》，原来的名字是《太史公书》，这部书共有 130 篇，52 万字。它的记载了从传说中的黄帝开始，一直到当时的汉武帝太初四年的历史。在这部书中，司马迁以其史家的天才开创了一种极为有效的历史写作体例：纪传体。这部书中的文章在文体上分为五类：本纪，世家，书，表，列传，其中本纪、世家、列传都是以人物为核心来记事，而不是以年代为核心来记事。"本纪"是以历朝帝王顺序年代为纲的历史大事纪；"世家"是那些有爵位、封地、世代相传的家族的历史，包括从春秋战国时代就已存在的各个诸侯国和汉代帝王所封的王侯；"列传"是一些有作为、对社会有影响的人物的传记;"书"是有关经济、军事、水利、祭礼以及礼、乐方面的制度史;"表"是把错综复杂的历史事件谱列成表格。如果从内容上来说,《史记》这部书十分博杂,包含哲学、政治、经济、军事、法学、医学、天文、地理等许多学科和领域。

《史记》中有许多人物的传记写得十分生动、有趣,就像是一篇篇的故事。从几篇著名故事中摘录出的引文可见一斑。

在楚霸王项羽本纪中这样写:

> 项籍少时,学书不成,去;学剑,又不成,项梁怒之。籍曰:"书足以记名姓而已,剑一人敌,不足学,学万人敌。"于是项梁乃教籍兵法,籍大喜。略知其意,又不肯竟学……秦始皇帝游会稽,渡浙江,梁与籍俱观。籍曰:"彼可取而代也。"梁掩其口,曰:"毋妄言,族矣!"梁以此奇籍。籍长八尺余,力能扛鼎,才气过人,虽吴中子弟,皆已惮籍矣。

这样的写法使人仿佛亲眼见到一样。在为汉初三杰之一的韩信写的传记的《淮阴侯列传》中,司马迁这样写刘邦封韩信为齐王的过程:

> 汉四年,(韩信)遂皆降平齐。使人言汉王曰:"齐伪诈多变,反覆之国也。南边楚,不为假王以镇之,其势不定,愿为假王便。"当是时,楚方急围汉王于荥阳。韩信使者至,发书,汉王大怒,骂曰:"吾困于此,旦暮望若来佐我,乃欲自立为王!"张良、陈平蹑汉王足,因附耳语曰:"汉方不利,宁能禁信之王乎?不如因而立,善遇之,使自为守。不然,变生。"汉王亦悟,因复骂曰:"大丈夫定诸侯,即为真王耳,何以假为?"乃遣张良往立信为齐王,征其兵击楚。

在这段描写中,把张良、陈平作为刘邦心腹之士的身份和他们比刘邦高明之处体现得十分清楚,而刘邦也被塑造成一个反应机敏、随机应变的人。

司马迁的《史记》中还包括了许多错综复杂的场面,有代表性的一段是著名的"荆轲刺秦王"(《刺客列传》)。故事首先交代了荆轲和助手秦舞阳如何离开燕国,来到秦的朝廷之中,接下来他们假装向秦王献上燕国的地图:

> 秦王闻之,大喜。乃朝服,设九宾,见燕使者咸阳宫。荆轲奉

樊於期头函，而秦舞阳奉地图柙，以次进。至陛，秦舞阳色变振恐。群臣怪之。荆轲顾笑舞阳，前谢曰："北蕃蛮夷之鄙人，未尝见天子，故振慴。愿大王少假借之，使得毕使于前。"秦王谓轲曰："取舞阳所持地图。"轲既取图奏之，秦王发图，图穷而匕首见，因左手把秦王之袖，而右手持匕首揕之。未至身，秦王惊，自引而起，袖绝。拔剑，剑长，操其室。时惶急，剑坚，故不可立拔。荆轲逐秦王，秦王环柱而走，群臣皆愕，卒起不意，尽失其度。而秦法，群臣侍殿上者，不得持尺寸之兵；诸郎中执兵，皆陈殿下，非有诏召，不得上。方急时，不及召下兵，以故荆轲乃逐秦王。而卒惶急，无以击轲，而以手共搏之。是时，侍医夏无且以其所奉药囊提荆轲也。秦王方环柱走，卒惶急，不知所为。左右乃曰："王负剑！"负剑，遂拔以击荆轲，断其左股。荆轲废，乃引其匕首以擿秦王，不中，中桐柱。秦王复击轲，轲被八创。轲自知事不就，倚柱而笑，箕踞以骂曰："事所以不成者，以欲生劫之，必得约契以报太子也。"

这个刺客在朝廷上杀君王的事件或许场面不算太大，所以司马迁写得十分周到细致，而两军交锋这样宏大的场景在《史记》也一样写得既周到细致，又生动活泼，同时又气势磅礴。《项羽本纪》中记录了历史上著名的大战役——巨鹿之战：

> 项羽已杀卿子冠军，威震楚国，名闻诸侯。乃遣当阳君、蒲将军，将卒二万渡河，救巨鹿。战少利，陈馀复请兵。项羽乃悉引兵渡河，皆沉船，破釜甑，烧庐舍，持三日粮，以示士卒必死，无一还心。于是至则围王离，与秦军遇，九战，绝其甬道，大破之，杀苏角，虏王离。涉间不降楚，自烧杀。当是时，楚兵冠诸侯。诸侯军救巨鹿下者十余壁，莫敢纵兵。及楚击秦，诸将皆从壁上观。楚战士无不一以当十，楚兵呼声动天，诸侯军无不人人惴恐。于是已破秦军，项羽召见诸侯将，入辕门，无不膝行而前，莫敢仰视。项羽由是始为诸侯上将军，诸侯皆属焉。

这里讲的是项羽取得胜利的一次战役。

除了上面已列举的人物传记外，《史记》中著名的人物传记还包括《廉颇蔺相如列传》。这篇传记中包括3个著名的小故事，它们是经常出现在舞台上的蔺相如完璧归赵、廉颇负荆请罪以及秦赵渑池之会。这些故事的内容、情节早已为人们所熟知。

　　大概是因为司马迁自己一生遭遇坎坷、愤懑压抑的缘故，他对于人情世态有很深的了解。这使他写的《史记》有一个明显不同于其他历史作品的地方，那就是对世态炎凉、人情淡薄的感慨，具有很强的个人抒情性。这使司马迁的《史记》难以避免地染上了很浓重的个人化色彩，从而使这部杰作中的许多人物、情节、原委、对话有可能并不是以历史的真实面貌出现的，而司马迁则通过对人物的写法与评论，将他对历史事件和人物的态度渗透于这部书。任何一个阅读这部书的人都难免受到司马迁个人意见的影响，以至于很多时候，司马迁喜欢的人物，我们也喜欢，司马迁讨厌的人物我们也讨厌，而这时呈现在我们眼前的历史或许并非真实的历史。

　　但就像许多历史学家和哲学家所说的那样，后人无论如何也不可能考证出历史的原貌，任何历史都是当代史，都只是一种解释而已，任何历史家呈现给这个世界的都只不过是真实历史的一个方面而已。因此，对于那已经永远消逝的过去，后代人应该做的，并不是竭尽全力去发掘它的绝对真实的面貌，而是通过对历史的不同方面的了解来积累对当代人有益的经验，来获得个人的体悟。

　　所以，不论哪个角度来看，司马迁的《史记》都为我们认识西汉及其以前的历史提供了一个机会，让后代人看到司马迁曾看到、曾感受到、曾想象到的世界，而在所有古代历史学家向我们展现的世界里，司马迁的世界无疑是其中最丰富、最生动、最有趣的。

精彩章节品读

《信陵君列传》

《廉颇蔺相如列传》

《贾生屈原列传》

《高祖本纪》

《史记》

精彩佳句

嗟乎！燕雀安知鸿鹄之志哉！

且壮士不死则已，死即举大名耳，王侯将相宁有种乎？

今者项庄拔剑舞，其意常在沛公也。

富贵者送人以财，仁人者送人以言。

《楚　辞》

作品背景

作者　屈原
类别　诗歌
国籍　中国

名作简评

战国后期，中国北方的中原地区战马驰骋，烟尘蔽天；在位于长江以南的楚国，却有一位忧伤的诗人在汨罗江边上形容憔悴，决心舍弃自己的生命，这位诗人就是屈原。

中国自古以来高妙的天才诗人层出不穷，灿若群星。可是在这些诗人当中第一个以个人作品流传于世的是屈原；第一个用"楚辞"体写作诗歌的是屈原；第一个表达出后来历代的诗人都当作主要题材吟唱的怀才不遇主题的诗人是屈原；第一个用自杀来了结自己生命的诗人是屈原。屈原是中国第一位伟大的够得上天才级别的诗人。

屈原是战国时期楚国人。楚国的范围包括今天湖北省的全部和湖南省的大部分地区。楚国境内有滔滔的长江，有浩渺的洞庭湖，有清澈的沅江、湘江、澧江，可以称得上是一个水乡泽国。自有史以来，中国的政治、经济中心一直在北方，中原大地一直是文化的发达地、文明教化的繁盛区，而地处南方的楚国则因远离这一中心地带而在文化上显得有些落后。换句话说，和北方发达文化相比，楚国的文化还保留着相当浓郁的地方色彩，依然处在商朝遗留下来的重巫文化的氛围之中，民间盛行祭祀活动，人们还相信万物有灵这样的说法。这些生活在植物丰茂的南方的人们还喜欢唱民歌，当然是楚声楚调，比如有一首楚地的民歌《越人歌》是这样的：

《楚辞》

> 今夕何夕兮,搴舟中流!今日何日兮,得与王子同舟!蒙羞被好兮,不訾诟耻。心几烦而不绝兮,得知王子!山有木兮木有枝,心悦君兮君不知!

楚辞就和这种民歌十分接近。屈原的楚辞中常常提到的各种各样的神灵则直接来自于祭祀活动中的神系。

屈原生于公元前340年,于公元前278年自杀身亡,名平,是楚国王族的后裔。《史记》的作者司马迁十分敬佩屈原,专门为他写了传记,传记中记载:屈原曾经担任楚怀王的左徒官,博闻强记,有很高的政治才能,也有极好的口才。不论是制定各种政策还是应付外交事务,他的才能都深受国王的赏识。屈原的政治观点属于"开明型",主张任用贤能,主张实行法治。有一次,屈原辛辛苦苦制订好了法律,上官大夫强迫屈原将"版权"让给他,屈原不同意,上官大夫便对楚怀王说:"屈原仗着自己有才能,不把您放在眼里。"楚怀王听了,十分生气,开始疏远屈原,不再让他担任左徒。不久,北方的强国秦打算进攻齐国,因为齐国与楚国是盟国,秦国便想方设法拆散两国联盟。楚怀王上了秦国使臣的当,断绝了和齐国的关系,待发觉受了骗,便发重兵攻击秦国。谁知战斗失利,秦兵长驱直入,围困了楚国。楚怀王不得已,打算再次和齐结盟。便派屈原出使齐国,因为屈原一向主张与齐结盟。秦国一见齐楚联合,只好将当时欺骗楚怀王的使臣张仪交给楚怀王处置。谁知楚怀王又一次听信了这个使臣的话,将他放走,不久,再次与齐断绝关系,与秦订立盟约,同时将力主联齐的屈原放逐到汉水。楚国在与别国的战争中也连连失败,公子子兰劝怀王入秦会盟,怀王听信了他的话,谁知一入秦就被秦国扣留,顷襄王继任楚王。这批新的当政者知道屈原对楚怀王忠心耿耿,于是再一次将屈原放逐到更偏远的湖南南部。从屈原的角度来说,他自始至终效忠王室,为国尽力,提出的政治措施也都是开明正确的,却遭到这样对待,这中间包含的种种不平、不公的事实使他陷入了深深的忧郁伤感之中,摧毁了他继续生活下去的信念。公元前278年农历五月初五这一天,他怀抱大石,自沉汨罗江,永远地离开了他的祖国。目睹他自杀的当地百姓慌忙划船去救,可是已经来不及了。于是他们往江中投了大量的粽子,希望鱼儿们有了粽子吃就不要伤害屈原的尸体。以后每年的农历五月初五,人们都这样做,这种祭祀活动一直流传下来，渐渐成为一种风俗。农历五月初五，也被定为端午节。

内容精义

屈原的作品绝大部分是楚辞体的诗，因此，屈原的诗成了楚辞的代表作，据《汉书·艺文志》的记载，屈原的作品共有25篇，但却没有把篇名记下来，后代学者所认为的屈原作品大致是《离骚》《九歌》《九章》《天问》《招魂》，其中《九歌》有11篇，《九章》有9篇，共23篇作品。

《离骚》是屈原最重要的作品，写的是他自己的故事。但因为诗中使用了大量的楚国方言和许多特殊的事物名称，要读懂这首长达373句的诗并不容易。这首诗在开篇介绍自己的家世出身：

> 帝高阳之苗裔兮，
> 朕皇考曰伯庸。

他是高阳帝的后代，先祖是伯庸。在屈原看来，他既有美好的内在品质，又有突出的个人才能，孜孜不倦地学习，为的是辅助周王将国家治理好。接下来诗歌叙述了自己受到的不公平待遇：遭人谗毁，楚怀王"昏庸"，自己的弟子投靠他人。即使在这样的情况下，屈原依然不屈服，决心为自己的信念战斗到底：

> 民生各有所乐兮，
> 余独好修以为常！
> 虽体解吾犹未变兮，
> 岂余心之可惩！

可见屈原虽是一个诗人，但却具有政治家的良好素质——坚韧的个性。

诗的后一部分主要是幻想。其中有许多神话传说，包括上天、入地等情节，让人感觉到屈原心中巨大的痛苦，同时也使诗具有了奇异的色彩。其中包括：与巫师谈话，巫师对主人公的命运做出预测；主人公上天寻找天帝，然后又入地寻求侠女；最后，在空中飘飞的诗人看到了地上自己的故乡，才恍然大悟：原来自己最眷恋的地方还是自己的故乡！

《九歌》与《离骚》相比，风格更为奇特怪异，情节完全在神、灵、鬼的世界中展开，简直是原始巫文化的一次大展现。诗中包含了许多人与神、神与神之间的爱情与恋慕，具有极为浪漫而传奇的色调。《九歌》是献给天地诸神的祭歌。第一篇《东皇太一》（楚人眼中最尊贵的天神，他居于中天主宰万物），完整地描写了祭祀时的陈设、祭品以及人们用歌舞来祭神的场景。接下来是《东君》和《云中君》。东君是日神，云中君是云神，诗中极尽才能地描写了云在天空中浮动时的各种形态，人们在云神降临时的无限欢欣及云神离去时的思慕忧伤。《湘君》和《湘夫人》是《九章》中最优美、最富于想象力、最具情调、最忧伤的作品。湘君和湘夫人是湘水中的女神，传说是由舜的两个妃子娥皇和女英化成的。《湘君》描写湘夫人由湘北水上洞庭寻找湘君的经过。《湘夫人》描写湘君思念湘夫人的曲折过程，具有浓重的悲剧气息，似乎透露出作者对人生总是"求而不得"的悲哀与无奈。《大司命》和《少司命》是祭祀掌管人类生死寿夭的司命神的祭歌。在楚人的信仰中，大司命主宰人的生死，少司命主宰人的命运。其主题依然是人神相恋的故事，在《少司命》中，屈原写下了被后人赞赏为"千古情语"之祖的名句：

　　悲莫悲兮生别离，
　　乐莫乐兮新相知。

《河伯》是主祭黄河神河伯的诗篇。在《山海经·海内北经》中，河伯名叫"冯夷"，为地祇之一。这首诗同样是写神神之恋，河伯的恋慕对象是洛水神宓妃。与此相反的是，《山鬼》写了一个失恋女神的悲伤情绪。这其中包含着楚地的一个民间传说：楚怀王到高唐游玩，梦中与一位神女相恋，这位美丽的神女是上帝的小女儿，名叫瑶姬，未嫁而亡，上帝将其封为巫山神女。每当早晨来临的时候，神女就化作轻雅的云朵，在空中飘浮，每当黄昏来临的时候，神女就化作纯净的雨滴，降落在山间。《国殇》祭祀的对象是阵亡的将士，这首诗一改前面诗作中那种神秘、幻想的风格，写的全是现实中的事。其历史事件的根据是：楚秦丹阳之战，楚军大败，将军屈匄被杀，怀王再次发兵，军队出发前，屈原作《国殇》，祭吊为国捐躯之将士。《九歌》的最后一篇是《礼魂》，是通用于前10篇祭祀之后的送神曲，写的是人们祭祀时十分虔诚，祈求神灵永远赐福。

《天问》这首诗可被称为文学史上最独特的诗，除了后代诗人的几首水平不高的仿作以外，可以说是绝无仅有的。此诗全篇由问句构成。开端用一个

"曰"字起头，以下针对每一事物提出疑问。先从宇宙问起，然后就天上的日月星辰发问，然后对地球知识发问，又从古代传说和历史一直问到楚国。各种各样奇怪的问题并列在一起，无数没有答案的发问，无数猜不透的谜，让读者也忍不住会对这个世界的现实存在性、来源、未来等产生无穷的疑问。这首诗使人体会到作为诗人与政治家的屈原是一个十分聪明、对自然科学也充满探寻精神的人。

《九章》是一组叙述屈原身世和遭遇的诗，基本上是抒情性质，其中的篇章包括：《惜诵》《涉江》《哀郢》《抽思》《怀沙》《思美人》《惜往日》《桔颂》《悲回风》9篇作品。《惜诵》的内容是对往事的沉痛回忆。《涉江》写的是诗人被流放到溆浦时一路的经历。《哀郢》是来到流放地后对首都郢的怀念。《抽思》意思是将内心的思绪像丝一样连绵不断地抽取出来。《怀沙》表达的是对长沙的向往。《思美人》可以看作是对某一位美人的思念，也可以看作是对楚怀王的思念的一种暗喻。《桔颂》是作者幼年的志向。《悲回风》是屈原临终时的作品，可看作绝笔之作，试图以死来唤醒楚顷襄王。

《招魂》也是一篇奇异的作品。这篇作品由引言、招魂正文和乱辞三部分组成。作品中极力描写东南西北四方环境阴森险恶，以阻止怀王魂离去；又极力铺陈楚国生活之美，以诱怀王魂归来。乱辞的内容则是自己由汉北返回郢都的情形。

　　湛湛江水兮，上有枫。目极千里兮，伤春心。魂兮归来！哀江南！

实际上，任何一个读过屈原的楚辞的读者都会发现，这些作品所具有的神奇的想象力在中国古代的文学作品中是不多见的，而屈原在诗中展现出来的内容，也是古代诗歌中绝无仅有的。

精彩章节品读

《离骚》

《九歌》

精彩佳句

路漫漫其修远兮,吾将上下而求索。

亦余心之所善兮,虽九死其犹未悔。

惟草木之零落兮,恐美人之迟暮。

悲莫悲兮生别离,乐莫乐兮新相知。

《文心雕龙》

作品背景

作者 刘勰
类别 文学理论
国籍 中国

名作简评

中国历史上的南北朝时期,是一个佛教盛行的时代。唐代大诗人杜牧在著名的《江南春绝句》中写道:

南朝四百八十寺,
多少楼台烟雨中。

寺庙数量如此之多,可见南北朝时期佛教之盛。那个时代的人,上起皇亲国戚,下至平民百姓,人人烧香拜佛,还向寺院施舍大量财物。更有意思的是,有的人连自己本人都施舍给寺院,梁代的皇帝中就有这样的人。而读书人则盛行到寺院去读书和研究学问。在这批到寺院中读书的人中,出了一位著名的文学理论家刘勰,他写了一部我国古代文论史上最杰出、最系统、最富有卓越见解的文学理论专著——《文心雕龙》。刘勰的时代过去以后,中国的古代历史又向前发展。1000多年来,文学理论界始终没有一个人能写出一部理论水平和逻辑思辨能力比《文心雕龙》更高的书。

刘勰的一生非常单纯。他大约生活在公元446—539年之间,祖籍山东莒县。刘勰很小的时候就成了孤儿,他十分喜欢读书,对研究学问更是着迷,一门心思钻在书堆里。后来,他为了能够全心全意地读书,干脆进入定林寺,跟着名僧僧佑学习佛学。在寺院里,他得到了名师的指点,如鱼得水,遍观群书,不但对佛学理论进行了深入研究,同时也博览百家之书和历代文学作品。梁朝建立以后,他入朝担任官职,先后当过奉朝请、参军等。同时还在当时的太子萧统的身边兼任宫中通事舍人,深受太子的赏识。萧统死了以后,刘勰奉朝廷的旨意到上林寺和僧人慧震一起撰写佛门经文,到了晚年干脆削发剃度,出家为僧,法名慧定。可他出家不到一年,便去世了。

刘勰半生的时间都在寺庙里度过,一辈子没结过婚,有意思的是,佛家往往讲究灭"情",但文学却是最富情感的东西。身在佛门,似乎一生与情感无涉的刘勰却对最具感性的文学了解甚深,并写出了无人能及的文学理论名著,这不能不说是一件奇妙的事。

内容精义

《文心雕龙》是刘勰30多岁时的作品。这部书的指导思想,据刘勰在"前言"中所写是为了反对"浮诡、泛滥"的南朝文风,矫正以往文论的偏颇之处。

《文心雕龙》全书一共50篇,包括总论、文体论、创作论、批评论4部分。总论包括5篇文章,从《原道》到《辨骚》,主要讨论"文之枢纽"问题,是全书的理论总纲,其论点是:一切都要本之于道,稽之于圣、崇之于经。文体论一共20篇文章,第一篇是《明诗》,最后一篇是《书记》,讨论的中心问题是"论文序笔",每篇文章研究一至数种文体,并对各种主要文体的源流及作家、作品逐一进行研究和评说。创作论共20篇,第一篇是《神思》,最后一篇是《物色》(不包括《时序》),研究作家创作过程中各个方面的问题,比如说,作家个性风格,文与质的关系,写作技巧、文辞、声律等。批评论包括4篇文章:《时序》《才略》《知音》《程器》,主要是对文学史的观点、看法和批评鉴赏方面的理论。这部书的最后一篇文章是《序志》,讲述了这部书的创作动机和全书布局谋篇方面的指导思想和原则。整部书虽然分为4大部分,但其理论观点却首尾一致,各个部分之间相互关照,系统的完整性十分明显。和前代的文学理论批评相比,这部书提出了一个重大的问题,并对这些问题具有十分精辟的见解。

这部巨著中许多文学的观念、见解并不比今天流行的文学理论逊色。对于文学史,刘勰的观点是:

> 时运交移,质文代变……歌谣文理,与世推移。
> 文变染乎世情,兴废系乎时序。

这和今天的"文学随着时代的发展变化而变化"的观点没什么区别。

对文学作品的内容和形式之间的关系,书中的观点是:

> 情者,文之经,辞者,理之纬;经正而后纬成,理定而后辞畅。

这和今天的所谓的"内容与形式二者并重、相辅相成"的观点也没什么两样。今天的教科书中一般讲解说,文章的形式应该由文章的内容来决定,《文心雕龙》的《定势》篇中同样写道,应根据不同的内容来选择文体形式。现代的文学理论一般强调"见景生情""情景相融",《文心雕龙》的《诠赋》和《物色》篇中具有相同的见解:

> 情以物生,物以情观。
> 情以物迁,辞以情发。

现代的文学理论认为,文学作品是想象的产物,《文心雕龙》同样认为想象在文学创作中占有极为重要的地位;并认为作家在创作中的状态是:

> 寂然凝虑,思接千载。
> 悄焉动容,视通万里。

现代的文学理论一般认为,文学来源于现实生活,《文心雕龙·原道》篇对此阐释了同样的理论:

> 仰观吐曜,俯察含章,高卑定位,故两仪既生矣。惟人参之,性灵所钟,是谓三才,为五行之秀,实天地之心。心生而言立,言立而文明,自然之道也。

现代的文学理论一般认为,好的文学作品对读者有教益的作用,而好的文学作品的艺术力量,来自于文学作品的审美本质。《文心雕龙》中同样有这一认识:

> 夫铅黛所以饰容,而盼倩生于淑姿,文采所以饰言,而辩丽本于情性。故情者,文之经;辞者,理之纬。经正而后纬成,理定而后辞畅,此立文之本源也。

在当代的文学理论中,对文学批评的尺度与规范的时论时有所见,《文心雕龙》对这一问题的观点是:

> 是以将阅文情,先标六观:一观位体,二观置辞,三观通变,

> 四观奇正，五观事义，六观宫商。斯术既形，则优劣见矣。

《文心雕龙》还以"史"的眼光叙述了南北朝时期的文学。

> 自中朝贵玄，江左称盛，因谈余气，流成文体，是以世极迍邅，而辞意夷泰。诗必柱下之旨归，赋乃漆园之义疏。故知文变染乎世情，兴废系乎时序。原始以要终，虽百世可知也。

这种论述当中已经包含了"史"的意识与时代的眼光了。

最有意思的是，刘勰和一切卓有建树的思想家一样，对自己的这部著作十分得意。在书中《序志》这篇文章中，写道：

> 夫文心者，言为文之用心也……是以君子处世，树德建言，岂好辩哉？不得已也。

说明他对自己的著作十分自负，认为它可以藏之名山，传之后世。在这种意识之下，刘勰对文学理论界的前辈们，都表示了不满，他对他们的评论是：

> 各照隅隙，鲜观衢路。

而对自己的著作的评论则是：

> 弥纶群言。

言下之意是，前人之作皆不足道，只有自己的作品才是有价值的、有创见的。

精彩佳句

> 夫铅黛所以饰容，而盼倩生于淑姿；文采所以饰言，而辩丽本于情性。故情者，文之经；辞者，理之纬。经正而后纬成，理定而后辞畅。此立文之本源也。
>
> 弃偏善之巧，学具美之绩。
>
> 文律运周，日新其业。变则堪久，通则不乏。

《世说新语》

作品背景

作者 刘义庆
类别 故事
国籍 中国

名作简评

南北朝时期是中国历史上少见的特殊朝代。在其他的朝代里，官方意识形态是儒学。儒学的开创者是孔子。孔子有个特点，他不喜欢那些奇特的、怪异的、超自然的、内容与神鬼有关的、现实生活中不可能发生的事，只相信实实在在的日常生活，这也成为多数中国人的态度。可是南北朝时期由于国家的分裂，政府整天应付战争，放松了对人们的思想控制，再加上佛教盛行，老百姓的思想就变得空前的活跃。人们喜欢听、喜欢讲、也喜欢编造各种各样传奇的故事，民间流传着各种各样有关鬼、神、动物以及人的有趣故事。

一些文人看到人们对这些故事十分感兴趣，于是便纷纷动手搜集这些流传在街头巷尾、田间地头的大大小小的故事，将它们汇编成书，让它们流传下来，而不至于在人们的口耳相传中消失。这些故事集包括只讲神怪的《搜神记》《列异传》《博物志》《搜神后记》《神仙传》《齐谐记》，也有只讲人的故事的《世说新语》《笑林》《西京杂记》《语林》《郭子》。这些书当中，在文学史上名气最大，而且至今人们还爱读的是《世说新语》。

《世说新语》讲的是魏晋时期贵族及名士们的言行，由一个个独立的小故事连缀而成，有的十分优美，有的趣味盎然。《世说新语》的编者是刘义庆，他是南朝中第一个朝代宋朝开国皇帝刘裕的侄儿，他的封号是临川王。他是一个极其爱好文学的人，在他家中聚集着许多文士，《世说新语》就是他和他手下的这些文士们共同搜集、编纂而成的。这部书在编排上将各种小故事按内容进行大致的归类，分为德行、言语、政事、文学等36篇。这部书编成之后，梁代的学者刘孝标为它做了注。从《世说新语》编成之日起，读书人就对它极为喜欢，纷纷模仿书中人物的言行，所以后来鲁迅称它为"名士的教科书"。

内容精义

《世说新语》中的故事，有的优美，有的有趣。它真实地记录了当时贵族及名士们自由自在的生活，他们想干什么就干什么，想说什么就说什么。在当时的名士们心目中，所做的事越标新立异越好，所说的话越骇人听闻越好。

比如，《汰侈篇》中讲了一个石崇杀美人劝酒的故事。石崇宴客时派家中的美女劝客人喝酒，如果客人怕喝醉酒而不喝，或没有将杯中的酒喝干，石崇就让手下人把这个劝酒的美人拉出去杀掉。有一天，王丞相与大将军一起到石崇家喝酒，丞相为了不让美人被杀，虽然酒量不大，仍勉强把酒喝下去，几乎快喝醉了。但大将军却相反，不论怎么劝都不喝，存心看热闹。石崇已经接连杀了三个美人了，大将军仍然坚持不饮，而且脸不变色心不跳，丞相急了，批评大将军太没有同情心了，大将军理直气壮地回答说："他杀的是自己家的人，干你什么事！"

《任诞篇》讲了酒鬼刘伶的故事，刘伶酷爱饮酒，而他的妻子认为酒会伤身，坚决反对他喝。这一天，刘伶实在熬不住了，求妻子给他点酒喝。妻子却将容器中的酒倒掉，将酒杯全毁坏，然后哭着劝他说："你喝酒喝得太厉害了，对身体十分不利，你还是把酒戒掉吧。"刘伶灵机一动，说："好的。但是我管不住自己，因此，我必须向神祈祷，在神面前发誓，才能真的把酒戒掉。你去准备些给神的供品吧。"妻子听了，十分高兴，赶快端来酒肉摆在神像的面前，请刘伶对神起誓。于是刘伶跪下，对神祷告说："天生刘伶，以酒为名。一饮一斛，五斗解醒。妇人之言，慎不可听。"说完，便拿过酒肉，大吃大喝起来，不一会儿就醉倒在地。还是这个刘伶，他不仅纵酒过度，而且还任性放达，大白天在屋子里竟将衣服脱得干干净净，别人讥笑他，他却反唇相讥说："我以天地为栋宇，屋室为衣裤，你们这些人为什么钻到我的裤子里来了呢？"

曹操是三国时魏国的开国之君，这个人生性狡诈多疑，《世说新语》里讲了他的三个故事，其中一个是梦中杀人。曹操怕别人在他睡觉时暗害他，便常常对部下们说："我睡觉的时候，你们千万不要靠近我，我有一个怪毛病，喜欢梦中杀人，而且自己一点也控制不了。你们一定要小心。"有一次，他躺在床上，假装睡着了，一个他近侍轻轻走过来替他盖上被子，谁知曹操猛地跳起来，将这名近侍杀死在地，然后躺回床上继续装睡。左右大惊失色，从此他睡觉时再也没有人敢靠近他。

《韩寿》讲的是男女偷情的故事。韩寿是个漂亮的男子，在大官贾充手下担任属官。贾充经常在家中宴请手下的官员，贾充的女儿透过窗缝偷看，发觉韩寿长得很漂亮，便爱上了他。于是偷偷派丫环到韩寿家去，告诉韩寿自己的心意，韩寿听后便动了心，约好晚上偷偷去相会。到了晚上，韩寿来到贾宅，身手敏捷地翻墙进入，神不知鬼不觉。从此以后，贾充便发现自己的女儿容光焕发，越来越爱打扮。与官员们聚会时，他常常闻到韩寿身上散发出一股奇异的香气，便心中琢磨：这种香十分珍稀，皇上仅仅将它赐给我和陈骞，别人家绝对不可能有，于是怀疑韩寿和自己的女儿经常在一起，但又想到家中的院墙非常高，门窗也关得很牢，韩寿是怎么进去的呢？贾充假称发现了盗贼，让人修墙。修墙的人说："院墙没有什么异常的情况，只是东北角上有人攀援的痕迹，但墙那么高，人不可能爬得过去。"贾充于是将女儿的贴身丫环抓来拷问，才知道真相。只好秘而不宣，将女儿嫁给韩寿了事。

《温公娶妇》的故事也很有趣。温公名叫温峤，他的妻子死了。他的表姑刘氏有一个女儿，又聪明又漂亮，刘姑想把女儿嫁出去，便嘱托温峤帮她物色。温峤很想自己娶这位姑娘，于是回答说："佳婿难找，如果我能找到一个像我这样的，您觉得怎么样？"刘姑回答说："我家如今已经败落了，只求能找个女婿养老，让我能勉强生活下去就行了，哪里还敢奢望找个你这样的！"过了两天，温峤假装对刘姑说："我已经帮您找到合适的人选了，门地还可以，对方的名气、身份和官职都和我差不多。"说完，拿出一个玉镜台交给刘姑，说是对方送的聘礼，刘姑很高兴。到了举行婚礼的那一天，当夫妻交拜后，新娘用手撩开面纱，一看新郎是温峤，忍不住拍着手大笑说："我一直怀疑你这家伙在捣鬼，果然如此！"原来，玉镜台是温峤担任刘琨的长史随军北征时获得的，刘姑的女儿对这枚玉镜十分熟悉。

性急的王蓝田的故事也是大家所熟知的。王蓝田这个人十分性急。有一次他想吃一个鸡蛋，先是用筷子夹鸡蛋，却怎样也夹不起来。一看吃不到嘴，便勃然大怒，一把抓起鸡蛋扔到地上。鸡蛋在地上转个不停，王蓝田一看更生气了，于是跳到地上，用穿着木屐的脚去踏，又没踏中，更是气急败坏。他弯腰把它从地上抓起来，塞进嘴里，一下咬得稀烂，然后张口吐在地下。这个故事曾让王羲之大笑不已。

《周处除害》的故事也出自《世说新语》。周处是鄱阳太守周鲂的儿子，他年轻的时候，脾气暴躁，为人蛮不讲理，动不动就使用武力。河中有鳄鱼，山里又有猛虎，都是当地百姓的祸害，于是人们将周处和鳄、猛虎并称为"三害"，而且认为周处是三害中最让人头疼的。有人怂恿周处说："你不是力大无穷吗？你若有胆量把鳄鱼和猛虎都杀死，我才佩服你。"这人的实际目的是希望周处与鳄、虎同归于尽，哪怕周处被虎、鳄吃掉也是好的。周处为了逞能，便出发去杀虎，将虎杀死后，又入水杀鳄。鳄鱼斗不过周处，想要逃跑，周处紧追不舍，一直追了十几里地，过了三天三夜没有回来。乡亲们以为周处已经死了，高兴地互相祝贺。谁知周处竟把鳄鱼杀死，平安地回来了。周处看到人们正在为他的"死"互相庆幸，才明白自己在乡亲们心目中的形象有多么糟糕。于是他决定痛改前非，打算到名人陆机和陆云门下学习。陆机不在家，只有陆云在家里。周处把事情原原本本地告诉了他，并说："我虽已打算改过自新，但恐怕已经来不及了。"陆云回答说："古人认为朝闻道，夕死可也，而你比起古人来说好多了。何况人最糟糕的是不下决心，你既然已经下定决心改邪归正，就不用担心显不出你的好名声。"周处听了他的话，从此改过从善，最后终于成了一个忠臣孝子。

《俭啬》篇中讲了一个极吝啬的人王戎的故事。王戎的侄子结婚的时候，王戎送的结婚礼物是一件单衣。即便如此，他也依然心疼不已。王戎的女儿结婚的时候，知道父亲不会为她置办嫁妆，于是只好向父亲借了一万钱，声明结婚后一定还。婚后，女儿回娘家看望父母，王戎见女儿不提钱的事，脸上十分不高兴。女儿一见，赶忙回去取了一万钱来还给父亲，王戎这才松了口气。王戎家有一棵李树，结的果子又甜又大，王戎总是把果子拿去卖钱，他又怕买李子的人得到这棵李树的种子，于是就在卖之前把每一个李子的核都钻上洞。

《世说新语》中还讲了不少聪明孩子的故事。有一天，12岁的晋明帝坐在父亲晋元帝的膝盖上玩耍，恰逢有人从长安来，拜见晋元帝，元帝就向他打听洛阳一带的消息。当时洛阳、长安都被北方少数民族占领,元帝听了汇报,不觉潸然泪下。明帝就问父亲为什么哭泣,元帝将原委告诉了他,并教他一定要立起宏大的志向,将来收复失地。然后,元帝有意考考他,便问道:"你觉得长安远还是太阳远?"晋明帝立刻回答说:"太阳远。因为有人从长安来,却从来没有听说有人从日边来。"元帝十分惊奇。第二天元帝与群臣一起宴饮时,打算让大家都听听这个聪明的答案,于是当着群臣的面又向明帝提出了昨天的问题,谁知这次明帝却回答说:"长安远。"元帝很尴尬,问:"为什么今天你的答案和昨天不一样呢?"明帝回答:"举头见日,不见长安。"

《世说新语》充满各种各样有趣的故事,有关于人的高尚道德的,有关于人的智慧的,有关于人的口才的,当然也讲了不少吝啬的人、暴躁的人、奢侈的人、阴险的人、虚伪的人、懦弱的人的故事,另外还有人与人之间的幽默与谐趣的对话等,极富可读性。

精彩章节品读

《俭啬篇》
《汰侈篇》

精彩佳句

损有余,补不足,天之道也。

二人同心,其利断金;同心之言,其臭如兰。

飘如游云,矫若惊龙。

《资治通鉴》

作品背景

作者 司马光
类别 编年体史书
国籍 中国

名作简评

中国历史上最有名的两部历史书，一部是《史记》，一部是《资治通鉴》。十分巧合的是，这两部伟大史书，作者都姓"司马"。《史记》的作者是司马迁，《资治通鉴》的作者是司马光。

司马光是北宋英宗时代的人。这位杰出的历史家、政治家小时候便有"神童"之誉。关于他的传说有很多，其中比较著名的是妇孺皆知的"司马光砸缸"的故事。司马光小时候，有一天跟伙伴们在花园中玩耍，花园中有一口大缸，缸中贮满了水。一个调皮的小朋友爬到缸沿上玩耍，一不小心，掉进了缸中。其他的小朋友慌忙去救，可是，缸又大又深，怎么也够不着。眼看缸中的小朋友就要淹死了，别的小朋友全吓得哇哇大哭，司马光却没哭，他灵机一动，想出一个办法。只见他迅速地搬来一块大石头，用力朝缸壁砸去，一下，两下，缸终于被砸破了，缸中的水哗哗地流了出来，缸中的小朋友得救了。闻讯赶来的大人们全都夸赞司马光聪明。

虽然这只是一件小事，可是从这件小事中可以看出司马光临危不乱、沉着冷静的心态和灵活的思维。这些实际上和他博闻强识、少年老成的特点分不开。

司马光字君实，是陕州夏县人。他出生在显宦世家，据说是晋安平献王司马孚的裔孙。司马光对历史的喜爱似乎是天生的，当他7岁时，有一次听人讲《春秋左氏传》，竟到了入迷的程度。20岁时，司马光中了进士，在仁宗、英宗两朝担任中央官吏，以敢于诤言指责皇帝过失而闻名。

司马光年轻时就有编纂一部历史书的念头，希望这部历史书能为统治者提供治国平天下的参考与经验。45岁时，司马光开始编修这部理想中的历史书。也在这一年他将自己所写的《通志》奏给皇帝，得到英宗的赏识，命他继续编撰，并改称为《历代君臣事迹》。第二年，英宗同意设局于崇文院，并允许司马光自行选择助手、借阅皇家秘阁藏书等权力。司马光每编成一部分，都进呈给皇上看。后来宋神宗将这本书赐名为《资治通鉴》，意思是"鉴于往事，有资于治道"，并预先为这本书撰写了序言，等全书完稿后刊在书前。又过了17年，这部从战国到五代的卷帙浩繁的历史书终于定稿了，宋神宗非常高兴，特别奖励了司马光等人，下令杭州的书局立即开始将这本书印刷出版。

内容精义

《资治通鉴》的体裁不同于《史记》，它是一部编年体的史书，也就是说，将历史事件按照年代的顺序记叙出来，而不是以人物为中心进行记叙。孔子的《春秋》也是编年体的史书，它记叙战国初年到"三家分晋"的历史，《资治通鉴》就从"三家分晋"开始写起，意思是接读《春秋》而作。

《资治通鉴》的编写目的并不在于学术或历史本身，而在于政治，这决定了《资治通鉴》中的事件多与政治斗争、政治分野、政治权力的交替、政治策略的制订与实施有关，所以后人也常常将这部历史书称为"政治史"。而中国人一向是一个对政治十分感兴趣的民族，因此《资治通鉴》问世后，成为读者最多的一部史书。历朝历代注释研究《资治通鉴》的学者更是数不胜数，以至于古代便有"通鉴学"之称。

在这部杰出的政治史著作中，司马光在每一篇的末尾常常以"臣光曰"来发表自己的政治见解，在后代人看来，司马光对政治、人事的议论也往往是历史主义的，用比较符合历史发展规律的思维方式与看问题的深刻眼光来分析历代的治乱兴衰，而不是出于个人的好恶、褒贬去粉饰历史，其真实程度，即使是现代的历史家也难以企及。

《资治通鉴》中所依据的史料，除了历代正史以外，还包括各种谱录、墓志、碑碣、行状、别传、野史，甚至包括小说，凡是有可疑之处，或两种材料中记录不一致的地方，司马光都要忠实地将这些不同的记载一一排列出来，加以考证，最后形成了一部 30 卷的《通鉴考异》，可见司马光态度的认真与对自己所从事事业的一种敬业精神。因此，这部"政治工具"，即使是最挑剔的考据学家看来，也无懈可击。司马光完成整部《资治通鉴》及《通鉴考异》所留下的草稿，堆满了整整两间屋子，从这整整两屋书稿中离析出来的这部伟大史书，其价值与可靠性不言而喻。

在《资治通鉴》当中，有许多写得十分精彩的篇章，这些篇章在叙事上脉络清楚，将纷繁的头绪与线索安排得井井有条，前因后果分析得清清楚楚。而这正是历史叙事最可贵的品质。唐代"安史之乱"是历史上著名的一次大动乱，《资治通鉴》在记叙这一段历史时，将安禄山叛乱从迹象微露到叛乱暴发，到平叛过程，直至最后战火完全熄灭，全都记叙得清清楚楚，一笔不乱：

二月，辛亥，安禄山使副将何千年入奏，请以蕃将三十二人代汉将，上命立进画，给告身。韦见素谓杨国忠曰："禄山久有异志，今又有此请，其反明矣。明日见素当极言；上未允，公其继之。"国忠许诺。壬子，国忠、见素入见，上迎谓曰："卿等有疑禄山之意邪？"见素因极言禄山反已有迹，所请不可许，上不悦；国忠逡巡不敢言，上竟从禄山之请。他日，国忠、见素言于上曰："臣有策可坐消禄山之谋。今若除禄山平章事，召诣阙，以贾循为范阳节度使，吕知诲为平卢节度使，杨光翙为河东节度使，则势自分矣。"上从之。已草制，上留不发，更遣中使辅璆琳以珍果赐禄山，潜察其变。璆琳受禄山厚赂，还，盛言禄山竭忠奉国，无有二心。上谓国忠等曰："禄山，朕推心待之，必无异志。东北二虏，藉其镇遏，朕自保之，卿等勿忧也！"事遂寝。

安禄山归至范阳，朝廷每遣使者至，皆称疾不出迎。盛陈武备，然后见之，裴士淹至范阳，二十余日乃得见，无复人臣礼。杨国忠日夜求禄山反状，使京兆尹围其第，捕禄山客李超等，送御史台狱，潜杀之。禄山子庆宗尚宗女荣义郡主，供奉在京师，密报禄山，禄山愈惧。六月，上以其子成婚，手诏召禄山观礼，禄山辞疾不至。秋，七月，禄山表献马三千匹，每匹执控夫二人，遣蕃将二十二人部送。河南尹达奚珣疑有变，奏请"谕禄山以进车马宜俟至冬，官自给夫，无烦本军"。于是上稍寤，始有疑禄山之意。会辅璆琳受赂事亦泄，上托以他事扑杀之。上遣中使冯神威赍手诏谕禄山，如珣策。且曰:"朕新为卿作一汤,十月于华清宫待卿。"神威至范阳宣旨,禄山踞床微起,亦不拜,曰:"圣人安稳。"又曰:"马不献亦可,十月灼然诣京师。"即令左右引神威置馆舍,不复见。数日,遣还,亦无表。神威还,见上,泣曰:"臣几不得见大家!"

从上例可以看出,《资治通鉴》在记事上的细致之处可以说是达到了古代史书记述的最高水平。这和司马光本身作为一个政治家密切相关。

在司马光的时代,司马光也称得上是政治名流,素以稳健著称,用现在的话说就是保守。但保守并不等于顽固和落后。熟谙历史的司马光对当朝政治包括王安石变法,都有其独到的见解,在新法推行之初,他指出新法的种种弊端,并预言后果将会如何。这些推测大都得到事实证明,宋神宗曾请他出任枢密副使,他提出的条件是停止王安石的新法,否则不敢受命,这种先见之明在当时就被人叹为"真宰相"。因此,在王安石当政期间,司马光退居洛阳,全力编撰《资治通鉴》,但其人其事已经广为民间所知,人称司马相公。神宗驾崩之时,司马光赶赴汴京参加丧礼,卫士望见,皆以手加额,说:"这就是司马相公。"所到之处,百姓夹道聚观,请求他不要再回洛阳,留下来辅佐天子。宋哲宗即位以后,司马光被拜为宰相,迅速废止了全部新法,受到朝野普遍的拥护。司马光为人严谨,进退有节,颇有大家风度。他生活俭朴,在洛阳居住的房屋,仅避风雨。自从出任宰相后,日理万机,不分昼夜。他身体虚弱,有人劝他说:"诸葛亮事无巨细,皆亲自过问,因此得疾。您应该引以为戒。"司马光说:"死生,命也。"直到弥留之际,他神志不清,但说的还是朝廷天下事。司马光死后,汴京罢市,举行吊唁。由此可见司马光的人格与精神已深入民心。

《史记》与《资治通鉴》虽称为历史中的"双璧",但却有着各自不同的特色。司马迁是个纯粹的史官,他写历史是从全面的整体的角度去写,着重于在历史中塑造人物;而司马光本质上是一个政治家,着重于从政治的角度看待历史,目的不是还原及塑造出历史人物的面貌,而是从历史事件中总结经验,吸取教训。这决定了两部历史书各自的品性,但无论是全面记述历史的《史记》,还是着重于政治史的《资治通鉴》,都是了解中国古代史的路径。

精彩章节品读

第一卷
第六卷
第十一卷
第一百九拾八卷

精彩佳句

千人之诺诺，不如一士之谔谔。

水所以载舟，亦所以覆舟，民犹水也，君犹舟也。

《水浒传》

作品背景

作者　施耐庵　罗贯中
类别　侠义小说
国籍　中国

名作简评

《水浒传》又名《忠义水浒传》，大约成书于元末明初，其撰著者颇有争议，据现在能见到的版本看，应该将其著作权归于施耐庵、罗贯中两人。有关罗贯中的资料可参考《三国演义》的介绍，而关于施耐庵，没有多少历史记载，仅知道他生长在淮北，时代较罗贯中稍早，其他资料就没有了。一般认为《水浒传》是先由施耐庵把各种梁山泊英雄的故事连缀起来，成为一部完整的白话长篇小说，然后经罗贯中增损编次得以流传，因此施、罗二人撰成此书当合情理，而金圣叹之"施著罗续"论断并无确信之证据。

《水浒传》所据之故事原型，大部分来自民间传说中的梁山故事，尤其是元朝无名氏辑之《宣和遗事》。北宋徽宗宣和年间，山东宋江率领众人横行河朔的史实在《宋史》及相关史书中均有记载，南宋以后，说书、戏曲等民间文艺形式大量涉猎梁山英雄故事，至金元，各种话本杂剧讲唱水泊梁山的作品日臻成熟，并塑造了李逵、宋江、武松、花和尚等鲜明的形象，而且在戏曲舞台上形成了独特的"水浒戏"。在此基础上，施、罗二人进行了综合性的重新创作，用有别于官话文言的白话写就了完整的《水浒传》。《水浒传》的创作成书过程中有两个小插曲：一是相传施耐庵撰写《水浒传》时，曾以己意画好36位好汉的图像并挂在书房里，每天沉浸于其中，揣摩其不同的面容及性格，故而笔下人物惟妙惟肖，能够如龙飞虎啸般表现每位好汉的性格。一是施耐庵写就《水浒传》后,献与初登大宝的洪武皇帝朱元璋,以求官爵,不料竟被押进天牢。他百思不得其解,后军师刘伯温以机密授之,遂恍然大悟,忙于狱中继续撰写后50回,以宋江受招安助朝廷讨贼收尾,再献上后,龙颜大悦,施耐庵得以逃过一场劫难。这两则传说一则曰创作之艰辛传神,一则曰全书波折颇多,违背作者初衷处亦不少。虽不可尽信,但也表明以关注和颂扬叛逆英雄的《水浒传》命运多舛,在波浪汹涌中方分娩出世。

全本《水浒传》共120回,以张天师误放妖魔肇始,至108位英雄聚义梁山泊达到高潮,最后受招安,好汉们死伤归隐凋落,徽宗梦游梁山泊结束,每回有7至8字的双句回目。作为第一部成功的白话长篇小说,《水浒传》成了后世章回小说的基本模型。不仅如此,它还是诸如《金瓶梅》之类世情小说情节的母体和叙述的参照物。

内容精义

《水浒传》以一群人——梁山泊108条好汉的人生历程和命运归宿为线索,展现了北宋末年瑰丽迷人的社会画卷。它以中下层人各自的遭际铺开故事情节,又以他们殊途同归、同上梁山泊为叙事力量的旨归,反映了个体命运沉沦、抗争、寂灭的生存事实。北宋末年朝廷腐朽,控制力与向心力骤降,生命个体脱离了王朝蹒跚的车轮,以宋江、卢俊义为首的中下层人士,为了求证自己的价值,争取自己的社会地位,实现自己的生活理念,抛弃了与王朝当权者合作的道路,转而聚众山岭,与官府为敌,替天行道,用血腥的暴力为自己的生命做最猛烈的诠释和抗争。历经艰险、来自四面八方、身份迥异的108位好汉聚义梁山泊,盟誓为兄弟,至此,个体的反抗得到了报效,生命的力量在朝野之外第一次得到痛快淋漓的宣泄。但是他们中以宋江为首的相当一部分人不过是想借此种极端形式向当权者展示自己的力量,以赢得讨价还价的资本。自"聚义厅"改为"忠义堂"后,梁山泊与官府几番"暗送秋波""打情骂俏",最终"投怀送抱",回到了官僚机构之中。但角色的转换和权力地位的获得必须要付出沉重的代价,以暴力与官府为敌的梁山军团成了赵宋政权剪除异己、消灭叛逆的工具。历经破辽、平田虎、灭王庆,梁山英雄最终在征方腊的惨烈战争中损失惨重,108位英雄也只有三分之一生还。鲜血的代价方换来了当权者的官袍,当然还有无尽猜忌。宋江至此方大彻大悟,明白以一己之力无力回天,明白自己永远挣不脱身上沉重的道德及礼仪的枷锁,于是他清醒地结束了自己及兄弟李逵的生命。声势浩大、波澜壮阔的梁山好汉大聚义遂灰飞烟灭,留下了徽宗梦游梁山泊无尽的辛酸与遗憾。

《水浒传》被称誉为"市井民众的心史",那种大块吃肉、大碗喝酒、大秤分金的生活确实令人向往,但梦幻般理想生活的背后隐含的是忠义之争。梁山泊"替天行道"的杏黄旗意味着他们不承认当权者那种"天赋"的统治权,而以己志代之之心昭然若揭。但宋江却不听武松、李逵的自己做皇帝的劝告,他所欲何为呢?108位梁山好汉聚义后,聚义厅变成了忠义堂,支撑着替天行道的核心理念"义"套上了"忠"的枷锁,最终为忠臣意识和行为所压倒以致湮没,可说以宋江为代表的梁山人物以义相聚,而又抛弃背叛了义走向忠,这种转变最终导致了英雄的凋落离散。

《水浒传》的人物描写向来受到极高评价,它对人物极具个性化的描写为我们塑造了一系列家喻户晓的人物形象,清人金圣叹对此深有心得,他指出:"……《水浒传》只是写人粗鲁处,便有许多写法,如鲁达粗鲁是性急,史进粗鲁是少年任性,李逵粗鲁是蛮,武松粗鲁是豪杰不受羁绊,阮小二粗鲁是悲愤无说处,焦挺粗鲁是气质不好。"概而言之,栩栩如生的人物形象构成了《水浒传》的辉煌。

1. 及时雨宋江

他是梁山泊当然的领导者,这从他的绰号便可见一斑。及时雨这个品牌在江湖上是无价之宝,几度帮宋江逃过杀身之祸。他在梁山上虽居晁盖之下,但其领袖地位不可动摇。宋江为下层官吏,正常的仕途无晋身之阶,于是投眼江湖,结交三教九流人物,蓄养了一大批心腹人物,并为江湖好汉传递官府机密消息,甚至为不暴露行踪,杀死阎婆惜。他也曾为是否落草为寇动摇犹豫,但刺配江州题反诗最终促成了他为博得统治者的青睐铤而走险的举措。在他的号召下,梁山泊的事业如火如荼,如日中天,但他骨子里的儒家正统意识迫使他再度回头,受招安归顺朝廷,既葬送了自家性命,又搭进了众多兄弟,真是成也萧何,败也萧何!

2. 逼上梁山的豹子头林冲

身为京城十万禁军教头的林冲有一身好武艺,而且为人谨慎忠厚。因家有娇妻招来杀身之祸,因为高衙内想把他妻子弄到手,林冲吃尽了冤枉官司,刺配沧州,险些送命野猪林。但到了沧州以后他还是安心当了囚犯,可惜他的安分守己、逆来顺受招来了更残酷地打压。高衙内的杀手赶到沧州准备取他性命,林冲这才在风雪交加的山神庙前大开杀戒,一洗胸中的怒气,走上了落草为寇的道路。林冲被逼上梁山最终完成了落难英雄的成长之路,从此他将他的正义感、一身好武艺交付给替天行道的大业,而他的优柔寡断也在英雄的洪流中荡然无存,豹子头的棱角由此分明清晰。

3. 鲁莽直露的黑旋风李逵

李逵出身于无产者,除两把板斧以外赤条条一无所有(本来家中尚有一老母,谁知在他去迎母回梁山享清福时,死于虎口,李逵一怒之下杀四虎)。他性格鲜明,没有任何心机,对梁山泊聚义大业忠心耿耿,倾力维护,即使是他奉若神明的宋公明大哥,他也会因怀疑其强抢民女而穷追不舍。他嘴里念叨最多的一句话是"杀去东京,夺了鸟位,在那里快活,却不好!不强似鸟水泊里"。所以他是反招安态度最坚决者,可惜他这人是非不分,只喜欢抡圆斧头向前砍,无辜百姓丧命其手者不计其数。造反是他一生最高的追求,杀人放火是他最大的乐趣。他不追逐权力,也不愿受人的约束,几番差点因此丧命,最终也未逃过宋江绝望的毒酒。李逵的形象反映了人类原生态的行动本能,也是文明秩序建立前夜道德的守护者——但他的武器只有血腥的杀戮和盲目的崇奉神明。

4. 褒贬鲜明的妇女形象

《水浒传》中有3位女豪杰,她们是:母大虫顾大嫂,一丈青扈三娘,母夜叉孙二娘。3人共同的特征是泼辣豪迈、英姿飒爽,作者对之持肯定的态度。与之相对是一系列反面妇女的形象,她们放荡骄淫,偷奸养汉,不顾廉耻。即:四大淫妇形象阎婆惜、潘金莲、潘巧云、贾氏,她们最终遭到了男性残酷的报复,死状极惨。这两类褒贬鲜明的妇女形象身上有个奇怪的特征:女豪杰男性化严重,失去了女人味,但她们却有正义感;而四大淫妇女人气较浓,却耽于享乐,置道德于脑后。这种道义与人本质的分裂正反映了《水浒传》对人类情感最深刻地揭示,妇女虽是弱者,却仍然是人性完备的个体,个体的失落意味着群体的断裂。

精彩章节品读

第三回　鲁提辖拳打镇关西

英雄一怒为红颜，鲁达三拳结果恶霸，英雄亮相，不同凡响。

第八回　林教头刺配沧州道　鲁智深大闹野猪林

林冲之冤可比窦娥，苍天无眼，鲁智深出手护英雄，英雄相惜，其义共天。

第十回　林教头风雪山神庙

负辱英雄的通力反击，轰轰烈烈，从此禁军失却好教师，梁山泊入伙新好汉。

第十六回　吴用智取生辰纲

英雄与英雄的首次对话并非激烈，一切均在智多星的筹划中变成了搬运财宝的体力活。

第二十三回　景阳冈武松打虎

打虎英雄横空出世，个体力量迸发。

第三十回　武松大闹飞云浦

绝望英雄的抗争，一切恩仇泯灭在血腥与烈火中。

第三十九回　浔阳楼宋江吟反诗

穷途末路，英雄借酒显真心，宋江"正式宣告"了梁山泊的大政方针。

第五十八回　三山聚义打青州

众虎同心归水泊，聚义的预演，梁山泊向心力的显示。

第七十一回　忠义堂石碣受天文　梁山泊英雄排座次

历经艰辛，殊途同归，36天罡72地煞得以聚义梁山，英雄的盛会，可惜盛世难在，盛极必衰。

第九十四回　涌金门张顺归神

英雄的鲜血铺就了前进的道路，鲜血意味着壮烈，也意味着凄怆和无奈。

第一百回　宋公明神聚蓼儿洼　徽宗帝梦游梁山泊

英雄凋零，靡弱昏庸的皇帝只能在梦境中悟此真谛！

精彩佳句

自古白云无去住，几多变化任纵横。

人生一世，草木一秋。

大厦将倾，非一木可支。

杀人须见血，救人须救彻。

惺惺惜惺惺，好汉识好汉。

恩仇不辨非豪杰，黑白分明是丈夫。

《三国演义》

作品背景

作者 罗贯中
类别 历史小说
国籍 中国

名作简评

《三国演义》又称《三国志通俗演义》，中国四大古典小说之一，著作者为元末明初的小说家、戏曲家罗贯中。罗贯中，名本，字贯中，别号湖海散人。他可能是山西太原人，长期寄寓于浙江杭州；生活的时代大约是公元1330—1400年的一段时期，与元顺帝妥欢贴睦尔和明太祖朱元璋的统治时代大致相当。罗贯中的文学造诣极高，擅长词曲、隐语、杂剧创作，而以小说最为著名。小说除《三国演义》外，现在能够知道的尚有《隋唐志传》《残唐五代史演义》等10余种，不过这些书多经后世文人删改，不是他的原本了。据一些资料记载，罗贯中在《水浒传》的撰写和编辑整理过程中也发挥了重要作用。罗贯中性情卓尔不群，因时代多难不得已流落四方，后竟然下落不明，不知所终。但是明代中期后一些资料提到他在元末动荡纷繁的局势下，曾和东南豪强张士诚有过一些联系，是一位心系天下兴亡的英杰。

罗贯中撰写《三国演义》依据的材料大致有3个方面，一是西晋陈寿的《三国志》及南朝裴松之的注解；二是有关三国的稗史佚事、野史笔记；三是民间丰富的口头创作。在此基础上，他精心剪裁融合，创作出了鸿篇巨制、引人入胜的长篇历史小说《三国演义》。

《三国演义》全书以三国时魏、蜀、吴三个国家互相斗争和妥协为主要题材，时间从东汉灵帝中平元年（184年）直至晋武帝太康元年（280年），大约为一个世纪。全书共120回，每回有两句7字或8字的回目总括本回内容，书首有《西江月》词"滚滚长江东逝水"寄寓了撰著者的历史沉思和人生感慨。自成书以来,《三国演义》大致经历了抄本、早期刻本和毛评本3个阶段。现在通行的《三国演义》有两种版本,一是明嘉靖本,题为《三国志通俗演义》,全书240卷,分240则,署名为"晋平阳侯陈寿史传,后学罗贯中编次",这个本子与罗贯中之原本应最为接近。二是毛评本,它是清初毛纶、毛宗岗父子,综合古本,对《三国志通俗演义》重新整理回目,合两则为一回,逐回加以评论,删琐事,换诗文,进一步突出了蜀汉的正统地位。毛氏父子的修删工作虽带来了不少问题,但使全书紧凑畅达,可读性更强,逐成为近世以来最为流行的版本。

内容精义

《三国演义》以东汉末年至西晋初年的政治史、战争史发展为线索,以蜀汉为中心,叙述了百年历史的整合动荡、尔虞我诈,勾勒出众多鲜明生动的人物形象——他们在历史的十字路口,做出抉择,投身疆场,或封爵扬名为帝为侯,或战死沙场壮志未酬,或人名不称为尘为垢……

揭开《三国演义》序幕的是东汉末年席卷全国、声势浩荡的黄巾暴动。当时底层民众和下层地主的血腥暴动直接威胁到了以豪强大族为核心的刘汉王朝的统治地位,刘汉王朝为了生存和摆脱覆亡的命运痛苦挣扎、反击,于是一大批豪杰英雄乘运而起,曹操、袁绍、刘备等踏上了历史舞台。底层的血腥暴动最终在上层更为严厉更为强大的镇压下灰飞烟灭了。但是东汉的掌权者们尚未来得及庆功,就发现摆在他们面前的那诱人的胜利果实充满了凶险和血腥——新一轮财产和权力的分配就意味着新一轮的杀戮和勾心斗角,于是尚未抚平伤疤的社会陷入了军事混战的泥潭:汉灵帝崩,少帝刘辩继位,外戚何进掌权。宦官杀何进,袁绍起兵杀宦官,董卓驱逐袁绍,十七路诸侯讨伐董卓,司徒王允设计杀董卓,而董卓剩下的军队又对王允及朝臣大开杀戒。讨董诸军失去了共同的敌人后,马上割据混战,于是四处烽烟弥漫,战鼓相闻。后来曹操挟天子以令诸侯,经过10余年经营,基本上统一了北方,成为中原的新贵;南方的刘备、孙权腾挪躲闪,也建立了自己的根据地。公元208年,赤壁大战,孙刘联军击败了南下的曹操军团,阻止了他一统天下的步伐,最后刘备向西据有益州及南中(今云南),建立蜀汉政权,孙权向东向南，控制了长江中下游地区，建立了孙吴政权。三国分立的平衡局面未阻止战争机器的运转，先是蜀吴之间，然后是魏蜀、魏吴之间又进行了大约半个世纪的混战，最后全国才得到统一，战争的阴影方暂时远离了黎民百姓。《三国演义》中的各个军事集团，他们存在的唯一理由和目的就是不惜一切手段——通常就是付诸战争为自己攫取更多的利益、更大的地盘，这比中国历史上的春秋战国有过之而无不及；他们今天聚在一起盟誓，明天却又兵刃相见，角逐沙场；今天为誓不两立的仇敌，酣战不休，明天又杯酒言欢，亲如手足。利益是他们永远的追求，而血腥的战争则是他们永远的法宝。在《三国演义》中那种权力与财产再分配的历史时刻，这恐怕也就是唯一的真实了。

除了战场的血腥与残酷外，《三国演义》还史诗般地展示了一个个政治骗局，一幅幅勾心斗角、尔虞我诈的场景。例如第七十八回，孙权劝曹操进位做皇帝就是这样，孙权作为独霸江东的大豪强，早就梦想做皇帝，但苦于既无资历又无借口。而当时他因为袭压荆州，杀死关羽导致蜀汉联盟瓦解，面临魏蜀夹击的不利局势，于是就遣使上书曹操，希望曹氏早正大位，遣将剿灭刘蜀，自己愿意率群下纳土归降。孙权的如此表演是想使拥汉派（刘备）与曹操的矛盾进一步激化，从而将蜀汉东进的兵锋引向曹操，是陷害曹操、自己从中渔利的一种手段。故而曹操说："是儿欲使吾居炉火上耶！"这些在《三国演义》中不胜枚举的政治骗局一方面反映了历史现实的残酷真实和人类个体的痛苦抉择，另一方面它蕴含了中国古代丰富的智慧和为了生存不懈抗争的理念。

在整个的价值考量上，《三国演义》（尤其是毛本）不以成败论英雄，奉刘备的蜀汉为正统，并将小说叙述的中心也聚焦在蜀汉一派人物的活动上。在现实历史的层面，刘氏的蜀汉政权偏安西南一隅，为了恢复中原（汉室）与中原的曹魏连年战争，最终因实力对比的差距被魏消灭；而在道德感情的层面，刘备不仅是皇室后裔，而且宽仁爱民，礼贤下士，备受臣民爱戴，因此在道义上他应是胜利者。于是历史事实与道德评价不可避免地产生了冲突，王道与霸道的治国大略又一次交锋，《三国演义》扬刘抑曹的选择深刻地体现了中国人心灵深处的传统文化心态，那就是惩恶扬善、扶助弱小的道德观。虽然刘备与曹操、袁绍之流并无本质的区别，但那种动荡纷纭、礼崩乐坏的时代应该有道德支柱存在给人以希望和信心，于是刘备就成了理想的形象。不过就全书的趋向而言，这种选择不仅是道德的悲剧，而且也是历史的悲剧。

《三国演义》塑造了一系列性格鲜明、影响深远的艺术形象,他们的名字家喻户晓,甚至成为某些类型人物的代名词。

1. 乱世奸雄——曹操

历史上曹操既是著名的政治家、军事家,又是杰出的诗人,他一首慷慨悲怆的《短歌行》令后世众多墨客只能望其项背。在《三国演义》中,他是以典型的奸臣形象出现的,他奉行的人生准则是"宁教我负天下人,休教天下人负我",不能"流芳百世","遗臭万年"亦未尝不可。小说在曹操首次出场时就描绘了他幼年诬叔欺父的行径:

> 操有叔父,见操游荡无度,尝怒之,言于曹嵩。嵩责操。操忽心生一计:见叔父来,诈倒于地,作中风之状。叔父惊告嵩。嵩急视之。操故无恙。嵩曰:"叔言汝中风,今已愈乎?"操曰:"儿自来无此病,因失爱于叔父,故见罔耳。"嵩信其言。后叔父但言操过,嵩不听,因此,操得恣意放荡。

他的这种诡计多端、狡诈机巧的品质随着小说情节的发展得到了全面的展现:因恐惧猜忌,杀吕伯奢一家;自己下令属吏扣军粮,借仓官之头平息众怒;为了防范行刺,杀死侍者却佯装不知;为了显示军法严明,又上演"割发权代首"的把戏。诸如此类,不一而足,充分表明了曹操之狡诈阴险,而这正是那个时代个体求得生存的本能反应。

奸雄形象是曹操最重要的品格,他的老谋深算、玩弄权术和雄才大略均为此做了铺垫。如果只知一味狡诈阴险,他充其量不过是一无行小人,但高人一等的见识和胆略造就了曹操奸雄般的霸业,这一性格在官渡之战中表现得尤为突出集中;斩草除根的痛快淋漓——这奠定了曹氏在北方的基业,又成就了曹操的英雄形象,他才可以在《让县自明本志令》中自鸣得意地说:"设使国家无有孤,不知当几人称帝,几人称王。"斯言信然。

2. 足智多谋、忠心王室的智慧化身——诸葛亮

诸葛亮几乎成了一部《三国演义》的代名词,他的足智多谋、忠心蜀汉王室、鞠躬尽瘁、死而后已成了中国古典人物最高的美学标准。身为炎黄子孙,可不读《三国》,却不可不知诸葛亮。

诸葛亮是多种性格因素的复杂汇聚。他隐居隆中,刘备三顾茅庐始与相见,是道家人格及高士贤才自高身价的典型表现,而《隆中对》则是天才的战略家出山的宣言。在赤壁之战中初露头角的诸葛亮自刘备去世以后,受顾

命辅佐昏庸的后主，实际上成为蜀汉最高的决策人，两上《出师表》，为了中原的恢复和蜀汉的稳固呕心沥血，最后病死在战争前线的五丈原。可以说诸葛亮的一生既是其才智得以最充分张扬，又是其抱负备受压抑的一生。他身上既具备了众多政治家的美德，又身不由己陷入了知其不可为而为之的悲剧境地。他的一生既是智慧向命运抗争的一生，又是自己高尚的生命一步步滑入泥潭的一生。在舌战群儒、讨平南中、整肃内政方面，他得心应手，如鱼得水，但北伐中原因掣肘太多未遂人愿，中国传统士人出世与入世的取向左右了诸葛亮的人生，他的死不仅为蜀汉政权敲响了丧钟，也让没有他的《三国》顿时逊色八分。

3. 义士·圣人·天神——关羽

忠肝义胆的关羽是读《三国》时人们津津乐道的形象。自桃园结义起，他就与刘备形成了君臣加手足的关系，这也为他的三重人格做了最直接最坚实的铺垫。他刚强的性格，无与伦比的武艺，深明大义的儒家风度令后人为之折腰。嫉恶如仇、忧国忧民是关羽作为士人人格逻辑的起点，结义后他追随刘备南征北战，历经艰险，始终义重如山。当刘备兵败，关羽忍辱降曹后，不为金钱功名美色所动，虽挂印封金过五关斩六将而去，而却长存报答曹操的心。他斩颜良、诛文丑，解白马之围，又在华容道义释曹操，体现出了他宽阔的胸襟和恪守礼节之理性主义和人道主义精神。人不是神，但可以成为神，关羽生前之神勇，死后之神奇，暗含了《三国演义》浓郁的英雄相惜之意。

4. 哀哉，美人——貂蝉

貂蝉作为绝代佳人，她的悲剧仅用"红颜女子多薄命"来言说太过笼统，弱女子的国色天香成了她悲剧的本源。她一生面对的3个男人：司徒王允，奸相董卓，鲁莽英雄吕布，王允是利用她达到政治目的，董卓只是玩弄她，而钟情于她的吕布空有绝世武功却不足以托付终身，美人于是只能面临悲惨的命运了。曹操白门斩吕布后，"将吕布妻小并貂蝉载回许都，尽将钱帛分犒三军"，及此貂蝉不知所终。她究竟托身于曹操，抑或又成工具，均无再表。哀哉，美人！

精彩章节品读

第一回　宴桃园豪杰三结义

乱世出英雄，首推刘关张，义结兄弟，共赴伟业，从此揭开了数十年惊心动魄的创业功勋与兄弟恩情的激荡挥洒。

第五回　破虎牢三英战吕布

英雄与英雄的首次碰撞，正义与邪恶的大比拼，护躯银铠砌龙鳞，束发金冠簪雉尾，三人齐心，其利断金，信然。

第二十一回　曹操煮酒论英雄

淅淅春雨，青梅成熟，奸雄与英主的单独较量，一方唇枪舌剑，暗藏杀机，一方深藏不露，虚与委蛇，杯盏之声与沙场角鼓相闻。

第四十三回　诸葛亮舌战群儒

智者与儒者的较量，进取者与守成者的对话，孤胆之功，可比长虹，孔明智激孙权，遂定赤壁联合之功，三国鼎立之势见端倪。

第五十六回　曹操大宴铜雀台

英雄的慷慨与悲怆，功业的辉煌与渺茫，一曲《短歌行》，尽在不言中。

第九十五回　武侯弹琴退仲达

虎落平阳，龙入浅滩，司马懿大兵压境，诸葛孔明穷极生智，弦乐声惊退十万大兵，空城计遂成千古绝唱。

第一百二十回　降孙皓三分归一统

自古言：分久必合，其言信然。偏安江东，不足固本，铁链锁江，形同虚设，三分归晋，《三国》亦曲终人散。

精彩佳句

纷纷世事无穷尽，无数茫茫不可逃！

淡泊以明志，宁静以致远。

鞠躬尽瘁，死而后已。

万事俱备，只欠东风。

一日纵敌，万世之患。

三军易得，一将难求。

《西游记》

作品背景

作者 吴承恩
类别 章回体小说
国籍 中国

名作简评

《西游记》是我国古典小说四大名著之一,又被称为明代四大奇书之一,在文学史上有着不可动摇的地位。它纵恣奇幻的想象、跌宕起伏的情节、幽默流畅的语言感染了一代代读者。"读其书,而想见其人"——孟子的古训也,然而《西游记》的作者却是个谜。

其实,把《西游记》的著作权赋予吴承恩,只是近几十年的事。鲁迅在《中国小说史略》中根据明天启年间《淮安府志》及清光绪年间《淮安府志》贡举表,参考清人钱大昕、纪昀、丁晏等人的笔记和见解,断定《西游记》是吴承恩最后加工写定。此说得到胡适的赞同,几乎成了定论。但此后一直有学者对此持怀疑态度,不仅质疑其中的关键材料,还从吴承恩的生平和诗文创作中找出诸多和《西游记》不合甚至严重对立的地方,让肯定吴承恩著《西游记》的人很难解释。我们认为,在缺乏进一步材料有力论证的情况下,我们不妨将此大作归于吴承恩名下吧。

吴承恩(约1500—1582年),字汝忠,号射阳山人,淮安山阳人,现有诗文集传世,可以推见其大致生平。他出身于一个由小仕宦没落为小商人的家庭,社会地位不高。但由于曾祖父和祖父两世为官,吴承恩仍受家学熏陶,文化素养极高,据说是一个"性敏多慧,博极群书"的"通才"。可惜他在科举场上并不得意,屡次落榜,直到嘉靖二十三年(1544年)才中岁贡生。尔后做过长兴县丞的小官,仕途坎坷,不久他便辞官回到淮安,放浪诗酒,以卖文、经商为生，终老林下。

《西游记》不是某个文人独立虚构创作出来的，和《水浒传》一样，是一部世代累积、像滚雪球似的形成的长篇小说。其形成过程本身就是一次文化漫游。

《西游记》是以唐代名僧玄奘到印度求法取经这一历史上的真人真事为原始素材的。玄奘姓陈，名祎，自小失去父母，11岁时入寺读经，潜心钻研佛理。后来他发现由于翻译佛经的文字不同造成不同理解，使得佛教内部教派林立，各执一词。他因此决心到佛教发源地——印度去求取真经，探究佛法。历尽各种险阻到达印度后，他苦学佛教教义，并在无遮大会上主讲大乘佛教，无人敢诘难。学成后，玄奘于贞观十九年（645年）返回长安，往返共计19年。他带回许多佛经，在此后的19年里，一直专注于译经事业，译出了经论75部，1335卷。唐高宗麟德元年（664年）一代高僧圆寂，送葬、观葬的人达百余万之多。

玄奘曾据自己的亲身经历，写了一部10多万字的《大唐西域记》，介绍的是他西游途中游历过的及听闻过的西域国家的地理风貌、政治文化等情况，其中还记载了许多印度民间故事和佛教传说，幻想色彩较浓，如阴司地狱、魔鬼仙佛、罗刹夜叉等，这些都在《西游记》中有所体现。

玄奘传奇的经历在流传中逐渐变得越来越神奇。在宋代"说话"人手中形成了一部《大唐三藏取经诗话》，这可以视作《西游记》的雏形。从这时开始，取经队伍中有了孙行者。除"说话"外戏曲也开始搬演西天取经的故事，如金代的院本《唐三藏》，元代的《西游记杂剧》《唐三藏西天取经》《魏征斩龙王》《二郎神锁齐天大圣》等，其中《西游记杂剧》是现存最早的一部完整的取经题材作品，它从唐僧出生遭父难写起，经由观音安排西天取经，先后收服龙马，率孙行者、沙和尚、猪八戒西行，经过女王逼婚、火焰山等磨难，取回真经。这已经非常接近现在我们看到《西游记》的故事了。

此后，明代的《西游记》平话已具备了大闹天宫、魏征梦斩泾河龙等重要情节以及黑熊精、黄风怪、地涌夫人、蜘蛛精、黄狮怪、红孩儿、火焰山、车迟国斗法等重要关目，但叙述仍是粗陈梗概。明代朱鼎臣编有《唐三藏西游释厄传》，杨致和编有《西游记传》，这两部书都和百回本《西游记》一样，在开篇诗中提到一部《西游释厄传》，似乎在《西游记》平话之后还有这样一部书，直接开启了《西游记》。

这样，《西游记》在历代传说的基础上，在前人同类创作的积累上，终于在明代中叶时形成一部惊心动魄的神魔小说。

《西游记》有多种刻本和评注本，较为通行的有明金陵唐氏世德堂刊本、李卓吾评本，二者俱为明刻百回本，较佳。

《西游记》无疑比其他几部古典名著好读，无论儿童或成年人，都能从生动诱人的故事层面获得阅读快感。《西游记》也是难读的，人们在追索故事背后的深层意蕴时众说纷纭，争论不休。

最明显、最直接的，有人认为这是一部宣扬佛理心法的书，佛教徒当然赞同此说。而道教则认为《西游记》中更多的是仙家的东西，并把作者附会成长春真人丘处机。现在能见到几部从道教角度对《西游记》进行点评的本子。儒家也不甘示弱，认为《西游记》表现的是儒家的正心诚意，克己明德之说。胡适和鲁迅更干脆，认为《西游记》只是一部"游戏之作"，不必追求深意，只要看着好玩就行了。这一说消解了《西游记》的意义，强调的是其娱乐价值。更多的人认同的是《西游记》的哲理主题，即唐僧师徒齐心协力历尽千难万险到达西天取真经这一故事，象征了为实现某种崇高的事业，必须团结一致，不畏艰难险阻，勇敢拼搏。

其实，《西游记》是由历代传说积累而成，其思想内容方面杂糅了儒、释、道三家，负载了深厚的传统文化，因此它带给读者的不仅仅是阅读的快感，更是一次文化的历险、精神的漫游、哲理的思索，每一个阅读者都可以有自己的解读。

在体例上，《西游记》是章回小说，叙述的中心事件是唐僧师徒前往西天求取真经的故事，在这个大故事里面，又套有许多小故事，如红线串珠一样缀连在一起。这些小故事大都可以独立出来，却又有机地围绕同一中心。这和《西游记》累积成书有一定关系，因为每一代读者在传讲这一故事时都可能在故事的大框架下糅合其他的同类故事传闻，一个个单独的故事最后汇合成内容丰富的《西游记》。

《西游记》受到历代不同层次读者的欢迎，一个首要的原因就是那一个个摇曳多姿、变化多端、高潮迭起的故事情节。例如过火焰山时，为了获得能扇灭熊熊大火的芭蕉扇，孙悟空和牛魔王夫妇斗智斗勇，故事发展一波三折。一调芭蕉扇时，孙悟空起初想凭和牛魔王的兄弟关系套近乎，但罗刹女痛恨孙悟空将其爱子红孩儿送往观音处，害得他们母子不得相见，坚持不肯借扇。

一番恶斗后，罗刹女借宝扇法力，将悟空扇到八万四千里开外。悟空从灵吉菩萨处获得定风丹后再与罗刹女力战，罗刹女不敌后闭门不出。悟空于是变作一只小虫儿，趁罗刹女喝水时钻到肚子里，逼她交出扇子。悟空得意而还，谁知所得的却是假扇子，火越扇越大，悟空被骗了。二调芭蕉扇，悟空偷得牛魔王的辟水金睛兽，变成牛魔王模样，利用罗刹女久旷思夫之情再度哄得扇子，情急之下却没学会扇子缩小的口诀，只好扛着往回走。牛魔王发觉后，变成猪八戒的模样骗过孙悟空，将扇子再度夺回。孙悟空和牛魔王一番厮杀，双方难分高下。后来在众神的帮助下，收服牛魔王，才第三次获得芭蕉扇，过了火焰山。整个斗勇的过程奇变迭出，扣人心弦。此外，《西游记》在构思故事时还善于埋下伏笔，前后照应。如火焰山的形成和孙悟空闹天宫踢倒老君炉时掉下的一块火砖照应，而红孩儿被收服一事为此后悟空遇上他叔父、父母时双方的反目成仇埋下伏笔，行文严谨缜密。

　　《西游记》的成功之处还在于它塑造了鲜明各异的形象。除了那些一次性出场的妖魔鬼怪（他们也各有特点）以及一些次要角色外，贯穿全书的唐僧师徒各自的性格特征都极为突出：作为领导的唐僧，昏庸软弱却又坚定虔诚；孙悟空机智勇敢，诙谐幽默却骄傲急躁；猪八戒贪财好色好吃却也偶有闪光之处；沙僧默默无闻却勤恳依顺，对取经团体起着聚合的作用。其中，最为光彩动人的形象无疑是孙悟空，最让人认同，接近世俗的是猪八戒。

　　在孙悟空的身上，闪耀着英雄的风采，凝聚着自由勇敢的灵魂。他生来就不伏天地管，在花果山中自由自在。他学得道术后大闹龙宫、地府、天宫，藐视一切权威。一棒在手，打遍三界，酣畅淋漓，无拘无束。后来被佛祖及观音以诡计降压后，踏上了取经之途。对于他来说，取经的目的不重要，他乐而不疲的，是在取经过程中与各种邪魔外道斗智拼勇，在一次次的降妖伏魔中，显出他老孙的手段，证明他作为一个英雄的价值。他胆大包天，有一双能识破一切妖魔的火眼金睛，敢于斗一切妖魔鬼怪，这和他蔑视一切外在权威是一致的。他还有情有义，即使他的师父错怪他了，要将他赶走，他还念念不忘，牵挂着师父的安危。他的幽默诙谐时常让你忍俊不禁，而他急躁顽皮露出的那点猴性更让你莞尔。他就是这样一个让人喜爱、让人崇拜的英雄。

　　猪八戒则恰恰相反。他身上的毛病太多了，他几乎成了各种欲望的象征。和猪的特性一致，他贪吃懒做，爱睡觉，此外还好色贪财。一路上，他不断地出乖露丑：吃人参果时囫囵吞下，不知滋味；四圣试凡心时，唯有他不能戒色，被变化的汗衫儿捆绑在树上冻了一宿；盘丝洞外碰见正在洗澡的女妖精，他兴奋地脱下衣服变成一条鲇鱼在她们之间钻来穿去；快到西天时碰见嫦娥，仍然不知悔改，忍不住跳上云端一把抱住她道："姐姐，我与你是旧相识，我和你耍子儿去也。"还有，悟空让他巡山，他躲在草丛里睡大觉，然后自作聪明地编了一个谎言，却不知悟空在旁知道了一切；一路上他居然攒了四钱六分银子藏在耳朵里，如此等等。更可气的是，他还常常在唐僧面前搬弄是非，陷害排挤悟空，而一旦大难临头，不是溜之大吉就是吵嚷着要回高老庄去，他实在是取经团体里的离心力。当然，他也有大显法力，露脸的时候，如第六十四回荆棘岭大显身手，还有他多次和悟空合力降妖。整个看来，猪八戒是食色二欲的象征，有各种世俗凡人的毛病，这和他前往西天求取真经的僧人身份形成巨大反差，造成极好的喜剧效果。而读者在对他的嘲笑声中也从心理上对他产生认同感：他不像孙悟空那般高不可攀，必须仰视，而是一个可以平视乃至俯视的形象，甚至由此产生了喜爱之情。

除了鲜明动人的形象，《西游记》的语言也极其有魅力。和《水浒传》比起来，同是白话语言，《水浒传》的叙述语言简单平直，多一些粗豪之气；而《西游记》叙述语言却轻松明快、诙谐幽默，充满激情，而且少了《水浒传》中"兀那""则个""兀自"等口语，更多了一些诗化语言。当然，《西游记》中也有不少口语，甚至还有不少淮扬方言，但这些只是诗化语言的补充，使行文更生动活泼。《西游记》中人物的语言大都惟妙惟肖，符合人物的性格特征和特定情境下的心理，如孙悟空性格诙谐，语言幽默，他将厕所称为"五谷轮回之所"，猪八戒实地考察后不禁笑道："这个弼马瘟居然会弄嘴弄舌！把个毛坑也与它起个道号！"再如唐僧执意要救老鼠精（地涌夫人）幻化的女子，孙悟空加以劝阻，唐僧开始称悟空"徒弟"，继而叫他"猴头"，最后生气地大骂"泼猴头""泼猢狲"，这一称呼变化反映了唐僧当时情绪逐渐激动的过程，刻画入微，颇为传神。另外，为了加强语言表现力，《西游记》里还运用了诸如谐音、双关、比喻、仿词等修辞手法。如仿词一格，在麒麟山，孙悟空一棒打死下战书的小妖，笑道："这厮名字叫做有来有去，这一棍子，打得有去无来也！"

《西游记》

内容精义

在东胜神州的花果山上的一块仙石禀天地精华,孕育了一只石猴。其降生之初就已惊天动地,此后跃入水帘洞中,成了美猴王。为了超越死生大限,美猴王辞别群猴去寻仙访道,在菩提老祖的开导指点下,学得七十二般变化及筋斗云,并有了个名字叫孙悟空。回山后,他入龙宫时获得伸缩如意的金箍棒和一幅披挂,在花果山逍遥称王。阎罗王捉拿孙悟空时,他扯碎生死簿,大闹阎罗殿,又将前来捉拿他的天兵天将打败。玉皇无奈只得行招安之计,却因封官太小和王母的蟠桃会没邀请孙悟空而令他两度大闹天宫,请二郎神及各路神仙方将他收服送进太上老君的炼丹炉,结果七七四十九天后不但没将孙悟空炼化,反而练就一身铜筋铁骨、一双火眼金睛,再度大闹灵霄殿,逼玉皇让位。佛祖用计将孙悟空压在五指山下,让他等取经人救他。佛祖的弟子金蝉子转世的玄奘为了普救众生,决心西去取经。在观音的指点下,他获得了龙马,救出孙悟空,并利用紧箍咒控制了孙悟空,让孙悟空保他上西天取经。孙悟空相继收服了猪八戒和沙僧,二人也加入取经队伍。一路上,师徒四人碰上白骨精、黄袍怪、地涌夫人、黄狮怪等妖魔鬼怪,克服各种艰难险阻,历经九九八十一难后,方取得真经返回东土,而四人也都修成正果:唐僧被封为旃檀功德佛,悟空被封为斗战胜佛,八戒成了净坛使者,沙僧是金身罗汉。

精彩章节品读

第四回 官封弼马心何足 名注齐天意未宁
该回尽显悟空英雄本色。

第七十六回 心神居舍魔归性 木母同降怪体真
该回讲悟空等人和狮驼岭之怪斗智斗勇,波澜起伏,极具可读性。尤其是八戒出战被擒后一系列事情,各个人物性格表现得极为鲜明生动。

第九十八回 猿熟马驯方脱壳 功成行满见真如
该回写师徒四人历尽千难万险后终于到达雷音寺,求见佛祖,赐予真经,而因无"人事"贿赂阿傩、伽叶,只传得无字经。所谓西天极乐世界,也要黄金铺路，这对辛苦赶来的虔诚朝圣者来说，是一个巨大的讽刺。

精彩佳句

> 皇帝轮流做，明年到我家。
>
> 树大招风风撼树，人为高名名丧人。
>
> 山高自有客行路，水深自有渡船人。
>
> 有风方起浪，无潮水自平。

《牡丹亭》

作品背景

作者 汤显祖
类别 戏曲
国籍 中国

名作简评

汤显祖是中国古代著名的戏剧大师，生于1550年，死于1616年，字义仍，号海若、若士，又号清远道人，是江西临川人。他从12岁就开始作诗，其中有"太守塞空城，城中人出走。宁言妻失夫，坐叹儿捐母。"之句，可以想象出他童年时的才华横溢。后来中了进士，就因为他不肯趋炎附势，只做过几任小官。在南京做礼部主事时，因弹劾大学士申时行被贬，后虽又做官，依然不肯依附权贵，终于被人弹劾。于是汤显祖隐居故里，专心从事创作。他的作品有玉茗堂四梦：《紫钗记》《还魂记》《邯郸记》及《南柯记》，另有玉茗堂诗文集。《紫钗记》源自唐代传奇蒋防写的《霍小玉传》，写诗人李益与霍小玉悲欢离合的故事。《还魂记》又名《牡丹亭》，写柳梦梅、杜丽娘的恋爱故事。"邯郸""南柯"二记，也是来自唐代传奇小说，一是沈既济的《枕中记》，一是李公佐的《南柯太守传》；二记都是描写了富贵功名的虚幻，指点了人生最后的归宿。四梦中，前二者是写青年男女的恋爱剧，后二者是寓言的讽刺剧。玉茗堂四梦文辞工丽，风行一时，尤其是《牡丹亭》最为脍炙人口，是他的代表作。

我们说汤显祖生活的时代，正是明朝的政治极端腐化的时代，帝王昏庸无能，宰相专政，宦官权贵相互勾结。当时士大夫风气败坏，无所不为，寡廉鲜耻，丑态百出。在汤显祖会试时，正是张居正当权，张居正想让他的儿子考中第一，于是笼络汤显祖，许他以科甲，却被汤显祖拒绝了，结果汤显祖因此落第。第二次张居正又来拉拢，又被拒绝。所以直到张居正死后，汤显祖才中进士，那时他已是 30 多岁了。当时权贵都想与他结交，但汤显祖不肯与他们同流合污，由此可知他的风骨和操守。明史本传中说汤显祖"意气慷慨""蹭蹬穷老"。当朝的风气不正，而像汤显祖他们这样的有才气的文人士子，不愿堕落而洁身自好，因此，他们受到迫害和打击。而汤显祖等文人才士并不是妥协而是联合起来，一面讲学，一面批判攻击当代的腐败政治，形成了一个具有进步性的政治流派，那就是历史上有名的东林党。汤显祖虽然不是东林党的成员，但是他与东林党的领袖顾宪成、邹元标都有密切联系，汤显祖的政治立场与东林党是相通的。另外，汤显祖在哲学思想上，受左派王学的影响。罗汝芳是他的先生，李卓吾是他敬仰的前辈，李卓吾在狱中自杀后，汤显祖曾作《叹卓老诗》来哀悼他。从这些方面，我们可以看到汤显祖在文学上富于反抗性的思想基础。公安三袁之一的袁宏道的反复古主义与汤显祖的反格律主义精神上是基本一致的。一个在理论上的建树大，一个在创作上的成就高，而他们和李卓吾的反传统反道学又有相通之处。我们所以重视汤显祖，是因为他以强烈的反抗精神和丰满坚实的艺术力量，突破了格律派的束缚，给晚明时期近于僵化衰颓的传奇文学以极大的刺激，写出了流唱千古的《牡丹亭》。

内容精义

《牡丹亭》全剧共 55 出，为明代传奇中稀有的长篇。第一出标目《汉宫春》。词云：

> 杜宝黄堂，生丽娘小姐，爱踏春阳。感梦书生折柳，竟为情伤。写真留记，葬梅花道院凄凉。三年上，有梦梅柳子，于此赴高唐。果而回生定配，赴临安取试，寇起淮扬。正把杜公围困，小姐惊惶。教柳郎行探，反遭疑激恼平章。风流况，施行正苦，报中状元郎。

这里简单介绍了剧中情节。其中，杜丽娘死后又还魂，同柳梦梅恋爱结婚，这自然是不真实的。然而《牡丹亭》作为一部浪漫主义的优秀作品，它以浪漫主义的艺术力量来反映现实生活，来实现反封建道德、歌颂爱情力量和追求个性解放的主题思想。汤显祖曾说："一生四梦，得意处惟在牡丹。"《牡丹亭》通过杜丽娘和柳梦梅生死离合的爱情故事来反封建礼教，提倡追求自由幸福的爱情,从这点上说,作品是获得了极大的成功。剧中丰富的幻想,热烈的感情,夸张的描写,绚烂的言辞,使这一部作品富于诗情画意而又具现实意义。

杜丽娘是我国古典文学中继《西厢记》中女主人公崔莺莺之后出现的最动人的妇女形象。在杜丽娘的精神中,灌输了汤显祖的新思想新理想的血液。杜丽娘是南安太守杜宝的独生女儿,杜宝是按照当时封建统治阶级的要求严格训练出来的官僚,在他的管制之下,杜丽娘在官衙里住了3年,连后花园都没有去过,每天午睡一会儿就了违反了家教。杜宝请一个老先生教女儿读书,目的一方面是利用经典教条束缚她的思想,一方面则希望她将来出嫁后,知书识礼,为父母争光。杜丽娘的母亲是杜宝的家教的执行者。她看见女儿裙子上绣的一对花,一双鸟,都少见多怪,怕引动女儿情思。听说女儿去了一趟后花园,就把丫环春香找来训斥了一顿。唯一可以接触到的男人就是杜丽娘的老师——老学究陈最良。这样森严的封建礼教和特殊的环境,使她无法接触到青年男子。在这样严格的封建家庭教育下成长的杜丽娘本来是个十分温顺的少女,然而环境的寂寞,精神生活的空虚,不能不使一个正在成长的青春少女感到苦闷。后来在春香的诱导之下,她第一次偷偷到了后花园,盛开的百花,成对的莺燕,打开了少女的心扉,使她长期在闺房里的沉忧和积郁,一时间全倾吐而出:

原来姹紫嫣红开遍,似这般都付与断井颓垣。良辰美景奈何天,赏心乐事谁家院!

——【皂罗袍】

你道翠生生出落的裙衫儿茜,艳晶晶花簪八宝填。可知我常一生儿爱好是天然?恰三春好处无人见。不提防沉鱼落雁鸟惊喧,则怕的羞花闭月花愁颤。

——【醉扶归】

在大好春光的感召之下,她的青春觉醒了。她悲叹自己青春虚度,个人才貌被埋没,又执着于自由、幸福的追求。她热爱自然,热爱生活,热爱青春,并不惜以生命来反抗封建传统,换取美满生活。在《寻梦》一折中她说:"这般花花草草由人恋,生生死死随人愿,便酸酸楚楚无人怨。"她虽不满于做一个循规蹈矩的封建妇女,憧憬着自己的理想,却找不到出路。于是她只好把自己的理想托付给偶然在梦中出现的书生,并且为他相思成疾,最终埋骨幽泉。对于杜丽娘来说，她的死不是生命的结束，而是新生活的开始。在摆脱了现实世界的种种约束之后，她找到了梦中的书生，主动向他表示了爱情，还魂结为夫妇。汤显祖正是通过杜丽娘的艺术形象概括了封建社会青年争取自由幸福爱情的斗争的艰苦性。汤显祖在《牡丹亭》中高举"情"的大旗，以对抗"理"的束缚，宣扬为了情，生者可以死，死者可以生，带有强烈的个性解放的时代特征。为了追求真实的人生，为了反抗封建的黑暗，主人公杜丽娘把生死置之度外，勇往直前。她身上放射出新时代的精神的光辉。

　　作者把柳梦梅富于才华、忠于爱情、不满现实、勇于进取的性格也描写得很成功。杜宝是封建家长的代表人物，作者虽着墨不多，但那种专横、势利、冷酷、自私的性格，是同青年一代完全对立的。在剧里，作者也极力地刻画了封建道学的代表人物陈最良。陈最良是杜丽娘的家庭教师，年过60，他满脑子仁义道德，满口之乎者也，一心一意要把这位年轻美貌的女学生，教成一个贤妻良母的典范。他迂酸顽固，腐朽虚伪，在他的身上没有一点新的气息和生机，是封建道德的化身。

　　在封建社会里，争取婚姻自主，是反封建文学的重要内容之一。这样的题材，表现出新旧时代的矛盾和斗争，体现出新生力量反抗旧制度旧思想的坚强意志和渴望美满生活的热情，《牡丹亭》正具有这样的价值。《牡丹亭》之所以流传远久，风行一时，这同汤显祖把爱情写得纯真又美丽有关。杜丽娘为情而死，后来为了爱情又还魂复活，这就加强了斗争的力量，冲击了封建伦理的传统。因为这出《牡丹亭》唱出了千千万万的困于封建礼教、身受爱情折磨的青年男女们的心声，在社会上产生了极大的反响。娄江女子俞二娘读了《牡丹亭》后，哀感自己的身世，断肠而死；杭州女伶商小玲失恋后，因演《牡丹亭》伤心而死等。这些故事，虽然不一定真实，但产生这样的传说，也说明了作品的艺术力量在封建社会妇女群中所产生的强烈反应。

　　《牡丹亭》在艺术上的最大特色是浪漫主义。它通过"梦而死""死而生"的幻想情节表现了理想与现实的矛盾。杜丽娘所追求的理想当然在现实生活中是不可能实现的，但梦境里，她摆脱了封建礼教的束缚，实现自己美好的愿望。例如在《惊梦》里，杜丽娘在梦里和柳梦梅相见，"真个是千般爱惜，万种温存"，醒来之后却是母亲的一顿唠叨。在《冥判》里，杜丽娘也敢于向阎王殿的胡判官诉说她感梦而亡的全部经过，还得到许可寻找梦里的情人。这样，作者通过一些富有奇情异彩的艺术境界，突出了现实和理想的矛盾，也表现了在封建礼教束缚下的青年女性对自由幸福生活的强烈追求。

　　剧中的曲文，表现了作者在艺术语言上的成就。特别在抒情方面，在描绘人物性格、刻画杜丽娘的心理活动和精神世界方面非常细致真实。《惊梦》《寻梦》《写真》《拾画》《魂游》《闹宴》诸剧，皆为佳作，尤以《惊梦》一出，最为著名。

精彩章节品读

《游园》

《惊梦》

《聊斋志异》

作品背景

作者 蒲松龄
类别 鬼怪小说
国籍 中国

名作简评

《聊斋志异》在中国文言小说史上,继唐传奇之后,成为另一高峰,是一部"以传奇法志怪"的杰出小说集。

传说蒲松龄在呕心沥血完成这一孤愤寄托之作后,曾将部分篇章寄给当时文坛盟主王士禛评鉴。王士禛读后大加赞赏,直恨这种奇文为什么不是出自自己的笔下。于是他和蒲松龄商量说,能不能以千金之价换取该书著作权,结果被蒲松龄拒绝了。王士禛在给《聊斋志异》题辞时说:"姑妄言之姑听之,豆棚瓜架雨如丝。料应厌作人间语,爱听秋坟鬼唱时。"此评价很令人怀疑他确有"葡萄酸"心理。

虽然这只是传说,且被鲁迅在《小说旧闻钞》中斥为"无稽"之谈,但这种传说的出现,反映了《聊斋志异》在当时所受到的推崇。实际上,就在蒲松龄仍在创作时,远近知情的人就都争相借阅传抄,清人鲍廷博在题辞中对此感慨:"莫惊纸价无端贵,曾费渔洋(即王士禛)十万钱!"

谁能想象,这位以才情文笔震惊文坛,泽惠后人的蒲松龄居然是一个在科举场上屡战屡败的坎坷偃蹇之士?

蒲松龄,字留仙,号柳泉,1640年生于山东淄川。他的家族可以说是一个书香世家,但从他祖父开始,家道逐渐中落。蒲松龄降生时,恰巧赶上兵荒马乱、灾祸频发之年,幼年时动荡荒乱的记忆后来在《聊斋志异》的有关篇中浮现出来。

18岁那年他结婚了,妻子刘孺人。19岁,他第一次参加县、府、道考试,以3个第一名考中了秀才!新婚之喜、科考之捷,蒲松龄当时可谓"春风得意",踌躇满志,对前途充满无限憧憬。他没想到,这第一次的成功也是唯一一次成功,在以后潦倒不遇的日子里,他将用它来无数次抚慰自己失落的心。他终生难忘,当时的山东学道、大诗人施闰章在他的八股文试卷上批道:"观书如月,运笔如风",科场中这份赏识、承认,他以后再也没有得到过。

初战告捷刺激了蒲松龄对科举的热情,他开始对"时艺"——八股文奉若神明,热衷此道。但就在此时,他与同邑的好友张历友、李希梅等组织了"郢中诗社",其文学家的天性虽被压制,却仍然旁逸斜出。

大约在蒲松龄大儿子出生之后,他的家庭分裂了。蒲松龄有个凶悍的大嫂,既嫉妒蒲松龄妻子刘孺人甚得公婆欢心,又厌憎蒲松龄为科举不事生产,而且一举之后总考不取,成了家庭的负担,于是闹着分了家,蒲松龄只得到几间破屋子,家境更加困窘。

为了谋生,蒲松龄于康熙九年(1670年)到他的朋友宝应县知县孙蕙那里做幕宾。这是他一生中唯一的一次离开山东。在此期间,蒲松龄熟悉了各种吏务,对民生疾苦有了更深广的体会,而且逐渐对官场的腐败和黑暗有了深刻了解。大概是在这个时候,蒲松龄已经开始创作《聊斋志异》。

一年以后,为了返乡参加科举,他辞别孙蕙,回到淄川。这一次,他怀揣着孙蕙的推荐信,满怀希望。然而,1672年,他再次名落孙山。功名无望,再加上家境愈加贫困,蒲松龄内心倍感煎熬。此时,他曾用幽默俏皮的语言写过一篇《祭穷神文》,将无限心酸化成微笑。

为了让自己的4个孩子能吃上饱饭,蒲松龄开始当私塾老师,大约在他41岁时,他来到毕际有家当私塾先生。毕家是淄川的望族,家境富裕,而且藏书颇丰,喜与文士交往。毕家对蒲松龄是很尊重的,他觉得很满意,所以一直在毕家教了下去。在此期间,他仍不断参加考试,但每次都名落孙山。

生活贫困,仕途追求的坎坷使得蒲松龄精神上极度苦闷,孤愤满怀,他将这些都宣泄到《聊斋志异》的创作中去,达到他创作的最旺盛期。1679年,《聊斋志异》初具规模,轰动一时。

蒲松龄已经51岁了,他痴迷不悟地再次踏入科举考场,却只是在备尝失败的心灵上再添耻辱的刻痕。此时在他贤惠妻子操持下,家境已逐渐好转,而且孩子们已都成家立业了，他的妻子因此劝他放弃科举。犹豫再三，蒲松龄恋恋不舍地离开了他拼搏了一生的科举。

此后，他一直在毕家教私塾，一直到1710年他才离开，回家安享晚年。这一年，按规定，他"援例出贡"，当上了"岁进士"，算是对他坚持科举大半辈子的安慰，此时他已71岁。飞扬跋扈的得意少年已不复见，只有苍苍白发一老翁，他在诗中写道："忆昔狂歌共夕晨，相期矫首跃龙津。谁知一事无成就，共作白头会上人。"无限感慨，溢于诗外。

1715年，丧失相濡以沫的爱妻两年后，蒲松龄在他的聊斋里溘然长逝，身后除了各种俚曲、诗文等，还留下了《聊斋志异》这部令后人神旌摇荡、百般叹赏的小说集。

结合蒲松龄一生的经历，很显然《聊斋志异》的主要创作动机，是为了宣泄郁积在他胸中的怀才不遇、孤愤不平之感。正如他在《聊斋志异》中所说："集腋为裘，妄续幽冥之录；浮白载笔，仅成孤愤之书。"全书叙述了一个个鬼狐花妖的奇异故事，而在故事之后，寄寓了作者的身世之感、爱情理想，暗含了作者对时政的强烈关心，对世俗民风的劝诫讽刺，绝大部分都是"有为而作"。

蒲松龄采用鬼狐花妖来灌浇胸中块垒，除了和当时文坛上对志怪传奇的浓厚兴趣有关外，还和他童年时就受环境熏陶成的性格、成年后的经历以及当时的政治历史背景有关。

山东从秦朝的徐福开始，神仙方士不断出现，因此巫风浓厚。蒲松龄家乡淄川也不例外，民间盛传各种狐狸精的故事。从小耳濡目染，为其日后创作此类题材作品埋下种子。《聊斋志异》自序中他自称"才非干宝，雅爱搜神情类黄州，喜人谈鬼"。而成年后的坎坷遭遇，又激发了他对美好事物的幻想。再加上康熙年间，屡兴文字狱大案，为了避免陷入其中，一些对抨击时政的文字只能以鬼狐花妖的形式宛转巧妙地传达出来。这些因素综合在一起，蒲松龄就走了一条以丰富浪漫想象寄托深广郁愤的创作之路。

《聊斋志异》的创作，在《三借庐笔谈》中是这样记载的：蒲松龄为了搜采异闻，每天在路旁准备好一大瓮茶和一大包烟，拉过往行人歇息，在抽烟喝茶的同时讲一些奇闻逸闻，蒲松龄听后回家再加润饰而成。这一说法被鲁迅认为"不过委巷之谈而已"。但这一创作传说本身却反映了《聊斋志异》和此前的唐传奇不同，不再是文士阶层贵族沙龙式的产物，而是和民间文化有着更为密切的联系。从蒲松龄在故事后附记的故事来源看，他搜集故事的对象很广泛，有秀才、乡绅、官僚、农民、道士、和尚、商人等，几乎包括三教九流的各色人物。除了博采异闻、润饰加工外，蒲松龄还从他阅读过的前人笔记小说中抽取一些故事原型，加以再创造，如著名的《续黄粱》很显然受唐传奇《枕中记》的启发。还有一些篇章，则直接来自蒲松龄的亲身见闻，如《偷桃》是回忆他幼时看幻术的实况，这一类占的分量并不大。有了素材的积累，蒲松龄在艰辛的教书谋生之余，坚持创作，在《聊斋志异自志》中他写道"独是子夜荧荧，灯昏欲蕊；萧斋瑟瑟，案冷凝冰"，可以想见在孤寡疾苦之夜，作者独对一灯如豆，和他交谈的、只有笔下那些善解人意的鬼狐花妖，只有他们才知道怀才不遇的他有何等的奇情异想，又有何等的愤世嫉俗！

内容精义

《聊斋志异》虽然表面上看来只是讲述了一个个鬼狐花妖的故事，但由于这些故事大都来源于民间，再加上蒲松龄的加工创作，其中蕴含了深广的社会内容和丰富的思想。在现存的491篇作品中，有很多篇末附有"异史氏曰"这样模仿正史赞论的文字，这些文字有的画龙点睛，有的正话反说，是了解作者思想的有益材料。可从思想内容上大致将《聊斋志异》里的故事分为四类：一是对科举制度的切身之感，二是对理想爱情的热烈赞颂，三是对黑暗腐败官场的抨击，四是对世俗民风的劝诫讽刺。

对科举制度的血泪控诉，大概有10来篇，著名的有《贾奉雉》《司文郎》《叶生》等篇。这些小说，倾注了蒲松龄强烈的怀才不遇之感，表达了他对科场中黑白不分、贤愚不辨的极度痛恨。无论是贾奉雉，还是王平子，抑或叶生，无不"文章词赋，冠绝当时，而所遇不偶，困于名场"。于是有了这样滑稽的事，在仙人指点下，贾奉雉将生平最糟糕文章里最恶劣的句子"连缀成文"后却高中榜首，对此蒲松龄只能在《司文郎》里借能凭鼻子判断文章好坏的瞎眼和尚的口痛骂主考官不仅瞎了眼而且鼻子也不管用。《叶生》篇尤为沉痛，屡试不中的叶生病死后魂魄帮助丁乘鹤的儿子连中三元，考上进士，一报丁对他的知遇之恩，二来"借福泽为文章吐气，使天下知半生沦落非战之罪"。这些篇章，无一不浸润着蒲松龄自己半生拼搏科场的切肤之感，都是

"不得其平而鸣"的产物。但应看到,蒲松龄对科举制度的批判仅停留在铨叙不公、有才之士不得志,并没有否定这一制度本身。科举对于他来说,犹如一个苦恋着的情人,虽为其受尽折磨,死去活来,却依然痴心不改。因此他才会幻想应该有像包公那样铁面无私的人督查科场公正与否。所以说,蒲松龄对科举制度不公的揭露是沉痛的,却远不如《儒林外史》深刻,就因为蒲松龄无法从中跳出来,置身其外冷静剖析。

《聊斋志异》最为动人处,是那些"和易可亲"的鬼狐花妖与书生发生的一个个美丽动人的爱情故事。蒲松龄通过这些人神、人鬼、人与动植物,当然还有人与人间的恋爱故事,热烈讴歌了真挚的爱情,表达了他对婚姻爱情的看法。最为脍炙人口的佳作有《瑞云》《小谢》《连城》《阿宝》《葛巾》《聂小倩》等。值得注意的是,这其中有许多篇章男女两情相悦的基础是彼此的相知相爱,对"知己之感"极为突出。如《瑞云》中贺生在瑞云变丑后依然痴情相爱是因为"人生所重者知己,卿盛时犹能重我,我岂能以衰故忘卿哉";《连城》和《阿宝》中的女主人公也是为对方的一腔痴情所感动才以身相许。这些若从心理上分析,则说明蒲松龄在科举场上怀才不遇,渴望有人能赏识他,希望有知音,实际上,那些穷困潦倒的书生遇上美貌动人的鬼狐花妖浪漫缠绵的故事,是蒲松龄的"白日梦",以此补偿现实中的困顿不遇。

黑暗腐败的官场,是《聊斋志异》批判的主要对象之一。《席方平》借阴间以钱使鬼影射人间官场贿赂公行,司法毫无公正可言;《续黄粱》《促织》等篇矛头直指荒淫无耻的帝王将相;《梦狼》里对官府衙门一边是请谒不绝、一边是白骨如山的描写,无一不含着作者对官场里贪官污吏的愤怒谴责以及对各级官僚机构的深深失望。苦难中,只有盼望清官的出现,如《席方平》中的二郎神,《公孙夏》中的关帝,《胭脂》《太原狱》里平反冤狱的清官等。和作者经历有关,这些作品虽有的写到朝臣大僚乃至最高统治者,但绝大部分都是揭露各级地方官员、典史、衙役如何作威作福、鱼肉百姓。这是因为作者终身未步入仕途,对官场高层并不了解。做幕僚和平民时接触最多的是一些下层的贪官酷吏,因此作者集中火力猛烈抨击他们。这一类作品总共约有70篇。

对世俗民风进行劝诫讽刺,是《聊斋志异》中题材最广泛,反映思想倾向也最复杂的一部分,涉及家庭伦理问题、社会道德问题以及民俗人情,既有进步的新思想,也有落后保守的陈腐观念。家庭伦理方面,蒲松龄弘扬儒家的孝友观念，如《孝子》《斫蟒》《曾友于》等篇。但他也看到经济利益对家庭伦理的威胁，如《镜听》《胡四娘》中对人情冷暖、世态炎凉入微至细的描写，其中不无作者屡试不中时所受的白眼与冷言碎语。蒲松龄在歌颂纯真爱情的同时鞭挞了佻达不规的行为，如《窦氏》中的地主南三复在赌咒发誓骗取爱情获得情欲满足后，不顾窦氏和孩子的死活另行他娶，还有《云翠仙》《姚安》《黎氏》等，亦是此类。社会道德方面，蒲松龄赞扬的是"义"，如《宦娘》里的朋友之义，在《蛇人》《义犬》《义鼠》等篇中动物对人的义，《四七郎》中以死酬交的义等。而《崂山道士》《画皮》等则有明显的劝诫意味，影响深远。《骂鸭》等作品则讽刺了贪图小便宜、偷邻舍东西的人，对世俗人情于幽默中加以针砭。

除了内容的深广外，《聊斋志异》在艺术上也取得了巨大成功。一是故事情节婉转曲折，常于山穷水尽处复见柳暗花明。如《促织》一篇之跌宕起伏，令人叹赏。成名为了蟋蟀耗尽心力却一无所获，好不容易在巫婆指点下抓了一只，却又被儿子弄死了。闯祸的儿子死后化为蟋蟀，居然战胜了所有对手。成名大喜过望，一只大公鸡却过来啄蟋蟀，没想到这小蟋蟀居然连大公鸡也斗败了。成名因此交了差，且小有获赏，儿子后来也复苏了。故事几起几落，扣人心弦。再如《葛巾》写常大用和葛巾的恋爱经过，几经周折，最后才算实现夙愿。"笔笔转，字字转"，是清人对此的评价。

二是善于通过细节语言等塑造性格鲜明的人物形象。最有名的是《婴宁》，作者通过各种笑声写出她烂漫天真的形象，读者如耳闻那清脆动人的笑声。此外在写一些鬼狐花妖时往往结合他们本身的特点加以突出，如《苗生》中老虎幻化的秀才力大无比，《绿衣女》中蜂子幻化的女人"腰细殆不盈掬"而声细如蝇等这些都给读者留下鲜明的印象。

三是简洁凝练、传神达性的语言艺术。《聊斋志异》摹神传影极为出色，如《画壁》中的重鬟女"拈花微笑，樱唇欲动，眼波将流"，如《素秋》《黄英》等亦形象生动，活灵活现。人物的对话也吻合说话人的身份、个性，极为贴切，如《婴宁》中婴宁掷花于地、佯骂王子服"个儿郎目灼灼似贼"，似嗔实喜，极合小儿女情态。而《荷花三娘子》中宗生在田野里撞见狐女，上去动手动脚，狐女说："腐秀才，要如何便如何耳，狂探何为？"妖冶佻达，非闺秀能言。

四是奇瑰浪漫的想象，在蒲松龄笔下有幽冥世界、洞天福地、异类世界，奇幻迭出，自不待言。

《聊斋志异》使文言小说的艺术成就达到巅峰，在当时"几乎家家有之，人人阅之"，在后世也产生了深远影响。流传至今的有稿本、抄本、刻本几十种，最有名的是铸雪斋抄本，较多地保存了《聊斋志异》的原始面貌，此外青柯亭刻本亦较为有名。

精彩章节品读

卷一 《崂山道士》《叶生》《青凤》《画皮》

卷二 《婴宁》《聂小倩》《阿宝》《林四娘》

卷三 《连琐》《连城》

卷四 《罗刹海市》《促织》《辛十四娘》

卷五 《封三娘》《绿衣女》

卷六 《小谢》《江城》

卷七 《小翠》

卷八 《梦狼》《司文郎》

卷十 《席方平》《贾奉雉》《葛巾》《胭脂》

卷十一 《黄英》

精彩佳句

> 人情厌故而喜新，重难而轻易。
>
> 凡戏人者，皆笑人之愚，以炫己之慧。
>
> 然贫者愿富，为难；富者求贫，固亦甚易。
>
> 人不患贫，患无行耳。其行端者，虽饿不死，不为人怜，亦有鬼佑也。世之贫者，利所在忘义，食所在忘耻，人且不敢以一文相托。

《儒林外史》

作品背景

作者 吴敬梓
类别 小说
国籍 中国

名作简评

《儒林外史》这部中国古代最著名的长篇讽刺小说,出自生活在18世纪上半叶的清朝文人吴敬梓之手。

吴敬梓字敏轩,号粒民,晚年又号文木老人,出生于安徽全椒一个科举世家。他的曾祖辈多达官显宦,有做官做到翰林院侍读的,煊赫一时。祖辈也不乏进士、举人,家门依然昌盛。但到了他的父辈这一代,由于一个举人也未产生,家道开始衰落了。他的父亲吴霖起只做到一个县的教谕,一生不得志。但吴霖起是一个具有正统儒家思想的文人,他恪守封建道德,讲究学问德行。由于出生于这样一个世代诗礼相传的书香门第,吴敬梓从小就受到传统儒家思想的熏陶。他浏览"四书""五经",渔猎"诸子百家",尤其爱读各种野史笔记、禁书秘本,从中接受了我国古代小说的长处。

在14岁的时候,吴敬梓跟随父亲到江苏东北海边的赣渝。广阔的山河开拓了他的眼界,扩展了他的胸襟,为他以后的小说创作打下了良好的基础。

23岁那年父亲的去世,是吴敬梓人生的一个转折点。族人趁机侵夺家产,使年轻的吴敬梓开始领略宗法家庭的矛盾纠葛和人情世态的炎凉苦辛。怀抱着一种不满和愤慨的情绪,他采取了一种对抗和叛逆的态度,他挥金如土、任达放诞,表现出一种玩世不恭的纨绔习气。这样他的家产更加快速地被挥霍尽了,以至于他本人也被作为一个"败家子"的典型,"乡里传为子弟戒"。加上科场失利,到30岁还未考中举人,功名无望,家族内部的矛盾进一步恶化了。吴敬梓索性迁居南京,卖文度日。这时他的生活已相当贫困了,经常不得不卖书典衣,到了无可典卖的时候,就只有忍饥挨饿。冬夜无法御寒,他便邀请朋友五六人一起绕城走数十里,在月色下吟咏歌啸,谓之"暖足"。

这些经历使他更多体会到人世间种种苦痛的同时,吴敬梓思想中那具有叛逆精神的一面也被大大地激发了。他对当时已经日益腐朽的科举制度深恶痛绝,并由此对那些所谓的功名利禄也视若粪土。公元1736年,安徽巡抚推荐他到北京参加博学鸿词科的廷试,被他拒绝了。从此,他索性不参加乡试、科岁考等一切科举考试。

吴敬梓接触了很多贪官劣绅、儒林群丑,进一步地洞见了社会的黑暗。这些丰富的经历与深刻的感触,开始促使他拿起笔来写《儒林外史》。《儒林外史》的创作时间大约是公元1739—1749年,与《红楼梦》的创作时间相同,共花了他10年的心血。

乾隆十七年,乾隆皇帝南巡到南京,别人都去恭迎圣驾,瞻仰盛典,唯独51岁的吴敬梓却"企脚高卧向棡床"置之不理,表现出不屑一顾的态度,可见这时的他已到了完全淡泊名利的地步。

贫困交加的生活极大地损害了吴敬梓的身体。公元1754年,吴敬梓作客扬州。一天晚上,他与好友饮酒消寒,笑声朗朗,纵谈古今。不料睡下后,他突然痰涌,救治不及,不幸去世,结束了他笑傲公卿、横对流俗的一生。去世时他身边仅有典当衣服的余钱,全靠友人买棺归葬南京。吴敬梓留给后世的,除了12卷的《文木山房集》之外,就只剩这部足可与中国古典四大名著并称的《儒林外史》了。

《儒林外史》写成后,开始仅以抄本流传。直到作者去世约半个世纪后,才被版刻成书。现在流传下来的本子共56回,其中最末一回与全书的主题思想和写作风格大不相同,显然不是吴敬梓本人写的。

作为我国古代文学史上一部著名的长篇讽刺小说,《儒林外史》的杰出之处在于作者以一支如椽巨笔,惟妙惟肖、淋漓尽致地描画出了一帮由秀才、贡生、举人、翰林、斗方名士、八股选家等各色儒家文人构成的儒林群丑图。作者同时还入木三分地对他们进行了辛辣的讽刺和深刻的剖析。

《儒林外史》的一个重要主题是对封建科举制度进行尽情地揭露和尽情地批判。由于自身渊博的学识和科场不第的经历,吴敬梓对当时已日益腐朽的八股科举制度产生了深深的怀疑,并且由怀疑而否定,由否定而批判。只是他的批判不是剑拔弩张的呐喊，而是不动声色却又鞭辟入里的讽刺。我们知道，产生于隋唐时期的科举制在初创时期，对于选拔人才、奖励仕进曾起到不少积极的作用。到了明代，科举考试开始只考八股文。这种考试方法讲究固定的模式，题目限于儒家的四书五经，文章格式僵化，思维主旨更是不能随意发挥。这极大地束缚了古代文人的思想意识和创造能力。清代不仅继续沿用这种八股选官的科举方式，而且进一步扩大录取名额，变本加厉地摧残文人。《儒林外史》的作者以一种超脱的局外人的身份，清楚地洞察到了这种科举制对文人学子的残害，并且在作品中以一系列典型的事例对其加以生动而传神的表现。这其中有考到60多岁，连个秀才也未考中的老童生周进，他在贡院头撞号板，被救醒后又满地打滚，"直哭到口里吐出鲜血来"。还有从20岁就开始应考，考过20多次还未考中的范进，侥幸考中后居然欢喜得发了疯。作者通过这些描写，显示出在科举制度下，儒生文人们已被捉弄得神魂颠倒，失去了人性和个性，成为无智且无用的迂儒。作者用他那犀利的笔锋，揭露了八股科举制是如何把一个正常的人变成奴才迂夫的。作者采取的这种讽刺的笔调，透过一些让人忍俊不禁的喜剧式情节，表现出深刻的社会意义。

《儒林外史》中的迂儒，除了上面所说的周进和范进之外，还有马二先生、王玉辉等一批另一种类型的文人。在他们身上，没有什么令人发噱的喜剧式情节，他们只是当时社会中再平凡不过的儒士，但他们同样也深深地被八股科举和封建礼教的毒液所浸染。马二先生是个虔诚的八股迷，他由衷地称赞八股取士是个极好的法则，并把自己毕生的精力都用在八股选政方面。他满嘴封建礼教，开口《孝经》，闭口"曾子"，尽说些"中了举人、进士，即刻就荣宗耀祖""显亲扬名才是大孝"之类的胡话。他用数十年的心血钻研八股，对八股文以外的知识却一窍不通，连李清照是何许人都不知道。他作为一个知名的八股选家，居然相信世上有"缩地腾云"的三百岁活神仙，成为洪憨仙行骗的工具。他就是这样心甘情愿地充当了当时的愚民政策的牺牲品和传道士。书中的王玉辉是另一个中毒更深的人物。他鼓励自己的亲生女儿自杀殉夫，女儿死后，他还仰天大笑说："死得好！死得好！"他并不是一个欺世盗名的伪君子，相反，他真心地相信"殉夫"是能够青史留名的盛事。但他毕竟是一个人，人性还没有在他身上泯灭，所以当他看见一个穿白衣的少妇，又不禁想起自己的女儿，"心里哽咽，那眼泪直滚出来"。程朱理学所宣扬的"天理"，同作为人的本性的"人欲"，在王玉辉心中交战，使他成为中毒最深的一个牺牲品。

作者之所以取《儒林外史》这么一个书名，其用意就是要为当时社会中的儒生文人这个阶层作传，反映一代文人的面貌。所以在《儒林外史》中涌现出一大批形形色色的真假名士。如匡超人、权勿用、牛浦郎之流，他们头戴着贤士、高人、侠客的桂冠，实际上不过是些附庸风雅、装腔作势、游手好闲的寄生虫。作者不动声色地娓娓叙来，通过他们所做的一些可笑可憎的事件，活灵活现地展示了他们那用高雅外表所包裹的真实嘴脸。

这部小说的基调是讽刺。正是因为有了讽刺，才使这部长达30万字的著作获得了极强的生命力，成为我国古典文学史上的一枝奇葩。作者的讽刺技巧极端高超，他从不直接在作品中作大段评述，而是把主人公相互矛盾的言行放在一起，突出其不合理的一面，让他们当众出丑，达到逗人发笑又引人深思的效果。作者有意使用了一些漫画式的夸张手法，使得这部小说显得风趣、灵动，可读性很强。如作者描写吝啬的严监生临死时伸着两根手指不肯咽气，原来是心疼点了两根灯芯太费油。另外，小说的语言也显得机智、风趣，富有讽刺意味。作者不愧是一名讽刺大师，他为我们谱写了一曲雄伟的讽刺交响乐，而只有有悟性的读者才能很好地欣赏它，感应出笑的多重奏来。

《儒林外史》是一部不朽的巨作。首先它在小说史上具有开创意义。它是中国讽刺小说的开山鼻祖和典范，对后来的讽刺小说，特别是晚清谴责小说的创作有重大的影响。像《官场现形记》《二十年目睹之怪现状》等小说都是在它的启发下创作的。但是这些后来的小说都远远比不上《儒林外史》的成就。直到今天，也只有钱钟书先生的《围城》能够和它并称为中国讽刺小说的双璧。《儒林外史》与《红楼梦》产生于同一个时代，这两部小说代表了我国古典小说的最高成就，但是《儒林外史》却未能名列古典小说"四大名著"的行列，其名气和影响较之《三国演义》《水浒传》《西游记》要逊色得多。这其中的原因是多方面的，但很重要的一点，是因为它描写的主要是儒林中的故事，其通俗性不及这三部小说，也就在一定程度上限制了它在社会下层的广泛流传。但我们相信，随着时代的发展、人们文化素质的提高，这部小说肯定会获得和其价值相称的评价的。

内容精义

《儒林外史》的结构非常特殊。在它的全部53回故事里，竟没有一个自始至终连贯全部故事情节的中心人物或主要线索。往往是用几个章回写一段故事，叙述几个人物的可笑事迹。故事结束后，又自然地转到另一个人物身上，由这个人物又引出另一段故事。"虽云长篇，颇同短制"，也就是说这部长篇小说实际上是由一系列相互间有着松散联系的短篇故事组成的。了解了这一点，我们才会对《儒林外史》的故事梗概有一个很好的把握。

第一回是全书的楔子，写元末画家王冕的故事，由他来引起全文。从第二回起，作者开始正式展现人世浮沉中的儒林百态。其中第二回至第三回写周进的故事。60多岁的周进，"苦读了几十年的书"，考的胡子都花白了还未考中，受尽了秀才和举人的奚落和凌辱，使得他一腔辛酸，满怀苦楚。当他来到省城，见到贡院的号板时，不由触景生情，一头撞晕过去。几个商人可怜他，凑了一些银子给他捐了个监生，他才得以参加乡试，不料竟然中了。而后他又中了进士，官一直做到了御史，钦点广东学道，负责广东省的科举考试。由于同样吃过科考的苦头，他出于同情心，赏给同样考了几十年未考中的范进一个秀才。小说至此自然地转入范进的故事。

范进"进学"回家，家中俱各欢喜。但他的丈人胡屠夫根本未把他放在眼中，把来向自己借钱参加乡试的范进骂了个狗血喷头。但范进还是偷偷去参加了乡试，而家中的老母亲饿得两眼都看不见了。当得知中举的消息后，范进居然欢喜得发了疯，最后被胡屠夫打了一个巴掌才治好。于是人们都来奉承他，两三个月，他家就已富贵起来。

第四回中严贡生登场。他正在向范进和张乡绅吹嘘自己"为人率直"，从不占乡人寸丝半粟的便宜时，家人来禀报说他早上强占的那口猪，别人上门来讨了。结果此人被严家打了个半死，腿都打折了。严贡生的弟弟严监生是个胆小有钱的人，在哥哥因为官司逃跑后，使了十几两银子平息了事件。但严监生非常吝啬，临死前还记挂着灯盏里点了两根灯草太费油，迟迟不肯咽气。

严监生死后，严贡生回来准备侵占他的家产，但未能如愿。

从第八回起，娄家二公子、杨执中、权勿用等人相继粉墨登场。他们在莺脰湖聚会，自命风流，实则附庸风雅，俗不可耐。

第十三回至第十五回写马二先生的故事。而后又引出匡超人、景兰江等人。

第二十一回至二十四回主要写牛浦郎冒名顶替，招摇撞骗。

第三十回写杜慎卿、季苇萧等名士做莫愁湖湖亭大会，品评戏子。

在书中自第二至三十回的篇幅里，作者写的基本上都是一些被讽刺的反面人物。从第三十一回起，作者开始着意刻画一系列体现自己理想的正面人物，如杜少卿、沈琼枝等。总的来说，这后半部书的艺术水平和可读性都比前半部低。可见作者的写作功力主要在于讽刺和揭露，而在表现理想、描画光明方面，作者的五色彩笔明显褪色了。

精彩章节品读

第三回　周学道校士拔真才　胡屠夫行凶闹捷报

周进头撞号板，范进中举发疯，胡屠夫前倨后恭，作者一支敏捷灵动的巨笔将这些精彩片断写得熠熠生辉。

第五回　王秀才议立偏房　严监生疾终正寝

与西方文学中著名的吝啬鬼阿巴公、夏洛克等人相比，严监生毫不逊色。

第六回　乡绅发病闹船家　寡妇含冤控大伯

家族矛盾，世情百态，作者写得活灵活现，生动有趣。

第二十一至二十四回

牛浦郎的故事值得一看，揭露招摇撞骗者的丑态，正是作者的拿手好戏。

第三十回　爱少俊访友神乐观　逞风流高会莫愁湖

貌若潘安的风流才子杜慎卿寻访"男美"，结果见到了一位长着一张油晃晃黑脸的肥胖道士。前后的反差，造成了强烈的讽刺效果。

精彩佳句

见义不为，是为无勇。

三年清知府，十万雪花银。

相交满天下，知心能几人。

《红楼梦》

作品背景

作者 曹雪芹
类别 小说
国籍 中国

名作简评

这是一部真正的奇书。

在中国文学史上,从来没有哪一本书能像它那样引起那么多的争议,也没有哪一本书能像它那样留下那么多的谜。

对它的研究甚至成了一种专门的学问,叫作"红学"。而这门学问,除了吸引大批学有专攻的专家学者付出他们的心血外,同时也为千千万万个普通读者所关注。同"甲骨学""敦煌学"一样,它已成为一门当代的显学,影响广泛,历久不衰。

其实自这本书问世之日起,它就已惊动了当时的社会,开始了它的不平凡的命运。人们争相阅读传抄,不惜重金购求;无数的读者对它如痴如狂,被书中的人物故事感动得呜咽失声,甚至有人因书中的主人公林黛玉焚稿断情过分伤心而痴癫。当时社会上流传着这样一句话:"开谈不说红楼梦,读尽诗书也枉然。"由此可见这本书有着何等巨大的艺术魅力,又受到何等的尊崇和热爱。

这部伟大的著作凝聚了中华民族古典文学的精华,是中国古典小说的巅峰之作。它的产生,为我们的民族文学赢得了世界级的声誉。它的作者同莎士比亚、巴尔扎克、托尔斯泰一样,是人类文明史上不朽的文学大师。

但是对于这位作者,我们是如此的陌生。他生于哪一年,死于哪一年,学者们争论不休。他的全部人生经历如何,我们所知甚少。甚至这本书未能真正完成，80回以后的手稿散失，原因何在，我们也无从知道。大概伟大的作家多难逃"生前寂寞身后名"的命运。连英国的莎士比亚，不是也有不少人怀疑他的存在吗？所幸从一些凤毛麟角的历史记录中，学者们推测出了《红楼梦》作者的大致身世。

《红楼梦》的作者曹雪芹，名霑，字梦阮，号雪芹，又号芹圃、芹溪。生卒年皆不详，估计生于公元1715年前后，死于公元1763年前后，活了40余岁。

曹雪芹是一个经历了生活和家世巨大变化的人。他的先世本是汉人，但很早就入了满籍，属汉军正白旗人。他的高祖曾在顺治帝的统率下建有战功，清军入主中原后，曹家开始兴盛起来。从其曾祖一直到他的父亲，在长达六七十年的时间里世袭江宁织造的肥缺，很受皇帝的重视，因此曹家成为当时的"百年望族"。康熙皇帝五次"南巡"，曾经有四次是以曹家的织造府为行宫的，由此可见曹家的豪华以及与皇室的密切关系了。

曹雪芹的少年时代，曾经经历过一段富贵繁华的贵公子生活。但是天下没有不散的宴席，康熙一死，曹家的厄运马上就来临了。雍正即帝位后，曹家接连遭受罢官、抄家的打击，急剧衰败了，并且不得不由南京迁回北京。这时的曹雪芹年近14岁，正是从少年时代向青年时代迈进的时期，对于家庭的繁华和骤然败落，应该有着深刻的记忆和感触，这成为他以后写作《红楼梦》的源头。

曹雪芹迁居北京后的人生经历，我们知道的就更少了。可能曹家又因事遭到一次打击，更加破落了。曹雪芹最后住在北京西郊的香山脚下，生活极端贫困，经常过着举家食粥的日子。据一些零星记载，曹雪芹肤色较黑，头大体胖，虽然穷困但性格诙谐，风趣雄辩，是个性豪嗜酒、落拓不羁的文人。他多才多艺，绘画、医道、烹饪以至扎风筝样样精通。但他很有中国传统文人恃才傲物的气度，虽然落魄之极却绝不折腰贱役以求苟活。

对于家族由盛及衰的亲身经历，对世态炎凉、人情冷暖的深刻体验，对于那些曾爱过自己并为自己所爱过的人的感怀等，都使得曹雪芹胸中澎湃着一股雄厚的激情，促使他拿起笔来，写下这些深沉的感触。于是，一代文学大师开始在荒凉的北京郊外写作他的不朽名著了。大约在这一时期，法国的启蒙主义思想家伏尔泰正在写他的《中国孤儿》《小大人》《老实人》等著作，而卢梭则发表了《论科学与艺术》《论人间不平等的起源和基础》等著名论文。

"满纸荒唐言，一把辛酸泪。"《红楼梦》耗尽了曹雪芹 10 年的心血。在这 10 年的工夫里，他对已定稿的前 80 回增删了 5 次，另外还有大约 30 回未定稿。但是就在大功即将告成之际，曹雪芹因为爱子夭折，悲伤成疾，加之长期的穷愁困顿，终于书未成泪尽而逝，死时还不到 50 岁。而那 30 回的未定稿，最终也散失无踪，未能流传下来，成为后世永久的遗憾。

《红楼梦》初名《石头记》，又有《金陵十二钗》《风月宝鉴》《情僧录》之别名，最早是以前 80 回的抄本形式在社会上流传，由于是手工传抄，所以它们之间在回目正文上都有不少差异。它们一般都带有脂砚斋的批语。脂砚斋是何许人，现在也已不可知，大概是曹雪芹的一个朋友。他的批语对于研究《红楼梦》具有很大的价值。

由于《红楼梦》的巨大成功，人们纷纷为之作续，于是各种续书层出不穷，直到近些年还有人在写。这些续书中，只有高鹗的续本由于基本上秉承了原书的宗旨，把宝、黛爱情故事处理成一个悲剧，并且在一些重要的情节上，如贾府的衰亡、被抄，也处理得较好，在艺术上也不乏生动之笔，获得了广泛的认可，现在一般被附在曹雪芹的前 80 回后，作为一个完整的小说加以出版。但我们应该意识到，高鹗的续书无论在思想上还是在艺术上都和原作有着相当大的差距。正是由于这个原因，许多读者感觉对前 80 回通畅、生动的阅读在后 40 回中被滞碍了。续书中描写的贾宝玉参加科举考试以及贾府"兰桂齐芳"的结局，都在一定程度上损害了原著的精神。另外前 80 回中有一些人物，曹雪芹本来是准备把他们派上大用场的，但在续书中或是悄无声息了，或是结局被大大地改动了。虽然如此，在众多的续书中，高鹗的本子仍不失为一种好的选择。他所描写的黛玉之死，是续作中精华的部分，具有震撼人心的力量。

"红学"一词的出现早在清代晚期，最初是文人之间带有半开玩笑性质的称呼。而自 20 世纪以来，由于王国维、胡适、鲁迅等大学者的参与，对它的研究成为严肃的专门之学，"红学"也由此获得了正统的学术地位。"红学"的发展，大约可分为三个时期，一是"旧红学"时期，二是"新红学"时期，三是"当代红学"时期。"旧红学"又称"索隐派"，出现很早，代表作是蔡元培的《石头记索引》。此说认为《红楼梦》是一部政治小说。通过一些相当牵强附会的猜谜测字式的方法，他们认为《红楼梦》含吊明排满之意，其中的人物故事是对清初历史人物的影射，如贾宝玉是顺治皇帝，林黛玉是董小宛等。旧红学遭到了新红学主将胡适、俞平伯等人的驳斥。以胡适为代表的新红学主倡"自传说"，认为《红楼梦》是曹雪芹写自己亲见亲闻的曹家繁华旧梦，是作者的自叙传。"当代红学"的情况则比较复杂，这里面既有50年代以来流行的"阶级斗争说"，也有复活的"索隐说"，还有海外学者如余英时等人倡导的红学"新典范"等。作为一门富有生命力的学问，红学焕发出勃勃生机。如今，仍有太多的人力图给红楼解梦，在重重红楼雾瘴中摸索。

说不尽的《红楼梦》。就是这同一部小说，"经学家看见《易》，道学家看见淫，才子看见缠绵，革命家看见排满，流言家看见宫闱秘事"（鲁迅语）。"有一千个读者，就有一千个哈姆雷特。"同样，作为一部真正的大书，《红楼梦》的规模体系是庞大宏伟的，其内容主旨也是异常复杂的。它全方位地描写了一个庞大家族的生活，涉及的人物有400多个，给读者留下深刻印象的就有几十个。虽然写的是家庭琐事，但我们仍然感觉生动活泼，引人入胜。"自有《红楼梦》出来以后，传统的思想和写法都打破了。"在这部千头万绪、却又浑然一体的巨著面前，我们不能不承认作者真不愧是个写作的天才。许多读者包括一些著名的现当代作家都酷爱读《红楼梦》，而且不少人不仅仅读过一遍，他们感觉每读一遍都能获得新感受，领悟到新滋味。这正是《红楼梦》的魅力所在。

《红楼梦》留给后人的谜太多了。有关《红楼梦》的主旨如何，历来学者争论不休。但无论如何，我们应当承认，位于一切隐含主题之上的，首先被读者感悟到的，同时也是最具艺术魅力的，是书中所写的爱情故事。

究竟是木石前盟，还是金玉良缘？贾宝玉、林黛玉、薛宝钗三人之间的爱情纠葛，始终贯穿全书。一方是多愁善感、体弱心强的林妹妹，另一方是富态丰腴、中正平和的宝姐姐，究竟爱哪一个？这是一个难题。但这位"无故寻愁觅恨，有时似傻如狂"的贾宝玉其实已经作出了抉择。"都道是金玉良缘，俺只念木石前盟。"开始时贾、林、薛三人青梅竹马，宝玉心中难免有见了姐姐、忘了妹妹的时候。但是，当青春的烦恼开始来临后，宝玉心中那座感情的天平，已经悄悄地向黛玉倾斜了。从来不说那些功名爵禄混账话的林妹妹，才是宝哥哥此生此世的真爱。然而，有情人难成眷属。在中国古典戏曲小说千篇一律的美满结局的大潮中，作者显出他的特立独行之处。两位主人公的爱情悲剧结局，如一声孤独的凤凰的鸣叫，响彻了整个古典文学的天空。在无数读者扼腕叹息、黯然神伤的时候,这部巨著的艺术魅力得到了华丽而深沉的展示。

围绕着爱情主线,作者还写到了家庭宴会、人际矛盾、官府交往、婚节丧葬、三教九流等有关当时社会的方方面面。从这一点来说,它可以被看作一部中国18世纪的社会百科全书。其中留给读者深刻印象的,除了爱情故事外,还有那许许多多聪明而善良的女孩子的形象。如惜春、湘云、袭人、晴雯等,无论是小姐还是丫环,她们的命运都深深地拨动了读者的心弦。所以有人说,在《红楼梦》中存在着两个世界:现实的世界和理想的世界。其中理想的世界就是大观园的世界,"大观园是一个把女儿们和外面世界隔绝的一所园子,希望女儿们在里面,过着无忧无虑的逍遥日子,以免染上男子的龌龊气味。最好女儿们永远保持她们的青春,不要嫁出去。大观园在这一意义上说来,可以说是保护女儿们的堡垒,只存在于理想中……"是的,大观园就是作者的太虚幻境,是作者的理想王国。而现实世界,也就是大观园以外的世界,则是肮脏的、物欲横流的世界。这两个世界表现出作者鲜明的爱憎观。

内容精义

西方灵河岸上三生石畔有一颗绛珠草,受到神瑛侍者的甘露灌溉,无法报答,只得许诺下凡偿还一生的泪水。这时太虚幻境的一干风流孽鬼也纷纷下凡,投生成故事中的众多青年主人公。衔玉而生的贾宝玉就是神瑛侍者,也就是当年女娲补天留下的那块顽石。而宝玉的表妹林黛玉则是那株绛珠草。二人前生有着"木石前盟"。黛玉母亲去世后,她不得不来投靠外祖母,男女主人公相会了。不久,宝玉的姨表亲薛宝钗也住到了贾府。于是三人之间发生了一系列的感情纠葛,演出了一场场的悲欢故事。

第三至三十二回是宝黛爱情萌生发展的阶段。在这一阶段里,还发生了金荣闹学、王熙凤毒设相思局、秦可卿病丧、元春归省等故事。

第三十三至七十三回是宝、黛爱情成熟的阶段。在这一时期还发生了宝玉挨打、刘姥姥进大观园、晴雯补裘、尤三姐自刎、凤姐计害尤二姐等故事。

第七十四至结尾则是宝、黛爱情的毁灭期。其间又发生了抄检大观园、晴雯屈死、黛玉焚稿、查抄宁国府等故事。

精彩章节品读

第三回　贾雨村夤缘复旧职　林黛玉抛父进京都

黛玉初进贾府，小说中的各位主人公次第登场，个个都有不凡的表现，作者的写作功力初露端倪。

第十二回　王熙凤毒设相思局　贾天祥正照风月鉴

王熙凤是小说中的重要角色，这个人物形象是古典小说中最为成功的典型。作者写她设计捉弄、报复贾瑞，步步为营，有条不紊，写得传神之极。

第二十七回　滴翠亭杨妃戏彩蝶　埋香冢飞燕泣残红

宝钗扑蝶、黛玉葬花，都是《红楼梦》中经典的传世镜头。其中黛玉葬花经过艺术大师梅兰芳的表演，早已脍炙人口。另外，书中的诗词令人口颊生香，不可不看。

第三十三回　手足眈眈小动唇舌　不肖种种大承笞挞

"宝玉挨打"这一章节是全书精华中的精华，也是故事发展的一个高潮。诸人物的表现，令读者玩味不尽。

第四十回　史太君两宴大观园　金鸳鸯三宣牙牌令

刘姥姥进大观园，是作者着力表现的重头戏。大观园内，喜气融融，众儿女欢声一片。在看似平淡的描写中，众人的性情一一展现。

第六十六回　情小妹耻情归地府　冷二郎一冷入空门

性情刚烈的尤三姐，为爱而殉情，演出了宝、黛爱情悲剧的前兆，令读者不由坠泪。

第六十八回　苦尤娘赚入大观园　酸凤姐大闹宁国府

第六十九回　弄小巧用借剑杀人　觉大限吞生金自逝

家庭纠纷被作者写得如此动人心魄。"凤辣子"的性格特征再次在作者笔下得到了淋漓尽致的展示。

第七十四回　惑奸谗抄检大观园　矢孤介杜绝宁国府

抄检大观园是全书的另一个高潮，家族矛盾纤毫毕显，从此后贾府开始走向衰败。

第九十八回　苦绛珠魂归离恨天　病神瑛泪洒相思地

续书中最为精彩的篇章，可与前 80 回的原作相媲美，使得无数读者流下了伤心的泪水。

精彩佳句

机关算尽太聪明，反误了卿卿性命。

若说没奇缘，今生偏又遇着他；若说有奇缘，如何心事终虚化。

一个是水中月，一个是镜中花。

一个是阆苑仙葩，一个是美玉无瑕。

瘦死的骆驼比马大。

千里搭长棚，没有不散的筵席。

《唐诗三百首》

作品背景

作者 孙洙
类别 诗歌
国籍 中国

名作简评

在清朝的读书人中流传着这样一句顺口溜:"熟读唐诗三百首,不会作诗也会诌。"虽然顺口溜中提到的《唐诗三百首》是妇孺皆知,家喻户晓,差不多每个家庭都有一本。但却不见得人人都知道这本流传如此之广的书的来历与成书过程。

《唐诗三百首》的名字已经很清楚地标明,这是一本关于唐代诗歌的集子。自从唐代在历史上成为过去以后,唐代的诗歌地位就越来越高,几乎成为后人心目中难以企及的艺术高峰。唐代289年间,不仅出现了李白、杜甫、白居易这些在世界范围内享有盛誉的大诗人,而且还产生了无数各具特点的优秀诗人,包括善写古风的陈子昂,善于写山水诗和禅悟诗的王维,善于写田园诗的孟浩然,善于写边塞诗的高适、岑参,善于以文为诗的韩愈,诗风奇诡怪异的李贺以及被人并称为"小李杜"的杜牧与李商隐。他们每个人都写下了大量的动人心弦、脍炙人口的诗篇。另外,还有数不清的普通诗人,这些诗人的作品更是数量巨大,而且其中相当一部分人有自己的名篇及别集传世。

唐代以后的读书人没有不喜爱唐诗的,普通百姓也喜欢唐诗,因为唐诗代表的是诗歌的极致,是艺术的自由境界,而且它产生于一个极为强大的王朝,产生于中国历史上的一个黄金时代。在后人的想象中,这一时代人们的生活是多姿多彩的:人人意气风发,蓬勃向上,人人都有理想有追求;每个人自由自在地工作，自由自在地享乐；每个人都可以不受限制地选择自己的生活方式，可以到边塞从军，可以在田地上耕种，可以读书做官，可以四海经商，也可以什么也不做，在山中隐居，还可以整年旅游，饱览山川美景。人们对这个时代充满向往，因为这个时代的人过的是一种心情舒畅的生活，但这样一个时代已经永久地逝去了，如此宽容而又气势磅礴的时代似乎再也不会有，人们就只能通过所阅读的诗歌来体会那个时代的自由。对于普通人来说是这样，但对于读书人来说，却并不是这么简单，他们的兴趣不仅在于吟咏、背诵，而在于模仿。他们希望全面学习唐代诗歌的写作技法、风格，希望写出和唐诗一样高水平的诗歌。

唐代的诗歌数量极为巨大。清代康熙时著名学者彭定术等人编纂全唐诗，结果编出一部长达900卷，包括2200多位诗人，收诗4万多首的巨著。这样一部卷帙如此浩繁的大书，翻读起来极为不方便，而且普通人家也买不起，不适合普及。因此，人们就决心编纂选本。

实际上，关于唐诗的选本在唐代就已经开始流传了，这些选本在以后的朝代中有许多都散失了，只有那些艺术水准比较高、选择比较合适的选本流传了下来，大致包括高仲武的《中兴问气集》、芮挺章的《国秀集》、姚合的《极言集》等。

后来，宋代、元代、明代、清代都有许多标准各异、繁简不同的唐诗选本问世，但在这众多的唐诗选本中，只有清代蘅塘退士选编的《唐诗三百首》传播最广、影响最大，这不能不归功于选编者的高明的审美眼光。

蘅塘退士姓孙，名洙，字临西，江苏无锡人，他是清朝乾隆年间的进士，他于乾隆十六年中了进士以后，只做过几任知县便退居乡里，以读书、写书为乐，著有《蘅塘漫稿》一书。《唐诗三百首》成书于乾隆二十八年，也就是公元1763年。

《唐诗三百首》和《诗三百》比较接近，实际上孙洙是有意模仿《诗经》的"诗三百"的说法，含意是继承了《诗经》的传流。和《诗经》一样，"三百首"取的是整数，实际上，这本书中共包括310首诗，共分为8卷。编选者把入选诗篇按诗体分为五古、七古、五律、七律、五绝、七绝六类，把乐府诗附入各体之后。

《唐诗三百首》的编选标准是只收历代公认的脍炙人口的诗，或者是具有代表性的诗，同时入选诗歌还必须表现"盛唐气象"，因为盛唐之诗是唐诗中的高峰。因此，这个时期的重要作家在这本书中无一漏选，选中的诗篇也多为精品。另外，初唐四杰和沈佺期、宋之问等人的律诗，初盛唐之间作为李白和杜甫前驱的陈子昂、张九龄等人的古诗，虽然选得不多，但选入的都是代表作。中晚唐著名作家的代表作在本书中也占有一定的篇幅。另外，这个选本还兼顾了同一作家的不同风格的作品。以王维的诗为例，除了人们熟知的山水诗、禅悟诗外，还选了《洛阳女儿行》和《老将行》，这样，人们对王维的作品就会有一个整体的印象，知道他除了恬静闲适之外，也有清丽雄健的一面。而对那些普通的、不太知名的作者，编者也没有忽略他们的作品。另外，为了便于阅读和欣赏，编者还对入选的诗作了简明扼要的评语。

但如果从新中国成立以来对古代文学研究重视阶级性、人民性的角度来看，《唐诗三百首》的选者在选择标准上显然和这一文学观不同。例如，建国以后的唐诗选本往往收录杜甫的《北征》《三吏》《三别》，白居易的《秦中吟》和《新乐府》等讽喻诗，因为这些诗反映了民间疾苦，是代表人民说话的，体现了阶级斗争的状况，反映了历史真实的面貌。但《唐诗三百首》的作者却不是从这一标准出发来进行选择的，而是比较偏重于艺术角度，比较偏重那些技巧高超、语言优美的作品，对于上面提到的杜甫和白居易的那一类反映"民间疾苦"的诗则认为不够"温柔敦厚"，而一些在今人看来只有华丽的外表而缺少实质性内容的应制、奉和之作都被选中。

内容精义

《唐诗三百首》成书以后，立刻流行开来，于是有人为这本书作注。《唐诗三百首》的注有多种，其中陈婉俊的补注本最为简明，流行最广。清代学者姚莹在他为这本书作的序中，对陈婉俊进行了介绍，陈婉俊是清代嘉庆、道光年间的人，她的父亲陈叔良是一名观察史。陈婉俊小时候十分聪慧，特别喜欢读书。父亲十分钟爱她，对她进行了良好的教育，使陈婉俊具备了充足的文学知识与艺术修养，从而才有可能为《唐诗三百首》作注。如果我们读陈婉俊注的《唐诗三百首》的话，就会发现有很多地方注释得十分精当、简洁，而不像其他大部分注释那样，为追求全面而变得繁杂无比，使人读后不得要领。而且陈婉俊的注释方法也已贴近现代的解释法而不再是传统的训诂学，这也更容易使人接受。我们知道，在中国的古代，女子的行为与活动受到很大的限制，女子往往不能像男人那样接受教育，立身扬名，这种偏见使得许多十分聪慧的女子不能充分发挥她们的才能，终身埋没。因此，为《唐诗三百首》作注的这位陈婉俊应该说是幸运的。

而这本《唐诗三百首》的编者编定这本唐诗选本的目的是什么呢？这从他为写在书前的序中可以看出他的编纂意图：

> 世俗儿童就学，即授《千家诗》，取其易于成诵，故流传不废。但其诗随手掇拾，工拙莫辨，且止五七律绝二体，而唐宋人又杂出其间，殊乖体制。因专就唐诗中脍炙人口之作，择其尤要者，每体得数十首，共三百余首，录成一编，为家塾课本。俾童而习之，白首亦莫能废，较《千家诗》不远胜邪？谚云："熟读唐诗三百首，不会吟诗也会吟。"请以是编验之。

也就是说，编者希望是由他编定的这本唐诗选集能够成为私塾中儿童学习作诗的启蒙读本，让孩子们从小就熟知音韵、音律，从小就接触诗艺、诗情，并导引孩子们从小就进入诗的王国，领略艺术之美，对心性进行熏陶。

《唐诗三百首》的一般版本往往在书的开篇还有一个序：

> 《唐诗三百首》为蘅塘退士定本，风行海内，几至家置一编，惜笺注太疏，读者病之。上元陈伯英女史，手辑注补八卷，字梳句栉，考核精严，能令读者不假祭獭而坐获食，津逮初学，功匪浅鲜。第其书版藏李氏餐花阁中，坊间罕有其本，所以沾丐士林者恐未能遍也。爰取其书，重加厘订，付之手民，以广其传。

从这篇序中可以看出，《唐诗三百首》在当时的流行情况是"风行海内，几至家置一编"，由此可见这本书在民间的普及程度。很明显《唐诗三百首》已经实现了原编者的意图，在深入民间的基础上，实现了对普通民众进行唐诗教育的目的，对普通民众认识诗歌起了极大的作用。

可以说，古代的诗歌选集中没有一本像《唐诗三百首》这样能深入民间，达到几乎每家一册的普及程度，它对普及唐诗知识、传承唐诗文化起到了极为重要的作用。这个唐诗的选本如此风行，一方面是因为唐诗之美令人不可抗拒；另一方面也说明选编者的眼光和水平之高超，他确实选出了能代表唐诗美学风貌的诗篇；第三方面，也说明了中华民族是一个爱诗的民族。

这个著名的唐诗选本汇集了唐代许多优美动人的诗篇。当读者翻开这本书时，各种美丽的、雅致的、空灵的、清新的、飞扬的、雄伟的、缠绵的、活泼的诗句逐一跃入眼帘，让人应接不暇。正是这个著名的选本为读者开辟了一条进入极致的途径。

精彩章节品读

《长恨歌》

《琵琶行》

《蜀道难》

《将进酒》

《杜少府之任蜀州》

《黄鹤楼》

《日夜》

《夜雨寄北》

《出塞》

《望岳》

《春晓》

精彩佳句

> 会当凌绝顶，一览众山小。
>
> 同是天涯沦落人，相逢何必曾相识。
>
> 抽刀断水水更流，举杯消愁愁更愁。
>
> 曲径通幽处，禅房花木深。
>
> 曾经沧海难为水，除却巫山不是云。

《曾国藩家书》

作品背景

作者 曾国藩
类别 散文
国籍 清朝

名作简评

作为清咸丰、同治年间代表统治阶级利益的政治家,人们对曾国藩的评价,由于立场不同,历来有不同的观点。

曾国藩(1811—1872年),字伯函,号涤生,湖南湘乡人,清道光年间进士。咸丰二年底(1853年1月),他奉咸丰皇帝的谕旨,以吏部侍郎身份在家乡湖南创办地方武装,后来将团练扩编成为湘军,参与镇压太平天国运动。他历任礼、兵、工、刑、吏各部侍郎,后授大学士(相当于宰相官衔)、一等毅勇侯的爵位,死后受封"文正"谥号。曾国藩是咸丰、同治年间统治集团中的一个重要人物。在中国文学史上,他也有重要的地位,他不仅是"宋诗运动"的倡导者之一,也是清代重要散文流派——桐城派中兴的盟主,他一生著作很多,留下文字不下1500万字。他在家庭教育方面的成绩普遍得到了公认,曾国藩给弟弟们和子侄们的书信就集中地反映了曾国藩的家庭教育观,这对今天的人来说也有很大的启发和教育意义。

曾国藩兄弟共有5人,他是老大,作为兄长,他全面担负起教育弟弟们及子侄们读书做人、修身处世方面的重任。曾国藩不管对在乡间主持家务的澄弟,还是对跟随他在外作战、做官的曾国荃等3个弟弟,在处事为人、从政从军、谨守家风方面都加以细心教导,有成绩就鼓励赞扬,有缺点就批评指出,树立了一个长兄的形象,尽到了一个长兄的义务,这在中国家庭教育史上是不多见的。

作为一种文学样式,"家书"是最能体现作者的真实情感的,从家书中我们可以看到曾国藩对弟弟和子侄们体贴入微的关怀及谆谆教诲。

内容精义

读书作文方面:读书要有恒心能持久。看书不必求多,也不要求一下子记住,要每天有计划地读一些,自然会逐渐进入新境界。读书贵在平心静气,独立思考,才能深入体会。读书要广泛涉猎,同时也要加以选择。凡是说兼采众家之长,都是一无所长的。心,常用则活,不用则窒;常用则细,不用则粗。读书可以改变人的气质,学诗可以陶冶人的情操。

修身处世方面:读书要注意修身,并把自己知道的事落实到行动上。一个人功名利禄的取得,关键在于平时自身修养的加强,一切靠自己的奋斗,不能急功近利。只有勤勉奋发有所成就,才能使家业兴旺。处于多难之世,如果能够经历风霜磨炼,苦心劳神,那么一定能够坚筋骨、长识见。对于外界的指责和批评,有则改之,无则加勉;兄弟之间更要常劝诫,这样才能避免大的过失。不管得势与否,都要勤俭自持。勤惰决定家庭的兴衰,也决定人的穷通。注意"廉、谦、劳"就是居安思危。人在适意的时候,要抓住机会,干一番事业。遇到挫折,应有打脱牙和血吞的坚忍之气,从中磨砺意志,就没有什么事不可挽回。

政治事业方面:做事业要想好,一旦带兵,就一定要做好,即使千难万难,都要任劳任怨,不能有退缩的念头。带兵要注意发现使用那些能够成为"根株"和"柱梁"的人才。带兵要把爱民作为第一要事来对待。

谨守家风方面:家庭的兴旺在于和睦、孝道、勤俭。在家庭里和平带来幸福,不和招来灾祸。要摒弃斤斤计较、目光短浅、器量狭窄的不良习气,树立彼此和睦、淡泊名利、奋发向上、自立自强的好风尚。要培养孩子劳动的习惯,对儿女不要太娇惯。

精彩章节品读

盖士人读书,第一要有志,第二要有识,第三要有恒。有志则断不甘为下流。有识则知学问无尽,不敢以一得自足;如河伯之观海,如井蛙之窥天,皆无识者也。有恒则断无不成之事。

吾辈不幸生当乱世，又不幸而带兵，日以杀人为事，可为寒心，惟时时存一爱民之念，庶几留心田以饭子孙耳。

养生之法约有五事：一曰眠食有恒，二曰惩忿，三曰节欲，四曰每日临睡洗脚，五曰每日两饭后各行三千步。

精彩佳句

> 凡养民以为民，设官亦为民也；官不爱民，余所痛恨。
>
> 有福不可享尽，有势不可使尽。
>
> 洪扬以民族大义争人心，我则以卫道争人心！

《官场现形记》

作品背景

作者 李宝嘉
类别 谴责小说
国籍 中国

名作简评

《官场现形记》是晚清谴责小说的开山之作，也是同类小说中较为优秀的作品之一。在当时享有极高的知名度，可谓轰动一时，但后来却众说纷纭、褒贬不一。"身后是非谁管得"，其作者李宝嘉地下有知，当不会太介意，因为该书的出笼有着很大程度的商业炒作性，因缘际会，当时他成功了，这对李宝嘉来说就足够了。然而，若能冷静地将这部小说置于整个小说史上，并结合当时社会历史背景加以评价，其存在价值当是不容置疑的。所以鲁迅在《中国小说史略》中虽对《官场现形记》颇多微词，却仍将它列为"四大谴责小说"之首。

李宝嘉，又名宝凯，小名凯，字伯元，别号有南亭亭长、游戏主人、二春居士、讴歌变俗人等，江苏武进人。他1867年生于山东，6岁那年父亲死了，由伯父李念仔抚养。李念仔历任山东肥城和胶州知县、兖州同知、东昌府知府、山东候补道。1891年，李念仔辞官，第二年回到故乡。这期间，李宝嘉一直随伯父到任职地生活，基本上过着衣食不愁的公子哥儿的生活，闲居读书。但这段生活经历让他在日常的见闻中熟悉了许多官场的内幕，为其以后创作《官场现形记》蓄积了素材。

李宝嘉随伯父还乡后不久就参加了科举考试，结果名落孙山。此时他已经26岁，近而立之年，实在无颜面再过依人寄食的生活。1896年，李宝嘉携带家眷来到上海，开始独立谋生。当时全国各地都兴起办报热潮，上海为洋务中心地，报业发展更快。李宝嘉利用自己的文字功夫，瞅准了办报业，在此后的十年间，先后创办《指南报》、《游戏报》和《世界繁华报》，成为我国近代小报的先驱。应商务印书馆之聘，他还担任了晚清四大小说杂志之一的《绣像小说》的主编。在此期间，为了充实报纸版面，他亲自写了大量作品，再加上为他人写的改稿，共计有长篇章回小说5种、长篇弹词两种、剧本一种、杂著好几种。李宝嘉多才多艺，不仅精通诗词，书、画、篆刻无一不精。虽然如此，李宝嘉的后半生仍是贫困潦倒，晚景更是凄凉。1906年他去世时，丧葬费都是伶人孙菊仙赠送的。

稍有点历史常识就可以发现，李宝嘉在上海办报的十年恰是晚清一系列重大政治事件发生的时间，戊戌变法和庚子事变是其中最大的两件。李宝嘉从事的舆论工作使他对此倍加关注，有许多事情他都曾耳闻目睹。职业的敏感使他察觉到当时社会上群众痛心国势衰弱至此，都想找出祸患的根源。为了适应这一需要，再加上几十年来自己亲身见闻积累的感触也需要宣泄，1903—1905年间，李宝嘉随写随刊，在《世界繁华报》上推出这部《官场现形记》，在社会上造成极大反响。按李宝嘉原来的写作计划，该书分为10编，每编12回，可惜在第五编尚未全部完成之时，他就因病死去。因此我们现在看到的《官场现形记》只有60回，最后的极少一部分，还是他的朋友代为补齐的。

该书在《世界繁华报》上刊行的同时，报馆就陆续刊印单行本。现存的版本有1903年《世界繁华报》本、1904年粤东书局石印本以及1909年崇本堂石印本。

《官场现形记》在体制上模仿吴敬梓的《儒林外史》，即鲁迅在《中国小说史略》里说的："全书无主干，仅驱使各种人物，行列而来，事与其来俱起，亦与其去俱讫，虽云长篇，颇同短制。"全书共写了30几个官场故事，往往以上一个故事的某个人物带出下一个故事，将众多故事缀连起来，最后形成一幅官场的网状图。这张网覆盖了大半个中国的11个省份，涉及的大小官吏多达百人以上，上自皇帝、太后、军机大臣、太监总管，下至府、州、县官以及佐杂小吏，无不应有尽有。

全书各个故事的内容无非都是为了暴露官场各种丑恶现象，集中火力攻击那些贪官昏官，写尽他们贪图财物、昏腐无能，对内欺压百姓，对外奴颜婢膝、卖国求荣的各种丑态。

晚清几乎可以说是中国历朝政府中最腐败无能、最窝囊的政府。无能和窝囊主要是对外，老佛爷对洋人诚惶诚恐地保证"量中华之物力，结与国之欢心"；而对内却作威作福，各种压榨、盘剥的手段层出不穷，只因为他们掌握了权力。李宝嘉直接切入官场的核心——权力，抓住权力的获取和权力的运用，通过大小官员、各类人物的表演，淋漓尽致地展现了官场的罪恶：对金钱的贪欲。

实际上，权和钱在一个腐败的政府里总是形影不离的邪恶兄弟。《官场现形记》里的官吏，无论尊卑，都奉行这样的座右铭——千里为官只为财。做官成了一桩最好的"买卖"，只要能十年寒窗熬出头，换得"金榜题名"，或者能凑够银子捐得一副红顶花翎，就不愁以后不财源滚滚。这些人一旦有了权，便拼命敲骨吸髓，赚回本钱和利息；然后继续向上行贿，以求升迁。官做得越大，捞的钱就越多，例如那个舒军门，每年单单克扣军饷一项就可以捞到上百万两雪花银子。

升官和发财总是联系在一起的。为了升官，这些人什么卑鄙无耻的勾当都能干出来。试看：绿营管带冒得官为了保官、升官，不惜把自己的亲生女儿当贡品献给上司羊统领，很有"舍不得孩子套不得狼"的气魄。严子崇仗着岳父之势，瞒天过海，竟将安徽全部矿产私自卖给了洋人。胡统领为了邀功领赏，把无辜百姓当"强盗"肆意屠戮，而且谎报军饷三十八万两⋯⋯他们哪有什么仁义廉耻。

《官场现形记》的过人之处，在于它并非全如鲁迅所说那样"千篇一律"，而是能将大同小异的官场伎俩根据各人不同的身份、地位、教养，写得千姿百态。例如同为贪得无厌的赃官，何藩台、傅钦差、华中堂在表现上就各不相同。何藩台公开卖官，大胆无耻，却也笨拙得可以。相比之下，傅钦差就不显山不露水了："穿的是灰色搭连布袍子，天青哈喇呢外褂，挂了一串木头朝珠。补子虽是画的，如今颜色都不大鲜明了。脚下一双破靴，头上一顶帽子，还是多年的老式，帽缨子都发了黄了"，似乎很"清廉"。但实际上，"骨底子也是个见钱眼开的人"，在作为副钦差办一案时，他牛刀小试便捞了五十万两。华中堂的老奸巨猾又令傅钦差叹为观止。他老人家"最恨人家孝敬他钱"，可"你送他古董他却顶欢喜"。他所收的赃物，光鼻烟壶就有 8063 个，每个至少值上千两银子。他更为令人叫绝的一招是拿受贿的古董开了个古董铺，凡向他行贿者必须买他的古董！

《官场现形记》

这些贪官在捞钱时聪明过人，处理内外政务时却一个个昏庸无能。南京候补官毛维新因为能背诵过时的《江宁条约》（他居然认定这是专门和南京有关的条约）而被制台赏识，号称"洋务中出色能员"。但在他那次所谓"考察"中，除了发现他居然会把辫子剪成短发外，实在没有别的新发现。另一个不学无术的藩台施步彤（谐音："实不通"）竟把"量入为出""游弋""枭匪""荼毒生灵""马革裹尸"分别读成"量人为出""游戈""鸟匪""茶毒生灵""马革里尸"，是个白字先生。更好笑的是制台贾世文（谐音"假斯文"）号称"封疆大吏"，是"拔贡"出身，且"做过一任教官"，平时对人吹有"两桩绝技：一桩是画梅花，一桩是写字"，但该句话确实出自此公之口："我有一本王羲之写的《前赤壁赋》……听说还是汉朝一个有名的石匠刻的。"连起码的文化常识都没有！

官吏如此昏庸无能，他们面对洋人时的奴颜婢膝便不难理解了。那位文制台不问事情青红皂白，一口认定"外国人顶讲情理，绝不会凭空作人的……现在凡百事情，总是我们自己的官同百姓都不好……"他吃饭时谁也不接见，可一听洋人来了就屁颠屁颠地出去迎接。其崇洋媚外的形象是当时上至老佛爷，下至县官杂吏的缩影，人们因此愤怒地抨击清政府已成了"洋人的朝廷"。

李宝嘉在对官场里诸多丑态尽情鞭挞后，借一个梦把官场比作"畜生的世界"，痛恨鄙夷到了极致。然而由于历史局限，他也不可能想出改变现状的办法，这就是书末提到的那部"教科书"被烧得只剩下"指摘他们做官的坏处"而没有"教导他们做官的法子"的真正原因。

《官场现形记》是一部直接抨击时政、尽情暴露官场的小说，除了历史认识上的价值外，其艺术价值在小说史上也是不容抹杀的。鲁迅在将这类小说与《儒林外史》为代表的讽刺小说进行比较后说："虽命意在于匡世，似与讽刺小说同伦，而辞气浮露，笔无藏锋，甚且过甚其辞，以合时人嗜好"，因此将其命名为"谴责小说"。鲁迅的眼光是敏锐的，《官场现形记》等在揭露丑恶事物时少了《儒林外史》那种含而不露、轻描淡写却入木三分的功力，但却多了几分酣畅淋漓的快意，这是符合当时读者的需要的。再则，这和《官场现形记》是刊登在报纸上连载有关，报纸作为宣传载体要求文字适应一般读者，类似文化快餐，这和《儒林外史》苦心孤诣、"婉而能讽"是有区别的。当然，这也带来一些夸饰过分的地方，一定程度上影响了讽刺的力量。

此外在塑造人物形象时，李宝嘉注意利用各种细节描写，以人物的语言、动作等突出人物性格特征，使读者如见其人，如闻其声。

总之，《官场现形记》不仅有出色的讽刺艺术，还是那个时期官场各种丑态的标本，二者中的任何一方面都值得你捧起这部书，它绝不会让你一无所获。

内容精义

第一、二回写赵温中举后用银子捐了个中书；第三、四回写黄道台用银子打通关系，避免查办；第五回写何藩台公开卖官因和兄弟分赃不均而打起来；第六回写县令王梦梅和手下一起贪赃及副将王必魁因和上司失和被认为武艺生疏、不会训练而降官；第七至十回写陶子尧将办洋务买机器的钱挥霍一空，却因官官相护瞒了过去；第十一至十三回写戴大理、周老爷等互相倾轧、陷害；第十四、十五回写胡统领剿匪时将百姓当强盗屠杀；第十六回写戴大理设计陷害周老爷；第十七回写周老爷借胡统领贪污兵饷之际进行敲诈；第十八、十九回讲钦差大人借立案之机大收其贿；第二十至二十二回写傅署院大人外表清廉，实则贪狠，所谓"整顿吏治"，也是徒有其表；第二十三至二十六回写贾臬台的儿子凭周中堂的假信获得一肥差后荒唐胡闹，行贿钻营；第二十七回写王博高用官场关系替同乡打抱不平；第二十八回讲舒军门因贪污军饷一事为同僚揭发下狱；第二十九、三十回写羊统领等花天酒地及冒得官为了保住官职将自己亲生女儿送给羊统领；第三十一回写田小辫子给制台上了一个"精彩"的手折谈他的用兵"见解"；第三十二回写余荩臣托妓女在上司面前谋差；第三十三、三十四回写官府借行善名义敛钱的各种虚伪行径；第三十五、三十六回写唐二乱子花钱营官；第三十七、三十八回写端制台身边的女眷被人利用来作门路，如瞿耐庵让自己太太认比她小二十多岁的宝小姐作干娘；第三十九至四十二回写瞿耐庵得官后遵从做官"秘诀"大行其道；第四十三至四十五回写区奉仁连任后营私舞弊；第四十六至四十八回写童钦差筹款；第四十九至五十一回写刁迈彭算计他人，牟取暴利；第五十二、五十三回写严子崇仗岳父之势偷天换日将全安徽的矿山卖与洋人；第五十四至五十八回写一班官员在洋人面前奴颜婢膝、昏庸懦弱；第五十九回写甄学忠凭关系谋划得美差；第六十回借甄阁学哥哥病中的梦总括全书意旨，并幻想将来会是另一个世界。

精彩章节品读

第二十六回　模棱人惯说模棱话　势利鬼偏逢势利交

作者借贾大少爷分别向华中堂、黄大军机、徐大军机请教规矩，将官场的圆滑痛贬一番，而周中堂的收贿手段不仅让贾大少爷大长见识，也让读者叹为观止。

第五十三回　洋务能员但求形式　外交老手别具肺肠

对官场中的不学无术和当时官员对外卑躬屈膝的丑态进行了辛辣的讽刺，在艺术上也颇为成功。

《阿 Q 正传》

作品背景

作者 鲁迅
类别 小说
国籍 中国

名作简评

《阿 Q 正传》是鲁迅解剖"国民性"的最杰出的作品,也是现代文学中可屹立于世界文化之林的难得的篇章之一。

鲁迅(1881—1936 年)原名周树人,字豫才,生于浙江绍兴一个逐渐没落的士大夫家庭。从小就接受了传统文化与民间文化的熏陶,以后在南京求学及日本留学期间又广泛接触了西方文化,在经历了 19 世纪末开始的中国社会、思想、文化的巨大变迁后,逐渐形成了自己的独立思想。他笔耕一生,留下大量著述,如小说集《呐喊》《彷徨》《故事新编》,散文诗集《野草》,散文集《朝花夕拾》以及杂文集《热风》《坟》《华盖集》等 16 本,此外还有书信集《两地书》,学术著作《中国小说史略》《汉文学史纲要》等,他还译介了大量日本、俄国的小说与理论著作。

鲁迅堪称现代中国的民族魂,他的忧患精神与独特品格深刻地影响着广大读者和研究者,其中包括中国现代作家、知识分子。可以说,"五四"以后没有哪个作家不直接或间接地受到了他的影响,没有哪个知识分子的精神与品格上不多少留下他的痕迹。他极富创造力的写作为现代文学的发展奠定了基础,几乎所有的中国现代作家都是在鲁迅开创的基础上,发展了不同方面的文学风格体式。鲁迅是中国现代文学的奠基者,是一座无法企及的高峰。

《阿 Q 正传》是最早被介绍到世界去的中国现代小说,是中国现代文学屹立于世界文学之林的伟大代表。这部作品分 9 章,分期连载于 1921 年 12 月至1922年2月的《晨报副刊》上，署名巴人。小说描写了辛亥革命前后的江南乡村小镇未庄的一个无业无产的赤贫者阿Q，展现了他短暂人生的苦难遭遇。阿Q无土地，无家室，寄居在土谷祠中，靠替人打短工过活，几乎是一无所有。他甚至没有名姓，赵太爷的一个巴掌，就使他失去了姓"赵"的资格。作者同情阿Q的生计，哀其不幸，怒其不争，但他写这篇小说"实不以滑稽或哀怜为目的"。他曾在《〈阿Q正传〉序（俄译本）》中说："我也只得依了自己的觉察，孤寂地姑且将这些写出，作为在我的眼里所经过的中国的人生"，并希望通过自己的摸索"要画出这样沉默的国民的魂灵来"。

阿Q现在几乎成了"精神胜利法"的代名词。他的社会地位、经济地位极其低下，却在残酷的经济剥削面前毫不省悟。他沾沾自喜于一些虚妄的光荣，而这种"光荣"却来自无所凭依的昨天和明天。他连姓氏都无法说清，却自吹自擂"我们先前——比你阔的多啦！"连妻子都没有，却宣称"我的儿子会阔得多啦！"他经常被别人欺侮打骂，却想出"儿子打老子"这样的话来安慰自己，甚至通过打自己的脸来想象打到别人脸上的快乐满足。他浅陋无知，却嘲笑未庄人少有进城，未见世面，同时他又鄙薄城里人的一些说法做法有违未庄经验。于是，在内心中取得了超过城里人和乡下人的双重满足。他软弱无能，常被别人欺侮，娶不起妻子，却去欺负小尼姑，并在他人的哄笑中得意洋洋。他在生活中处处碰壁，但由于他独特的"精神胜利法"，他又总能"反败为胜"，成为幻想中的强者。鲁迅曾幽默地说过，他就觉得"Q"字上面的小辫子好玩。"Q"字正像一个留辫子的中国人的侧影，是清代的"国粹"，鲁迅是把阿Q作为具有劣根性的中国人的典型加以塑造的。

阿Q的"精神胜利法"还表现在他缺乏理性自我，没有自己的思想。他从未思考过自己的处境地位、利于自己发展的应有态度以及怎样改变自己的处境。相反，他把被统治者改造过的圣人思想作为自己可怜的那一点思想，他总是盲目地服从异己的兽道伦理文化，本能地适应异己的吃人的社会现实。比如，他深恶造反，以为造反就是与他为难；他充满对女性的幻想，却又严于"男女大防"，见男女在一起说话，他就认为"一定要有勾当了"，"或者大声说几句'诛心'的话，或者在冷僻处，便从后面掷一块小石头"作为惩戒。他的存活是缺乏个性自觉的。

读解阿Q，还应联系当时的历史环境。受帝国主义列强欺凌的中华民族在当时国际的地位，与受践踏的阿Q在未庄的地位，有着某种相通之处。因此,写阿Q,仿佛缩影般地写出了中华民族在近代的苦难历史。中国在近代不断蒙受了鸦片战争、甲午中日战争、八国联军侵华战争等奇耻大辱。在统治阶层中形成了在残酷的失败中寻找荒唐的"胜利"的自欺欺人的病态心理,以古国文明优秀的传统文化来掩饰近代的落后疮疤,这种自欺欺人的心理也如瘟疫一样传染给下层民众。以"精神胜利法"为基本性格特征的阿Q,乃是由他那个时代整整一代人的苦难生活构成的典型画像。

阿Q和一切不朽的文学典型一样,是说不尽的。不同时代、不同民族、不同层次的读者从不同的角度、侧面去接近他,都有着自己的发现,从而构成一部多姿多彩的阿Q接受史。

20世纪20—40年代,人们从启蒙与救亡的角度出发,提出了"民族自我批判"的时代课题,阿Q成为反省国民性弱点的一面镜子,认为"精神胜利法"是中华民族觉醒与振兴的最严重的思想阻力之一。20世纪50年代末到70年代末,人们强调要对文学作品进行阶级分析,阿Q被视为"落后农民"的典型,批评家认为鲁迅是"从被压迫农民的观点"对辛亥革命进行了深刻的批判。近年来,人们开始转向对"阿Q精神"(性格)的人类学内涵的探讨,作出了如下精彩的分析。阿Q作为一个"个体生命"的存在,几乎面临人的一切生存困境:基本生存欲求不能满足的生的困恼、无家可归的惶惑、面对死亡的恐惧等等,而阿Q的一切努力挣扎都不免是一次绝望的轮回。于是,为了摆脱完全的绝望处境,"精神胜利法"的选择是无可非议的。然而这种"精神胜利法"却使人坠入了更加绝望的深渊,于是,人的生存困境就是永远不能摆脱的。鲁迅正是由于能够以深邃的见解正视了这一生存状态,揭示了人类精神现象的重要侧面,从而使自己具有了超越时代、民族的意义与价值。

阿Q的形象是说不尽的,对他的探讨也不会有终结。由于阿Q性格具有巨大的普遍性和典型性,概括了我们内心和周围世界中很难完全排除掉的一种独特的心理逻辑,因此这一独特而又典型的形象已经走进世界艺术典型的前列,并得到世界各国人民的接受与理解。

内容精义

阿Q是一个辛亥革命时期的贫苦农民,住在江南一个叫未庄的小村庄里。

他穷得一无所有：没有土地财产，没有亲人，没有寄身的住所，住在土谷祠中，靠替人打短工过活。人们都叫他阿 Quei。有一次在他喝了两碗黄酒后，他说他姓赵，与村里最有权势的赵老太爷是本家，细算起来比秀才还长三辈。第二天，赵老太爷便派地保把他叫到家里去，给了他一个嘴巴，满脸溅沫地喝道："你怎么会姓赵——你哪里配姓赵！"阿 Q 退出后又被地保训斥了一番，罚了二百文酒钱，于是再也没有人提起他的姓氏来。

阿 Q 虽然穷，又长得瘦骨伶仃的，但却十分自尊，他瞧不起所有未庄的居民，连赵太爷、钱太爷等人读了书的孩子也不放在眼里。他常想"我的儿子会阔得多啦！"由于他进过几次城，发现城里人把凳子叫"条凳"，油煎大头鱼用切细的葱丝，与未庄的习惯不同，于是他很瞧不起城里人。又由于未庄人不知道城里人的这些做法，阿 Q 也因此瞧不起未庄人。

阿 Q 头上长着癞疮疤，他很讳说"癞"字，后来连"光"都讳，一旦有人犯了讳，他就发怒，口讷的他便骂，气力小的他便打，但由于他总打不过别人，于是改为"怒目而视"，但未庄闲人便更爱开他玩笑。他遭戏弄时便想出报复的话来："你还不配……"于是癞疮疤又成了光荣了。有时他被别人捉住了打他，他就想"我总算被儿子打了，现在的世界真不像样"，于是心满意足地得胜走了。

每当他用如是妙法克服怨敌之后，便跑去喝酒、赌钱，无论输赢，他总是能取得心理上的胜利。

阿 Q 因被赵太爷打耳光后出了名。一次阿 Q 在与王胡比捉虱子后冒犯了王胡，被王胡捉住在墙上碰了许多响头。正当他头晕气愤之际，他见到了钱太爷的儿子——去东洋留学后剪了辫子的假洋鬼子。阿 Q 十分痛恨剪了辫子的人，于是小声地骂"秃子、驴……"假洋鬼子听见后用文明棍使劲打他的头，阿 Q 开始还觉得屈辱，很快就又忘却了，然而这时偏偏看见了小尼姑。于是他记起了刚刚王胡、假洋鬼子给他的耻辱，上前去调戏小尼姑，在众人的哄笑中得意洋洋。小尼姑骂他"断子绝孙的阿 Q"，哭着走了，阿 Q 得意地回到土谷祠睡觉。然而他记起了小尼姑骂的话，"不孝有三，无后为大"，他需要一个女人。

于是阿 Q 向赵太爷家的女仆吴妈求爱。吴妈吓坏了，大叫着往外跑。赵太爷为此狠狠地打他，还罚了他很多钱，扣了他的毡帽和破衫。

由于吴妈那件事，未庄的人用古怪的眼光看他，也不再雇他。阿 Q 肚子饿，于是跑到尼姑庵偷了几个萝卜，被老尼姑发现，让黑狗追出来。阿Q无法生活，于是进城。

刚过了这年的中秋，阿Q回到了未庄，变得很阔，打酒时用现钱，满把是银的和铜的。人们都很眼红，阿Q的地位陡然上升。女人们传说，阿Q那儿有很多旧衣服，又好又便宜，这事儿后来连赵太爷都知道了，也想向他买东西。赵太爷把阿Q叫去，得知只剩下门幕了，一下子变得不热心了，与秀才怀疑阿Q手脚不干净。这个怀疑很快在未庄传开，人们对阿Q又敬而远之。原来，阿Q进城果然是作了贼，但只是个在门口望风的，同伙出了事，他吓得跑了回来。

宣统三年的一天晚上三更天，举人老爷的一只大乌篷船驶进未庄，把不安带来了。人们传闻革命党进了城，举人老爷把财物藏到了赵秀才家。阿Q对革命党本来是深恶痛绝的，以为革命便是与他为难，但看到未庄的人慌张的神情，十分快意，大声嚷道："造反了！造反了！"未庄的人都用惊惧的眼光对他看，他很高兴，"好，……我要什么就是什么，我欢喜谁就是谁。"旁人听了却吓坏了，连赵太爷都叫他"老Q"。阿Q回到土谷祠展开革命之后想干什么就是什么的幻想。他到静修庵去革命，却吃惊地发现秀才与假洋鬼子已来革过命，摔碎了龙牌，抢走了宣德炉。阿Q将辫子用竹筷盘到头顶上，想去投靠革命党，就去找假洋鬼子，假洋鬼子却不许他革命，将他赶了出来。

这天夜晚，赵家遭抢了，阿Q被抓进县衙审了一会儿就让他画押，阿Q后悔没有把圆圈画圆，却没想到他已被当作替死鬼。阿Q被反绑着抬到一辆车上，他这时才省悟要被杀头。蚂蚁似的人群围着他，想看他杀头的场面。阿Q后悔没有唱戏，就喊"过了二十年又是一个……"人群中发出豺狼嗥叫一般的声音来，阿Q在喝彩的人群中看到那种狼般的眼睛，在恶狠狠地咬他的肉，咬他的灵魂。"救命，……"阿Q还没有喊出来，全身已似微尘般地迸散了。消息传到未庄，都说他坏，有人笑他居然临死前没唱一句戏，他们白跟了一趟。

精彩章节品读

第二章：优胜记略

但他立刻转败为胜了。他擎起右手，用力的在自己脸上连打了两个嘴巴，热刺刺的有些痛；打完之后，便心平气和起来，似乎打的是自己，被打的是另一个自己，不久也就仿佛是自己打了别人一般，——虽然还有些热刺刺，——心满意足的得胜的躺下了。

第三章：续优胜记略

阿Q被假洋鬼子打。阿Q在这刹那，便知道大约要打了，赶紧抽紧筋骨，耸了肩膀等候着，果然，拍的一声，似乎确凿打在自己头上了。"我说他！"阿Q指着近旁的一个孩子，分辩说。"拍！拍拍！"

第四章：恋爱的悲剧

阿Q放下烟管，站了起来……"我和你困觉，我和你困觉！"阿Q忽然抢上去，对伊跪下了。一刹时很寂然。"阿呀！"吴妈楞了一息，突然发抖，大叫着往外跑，且跑且嚷，似乎后来带哭了。阿Q对了墙壁跪着也发楞，于是两手扶着空板凳，慢慢的站起来，仿佛觉得有些糟。

第六章：从中兴到末路

阿Q向别人讲杀头。但阿Q又四面一看，忽然扬起右手，照着伸长脖子听得出神的王胡的后项窝上直劈下去道："嚓！"王胡惊得一跳，同时电光石火似的赶快缩了头，而听的人又都悚然而且欣然了。

第九章：大团圆

可是永远记得那狼眼睛，又凶又怯，闪闪的像两颗鬼火，似乎远远的来穿透了他的皮肉。而这回他又看见从来没有见过的更可怕的眼睛了，又钝又锋利，不但已经咀嚼了他的话，并且还要咀嚼他皮肉以外的东西，永是不远不近的跟他走。这些眼睛们似乎连成一气，已经在那里咬他的灵魂。

精彩佳句

阿Q伏下去，使尽了平生的力画圆圈。他生怕被人笑话，立志要画得圆，但这可恶的笔不但很沉重，并且不听话，刚刚一抖一抖的几乎要合缝，却又向外一耸，画成瓜子模样了。

"过了二十年又是一个……"阿Q在百忙中，"无师自通"的说出半句从来不说的话。

《子夜》

作品背景

作者 茅盾
类别 小说
国籍 中国

名作简评

茅盾（1896—1981年），原名沈德鸿，字雁冰，浙江省桐乡县乌镇人，伟大的现实主义作家，文学评论家。主要作品有《蚀》三部曲、《子夜》、短篇小说《林家铺子》《春蚕》，剧作《清明前后》等。"茅盾"是他1927年发表第一篇小说《幻灭》（《蚀》三部曲第一部）开始使用的，后来成为他最主要的笔名。

《子夜》是我国现代文学史上具有史诗性结构和气魄的里程碑式的巨著，在此之前，中国文学虽不乏鸿篇巨制，但没有一部像《子夜》那样以史诗的规模、慷慨激昂的气概、壮阔立体的结构描述了20世纪上半时段中国社会复杂的历史。作家的创作宗旨很明确：要形象地把握中国社会发展的"时代性"。他用小说参与对时代重大问题的思考，从而获得这样的结论："中国并没有走向资本主义发展的道路，中国在帝国主义的压迫下是更加殖民地化了。"《子夜》是得益于作家关于国家、经济、社会的宏观思考的，叶圣陶曾说："我有这么个印象，他写《子夜》是兼具文艺家写作品与科学家写论文的精神的。"的确，茅盾正是这样一位具有社会科学家气质的小说家。

茅盾在谈到《子夜》创作意图时还说过："我有了大规模地描写中国社会现象的企图"，"打算通过农村（那里的革命力量正在蓬勃发展）与城市（那里敌人力量比较集中，因而也是比较强大的）两者革命发展的对比，反映出这个时期中国革命的整个面貌"。基于此种考虑，茅盾把故事背景设置在20

世纪30年代封建文化与现代文化交锋激烈、民族工业与帝国主义工业残酷拼杀的十里洋场上海。作家将自己的关注聚集在政治经济层面,以主人公吴荪甫的失败印证了30年代由于缺乏必要的国际环境和国内环境,民族工业是很难发展成功的。

主人公吴荪甫是作者着力塑造的工业界骑士,是中国资本主义发展途中的末路英雄。他的性格具有两重性,一方面他果断干练,雄风逼人,另一方面他又色厉内荏,十分孤独。小说写道:"魁梧刚毅、紫脸多疱的他是20世纪机械工业时代的英雄骑士和'王子'!他凭借着游历欧美的学识和雄厚的资本希望建立一座属于他的'工业王国'。高大的烟囱如林,在吐着黑烟;轮船在乘风破浪,汽车在驰过原野。"为此,他联合同仁组织益中公司,并廉价收购濒于破产的小公司。为了扩充实力,他甚至企图从公债投机市场牟取暴利。在企业日趋委顿的情况下,他日益陷入疯狂,不惜以延长工时、克扣工资和开除工人等手段来维持风雨飘摇中的工厂。他甚至在工人罢工时收买工贼,分裂工人队伍,残酷镇压工人。尽管吴荪甫为了工厂竭尽心力,但也无可避免地走向失败。并且,在他强悍的外表下,有着十分孤独的心灵。家中宾客盈门,却没有一个可以诚心相托的朋友,妻子怀着隐痛在默默地恋着意中人,弟弟受光怪陆离的都会生活诱惑而纨绔习气十足,妹妹逃避都市生活捧起《太上感应篇》,偌大一个家庭没有一个人帮他分忧,关键时刻姐夫杜竹斋背叛了他。吴荪甫的孤军奋战以至覆没使人感到一种英雄倒下后的悲怆,令人惋惜不已。

这种民族资产阶级的铁腕人物的悲剧,是在丰富的色彩、磅礴的声浪和复杂的心理激荡中展开的,这构成了《子夜》作为洋场都会生活节奏的多声部交响乐的美学特色。茅盾曾说他在为《子夜》作美学设计时,首先注意到这一点"色彩和声浪应在此书中占重要地位,且与全书之心理过程相应合"。学术界一致评价吴老太爷进上海与刘姥姥进大观园的描写同样精彩,它们都是描写文化色彩反差极大的有趣场面:如果说刘姥姥是被豪华世家用富贵豪奢捉弄了,那么吴老太爷则是被近代洋场的光彩和喧嚣给压碎了。这种喜剧暗含了一种古老文明被近代文化摧毁的凄惨和伤悲,吴老太爷年轻时曾是英气勃发的维新党,一次习武落马把英气浩气都跌掉了。他躲进书斋,奉《太上感应篇》为护身法宝。但当他被塞进汽车,驱驰于东方大都市的上海大街时,便被异体文化压迫得耳鸣目眩,摩天建筑向他扑来,无穷无尽的路灯杆向他迎面一挥而过，一切梦魇似的都市的精怪，毫无怜悯地压到吴老太爷朽弱的心灵上，他像是一具乡下"古老的僵尸"，在近代大都市骤然"风化"，它象征着近代工业文明对封闭性的封建古老文化的撞击毁坏。吴老太爷虽在《子夜》中只是个小角色，但他进城的一幕在全书占有举足轻重的地位，也是全书的精彩篇章之一。

《子夜》中活跃着形形色色的人物，有帝国主义的买办"公债场上的魔王""一手抓进公债，一手抓进女人"的赵伯韬；有用女儿作"美人计"的诱饵，向洋场文化投降却又无法摆脱"诗礼传家"伦理观念困扰的封建豪绅冯云卿；有唯利是图，临场倒戈的资本家杜竹斋。小说中的女性形象也是迥异于以往小说的，如张素素、林佩瑶等人，他的笔力在描写她们新女性特色上焕发了光彩，少理念化的痕迹。这些女性从道德理念、生活追求到性格、气质都不同于传统东方女性，是受着新思潮直接影响而产生的新时代女性，她们崇尚享乐，厌恶平庸，追求刺激，有着鲜活的生命力，作者在描写她们时，倾注了很多主观情感。

《子夜》是左翼文坛的一座艺术高峰，但也存在缺点。作家本来打算大规模地描绘中国社会以及城乡的现象和本质，写成一部气魄更为宏大的"都市——农村交响曲"的，但在写成的作品中，对工人的描写略嫌肤浅，对农民的身影也仅作了匆匆一瞥，这与作者当时熟悉的生活有关。虽然《子夜》没有完成制作构想，但联系他前后期的小说创作，应当说，从五四前后的《蚀》三部曲到后来写作的《春蚕》《秋收》《残冬》农村三部曲等，我们可以看到近半个世纪的现代中国社会的风貌及变化，看到一幅以《子夜》为中心展开的，涉及农村的社会百相图。

内容精义

20世纪30年代的上海有着全国最大的工业家和金融资本家。灯红酒绿中豪奢恣意的生活，与全国民生凋敝、战乱频繁的凄惨场面形成鲜明的对照，外面民生涂炭，而这里却是冒险家和富豪的乐园。

吴荪甫是位在外游历多年、练得一身本领的少壮资本家，他魁梧风毅，紫脸多疱，办事雷厉风行，铁腕辣手，雄风逼人，是"20世纪机械工业时代的英雄骑士和'王子'"。他希望发展民族工业，建立属于自己的工业王国。

他开的丝织厂是上海硕果仅存的几项民族工业之一,他想多兼并几家小企业,扩大实力。他鼓动同仁组织益中公司,还冒险与有公债魔王之称的赵伯韬合作,做低价买股票高价卖出的、一种可以牟取暴利的多头生意,赚了一笔钱。赵伯韬是上海的买办金融巨头,他既与军政界有联络,又"同美国人打公司",一手抓公债,一手抓女人,是个可怕的人物。吴荪甫与孙吉人、王和甫办了家银行,以便支持工厂发展。

但生意做得并不顺手,吴荪甫不禁感叹自己生不逢时,工人罢工此起彼伏,故乡双桥镇也发生了农民暴动,老太爷被接到上海后一命呜呼。为了镇压罢工,吴荪甫启用精明强干的年轻人屠维岳。屠维岳干练奸诈,是吴荪甫的有力帮手,他不用强行镇压罢工的方式来救活工厂,而是暗中收买闹事者,瓦解了工潮。

公债上的成功和工厂的稳定使吴荪甫踌躇满志,但由于资金短缺,人手不齐,他也时常怀疑自己的选择,但他这样鼓励自己"不!我还是要干下去的!中国民族工业就只剩下屈指可数的几项了!……只要国家像了国家,政府像了政府,中国工业一定有希望的!"

但赵伯韬此时却盯上了吴荪甫。他想吞掉吴荪甫的企业,就从背后捣鬼,散布吴荪甫银行将不按时付息的消息,鼓动股民将钱提出,想挤垮他。吴荪甫当机立断,贴出告示,告知股民凡在半月内要提前提款的人,利息照算。人心一下平静了,银行渡过了危机。

家乡双桥镇又发生变故,他在家乡办的工厂受到农民革命的冲击,损失惨重。吴荪甫为了减少损失,开始恶毒地延长工时,克扣工人工资,工人哗然,新的罢工开始酝酿。

赵伯韬步步紧逼,他要向吴荪甫的银行投资300万,以控制住他企业的股份。吴决心和赵拼一把。他与孙、王二人将兼并的8个工厂都抵押了,吴又把自己的房产押了出去,这些钱都用来作公债。吴荪甫孤注一掷,紧张到了极点。心力交瘁之中,他生平第一次离开工作,与朋友和妓女消磨了一晚。

罢工高潮再次燃起,这次的罢工在共产党员的领导下十分团结。屠维岳故伎重施,想再次瓦解工人,但被吴荪甫安插在厂里的亲戚拉襟掣肘,施展不开。面对乱成一团的工厂,吴荪甫黯然神伤,不得不亲自去处理工厂的事情。

吴荪甫与赵伯韬的决斗也到了关键时刻。气力不支的赵伯韬亮出了他的王牌，他利用"国内公债维持会"的名义电请政府禁止卖空，还直接去运动交易所理事会和经纪人会，怂恿他们发文要增加卖方的保证金，要增加一倍多。这等于是使得赵伯韬一分钱可以顶吴荪甫的两分钱使。

吴荪甫陷入绝境，他唯一的希望寄托在他的姐夫杜竹斋身上。他希望杜竹斋加盟，帮他一把。只要杜的强大资本投入卖空中，他就能胜赵伯韬。

关键的那一天到了。吴荪甫心力交瘁，在交易所突然晕倒，被送回家去。他的汽车驶出交易所时，杜竹斋的汽车恰好缓缓驶进。吴荪甫松了一口气，眼前又燃起希望之光。

回到家里，家人仍在嬉笑打闹，没有人顾及到他，他也不理不睬地回到书房。想到股票的事，他觉得自己好像忽而掉在火堆里，忽而又滚到冰窖。

电话铃响了，吴荪甫全身的肉都跳了起来。果然，是孙吉人来报信。他发现自己的部下纷纷倒戈，不由得恨得牙痒痒。他感到自己必须振作一番，眼前又开始构想未来图景。这时电话铃又急响，惊醒了他的梦。园子里只有吴荪甫的声音尖锐地响着"什么！涨了么？——有人乘我们压低了价钱就扒进！——哦！不是老赵，是新户头？是谁，是谁？——呀！是竹斋么？——咳咳！——我们大势已去了呀！……"

吴荪甫颓然倒在沙发上。他一手拉开了抽屉，抓出一支手枪，把枪口对准了自己的胸口。然而最终，那手枪没有发射，吴荪甫长叹一声，扔下枪。医生来了，他狞笑着请医生坐下，吩咐屠维岳明天全厂停工。他向医生咨询去哪儿避暑。

异样地狂笑着，他跑上楼通知太太，而她此时却正在孤寂中怀念过去的情人。这是强悍一世的吴荪甫从未料到的，也许，他永远不会知道。

精彩章节品读

第一部分：吴老太爷进城

吴老太爷坐在飞驰的汽车里，心惊肉跳。"天哪！几百个闪着灯光的窗洞像几百只怪眼睛，高耸碧霄的摩天建筑，排山倒海般地扑到吴老太爷眼前，忽地又没有了；光秃秃的平地拔立的路灯杆，无穷无尽地，一杆接一杆地，向吴老太爷脸前打来，忽地又没有了；长蛇阵似的一串黑怪物，头上都有一对大眼睛放射出叫人目眩的强光，啵——啵——地吼着，闪电似的冲将过来……他觉得他的头颅仿佛是在颈脖子旋转……"仿佛混杂的多声部，声、色、感觉并存，有着电影蒙太奇的效果。

第五部分：屠维岳与吴荪甫的对话交锋

二人在话中都显示了极强的个性和机智，充满人格力量，极其生动地刻画了人物性格。

第七部分：冯云卿错使"美女计"

冯云卿为了巴结赵伯韬，不惜用女儿作的诱饵，他的复杂心理刻画得十分准确。"却是笑声方停，突又扑索索落下几点眼泪；他叠起两个指头向眼眶里一按，似乎不很相信掉的竟是眼泪。同时幻象在他润湿的眼前浮起来：那娇红的花不是杜鹃，而是他女儿的笑靥，旁边高高耸立的，却是一缸的大元宝。"

精彩佳句

冬天的寒冷愈甚，就是冬的运命快要告终，"春"已在叩门。

荪甫的野心是大的。他又富于冒险的精神，硬干的胆力；他喜欢和同他一样的人共事，他看见有些好好的企业放在没见识、没手段、没胆量的庸才手里，弄成半死不活，他是恨得什么似的。对于这种半死不活的所谓企业家，荪甫常常打算毫无怜悯地将他们打倒，把企业拿到他的铁腕里来。

《家》

作品背景

作者 巴金
类别 小说
国籍 中国

名作简评

在中国现代作家中,如果要举出一名获国际奖励最多的作家的名字的话,那一定是非巴金莫属了:1982年3月15日,获"但丁国际奖";1983年5月7日,获"法国荣誉军团指挥官勋章";1990年2月,获前苏联最高苏维埃主席团"人民友谊勋章";1990年7月,获"福冈亚洲文化奖创设特别奖"……"亚洲文化奖"是日本首项国际奖,在受奖的5个人中,巴金名列首位。在关于巴金的授奖词中,这样写道:"巴金先生是一位处于现代中国文坛顶峰的作家,他的存在代表着亚洲的理性……巴金的存在成为凝重的历史见证,对于亚洲的理性和文化的形成发挥出极大作用。可以说,以他的业绩而获得福冈亚洲文化奖特别奖,当之无愧。"这一切在中国文学史上是史无前例的。

巴金,原名李尧棠,字芾甘,1904年生于四川成都一个封建官僚家庭。作为一个热情、敏感而富于诗人气质的小说家,巴金把创作作为自己生命的有机组成部分,坦诚地记录和描写着自己的生活经验,表达自己对生活的独特理解和追求。在他身上,生活与艺术、人品与文品是合而为一的。他以血泪为纸笔,描写和讴歌青春,抒发青年人的苦闷和追求,所以他的作品最受青年喜爱,他也因此成为广大青年最可信赖的朋友。

作为一名耄耋高龄的世纪老人,经历了大动荡大变革的巴金,始终一往情深地痴迷文学,六七十年来笔耕不辍。在现代文学阶段先后创作了《灭亡》《新生》《雾》《雨》《电》"火三部曲"、《憩园》《第四病室》《寒夜》以及著名的"激流三部曲"《家》《春》《秋》，为中国文学的宝库贡献了一部又一部的文学珍品。他所提供的带有强烈主观性和抒情性的中长篇小说，与茅盾、老舍的客观性、写实性的中长篇小说一起，构成了现代文学第二个十年中长篇小说的艺术高峰，而巴金小说所创造的"青年世界"是 20 世纪 30 年代艺术画廊中最具吸引力的一部分，巴金为扩大现代文学的影响，做出了不可替代的卓越贡献。

在巴金的所有作品中，以"激流三部曲"中的《家》成就最高，影响也最大。它标志着巴金在更大程度上接受了现实主义创作方法，他那独具的艺术风格也开始步入成熟阶段。《家》中以爱情故事为情节发展主干，写了觉慧与鸣凤，觉新与钱梅芬、李瑞珏，觉民与琴等几对青年在爱情上的不同遭遇以及他们对生活道路的不同选择。它不再是人们熟悉的自由恋爱和反抗旧礼教的故事，它的矛头不仅指向旧礼教，而且更集中地指向作为封建统治核心的专制主义；它的意义不只在主张自由恋爱，而是号召青年反抗封建专制，投入社会革命洪流。《家》之所以能在 20 世纪 30 年代产生积极而巨大的影响，与它批判性的激进主题是分不开的。

《家》中写到的主要人物形象是高老太爷、觉慧、觉新这 3 个典型人物。高老太爷是这个封建家族的最高统治者，他的专横、衰老和腐朽，象征着旧家庭和专制制度走向崩溃的历史命运。《家》中直接写高老太爷的章节并不多，但却给人很深的印象。他是这个家庭的至尊，居高临下地掌握着全家人的命运，就像幽灵似的无处不在，给高公馆笼罩上一层森严恐怖的气氛。《家》里发生的一系列悲剧事件，或直接或间接都与高老太爷有关，觉新的婚姻悲剧、瑞珏的惨死、鸣凤的投湖、婉儿的凄惨命运、觉民的逃婚，莫不如此。小说用许多血淋淋的事实，控诉了家长制和旧礼教对于青春、爱情、生命的摧残，而封建压迫者在扼杀人性的同时也丧失了人性。

作为封建专制的叛逆者，觉慧是一个热情、上进、充满朝气的青年。他对旧家庭的反抗以至最终出走，都热切地表现了"五四"新思潮的威力和新一代民主青年的成长。作者在觉慧身上寄托了对青春的赞美和生活的信念，他是《家》的主角，是最能打动青年心灵的形象。但正因在他身上寄托了作者太多的理想，所以稍具概念化而不够丰满。

小说中最见功力的人物形象是觉新，他是一个能清醒地认识到自己的悲剧命运而又怯于行动的"多余的人"，是封建家庭和旧礼教毒害下人格分裂的悲剧典型。他也受过"五四"新思潮的影响，清醒地认识到是旧家庭和旧礼教夺去了自己的青春和爱情。但封建主义伦理道德（尤其是所谓"孝"）的毒害、长房长孙特殊地位的约束、旧意识的沉重的十字架，已经将他的生命活力和棱角消磨殆尽，造成了他委曲求全、懦弱服从的性格。"家"对于他来说，意味着一种精神上的炼狱，也意味着一种神圣的血缘关系以及难以割舍的生活情调。他理论上接受了一些新思潮，而感情和行动上则依然留恋着旧家庭，以致在专制和压迫面前妥协顺从。他向恶势力的每一次退让都以牺牲别人（尤其是自己所爱的人）为代价，而他自己也在罪恶的泥沼中难以自拔。不过觉新毕竟是个善良的弱者，思想与行动的矛盾使他经常陷于极度的痛苦中，清醒而又懦弱使他无法摆脱严酷的自我谴责，这些都大大加强了人物的悲剧性。作者对觉新充满同情，但同情之中又有批判。

内容精义

　　18岁的高觉民和弟弟高觉慧都是热衷于新思想的青年。觉民正与姑妈的女儿琴表妹相爱，觉慧也有着自己的心上人——鸣凤。觉新是两兄弟的大哥，也是高家的长房长孙。他深爱着梅表妹，却接受了父亲以抽签的方式为他选定的李家小姐瑞珏，像一个傀儡式地订婚、结婚，婚后一个月就去父亲做董事的西蜀实业公司做事，完全放弃了自己的理想。一年以后，父亲去世，觉新挑起了家庭的重担。整个家庭之间的勾心斗角令他厌恶，他只有小心翼翼地避免与他们发生冲突。好在她新婚的妻子瑞珏美丽而善良，给了他许多安慰。他们的儿子海儿的出世，更令觉新感到欢欣，他决心把自己整个被丢弃的抱负放在儿子身上来实现。两年以后爆发了"五四"运动，新的思想唤醒了他那久已逝去的青春。但他仍不如两个弟弟进步，常被他们嘲笑为"作揖主义者"和"无抵抗主义者"。

　　觉慧由于跟同学们一道参加了向督军请愿的活动，被高老太爷训斥了一顿，不允许他再出门。而高老太爷却娶了一个花枝招展、妖里妖气的陈姨太，觉慧觉得他不像祖父，倒像是敌人。这些日子里，觉新经常在夜里吹箫，仿佛在倾吐着内心的哀怨，原来他晓得了梅表妹从宜宾回来的消息。

　　元宵节到了，由于军阀混战，张姑太太只好带着琴和梅逃到高公馆。觉新与梅相遇，二人互诉衷肠，泪流满面。两天后，街上又传出要发生抢劫的消息。大家纷纷外出避难,只剩下觉新一人留下看家。抢劫并未发生,三四天后避难的人也都陆续回来了。梅和觉新等人聚在一起打牌,觉新心乱如麻,常常发错牌。梅谎称有事回到房中痛哭,瑞珏赶来安慰她。二人互诉心曲,成为好朋友。

战争结束了,觉慧瞒着家人参加了《黎明周报》的编辑工作,撰写介绍新文化运动的文章。他觉得自己与家庭的关系越来越远了,只有想到鸣凤,他才会感到一些亲切。

高老太爷把鸣凤像送东西一样赠给冯乐山做小妾。鸣凤怀着一线希望去找觉慧,埋头写文章的觉慧丝毫没有察觉到鸣凤脸色的变化,鸣凤几次欲言又止,恰好觉民来了,鸣凤只好流着泪离去。觉民把鸣凤的事告诉觉慧,觉慧急忙冲出门外寻找鸣凤,但没能找到。原来,鸣凤已经喊着觉慧的名字投湖自尽了。鸣凤的死使他更加憎恶这个黑暗的社会。

不久,《黎明周报》被查封,觉慧等人又筹办了内容相似的《利群周报》,报刊内容依旧言辞激烈,矛头指向整个旧制度。另外,他们还设立了阅报处,积极宣传新思想。

高老太爷的66岁寿日到了。公馆里连唱了3天大戏,高家的亲朋好友都来祝寿,冯乐山也带婉儿来看戏(鸣凤投湖后,高老太爷又把三房的丫头婉儿送给了冯乐山)。婉儿向淑华等人哭诉自己在冯家所受的折磨。

高老太爷刚过寿辰,就催着觉民和冯乐山的侄女结婚。觉民不愿像大哥那样充当傀儡,跑到同学家藏了起来。他逃婚的消息被高老太爷得知后,高老太爷勃然大怒,他命令觉新立即找回觉民,并威胁要和觉民断绝祖孙关系。

觉新让觉慧带信劝觉民回家。觉民回信劝他不要再制造出第二个梅表姐。觉新流泪了,他觉得没有一个人能理解他。他去为觉民讲情遭到祖父的一顿臭骂。他不敢再说什么,只好再去找觉慧劝他去找回觉民,觉慧嘲讽他懦弱无用。觉新生气至极,又听到了梅去世的消息,这对他无疑是一个更大的打击。他匆忙赶到钱家,面对梅的尸体绝望地痛哭。觉慧没有流泪,他对这个黑暗社会的憎恶更强烈了。

一天,高老太爷房里闹成一团。原来五房克定在外面讨小老婆的事暴露了,五太太到老太爷房里哭诉。高老太爷怒气冲天,重重地责罚了克定。但是,一种从未感到过的幻灭和悲哀感也沉重地压上了他的心头。觉慧也和爷爷一样感觉到这个家庭正一天天地走上衰落之路,一切已经无可挽回了。

高老太爷病倒了,但他的病并没给这个家庭带来什么大的变化。各房的人们依旧在笑、在哭、在吵架、在争斗。看到医药已经对他的病产生不了什么效力,陈姨太和克明三兄弟便去请来道士,拜菩萨、祭天、捉鬼,闹得一塌糊涂,这使高老太爷的病雪上加霜。觉慧坚决不许他们到自己房里去捉鬼,还把克明和觉新痛骂了一顿。

濒临死亡的高老太爷变得和善亲切起来。他让觉慧找回觉民,也不再提和冯家的婚事,觉民、觉慧的斗争取得了胜利。高老太爷对孙子们说了几句话,就去世了。第二天,高家兄弟们就为财产分割的事情吵了起来。

瑞珏生产第二个孩子的日期就要到了,嫉妒、憎恨瑞珏的陈姨太借口"血光之灾",要求瑞珏去城外生养。高家克字辈担心背上不孝的骂名,也对陈姨太的办法予以赞成,他们让觉新照办。觉民、觉慧劝哥哥反抗,但觉新却流着泪答应了这一切。

瑞珏只好搬到城外一间久已没人住过的又阴暗又潮湿的小屋里去生产。4天后,觉新来看瑞珏,正听到她在屋里凄惨的喊叫声,觉新想冲进去守在她身边,陈姨太却吩咐不许觉新进产房,没有人敢来为他开门。瑞珏叫着觉新的名字痛苦地死去了,两人临死都未能见上最后一面。觉新醒悟,夺去他心爱的两个女人正是"全个礼教,全个传统,全个迷信",但他仍然没有决心反抗。

觉慧对这个家庭的一切已经忍无可忍了。他要出走,觉新去征求长辈们的意见,得到的是他们的一致反对。觉慧决不屈服,他表示"我是青年,我不是畸人,我不是愚人,我要给自己把幸福争过来"。觉新反复考虑后,决心支持觉慧并为他准备了路费。

黎明时分,觉慧告别觉新、觉民和朋友们,乘船离家到上海去了。在那里,他将开始自己新的生活。

精彩章节品读

克定受罚,高老太爷气极而病

克定打着高老太爷的幌子在外面借债、娶小老婆,另立"小公馆",高老太爷大发雷霆,狠狠地责罚了他,自己也气极而病,再也没有起来。封建家庭的日趋衰落和封建礼教道德的虚伪在这里得到了穷形尽相地展示。

巫师捉鬼，觉慧怒斥众人

高老太爷重病不起，陈姨太不是悉心照顾病人，而是请巫师前来捉鬼，闹得鸡犬不宁，高老太爷的病更是雪上加霜。觉慧坚决不许他们到自己房间去捉鬼，还把陈姨太等人痛骂了一顿。这一段描写表现出以觉慧为代表的青年人对封建礼教、迷信的痛恨以及毫不妥协的斗争精神。

鸣凤投湖

丫环鸣凤与觉慧倾心相爱，却被高老太爷送给60多岁的冯乐山为妾，鸣凤与觉慧诀别后，怀着绝望的心情投湖自尽。一个美丽纯洁的女性就这样被夺去了生命。本节写得哀婉动人，心灵描写细腻曲折，值得一读。

瑞珏惨死

为避什么子虚乌有的血光之灾，瑞珏只好到城外一间阴暗潮湿的小屋里生产。最后因难产而带着深深的遗憾死去了，她口中叫着觉新的名字却不得相见。这两节笔调沉重，感情浓烈，读来催人泪下。

精彩佳句

希望在自己，并不在别人。

世界本来只有一个，你从悲观方面看，所以多愁善感；你从乐观方面看，便觉得一切都可为了。

往事依稀浑似梦，都随风雨到心头。

《骆驼祥子》

■ 作品背景

作者 老舍
类别 小说
国籍 中国

■ 名作简评

  1966年8月24日,在北京旧城北郊德胜门外的太平湖畔,以《骆驼祥子》《四世同堂》《茶馆》等杰出作品而享誉国内外的著名作家老舍,在遭到难以忍受的侮辱和迫害之后,在漆黑的夜色中悄然告别了人世,享年67岁。他的死对于那个疯狂黑暗的年代而言,是一个沉重而无奈的问号;而对于热爱他的千千万万读者而言,则是一个触目惊心的惊叹号。

  老舍先生让人记起的,当然不只是他死亡的悲壮惨烈,还有他那独立于世的文学作品。作为一个在20世纪20年代走上文坛的新文学作家,他来自下层民间,并终生为人民的喜怒哀乐而执笔。小说、诗歌、话剧、数来宝、时调、大鼓书、相声、戏曲,无所不写,无所不精。文学中,既有着辛辣的讽刺和悲愤的控诉,也有充满了温情的幽默和真情的歌颂。他笔下祥子、程疯子、方珍珠等人的故事,已经感动并正在继续感动着一代又一代的读者。作为中国20世纪伟大的文学家之一,他的名字将永远镌刻在中国文学的历史丰碑上。

  老舍,原名舒庆春,字舍予。"舍予"二字既是他的姓氏"舒"字的拆写,也是老舍先生致力于把自己的一生奉献给祖国和人民的意愿的表达。1899年2月3日,他出生于北京城内一个贫穷的满族家庭,两岁丧父,在大杂院里度过了艰辛的幼年和少年时代。他熟悉底层市民生活,喜爱流行于市井巷里的戏曲及民间说唱艺术,这种经历是形成他作品中的平民化与"京味"

风格的重要因素之一。

1924年,老舍远赴英国伦敦大学任教,开始了为期5年的异国生活。在那里,他阅读了狄更斯等人的文学作品,眼界大开,创作热情也被激发起来。1926—1929年间,他先后写成长篇小说《老张的哲学》《赵子曰》《二马》,并在归国途经新加坡期间创作了长篇童话《小坡的生日》,他虽人在国外,但名字早已被国内读者熟知。

从1930年回国,到30年代中期,老舍的创作进入鼎盛期。此间最出色的作品便是《骆驼祥子》,这也是现代文学史上优秀的长篇小说之一。除此之外,他还向新文学贡献了《猫城记》《离婚》《牛天赐传》等长篇巨作,《月牙儿》等中篇小说以及《断魂枪》《柳家大院》《微神》等短篇小说。抗日战争把老舍卷入时代洪流,1938年中华全国文艺界抗敌协会成立后,老舍担任总务部主任,积极投身于抗战文艺工作,他的另一部著名长篇小说《四世同堂》反映抗战时期北京市民的日常生活,创作于20世纪40年代,堪称是我们民族的一部受难史。新中国成立后,老舍致力于话剧创作,代表作《茶馆》被誉为"东方舞台上的奇迹",为中国话剧产生世界影响立下了汗马功劳。

终其一生,老舍都在全力抒写中国社会变革过程中小市民阶层的命运、思想和心理,他的作品既注重文化,又铺写世态,既真实深刻又有世俗品味,为现代文学赢得了知识分子以外的众多读者。北京文化孕育了老舍的作品,而老舍笔下的市民世界又最能体现北京文化的人文景观,甚至成了文化史的象征。一说到北京文化,就不能不联想到老舍的文学世界,一提起老舍,也无法不想到北京文化,二者已经密不可分地联系在一起。

《骆驼祥子》是老舍全部创作中的一座高峰,也是他反映城市贫民悲剧命运的代表作。在这部作品中,老舍把对都市下层文化的描绘与对下层劳动者的深切同情妙手天成地融汇在了一起。《骆驼祥子》共24章,15万字,人间书屋1939年初版,20世纪40年代就被译为日、英、法、德、俄多种文学,以至于现在许多岁数较大的美国、西欧人,都知道中国有一本叫"Rickshaw Boy"的著名小说。这是中国现代小说深入下层社会的重要作品,也是中国现代文学走向世界的重要作品。在这部作品中,既有着老舍从《老张的哲学》开始就显示出来的解剖市民社会"日常生活哲学"的功底,又容纳着自《柳家大院》《月牙儿》开始就发展起来的对下层民众的深挚同情;既有着作家对早年养成的外国文学修养的发挥和超越,又包含了他对民族文学叙事传统的靠拢和点化；细腻的写实中不乏机智的幽默，从容的叙事中渗透着层次明晰的心理描写和才情横溢的状景抒情。总之，它是作家经过广泛的艺术探索，在融合多重艺术优势的基础上所浮升起来的一座富有生命力的文学高峰。用老舍自己的话说："这是我的重头戏，好比盖叫天唱《定军山》。"

祥子是现代文学城市下层劳动者形象画廊中的著名典型。祥子从农村来到城市谋生，"带着乡间小伙子的足壮与诚实，凡是卖力气能吃饭的活儿几乎全做过了"。能够拥有一辆自己的人力车，便"是他的志愿、希望，甚至宗教"。为了这辆车，祥子经历了人生道路上的三部曲：在自食其力的劳动中充满自信与好强；在畸形结合的家庭生活中苦苦挣扎而失败；在绝望中扭曲了灵魂而堕落成走兽。黑暗而卑污的环境摧毁了祥子的希望、美德和整个灵魂，使之成为"个人主义难能救药的末路鬼"。祥子的悲剧深刻地反映了旧社会吃人的本质，表现了作者对戕害美好人性的黑暗社会的控诉，同时也体现了作者对个人主义的批判以及对城市文明病的深刻反思。

内容精义

18岁的乡间小伙子祥子，在失去父母及几亩薄田后便跑到北平来。凡是靠卖力气挣钱吃饭的活儿全做过之后，他看上了拉车这一行。认真要强的祥子拉着赁来的新车在街上狂跑，发誓一定要有一辆自己的车。

整整3年，祥子辛辛苦苦地拉车，一点一滴地积攒着每一分钱，终于攒够100元买了一辆自己的新车。自此以后，祥子的生活越过越有劲儿，对人和气，买卖也顺心。祥子充满雄心地设想着：照这样干下去，再过两年，他便可以再买一辆车，然后是第三辆、第四辆……慢慢就可以自己开个车厂了。

谁知好景不长，军阀混战打到了北平城外，随时都有车丢人亡的危险。祥子为多挣两块钱仍然拉客出城，却连人带车都被大兵们裹了去。祥子每天为大兵们挑水扛行李，干尽了脏活重活，他心疼着自己那辆车，恨透了那些大兵。终于有一天，他乘大兵们吃了败仗从兵营里偷跑了出来，顺手拉上3匹骆驼，卖了35块钱，从此人们都叫他"骆驼祥子"。

祥子的行李一直放在西安门大街的人和车厂。车厂老板刘四爷是土混混出身，知道怎样对付穷人，女儿虎妞三十七八岁了还未出嫁，十分泼辣。父女二人一个管外一个管内，把个车厂治理得铁桶一般。车厂里有20来个车夫住在那里，但只有祥子收车后仍不愿闲着，常常帮着擦车、打气、晒雨布、抹油……干得高高兴兴，好像有使不完的劲，因此深得刘氏父女的喜爱。这样祥子即使不拉刘四爷的车，也被允许住在这儿。祥子回到车厂，把卖骆驼的35块钱交给刘四爷存着，决心从头做起，再买一辆自己的车。他天天早出晚归、省吃俭用，为了多挣几个钱，甚至和那些老弱的车夫抢生意。在同行们的一片骂声中，他就像一只发狂的野兽一样飞奔。但祥子这时并没有为钱丧失自己的人格和尊严。在杨宅拉包月，他因为不愿忍受对方牲口式的使唤，愤而辞工。从杨宅回到人和车厂时，已是深夜11点多。打扮得花枝招展的虎妞把祥子叫进屋对饮，二人同居了一夜。

自从跟虎妞发生关系后，祥子觉得自己的清爽已被毁尽，他开始千方百计躲避虎妞。恰好仁慈的老主顾曹先生请他拉包月，祥子如逢救星，欢天喜地地住进了曹宅，满以为可以长期住在这儿，躲开虎妞的纠缠。

新的一年又要到了，祥子充满了对未来的憧憬。谁知虎妞挺着肚子来找祥子，她声称自己怀上了祥子的孩子，祥子必须跟她结婚。祥子是个仁义的人，只好任由她摆布。祭灶那天晚上，祥子拉曹先生回家，路上遇到了侦缉队的盯梢。原来曹先生思想进步，经常在大学课堂上宣讲社会主义理论，他的一个叫阮明的学生告发了他。曹先生远走避难，并让祥子回家送信。一到曹家，祥子就被孙侦探抓了起来，后者敲诈光了他所有的积蓄，祥子买车的计划又一次肥皂泡般地破灭了。

祥子别无出路，只得返回人和车厂。他与虎妞的关系不仅引起车夫们的嘲笑，而且惹怒了刘四爷。刘四爷让女儿在他和祥子中间作选择，虎妞表示只要祥子。刘四当下就与虎妞翻脸，把祥子也赶了出去。

虎妞用自己的私房钱租了房子、雇了轿子，自己做主嫁给了祥子。婚后祥子才明白自己上了虎妞的当。她并没有怀孕，只不过在裤腰上塞了个枕头，引诱祥子上钩而已。祥子生气但也无可奈何。他不愿陪虎妞吃喝玩乐，一心只想去拉车。虎妞让祥子去向刘四告软求饶，倔强自尊的祥子说什么也不去。后来刘四卖掉车厂，自己找地方玩乐去了，虎妞这才死了心。她用自己的私房钱为祥子买了一辆车，车是同院的车夫二强子的。他因为酒后失手打死老婆，担心老婆娘家打官司只好卖掉这辆车，用车钱私下了结这桩事。祥子很不喜欢这辆车，觉得它不吉利。但虎妞图便宜坚持要买，祥子也无话可说。

过了不久，虎妞真的怀了孕。祥子拼命拉车、干活儿，累得病倒在床上。

这场病不仅消耗了他的体力,也花光了虎妞的积蓄。为了糊口,祥子只好硬撑着去拉车,二强子的女儿小福子也帮他们买东西做饭。最后,虎妞难产而死,为了虎妞的丧事,祥子只好忍痛卖掉自己的车。

埋葬虎妞后,祥子倒在炕上,眼泪一串串地往下流。车,是他的希望,是他的宗教,也是他的梦想。然而,梦还是破灭了,祥子只剩下了辛苦和委屈。小福子对祥子有情有义,祥子也真心喜欢小福子,但他却不敢娶小福子,因为他养不起她的两个弟弟和那个醉爸爸。他对小福子说:"等着吧!等我混好了,我一定来娶你。"然后便离开了大杂院,又找了一个车厂,重新开始拉车。

要强、忠厚、努力的祥子渐渐走上了下坡路,他染上恶习,喝酒、抽烟、赌钱,在夏宅拉包月时还因为与夏太太的暧昧关系而染上了淋病。祥子不再爱惜车,也不再讲仁义,成了头等的"刺儿头"。

但祥子并没有完全堕落,他仍想努力自强,小福子的存在也时时给祥子某种希望。有一天,祥子碰到避难回来的曹先生,曹先生请祥子来拉包月,还允许他把小福子接来同住。祥子喜出望外地去找小福子,得到的却是小福子被卖进"白房子"后自尽的消息。祥子失魂落魄地在街上走着,遇到了同是车夫的小马的祖父老马。老马因为没钱买药,眼睁睁地看着小马死在自己怀中。他叹息道:"我算是明白了,干苦活儿的打算独自一个人混好,比登天还难。"

祥子彻底堕落了。他没有回到曹先生那里,不再凭力气干活,而是变着法子骗钱花。怎么能沾到便宜,他就怎么办。多吸人家一支烟卷,买东西使出个假铜子去,都会给他带来满足和乐趣。为了一点赏钱,他还干起了告密的勾当,出卖阮明给警方。最后,他的名声越来越臭,信用也越来越差,到了连车都租不出的地步,而他的病也日渐加重,再也拉不动车了。于是,他又靠给红白喜事做杂工来维持生命,成了个还有活气的死鬼。

勤劳、能干、健壮、朴实、善良的祥子完完全全成了个人主义的末路鬼,成了一个吃、喝、嫖、赌、懒、狡猾等样样俱全的走兽。他只剩下了一个肉架子,等着溃烂,预备到乱坟岗子去。

精彩章节品读

祥子辞工(全书第五节)

《骆驼祥子》

祥子不堪忍受杨家不拿人当人看的侮辱，愤怒地抓起赏钱摔到杨太太脸上。突出了祥子朴实外表下所蕴藏的人格和尊严。

银钱被诈（全书第十一节）

祥子为曹先生拉车，曹先生因被学生告密而远走避险，祥子去曹宅送信时被孙侦探敲诈，辛辛苦苦积下的血汗钱被洗劫一空。祥子困惑而绝望，仰天长叹："我招惹谁啦。"这段心理描写波澜起伏，充分表达出祥子绝望的心情。

精彩佳句

> 钱会把人引进恶劣的社会中去，把高尚的理想撇开，而甘心走入地狱中去。
>
> 最伟大的牺牲是忍辱，最伟大的忍辱是预备反抗。
>
> 爱与不爱，穷人得在金钱上决定，"情种"只生在大富之家。

《雷 雨》

作品背景

作者 曹禺
类别 话剧
国籍 中国

名作简评

  1933年的酷暑，在清华大学图书馆一个专门陈列外文杂志的房间里，每天都会有一位脸庞圆圆、清秀斯文的青年大学生在这里奋笔疾书。他挥汗如雨，全神贯注，忘却了周围的一切……谁也不曾想到，这位年仅23岁的青年就是日后执中国现代话剧之牛耳的天才剧作家——曹禺；而他正在创作的这部作品，便是标志着中国话剧走向成熟的经典之作——《雷雨》。

  在中国剧坛的名人录中，曹禺的名字就如熠熠发光的瑰宝，为中国话剧赢得了世界声誉。可以说，作为一种非中国本土所产的艺术形式，中国话剧是在曹禺手中成熟并走向世界的。他以鬼斧神工般的笔墨，逼真自然地描绘了中国的民族生活，雕塑出一个又一个令人惊叹不已的艺术形象，形成了鲜明的创作个性和民族风格。他的一系列优秀剧作，既是中国戏剧史和中国现代文学史上的艺术瑰宝，同时又是中国人民对世界文化的贡献。不论过去、现在或未来，都会以其撼人心魄的艺术生命力吸引和感动千千万万的读者和观众。

  1910年9月24日，曹禺出生在天津一个封建官僚家庭。他原名万家宝，字小石，祖籍湖北省潜江县。曹禺的父亲是一个官场失意的军事将领，赋闲在家后牢骚满腹、脾气暴躁，整个家庭中弥漫着令人窒息的气氛。这种氛围是他在以后作品中一直致力于反映小人物在平凡生活中受压迫与摧残、遭压抑与扭曲的悲剧命运的心理动因。

由于受到继母的影响和熏陶，曹禺自小喜爱传统的戏曲艺术，对流行的文明新戏更是情有独钟。1922年进入南开中学后，他参加了南开新剧团，积累了丰富的舞台艺术经验，加深了对戏剧艺术特殊规律的理解。1930年曹禺升入南开大学后不久又转入清华大学西洋文学系，阅读了《易卜生全集》等欧美现代及古典名剧，这为他以后走上戏剧创作道路奠定了基础。

纵观曹禺一生的创作道路，可以分为3个阶段：第一个阶段指1933—1936年，创作有《雷雨》《日出》《原野》，3部作品致力于揭露封建势力，尤其是封建意识对人们心灵的压抑和束缚，表达个性解放的主题。第二个阶段是指从抗战开始至共和国成立的13年，主要创作有《黑字二十八》（与宋之的合作）《蜕变》《北京人》等剧，还改编了巴金的同名小说《家》。这一时期的剧作不论是在主题内涵还是艺术风格上都呈现出鲜明的民族特色。从新中国成立后直至其1996年去世，是曹禺创作的第三个阶段，先后创作了《明朗的天》《胆剑篇》《王昭君》等剧，进一步展露出剧作家的艺术才华。

曹禺的剧作不仅有着极高的文学性，而且也有着非常好的剧场效果。扣人心弦的情节，个性丰满的人物，紧张激烈的矛盾冲突，优美精炼的台词，都会在不知不觉中把观众引入一个五彩斑斓且又诗意浓郁的艺术胜境。也正因如此，曹禺的剧作在新中国成立前就广受欢迎，创下了极高的上座率，新中国成立后更是成为各大剧院的保留剧目而长演不衰。除此之外，他的四大经典名作——《雷雨》《日出》《原野》《北京人》，还被改编成电影或电视剧，撼动了亿万观众的心灵。

《雷雨》是曹禺的第一个艺术生命，也是现代话剧成熟的标志。同一切经典性作品一样，《雷雨》也是说不尽的，不同的读者可以从不同的角度去进行理解和阐释。有人把它读解为一部"暴露大家庭罪恶"的社会问题剧，认为它揭露了腐朽没落的封建制度，有人将其看作是一首展示人类生存困境的"寓言诗"，认为其反映了人和命运的永恒冲突，表达了作者对宇宙间压抑着人的本性而人又不可能把握的某种神秘力量的恐惧之情。也许正是这种可以进行多重阐释的可能性，赋予了《雷雨》无限的艺术魅力。

剧中繁漪这一形象是曹禺对现代戏剧人物画廊的一大贡献。在她的身上，闪烁着曹禺艺术才华的独特光辉，倾注了作家的充沛激情。作为一个个性初步自觉的女性，繁漪在双重的悲剧中走完了她全部的心灵历程。一方面，她承受着周朴园封建专制的威压，心灵极度痛苦；另一方面，她拼命抓住周萍这棵弱不禁风的小草，试图以此摆脱自己的悲剧命运。然而，周萍背叛爱情的行径，反而把她抛入了更加绝望的深渊。她之所以隐忍周朴园的专制，是因为她心中还有爱情存在，周萍的背叛使她开始不顾一切地进行报复。"最残酷的爱和最不忍的恨"交织在一起，使繁漪在暴风雨中走向疯狂，也最终导致了周家的覆亡。繁漪的反抗，自有一股摧枯拉朽的神力，与"五四"时期狂飙突进的时代精神一脉相承。

内容精义

在一座公馆改成的教堂里，关着两个疯女人，公馆的旧主人周老爷经常来看望这两个女人，但她们对他的到来一无所知。

几年前的周公馆，住着的还是周家一家人——老爷周朴园、太太繁漪、大少爷周萍、二少爷周冲、仆人鲁贵、四凤等。由于矿上罢工，周老爷忙于处理公务，无暇见繁漪。繁漪对此也不甚关心，只是关切地向四凤打听大少爷什么时候回来。四凤听到太太的问话十分紧张，因为她正在跟大少爷相爱，又从父亲鲁贵那儿听说大少爷和太太之间有过私情，好在她机灵伶俐，拿话遮掩了过去。但她更担心的是母亲就要从济南回来，她怕母亲知道自己在公馆当仆人的事，也摸不清太太葫芦里卖的什么药。

二少爷周冲欢跳着进屋告诉母亲她爱四凤，繁漪很是吃惊，但又为儿子敢于反抗父亲的行为感到欣慰，夸他说："你这性格倒还像你母亲。"正在这时，大少爷周萍回来了。他只跟弟弟打了招呼，并不理睬繁漪，他想忘掉他们之间的一切。但繁漪主动喊他，周冲也对哥哥说："你不知道母亲病了吗？"周萍这才极不情愿地问候了繁漪一句。繁漪酸溜溜地说了句："你哥哥怎么会把我的病放在心上。"

周朴园为了让太太在儿子面前作个服从的榜样，强迫她喝下了她并不想喝也并没有必要喝的药。繁漪泪流满面，十分痛苦。她是周朴园的第二个太太，只比周萍大七岁。在周朴园眼里，她是患有神经症的病人，她得不到任何温情，无奈之中，她爱上了软弱的周萍，他们的幽会和疯狂的情感被鲁贵发现，但鲁贵并没有声张，只是旁敲侧击地说这房子"闹鬼"。渐渐地，周萍对这种乱伦式的偷情感到恐惧和厌倦，他又喜欢上了年轻充满活力的四凤。繁漪让四凤的母亲鲁妈来，就是为了让她领走四凤，她好重新得到周萍。但来到周公馆的鲁妈不是别人,恰恰是30年前,周朴园的第一个爱人、周萍的生母鲁侍萍。30年来周朴园为了表示对她的怀念之情,一直按照她的喜好陈设室里的家具,还放了一张她的照片在房间里。鲁妈来后正好被引进这间屋子,她认出了周公馆,决定立刻带走四凤。但由于没能忘却30年前的旧事而在言谈中被周朴园认了出来,周朴园误认为侍萍是专为寻他而来,就想用钱把她打发走,侍萍拒绝了周朴园的金钱,但她提出想见一下儿子周萍,周朴园答应了她。更巧的是,矿上领导罢工的工人鲁大海正是被周朴园抛弃的儿子,知道实情的周朴园认为这是对自己作孽的报应。周朴园、周萍、鲁大海三人为了矿上罢工一事发生争执,兄弟二人誓不两立,互相厮打,目睹这一切的侍萍痛不欲生。

  侍萍不愿女儿四凤重蹈自己的覆辙而决意让其离开周公馆,而四凤由于自己与周萍的恋情不愿离去,敏感的侍萍看着抽泣的女儿,怀疑她有瞒着自己的隐情,焦急地进行追问。深知内情但又好吃懒做、担心女儿离开公馆会影响自己享受的鲁贵借故岔开了话题,侍萍仍是蒙在鼓里。

  单纯正直的周冲对父兄白天的作为很是不满,当他得知鲁大海正是四凤的哥哥时,便送了100元钱到四凤家表示安慰,侍萍、大海都出去了,贪心的鲁贵喜出望外地把钱接了过来。他知道周冲也喜欢四凤,便找借口出去让周冲和四凤单独待在一起。大海恰在这时回来,一见周冲怒气冲天,先是斥骂,继而嘲弄,周冲很是委屈,只好接过大海从鲁贵那里要回的钱悻悻离去。

  侍萍正好撞见离去的周冲,她心惊肉跳,盘问女儿和周家少爷之间的关系。四凤心乱如麻,不知该如何回答母亲,哭倒在她的怀里。侍萍让四凤发誓,从此以后再不与周家的人相见。

  深夜,周萍偷偷来会四凤,四凤不见,周萍用计让四凤开窗,爬了进去。二人抱头痛哭,难舍难分。窗外大雨倾盆,黑暗中隐约可以听见女人的哭声。繁漪一路跟踪周萍,眼睁睁地看着自己的情人投进别人的怀抱,而自己则像无人肯要的废物。愤怒、痛苦、嫉妒、怨恨交织在一起,噬咬着她那颗受伤的心灵。天幕中偶尔划过一道闪电,映亮了窗外她那张怨毒而苍白的脸,而屋内的一对情人对这一切毫无察觉。

  侍萍和大海来到四凤的屋子,四凤惊惶失措,催周萍赶快逃走,但刚才大开的窗子已被人从外面扣死。事情暴露了,四凤羞愧难当,哭号着逃出门去。

周公馆内是死一般的沉寂，这种沉寂恰恰孕育着最大的悲剧，预示着有什么不祥的事要发生在这里。

湿淋淋的蘩漪与周萍在客厅里相遇，蘩漪哀求周萍带她离开这个家，哪怕是与四凤共侍一夫她也毫无怨言。但无论她怎样哀求，对乱伦心存罪恶感的周萍都不肯答应。蘩漪陷入绝望，完全失了理智。她要报复，不顾一切地报复。

四凤来到周公馆找周萍，而此时担心四凤出事的侍萍和大海也赶到这里。侍萍还在为拆散周萍和四凤尽着最大努力，四凤终于说出了她已怀有身孕的隐情。侍萍深感命运的残酷，为了儿女的幸福，她隐瞒了二人原是兄妹的实情，让周萍带四凤远远离开，有生之年再也不要回来见她。

蘩漪突然带着周冲出现在客厅。她要利用周冲对四凤的爱情拆散四凤和周萍。周冲将自己对四凤的感情埋在心底，他祝哥哥和四凤幸福。蘩漪气愤已极，犹作困兽之斗，面对着所有的人，面对着自己天真单纯的儿子她讲出了自己与周萍的私情。她声称，自己不是妻子，不是母亲，只是一个女人，一个快要闷死、枯死又被周萍激活的女人。

无论她如何折腾，都影响不了就要远走高飞的周萍和四凤。谁知这时候她喊来了周朴园，并恶作剧般地让周萍喊侍萍"妈"，以此承认她的岳母身份。并不知情的周朴园闻声而至后误以为侍萍是来认亲子周萍的，便轻巧地捅破了这层性命攸关的纸，讲出了侍萍是周萍生母的隐情。四凤经不住这晴天霹雳般的打击，哭号着冲出门外，周冲追出去拉她，二人双双触电身亡。周萍也在书房内用手枪结束了自己的生命。蘩漪震惊于自己亲手导演的这出人间惨剧，精神失常；侍萍也在巨大的打击下失去理智。鲁大海愤而离家出走。

不久以后，周朴园把周公馆捐给教会作了教堂，在悠扬的《圣经》祷告声和音乐中默默地忏悔着自己的一生。与他相伴的，除了两个疯女人之外便是无穷的寂寞和孤独。

精彩章节品读

第一幕 蘩漪喝药

为了让蘩漪在"儿子面前作个服从的榜样"，周朴园强迫蘩漪喝下她不想也没有必要喝的草药。这段描写看似平静，实则蕴含着巨大的张力。周朴园的专制、繁漪欲反抗而不能的屈辱、周萍的难堪、周冲的困惑全部跃然纸上。虽只是一个小小的细节描写，却充分揭示出繁漪在这个家中备受压抑的现实处境，为以后的情节发展形成了一个很好的铺垫，可谓"以小见大"。

  第二幕　周梅相见

  为了领回四凤，侍萍来到周公馆，周朴园已认不出侍萍。但终因侍萍难忘旧事，周朴园从言谈中知道侍萍就是眼前的鲁妈。侍萍旧情新恨交织在一起，心情复杂；周朴园同样百感交集，但又深恐侍萍的到来会影响到自己的身份面子，想用钱将其打发走。此段台词精妙，每一句都蕴含着丰富的潜台词，很是耐人寻味。

精彩佳句

> 周家的罪恶，我听过，我见过，我做过。我始终不是你们周家的人。我做的事我自己负责任。不像你们的祖父，叔祖，同你们的好父亲，背地里做出许多可怕的事情，外表还一副道德面孔，是慈善家，是社会上的好人物。

《围 城》

作品背景

作者 钱锺书
类别 小说
国籍 中国

名作简评

钱锺书（1910—1998年），字默存，我国现代著名学者、文学家，重要的学术著作有《谈艺录》《管锥编》等，学识渊博精深，才气充盈舒逸，处世淡泊自甘，被学界称为才学兼胜的奇才。

《围城》仿佛是个精彩纷呈的智慧世界，走进去，你可以看到形形色色的知识界众生相，聆听新颖透辟的文化智慧，可赏可观可思可品，回味悠长，令人不忍释卷，是现代文学中难得的传世佳作之一。小说借主人公之口引用英国的一句古话："结婚仿佛金漆的鸟笼，笼子外面的鸟想住进去，笼内的鸟想飞出来。"又援引法国哲人的话，说结婚"是被围困的城堡，城外的人想冲进去，城里的想逃出来"，揭示整个现代文明的危机和现代人生的困境。作者在该书初版序言中说："在这个书里，我想写现代中国某一部分社会、某一类人物。写这类人，我没忘记他们是人类，只是人类，具有无毛两足动物的基本根性。"作者写作的笔调是诙谐幽默的，但表现的思想是忧世伤生的，曾被人比拟为新的《儒林外史》。

《围城》描写以方鸿渐为典型的一批归国留学生、教授、名士，在洋场、乡镇、学校和家庭的一座座"围城"之间奔突颠踬，展示了洋学衔和旧学问错综时期知识分子的众生相。作者用充满同情但又带着调侃讽刺的口吻描写了他们怎样不断地陷入家庭、婚姻和职业的重重包围，仿佛是流浪儿，灵魂彷徨无主，无处归依，虽努力挣扎但似乎永远走不出那一座人为或自设的围城。作者虽同情他们的尴尬处境，但又毫不客气地揭露出他们的无能懦弱以及官场化、商场化的迂腐、虚伪和卑琐。应当说，作者关照人生的视角是独特的，眼光是犀利的。

《围城》采用了大跨度的横向移动式的结构间架，以人物的行踪来贯穿故事，转移城市达 8 个之多，但又构成了一个圆。从方鸿渐等人由法国邮轮回到上海开始，其间经历宁波、金华、鹰潭、吉安、湖南三闾大学、桂林、香港等地，到方鸿渐在上海百般失落为结，充满寓意。全书在巨大的地理幅员中，聚集了各具面目的典型角色近 70 人，这些人物本身都充满个性特色，没有绝对的恶人（如传统小说中常见的那样），但也没有一个无瑕完美的"好人"。多多少少的缺点使他们可厌、可笑，但又十分可亲，普通得如隔壁邻人，栩栩如生，平凡至极，使我们在细读时仿佛能感到他们温热的呼吸。在这种内涵巨大的文笔囊括中，作者无拘无束地挥洒着那种贯穿经传、驰骋古今、融汇中西的讽刺笔墨，佳言妙句，联翩而至，从中显示出作者洞悉人生的大智慧，是一部知识密集度最大的现代学人小说。

令《围城》显示异彩的，不仅是它的寓意和涵括性，还有它那字字珠玑、充满机智与情趣的语言。作者以其渊博的知识储备和卓越的联想能力，对中外风习、典故、名人轶事信手拈来，不但契合人物的身份口吻，而且充满了然世事之后的那种从容机敏，读来时常令人拍案叫绝。比如在写方鸿渐为了应付父亲、丈人的要求，购买假博士文凭时，作者想到了《圣经》，"这一张文凭，仿佛有亚当、夏娃下身那片树叶的功用，可以遮羞包丑"。活灵活现地写出了方鸿渐此举的尴尬与好笑。作者让方鸿渐这样自欺欺人地安慰自己，"撒谎欺骗有时并非不道德。柏拉图《理想国》里就说兵士对敌人，医生对病人，官吏对民众都应该哄骗。圣如孔子，还假装生病，哄走了儒悲，孟子甚至对齐宣王也撒谎装病。父亲和丈人希望自己是个博士，做儿子女婿的人好意思教他们失望么？"不责备自己的懒散不上进，却拿古代圣贤打掩护，生动地刻画出了他阿Q式的心理，只是这位现代"阿Q"在中西伟人的名字言语修饰下，显得冠冕堂皇罢了。作者在写方鸿渐父亲的迂腐古板时，不动声色地写道："书桌上正摆着《镜花缘》和商务印书馆第十版的《增广校正验方新编》，他想把《镜花缘》里的奇方摘录在《验方新编》的空白上。"巧妙地以医药学和小说学的知识相错综，写出了人物的煞有介事，十分有趣。据说方父这一形象就是钱锺书以自己的父亲钱基博为原型塑造的。钱老是我国著名古文家,敦厚庄重,不苟言笑,国学造诣极深,对钱锺书要求十分严厉。钱锺书一方面在书中写出了方父抗战时期的气节,也以善意的笔写出了他的刻板,不仅使人物血肉丰满,而且也写出了钱锺书对上一代学人的理性思考。

　　钱锺书之所以能形成如此独特的文风,不仅因为他百科全书般的广博知识,天性的幽默诙谐,还与他独特的关于人生的思考分不开。《围城》的创作成功不仅基于他海外求学、西南联大就职的人生经历,也有赖于他对现代知识分子的深刻读解。作者在序言所说的立志描写人类的"基本根性"——虚伪与真诚,卑琐与高洁,诚实与欺骗,求上进与常懒惰等的混杂交织,使他写出了一个个真实的人,而那种充满期待与懊悔、寻找与失落的悲喜则写出了真实的人生。作者立志在此,也在此取得了成功。

　　令钱锺书赢得世人普遍尊重的,不仅在于他无法比拟的学识,对社会厚重的学术贡献,机趣横溢、可堪传世的小说佳作,还在于他高洁的人品,淡泊名利的人生态度。钱锺书对身外之物极其淡漠。《围城》被拍成电视连续剧取得全国轰动时,电视台要付他高额稿费,他分文未收。国内18家省级电视台联合拍摄《当代中华文化名人录》,他被列于第一批的36人中,他也婉谢。当有人告诉他会有经济方面的收入时,他笑笑说:"我都姓了一辈子钱,难道还会迷信钱吗?"文革时期,他坚定不移地拒绝参与时有发生的对于学者同事的责难。在他看来,最大罪恶是知识分子的背叛,是一个知识分子出卖另一个知识分子。他对他这一代知识分子提出总括性判断:他们是害怕离开政治的人,而他则选择了另一种道路——尽可能少地牵扯政治,他的自我估计是低而凄楚的,他认为自己是一个"不怕孤独"的人,选择了孤独也许是另一种勇敢,他既不害怕没有从政治方面得益,也不怕朋友因政治而对他背离。在孤独的生活中,他与夫人杨绛相濡以沫,亲密无间。他们蜗居书斋,杜门避嚣,专心治学,孜孜不倦。曾有人说,对钱先生最好的纪念,莫过于潜心研究他的"钱学"和"尊重他的自甘落寞身名",说这样话的人,是真正理解和尊重他的。

内容精义

　　方鸿渐自留学归国之日起,就逐渐陷入家庭、婚姻和职业的重重包围。他在欧洲"留学"4年,转了3个学校,改了几回专业,生活散漫,毫无心得，但父亲和夭折未婚妻的父亲即"点金银行"周经理一再向他催要毕业证书，情急之中，他从一个爱尔兰骗子手中花钱买了一张"美国克莱登大学博士"的假文凭。他安慰自己说这是为了尽晚辈的孝心，但没想到老丈人却将他的照片和游学履历大肆渲染登在报纸上了，令他回国后羞愧难当。

在驶向中国的邮船上，他就开始受到情欲与道德的纠缠，他被澳门女郎鲍小姐的肉感风骚引诱，与之发生关系，但鲍小姐上岸后即投入未婚夫怀抱，令方鸿渐十分失落。为了寻找心理平衡，他亲近"艳如桃李，冷若冰霜"的苏文纨小姐，从此逐渐被婚姻、爱情、情欲的网缠紧。苏文纨喜欢方鸿渐，但方鸿渐却在内心深处爱上了她的表妹唐晓芙。唐晓芙天真美丽纯洁，令方鸿渐无比倾心，但他却狠不下心肠拒绝苏文纨的亲近。苏文纨有个追求者叫赵辛楣，自幼爱慕苏文纨，苏文纨却只是欣赏他，于是赵、方二人在苏小姐面前斗智争宠。

苏文纨在向方鸿渐求爱失败后由爱转恨，决定拆散唐晓芙和方鸿渐的爱情。她添油加醋地把方鸿渐在船上和鲍小姐的风流韵事以及他已有妻室的事告诉唐晓芙。唐晓芙怒斥方鸿渐，方鸿渐羞愧无比，淋雨离去。唐晓芙后来离开了伤心之地，苏文纨嫁给了俗不可耐的"新古典主义"诗人曹元朗。周经理夫妇看到方鸿渐与官家小姐苏文纨分手，就对他转变态度，把他逐出家门，而一向把方鸿渐视为"情敌"的赵辛楣却与他结成"患难之交"，尽释前嫌，一起离开孤岛上海，去湖南三闾大学任教。

国内烽烟四起，局势动荡，他们一路充满艰辛，也进入谋生之网的捆束。和他们同行的有同去当中文系主任的李梅亭。李梅亭的高大箱柜给他们一路添了数不尽的麻烦，后来才知里面一半装着准备卖高价的西药。同行的还有刚毕业前去当助教的孙柔嘉，出于失恋后的痛苦心境，方鸿渐关心同情无依无靠的孙小姐，赵辛楣却警告他别小看孙柔嘉，她可不是一般的女孩子，极富心机。

三闾大学是个充满近乎官场派系争斗、尔虞我诈的是非之地。方鸿渐由于不愿在履历中填上博士头衔，被降格为副教授，没想到外文系主任韩学愈顶戴的也是"克莱登大学博士帽"，他怕方鸿渐揭露他，就对方鸿渐百般排挤。李梅亭的主任位置已被教育部次长的伯父汪处厚占据，校长高松平只好高价收购李的西药，并给他一个训导长的职位来敷衍老朋友。

汪处厚的太太美丽动人又很聪明，比丈夫小20来岁，校长高松平暗恋汪太太,赵辛楣也因她像苏文纨而堕入情网。一次汪太太和赵辛楣散步被高松平、汪处厚发现,二人都怒不可遏,赵辛楣却在当时胆小得说不出话来。高松平在一旁醋意大发,尽说些冠冕堂皇的话,汪太太恨赵辛楣的软弱,对高松平镇定地反唇相讥,"这里吃醋,还没你的份"。

赵辛楣被汪处厚以"行为不端"逼走,方鸿渐也被解聘,孙柔嘉看出方鸿渐随和风趣,又知呵护自己,便设下计谋使方鸿渐与她订婚。

方鸿渐和孙柔嘉离校到香港结婚。此时的苏文纨已是往返香港重庆贩运私货的摩登女人,方孙二人遇苏小姐后感觉颇为失落。二人矛盾越来越多,孙柔嘉爱使小性子,希望方鸿渐哄她,可方鸿渐却因一事无成、爱情死去却莫名其妙地有了太太而感时伤事,无法有好心情。二人返回上海孤岛后,方家的老人、妯娌挑剔这个外出从业的媳妇不明妇道和礼教,孙家的亲朋却挑剔方鸿渐"本领小脾气大",致使这个小家庭的矛盾越演越烈。方鸿渐由于在一家报社谋职薪水只有柔嘉一半而被孙家的人瞧不起,柔嘉有势力的姑母为方鸿渐找到一份高薪工作,方鸿渐却认为她和姑母背着自己的面,贬损自己的人格。孙柔嘉愤然离去。

失魂落魄的方鸿渐回到冷冷清清的家中,心中茫然一片。方鸿渐和衣倒在床上,麻木、软弱,最后陷入死一样的睡梦中,只有那只祖传的时钟从容地打点,包涵了对人生的讽刺和感伤,深于一切语言、一切啼笑。

精彩章节品读

第三章:方鸿渐初识唐小芙,对唐小姐美丽的描写。"唐小姐妩媚端正的圆脸,有两个浅酒窝。天生着一般女人要花钱费时、调脂和粉出来的好脸色,新鲜得使人见了忘掉口渴而又觉嘴馋,仿佛是好水果。"

第五章:方鸿渐与赵辛楣去三闾大学,一路上充满坎坷,但读来珠玑联篇。写李梅亭"鸿渐一眼瞧见李先生的大铁箱,衬了狭小的船首,仿佛大鼻子阔嘴生在小脸上,使人起局部大于全体的惊奇"。写李梅亭的长相和滑稽"李先生脸上少了那副黑眼镜,两只大白眼睛像剥掉壳的煮熟鸡蛋"。写他们一行人的斗嘴和各有心思,读来十分有趣。

第六章:三闾大学的明争暗斗,写得入木三分,把知识分子的弱点暴露无遗。

第八章：方孙二人成家后的琐碎烦恼，十分真实，使人读来如见其人其景，体会到身处围城中的几多烦恼。

精彩佳句

> 拍马屁跟谈恋爱一样，不容许有第三者冷眼旁观。
>
> 苏小姐理想的自己是："艳如桃李，冷若冰霜。"让方鸿渐卑逊地仰慕然后屈伏地求爱。谁知道气候虽然每天华氏一百多度，这种又甜又冷的冰淇淋作风全行不通。